1781

Karl R. Popper

Ausgangspunkte

Meine intellektuelle Entwicklung

Hoffmann und Campe

Titel der Originalausgabe:
Unended Quest. An Intellectual Autobiography.
Erschienen bei Fontana/Collins, London & Glasgow;
Open Court Publishing Co., La Salle, Illinois.

Aus dem Englischen von Friedrich Griese und vom Autor.
Die deutsche Fassung wurde vom Autor überarbeitet.

CIP-Kurztitelaufnahme der Deutschen Bibliothek

Popper, Karl R.:
Ausgangspunkte: Meine intellektuelle Entwicklung/Karl R. Popper. [Aus d. Engl. von Friedrich Griese u. vom Autor. Die dt. Fassung wurde vom Autor überarb.]. – 1. Auflg. – Hamburg: Hoffmann und Campe, 1979.
Einheitssacht.: Unended Quest ‹dt.›
ISBN 3-455-08982-8

1. Auflage 1979

Gesetzt aus der Korpus Garamond-Antiqua
Satz A. Utesch, Hamburg
Druck- und Bindearbeiten: Bercker, Kevelaer
Printed in Germany

Inhalt

Was hineinzupacken und was nicht –
das ist die Frage. Hugh Lofting, *Dr. Dolittles Zoo*

Vorwort

Diese Autobiographie wurde ursprünglich als Beitrag zu dem zweibändigen Werk *The Philosophy of Karl Popper* geschrieben, das von Paul Arthur Schilpp herausgegeben wurde, als Band 14/I und 14/II seiner *Library of Living Philosophers* (La Salle, Illinois, The Open Court Publishing Company, 1974). Wie alle Beiträge zu dieser Bücherreihe, so verdankt auch meine Autobiographie ihre Existenz der Initiative von Professor Schilpp, dem Gründer der *Library*. Ich bin ihm verpflichtet für alles, was er in dieser Sache getan hat, und insbesondere für die große Geduld, mit der er auf meine Autobiographie von 1963 bis 1969 gewartet hat.

Ich bin Ernst Gombrich, Bryan Magee, Arne Petersen, Jeremy Shearmur, Mrs. Pamela Watts und ganz besonders David Miller und meiner Frau für die große Sorgfalt verpflichtet, mit der sie mein Manuskript gelesen und Verbesserungen vorgeschlagen haben. Sie haben auch, ebenso wie Paul Osters, beim Lesen der Korrekturen geholfen. Professor Eugene Freeman und seine Frau Ann Freeman hatten viel Mühe und Plage mit der Produktion der beiden ursprünglichen Bände.

Der Text der deutschen Ausgabe wurde von mir revidiert, und eine längere Stelle wurde aus dem Text verbannt und in Anmerkung 20 untergebracht.

Ein Teil der Anmerkungen zur deutschen Ausgabe wurde von Dr. Willy Hochkeppel übersetzt. Dr. Ingrid Belke las die Korrekturen der deutschen Ausgabe und schlug viele Verbesserungen vor. Ich bin beiden zu großem Dank verpflichtet.

Penn, Buckinghamshire, September 1978 K. R. P.

1

Allwissenheit und menschliche Fehlbarkeit

Es war einmal ein Tischlermeister, der hieß Adalbert Pösch. Als ich zwanzig Jahre alt war, wurde ich sein Lehrling. Ich arbeitete in seiner Werkstatt, nicht lange nach dem Ersten Weltkrieg, von 1922 bis 1924. Adalbert Pösch sah Georges Clemenceau zum Verwechseln ähnlich, aber er war ein sanfter und gutmütiger Mann. Nachdem ich sein Vertrauen gewonnen hatte, teilte er oft, wenn wir allein in der Werkstatt waren, seinen wahrhaft unerschöpflichen Schatz an Wissen mit mir. Einmal erzählte er mir, daß er viele Jahre lang an verschiedenen Modellen für ein Perpetuum mobile gearbeitet habe. Nachdenklich setzte er hinzu: »Da sag'n s', daß ma' so was net mach'n kann; aber wann amal eina ein's g'macht hat, dann wer'n s' schon anders red'n!« Es war ihm ein besonderes Vergnügen, mir eine historische Frage vorzulegen und sie selbst zu beantworten, wenn sich herausstellte, daß ich die Antwort nicht wußte (obwohl ich, sein Lehrling, ein Universitätsstudent war – eine Tatsache auf die er sehr stolz war). »Und wissen S'«, fragte er mich, »wer die Schaftstiefel erfunden hat? Nein? Dös wissen S' net? Das war der Wallenstein, der Herzog von Friedland, im Dreißigjährigen Krieg!« Und nachdem er ein oder zwei noch schwierigere Fragen gestellt und triumphierend selbst beantwortet hatte, pflegte er mit bescheidenem Stolz zu sagen: »Da können S' mi' frag'n, was Sie woll'n: *ich weiß alles.*«

Ich vermute, daß ich über Erkenntnistheorie mehr von meinem lieben, allwissenden Meister Pösch gelernt habe als von irgendeinem anderen meiner Lehrer. Keiner hat so viel dazu beigetragen, mich zu einem Jünger von Sokrates zu machen. Denn mein Meister lehrte mich nicht nur, daß ich nichts wußte, sondern auch, daß die einzige Weisheit, die zu erwerben ich hoffen konnte, das sokratische Wissen von der Unendlichkeit meines Nichtwissens war.

Diese und andere erkenntnistheoretische Gedanken beschäftigten mich, während ich an einem Schreibtisch arbeitete. Wir hatten nämlich damals einen großen Auftrag für dreißig Mahagoni-Schreibtische, mit vielen, vielen Laden. Ich fürchte, daß die Qualität einiger dieser Schreibtische, und besonders ihre Politur, unter meiner Beschäftigung mit der Erkenntnistheorie sehr gelitten hat. Das hat meinen Meister und schließlich auch mich davon überzeugt, daß ich zu unwissend war und zu fehlbar für diese heikle Art von Arbeit. So entschloß ich mich, nach Beendigung meiner Lehrzeit den Versuch zu machen, eine Beschäftigung zu finden, die etwas leichter war als die Arbeit an Mahagoni-Schreibtischen. Ein Jahr arbeitete ich mit sozial gefährdeten Kindern – etwas, was ich schon vorher gemacht und sehr schwierig gefunden hatte. Und dann, nach fünf Jahren, verbracht mit Studieren und Schreiben, wurde ich als Lehrer angestellt und heiratete. Das war 1930.

Damals hatte ich keinen weiteren Ehrgeiz, als Schulkinder zu unterrichten. Des Unterrichtens wurde ich erst ein wenig müde, nachdem meine *Logik der Forschung* im November 1934 erschienen war. So war ich froh, als ich 1937 die Gelegenheit hatte, den Schulunterricht aufzugeben und an einer Universität Philosophie zu lehren. Ich war fast 35 Jahre alt und dachte, daß ich nun das Problem gelöst hätte, wie man an einem Schreibtisch arbeiten und sich gleichzeitig mit Erkenntnistheorie beschäftigen kann.

2
Frühe Erinnerungen

Obwohl die meisten von uns den Tag und den Ort der Geburt wissen – bei mir der 28. Juli 1902, am Himmelhof, in Ober Sankt Veit in Wien –, so wissen doch nur wenige, wann und wie ihr intellektuelles Leben begann. Ich erinnere mich an einige der ersten Schritte in meiner philosophischen Entwicklung. Aber die begann sicher später als meine emotionale und moralische Entwicklung.

Ich habe den Verdacht, daß ich als Kind ein bißchen zu brav war, vielleicht sogar etwas prüde. Das wurde aber dadurch gemildert, daß ich mir in vager Weise bewußt war, nicht das Recht zu haben, über jemanden zu urteilen, außer über mich selbst. Zu meinen frühesten Erinnerungen zählt meine Bewunderung für Menschen, die älter und besser waren als ich, besonders für meinen Cousin Erich Schiff, den ich grenzenlos bewunderte, weil er ein Jahr älter war als ich und ordnungsliebend und, ganz besonders, weil er so gut aussah – lauter Eigenschaften, die für mich unerreichbar waren.

Heutzutage hört man oft, daß Kinder von Natur aus grausam sind. Ich glaube das nicht. Ich selbst war als Kind was die Amerikaner »a softy« (sanftmütig) nennen; und das Gefühl des Mitleids ist eines der stärksten Gefühle, die mir in Erinnerung geblieben sind. Es war auch wohl das entscheidende Gefühl, als ich mich zum erstenmal verliebte, im Alter von etwa fünf Jahren. Ich wurde in einen Kindergarten gebracht, und da war ein schönes, kleines Mädchen. Die Arme war blind. Ihr bezauberndes Lächeln und die Tragödie ihrer Blindheit waren herzzerreißend. Es war Liebe auf den ersten Blick. Ich habe sie nie vergessen, obwohl ich sie nur einmal sah, und damals nur für ein oder zwei Stunden. Ich wurde nicht wieder in den Kindergarten geschickt; vielleicht hatte meine Mutter bemerkt, wie erschüttert ich war.

Eines der großen Probleme, die mich schon als Kind bewegten, war das fürchterliche Elend in Wien. Dieses Problem beschäftigte mich so stark, daß ich fast nie ganz davon loskam. Nur wenige Menschen, die heute in einer der westlichen Demokratien leben, wissen, was Armut zu Beginn dieses Jahrhunderts bedeutete. Männer, Frauen und Kinder hungerten und litten unter Kälte, Obdachlosigkeit und Hoffnungslosigkeit. Aber wir Kinder konnten nicht helfen. Wir konnten nicht mehr tun, als ein paar Kreuzer zu erbitten, um sie den Armen geben zu können.

Ich erfuhr erst viel später, daß mein Vater lange Jahre hindurch an diesen Problemen gearbeitet hatte; er sprach nie über diese Tätigkeit. Er arbeitete in zwei Komitees, die Heime für Obdachlose errichteten. Eine Freimaurer-Loge, deren »Meister vom Stuhl« er viele Jahre lang war, führte ein Heim für elternlose Kinder. Das andere Komitee (nicht von den Freimaurern geleitet) war der Asylverein für Obdachlose, der für Erwachsene und für obdachlose Familien sorgte. (Ein Insasse dieser Institution – des Asyls für Obdachlose – war Adolf Hitler während seines ersten Aufenthaltes in Wien.)

Meinem Vater wurde für diese Arbeit eine unerwartete Anerkennung zuteil, als der alte Kaiser ihn zum Ritter des Franz-Joseph-Ordens machte. Das war vermutlich nicht nur eine Überraschung, sondern auch ein Problem. Denn obwohl mein Vater – wie die meisten Österreicher – den Kaiser respektierte, so war er doch Anhänger des radikalen Liberalismus eines John Stuart Mill und sicher kein Anhänger der damaligen Regierung.

Als Freimaurer galt er sogar als Mitglied einer Gesellschaft, die damals von der österreichischen Regierung für illegal erklärt worden war, nicht aber von der ungarischen Regierung. Die Freimaurer trafen sich deshalb oft in Preßburg, jenseits der österreich-ungarischen Grenze. Das österreich-ungarische Reich war zwar eine konstitutionelle Monarchie, wurde aber nicht von seinen Parlamenten regiert. Es gab Ausnahmegesetze, die den Parlamenten die Macht nahmen, die beiden Ministerpräsidenten oder die beiden Kabinette zu entlassen; nicht einmal ein Mißtrauensvotum konnte das erreichen. Es scheint, daß das österreichische Parlament sogar schwächer war als das englische Parlament unter William und Mary, wenn ein solcher Vergleich zulässig ist. Es gab nur wenige konstitutionelle Kontrollen, und es herrschte eine strenge Zensur. Eine glänzende politische Satire, *Anno Neunzehnhundertdrei, In Freilichtmalerei,* die mein Vater unter dem Namen Siegmund Karl Pflug geschrieben hatte, wurde beim Erscheinen beschlagnahmt und blieb bis 1918 auf dem Index der verbotenen Bücher.

Trotz alledem wehte in diesen Tagen vor 1914 in Europa, westlich des zaristischen Rußlands, eine recht freiheitliche Luft: ein Liberalismus, der auch Österreich durchdrang und der durch den Ersten Weltkrieg zerstört wurde – es scheint fast, für immer zerstört. Die Wiener Universität mit ihren vielen hervorragenden Lehrern hatte ihre traditionellen Freiheiten und ihre Autonomie. Und so war es auch mit den Theatern, die eine wichtige Rolle im Leben Wiens spielten – eine fast so wichtige wie die Musik. Der Kaiser hielt sich von allen politischen Parteien fern und identifizierte sich mit keiner seiner Regierungen. In der Tat folgte er, fast buchstäblich, dem Rat, den König Christian VIII. von Dänemark von Sören Kierkegaard erhielt.[1]

3

Der Einfluß des Elternhauses

In meinem Elternhaus spielten Bücher eine große Rolle. Mein Vater, Dr. Simon Siegmund Carl Popper, war ebenso wie seine beiden Brüder Jurist und Absolvent der Wiener Universität. Er hatte eine große Bibliothek, und es gab überall Bücher – mit Ausnahme des Speisezimmers, in dem ein Bösendorfer Konzertflügel stand und viele der Werke von Bach, Haydn, Mozart, Beethoven, Schubert und Brahms. Mein Vater, der ein Zeitgenosse Sigmund Freuds war und dessen Werke bei ihrem Erscheinen las, war Rechtsanwalt. Über meine Mutter, Jenny Popper (ihr Mädchenname war Schiff), werde ich mehr sagen, wenn ich auf Musik zu sprechen komme. Mein Vater war ein guter Redner. Ich hörte nur eine seiner Verteidigungsreden, im Jahre 1924 oder 1925, als ich selbst der Angeklagte war. Meiner Meinung nach war der Fall ganz klar.[2] Ich hatte deshalb meinen Vater nicht gebeten, mich zu verteidigen; und es war mir peinlich, daß er darauf bestand. Aber die Einfachheit, Klarheit und Gradlinigkeit seiner kurzen Rede machten auf mich einen großen Eindruck.

Mein Vater arbeitete angestrengt in seinem Beruf. Er war ein Freund und Mitarbeiter von Dr. Carl Grübl gewesen, dem letzten liberalen Bürgermeister von Wien (ein Vorgänger von Dr. Karl Lueger), und er hatte Grübls Kanzlei übernommen. Die Kanzlei war ein Teil unserer großen Wohnung, im Herzen von Wien, gegenüber dem Riesentor der Stephanskirche.[2a] Mein Vater arbeitete viel in seiner Kanzlei, aber er war eigentlich mehr ein Gelehrter als ein Rechtsanwalt. Er interessierte sich für Geschichte (der historische Teil seiner Bibliothek war groß), besonders für die hellenistische Periode und für das 18. und 19. Jahrhundert. Er schrieb Gedichte, und er übersetzte griechische und lateinische Dichter ins Deutsche, sprach aber nur selten über diese Dinge. Ganz zufällig fand ich eines Tages eine unbeschwert heitere Vers-Übersetzung von Horaz. Zu den besonderen Gaben meines Vaters gehörten eine gewisse Leichtigkeit des Stils und ein stark entwickeltes Gefühl für Komik. An der Philosophie war er sehr interessiert. Ich besitze noch seinen Platon, Bacon, Descartes, Spinoza, Locke, Kant, Schopenhauer und Eduard von Hartmann; John Stuart Mills *Gesammelte Werke* in einer deutschen Übersetzung, herausgegeben von Theodor Gomperz, dessen *Griechische Denker* er sehr schätzte; die meisten Werke von Kierkegaard, Nietzsche und Eucken und die von Ernst Mach; Fritz Mauthners *Kritik der Sprache* und Otto Weiningers *Geschlecht und Charakter* (beide Werke scheinen einen Einfluß auf Wittgenstein gehabt zu haben[3]); und Übersetzungen von Darwins Werken. Bilder von Darwin und Schopenhauer hingen in seinem Studierzimmer. Dann gab es natürlich die deutschen, französischen, englischen, russischen und skandinavischen Klassiker. Aber eines seiner Hauptinteressen galt dem Studium der »sozialen Frage«: Er hatte nicht nur die Werke von Marx und Engels, von Lassalle, Karl Kautsky und Eduard Bernstein, sondern auch die der Kritiker von Marx: Böhm-Bawerk, Carl Menger, Anton Menger, Peter Kropotkin und Josef Popper-Lynkeus (offenbar ein entfernter Verwandter, denn er stammt aus Kolin, einer kleinen böhmischen Stadt, aus der mein Großvater kam). Die Bibliothek hatte auch eine pazifistische Abteilung mit Büchern von Bertha von Suttner, Friedrich Wilhelm Förster und Norman Angell.

Bücher waren daher ein Teil meines Lebens, lange noch bevor ich sie lesen konnte. Das erste Buch, das einen großen und bleibenden Eindruck auf mich machte, wurde meinen beiden Schwestern und mir (ich war das jüngste von drei Kindern) von meiner Mutter vorgelesen. Es war ein Buch, das die große schwedische Dichterin Selma Lagerlöf für Kinder geschrieben hatte. Es hieß in der ausgezeichneten deutschen Übersetzung *Wunderbare Reise des kleinen Nils Holgersson mit den Wildgänsen.* Viele, viele Jahre lang las ich das Buch mindestens einmal im Jahr; und im Lauf der Zeit las ich mehrere Male wahrscheinlich alles, was Selma Lagerlöf geschrieben hat. Ihr berühmter erster Roman *Gösta Berling* gehört nicht zu meinen Lieblingsbüchern, obwohl es zweifellos ein bedeutendes Buch ist. Aber jedes ihrer andern Bücher ist, so glaube ich noch immer, ein Meisterwerk.

Lesen zu lernen und, in einem geringeren Grad, schreiben zu lernen sind natürlich die wichtigsten Ereignisse in unserer intellektuellen Entwicklung. Es gibt nichts, was damit zu vergleichen wäre, denn nur wenige Menschen (Helen Keller ist die große Ausnahme) können sich daran erinnern, was es für sie bedeutet hat, sprechen zu lernen. Ich werde meiner ersten Lehrerin, Emma Goldberger, die mich lesen, schreiben und rechnen lehrte, immer dankbar sein. Ich glaube, daß man einem Kind nur lesen, schreiben und rechnen beizubringen braucht; und für manche Kinder ist nicht einmal das notwendig: Sie lernen es von selbst. Alles andere kommt durch den Einfluß der Umwelt – durch die Atmosphäre, in der man aufwächst – und durch Lesen, Sprechen und Denken.

Abgesehen von meinen Eltern, meiner ersten Lehrerin und Selma Lagerlöf hatte mein Freund Arthur Arndt den größten Einfluß auf meine Entwicklung. Arthur Arndt war mit Ernst Moritz von Arndt verwandt, einem der berühmten Begründer des deutschen Nationalismus zur Zeit der Napoleonischen Kriege.[4] Arthur Arndt aber war ein sehr entschiedener Gegner des Nationalismus. Obwohl deutscher Abstammung, war er in Moskau geboren, wo er auch seine Jugend zubrachte. Er war ungefähr zwanzig Jahre älter als ich – also fast dreißig, als ich ihn 1912 das erstemal traf. Er war Ingenieur und hatte an der Universität Riga studiert. Und während der mißlungenen Russischen Revolution von 1905 war er einer der Führer der Rigaer Studenten gewesen. Er war Sozialist, aber er mißtraute den Bolschewiken, von denen er einige der Führer aus der Zeit von 1905 persönlich kannte. Er beschrieb sie als die Jesuiten des Sozialismus, als Menschen, die imstande seien, Unschuldige zu opfern, auch die, die ihnen sehr nahestanden; denn ihre großartigen Endziele rechtfertigten alle Mittel. Arndt war kein überzeugter Marxist, aber er glaubte, daß Marx der bedeutendste Theoretiker des Sozialismus sei. Er fand in mir einen willigen Zuhörer für seine sozialistischen Ideen: Nichts konnte wichtiger sein, als der Armut ein Ende zu machen.

Arndt war auch, noch mehr als mein Vater, an der Bewegung interessiert, die von den Schülern von Ernst Mach und Wilhelm Ostwald begründet wurde: von den sogenannten Monisten. (Zwischen den deutschen und österreichischen Monisten und der berühmten amerikanischen Zeitschrift *The Monist*, zu der Mach beitrug, bestand eine enge Verbindung.) Die Monisten waren an den Naturwissenschaften interessiert, an der Erkenntnistheorie und an dem, was heute »Wissenschaftstheorie« genannt wird. Viele Wiener Monisten waren Anhänger des »halb-sozialistischen« Josef Popper-Lynkeus, unter ihnen auch Otto Neurath.

Das erste sozialistische Buch, das ich las (wahrscheinlich unter dem Einfluß von Arthur Arndt – es widerstrebte meinem Vater, mich politisch zu beeinflussen), war Edward Bellamys *Ein Rückblick aus dem Jahre 2000 auf das Jahr 1887 (Looking Backward)*. Ich muß damals ungefähr zwölf gewesen sein, und das Buch machte einen großen Eindruck auf mich. Arndt nahm mich auf die sonntäglichen Ausflüge der Monisten in den Wienerwald mit, und da wurden Marxismus und Darwinismus diskutiert. Zweifellos überstieg das meiste davon meine Auffassungsfähigkeit. Aber es war interessant und aufregend.

Einer dieser Sonntagsausflüge der Monisten fiel auf den 28. Juni 1914. Gegen Abend, als wir uns der Wiener Stadtgrenze näherten, hörten wir, daß Erzherzog Franz Ferdinand, der österreichische Thronfolger, in Sarajewo ermordet worden war. Etwa zwei Wochen später fuhr meine Mutter mit meinen beiden Schwestern und mir nach Altaussee, einem Dorf unweit von Salzburg, wo wir unsere Sommerferien verbrachten. Und in

Altaussee, an meinem zwölften Geburtstag, bekam ich einen Brief von meinem Vater, in dem er schrieb, daß es ihm leid tue, nicht zu meinem Geburtstag kommen zu können, wie er es vorgehabt habe, *»denn es ist leider Krieg«*. Da der Brief am Tag der Kriegserklärung Österreich-Ungarns an Serbien ankam, so muß mein Vater ziemlich sicher gewesen sein, daß der Krieg ausbrechen würde.

4

Der Erste Weltkrieg

Ich war also zwölf, als der Erste Weltkrieg ausbrach; und die Kriegsjahre und ihre Folgen waren in jeder Hinsicht entscheidend für meine geistige Entwicklung. Sie machten mich kritisch gegenüber den hergebrachten Meinungen, besonders den politischen Meinungen.

Natürlich wußten damals nur wenige, was Krieg bedeutet. In das ohrenbetäubende Getöse, das der Patriotismus auslöste, stimmten sogar einige Mitglieder unseres vorher alles andere denn kriegsbegeisterten Kreises ein. Mein Vater war traurig und niedergedrückt. Aber sogar Arndt erwartete etwas Gutes vom Krieg: Er glaubte, daß es in Rußland zu einer demokratischen Revolution kommen werde.

Oft habe ich mich später dieser Tage erinnert. Viele Mitglieder unseres Kreises hatten vor dem Krieg politische Theorien diskutiert, die ausgesprochen pazifistisch waren oder mindestens sehr kritisch gegenüber der bestehenden Ordnung in Österreich, gegenüber dem »Dreibund« – dem Bund zwischen Österreich, Deutschland und Italien – und gegenüber der Expansionspolitik Österreichs in den Balkanstaaten, besonders in Serbien. Die Tatsache, daß sie plötzlich gerade diese Politik unterstützten, verblüffte mich.

Heute verstehe ich diese Dinge besser. Es war nicht nur eine Folge des Druckes der öffentlichen Meinung; es war ein Loyalitätskonflikt. Auch Furcht spielte mit herein – die Furcht vor Gewaltmaßnahmen, die während eines Krieges von den

Autoritäten gegen Dissidenten kaum vermieden werden können, weil es schwer möglich ist, eine scharfe Linie zwischen Dissidenten und Verrätern zu ziehen. Aber damals war ich sehr erstaunt. Ich wußte natürlich sehr wenig darüber, was mit den sozialistischen Parteien Deutschlands und Frankreichs geschehen war und daß die Internationale sich in Nichts aufgelöst hatte. (Eine ausgezeichnete Beschreibung dieser Vorgänge findet man in den letzten Bänden von Roger Martin du Gards großem Roman *Die Thibaults*[5].)

Für einige Wochen und unter dem Einfluß der Kriegspropaganda in meiner Schule, wurde auch ich von der allgemeinen Stimmung angesteckt: Im Herbst 1914 schrieb ich ein dummes Gedicht, »Das Friedensfest«, in dem ich von der Annahme ausging, daß Österreich und Deutschland dem Angriff widerstanden hätten (ich glaubte damals, daß »wir« die Angegriffenen seien), und in dem ich die Wiederherstellung des Friedens beschrieb und feierte. Obwohl es also kein kriegerisches Gedicht war, schämte ich mich bald gründlich meiner Annahme, daß »wir« die Angegriffenen seien. Es wurde mir bald klar, daß der österreichische Angriff auf Serbien und der deutsche Angriff auf Belgien fürchterliche Dinge waren und daß ein kolossaler Propaganda-Apparat am Werk war, uns zu überreden, daß »unser« Vorgehen moralisch gerechtfertigt sei. Im Winter 1915/16 kam ich zu der Überzeugung – wahrscheinlich unter dem Einfluß der sozialistischen Vorkriegspropaganda –, daß Österreich und Deutschland für eine schlechte Sache kämpften und es deshalb verdienten, den Krieg zu verlieren (und daß das deshalb auch geschehen würde, wie ich naiverweise dachte).

Eines Tages, es muß 1916 gewesen sein, ging ich zu meinem Vater mit einem ziemlich gut vorbereiteten Bericht über die Situation, wie ich sie sah; aber er stimmte viel weniger mit mir überein, als ich erwartet hatte. Er war darüber, was in diesem Krieg Recht und Unrecht war, viel mehr im Zweifel als ich, und auch über den Ausgang. Er hatte natürlich in beiden Fällen recht, und es war klar, daß ich die Dinge in einem zu einfachen Licht gesehen hatte. Trotzdem nahm er meine Ansichten ernst; und nach einer längeren Diskussion war er sogar geneigt, mit mir übereinzustimmen. Auch mein Freund Arndt stimmte zu. Danach hatte ich nur mehr wenige Zweifel.

Inzwischen kämpften alle meine Cousins, die alt genug waren, und viele unserer Freunde in der Armee. Meine Mutter nahm meine Schwestern und mich noch immer für die Ferien in die Berge, und 1916 waren wir wieder im Salzkammergut – diesmal in Ischl, wo wir ein kleines Haus hoch oben auf einem bewaldeten Hang gemietet hatten. Sigmund Freuds Schwester, Rosa Graf, die mit meinen Eltern befreundet war, und ihre Tochter waren mit uns. Ihr Sohn Hermann, der nur fünf Jahre älter war als ich, kam in Uniform, um seinen letzten Urlaub, bevor er an die Front ging, mit seiner Mutter zu verbringen. Bald darauf kam die Nachricht von seinem Tod. Der Schmerz seiner Mutter – und seiner Schwester, der Lieblingsnichte Freuds – war erschütternd. Ich verstand jetzt etwas besser, was diese täglichen, furchtbar langen Listen der Gefallenen, Verwundeten und Vermißten bedeuteten.

Bald danach wurden die innenpolitischen Fragen wieder aktuell. Das alte Österreich war ein Staat mit vielen Nationalsprachen: Es gab Tschechen, Slowaken, Polen, Südslawen (Jugoslawen) und Italienisch sprechende Österreicher. Jetzt hörten wir Gerüchte vom Abfall der Tschechen, Slawen und Italiener und von Überläufern in der österreichischen Armee. Die Auflösung hatte begonnen. Ein Freund unserer Familie, der Militärauditor war, erzählte uns über die panslawische Bewegung, die er aus beruflichen Gründen studieren mußte, und von Masaryk, einem Philosophen, der an den Universitäten Wien und Prag gelehrt hatte und ein Führer der Tschechen war. Wir hörten von der tschechischen Armee, die in Rußland aus Tschechisch sprechenden österreichischen Kriegsgefangenen gebildet wurde. Und dann hörten wir Gerüchte von Todesurteilen wegen Verrats und von der Ausübung einer Schreckensherrschaft, die sich gegen alle jene richtete, die des Verrats gegen den Staat verdächtig waren.

5

Ein philosophisches Problem aus der Kindheit: Die Unendlichkeit

Ich bin schon seit langem der Ansicht, daß es echte philosophische Probleme gibt und nicht bloß unwichtige Vexierfragen, die aus einem Mißbrauch der Sprache entstehen (»linguistic puzzles«). Die Existenz einiger dieser Probleme ist unbestreitbar. Es ist nicht verwunderlich, daß ich auf eines stieß, als ich noch ein Kind war; vielleicht war ich acht Jahre alt.

Irgendwie hatte ich vom Sonnensystem gehört und von der Unendlichkeit des Weltraums (offenbar Newtons Raum), und ich plagte mich damit ab, das zu verstehen. Ich konnte mir weder vorstellen, daß der Raum endlich sei (denn was war denn dann außerhalb des Weltraums?) noch daß der Raum unendlich sei. Mein Vater schlug vor, daß ich einen seiner Brüder um Rat fragen sollte, der, wie mein Vater mir sagte, es gut verstand, solche Dinge zu erklären. Dieser Onkel fragte mich zunächst, ob es mir Schwierigkeiten mache, mir eine Reihe von Zahlen vorzustellen, die immer weiterging, so daß auf jede Zahl eine weitere folgte. Nein, damit hatte ich keine Schwierigkeiten. Dann sagte er mir, ich solle mir einen großen Stapel von Ziegeln vorstellen und dann noch einen Ziegel dazugeben und noch einen und noch einen, ohne Ende; mein Stapel würde niemals den Weltraum ganz ausfüllen. Ich stimmte etwas zögernd zu, daß das eine befriedigende Antwort sei; aber ich war nicht wirklich zufrieden. Es war mir natürlich unmöglich, die Bedenken zu formulieren, die ich immer noch hatte: Es war, wie ich heute weiß, der Unterschied zwischen der potentiellen und der aktuellen Unendlichkeit, und die Unmöglichkeit, die aktuelle Unendlichkeit auf die potentielle zurückzuführen. Mein Problem war natürlich ein Teil – der räumliche Teil – von Kants erster Antinomie; und es ist, besonders wenn der zeitliche Teil dazukommt, ein ernstes und noch immer ungelöstes philosophisches Problem[6] – insbesondere seit Einsteins Hoffnung auf eine Lösung (nach der das Universum als ein geschlossener Riemannscher Raum mit einem endlichen Radius anzusehen sei) recht zweifelhaft geworden ist. Ich dachte natürlich nicht im entferntesten daran, daß das Problem, das mich plagte, ein ungelöstes Problem sein könnte. Ich glaubte vielmehr, daß das eine Frage sei, die ein intelligenter Erwachsener, wie zum Beispiel mein Onkel, verstehen müsse, während ich einfach zu unwissend war oder vielleicht zu jung oder zu dumm, um die wahre Lösung ganz zu verstehen.

Ich erinnere mich an mehrere ähnliche Probleme – wirkliche Probleme, nicht unwichtige Vexierfragen – aus einer späteren Zeit, als ich zwölf oder dreizehn war, zum Beispiel das Problem von der Herkunft des Lebens, das von Darwins Theorie offengelassen wird, und ob das Leben einfach ein chemischer Prozeß ist. (Ich war für eine Theorie, die die Organismen als chemische Prozesse – als Flammen – interpretiert.)

Das sind, glaube ich, fast unvermeidliche Fragen, die jeden beunruhigen müssen, der von Darwin gehört hat, ob Kind oder Erwachsener. Die Tatsache, daß heute an diesen Problemen experimentell gearbeitet wird, beeinträchtigt keineswegs deren philosophischen Charakter. Wir dürfen nicht in anmaßender Art erklären, daß es keine echten philosophischen Probleme gebe oder daß sie, falls sie existieren, unlösbar (obzwar vielleicht auflösbar) seien.

Meine eigene Einstellung zu diesen Problemen blieb für lange Zeit dieselbe. Ich hielt es nicht für möglich, daß irgendeine der Fragen, die mich beschäftigten, nicht schon lange gelöst sei; und noch weniger, daß irgendeine von ihnen neu sein könnte. Ich zweifelte nicht daran, daß Leute wie der große Wilhelm Ostwald, der Herausgeber der Zeitschrift *Das monistische*

Jahrhundert, alle Antworten wüßten. Meine Schwierigkeiten, so nahm ich als selbstverständlich an, waren nur durch meine Unkenntnis verursacht.

6

Mein erster philosophischer Mißerfolg: Das Problem des Essentialismus

Ich kann mich an die erste Diskussion des ersten philosophischen Problems erinnern, das entscheidend für meine geistige Entwicklung wurde. Die Frage entstand daraus, daß ich es ablehnte, *Worten und ihrer Bedeutung (oder ihrem »wahren Sinn«)* zu große Wichtigkeit beizumessen.

Ich muß ungefähr fünfzehn gewesen sein. Mein Vater hatte mir vorgeschlagen, einiges aus Strindbergs Autobiographie zu lesen. Ich weiß nicht mehr, welche der Stellen es waren, die mich dazu veranlaßten, in einem Gespräch mit meinem Vater etwas zu kritisieren, was mir als eine obskurantistische Einstellung Strindbergs erschien: Es war sein Versuch, etwas Wichtiges aus der »wahren« Bedeutung von gewissen Worten abzuleiten. Aber ich erinnere mich, wie es mich störte, ja wie betroffen ich war, daß mein Vater meinen Standpunkt nicht verstand. Das Problem schien mir klar zu sein und um so klarer, je länger unsere Diskussion dauerte. Und als wir spät am Abend unsere Diskussion abbrachen, mußte ich mir eingestehen, daß ich keinen Erfolg gehabt hatte. Eine wirkliche Kluft hatte sich über dieser wichtigen Frage zwischen uns aufgetan. Ich erinnere mich, daß ich nach der Diskussion versuchte, mir die Richtlinie, die Maxime, einzuprägen, *niemals über Worte und ihre »wahre« Bedeutung zu argumentieren;* denn solche Diskussionen sind irreführend und unwichtig. Ich erinnere mich auch, daß ich nicht daran zweifelte, daß diese einfache Richtlinie oder Maxime wohlbekannt und weithin akzeptiert sein müsse: Ich hatte den

Verdacht, daß sowohl Strindberg als auch mein Vater in diesen Dingen etwas rückständig waren.

Viele Jahre später fand ich heraus, daß ich ihnen Unrecht getan hatte und daß der Glaube an die Wichtigkeit von Worten und besonders von Definitionen fast universell war. Die Einstellung, die ich später »Essentialismus«[7] nannte, ist noch immer weit verbreitet; und das Gefühl des Versagens, des Mißerfolgs, das ich damals als Mittelschüler hatte, wiederholte sich oft in späteren Jahren.

Ich erfuhr die erste Wiederholung dieses Gefühls des Versagens, als ich versuchte, einige der philosophischen Bücher aus der Bibliothek meines Vaters zu lesen. Ich fand bald heraus, daß die Einstellung Strindbergs und meines Vaters weit verbreitet war. Das verursachte mir große Schwierigkeiten, und ich faßte eine Abneigung gegen die Philosophie. Mein Vater hatte mir vorgeschlagen, es mit Spinoza zu versuchen (vielleicht als eine Kur). Leider machte ich mich nicht an Spinozas *Briefe*, sondern an die *Ethik* und die *Prinzipien der Philosophie des Descartes*, beide voll von Definitionen, die mir willkürlich und zwecklos vorkamen und die, sofern überhaupt ein Problem vorlag, den problematischen Punkt als bewiesen annahmen. Das Resultat war, daß ich eine lebenslängliche Abneigung gegen das Theoretisieren über Gott davontrug. Theologie ist, so glaube ich noch immer, ein Symptom des Unglaubens. Ich hatte auch das Gefühl, daß die Ähnlichkeit zwischen der Methode der Geometrie – der Gegenstand, der mich in der Schule am meisten interessierte – und Spinozas Art, more geometrico vorzugehen, sehr oberflächlich war. Da war Kant etwas ganz anderes. Obwohl ich die *Kritik der reinen Vernunft* viel zu schwer fand, konnte ich doch sehen, daß es sich da um wirkliche Probleme handelte. Ich erinnere mich, wie beeindruckt und verwirrt ich von der merkwürdigen Anordnung der Antinomien war, nachdem ich versucht hatte, mit beschränktem Verständnis, aber mit Faszination das Vorwort zur zweiten Auflage der *Kritik* (in der Ausgabe von Benno Erdmann) zu lesen, und weiterblätternd auf diese Anordnung der Antinomien stieß. Ich konnte nicht verstehen, worum es sich handelte. Ich konnte nicht verstehen, was Kant (oder irgend jemand anderer) meinte, wenn er sagte, daß die Vernunft sich selbst widersprechen könne. Trotzdem sah ich, als ich die erste Antinomie las, daß es sich hier um wirkliche Probleme handelte; ich lernte auch aus dem Vorwort, daß man Mathematik und Physik braucht, um diese Dinge zu verstehen.

Hier muß ich mich aber dem Problem zuwenden, das jener Diskussion mit meinem Vater zugrunde lag, an deren Eindruck ich mich so deutlich erinnere. Es ist ein Problem, das mich immer noch von den meisten zeitgenössischen Philosophen trennt. Und weil es ein Problem ist, das sich als so entscheidend für mein späteres Leben als Philosoph herausgestellt hat, so habe ich das Gefühl, daß ich es hier ausführlich besprechen muß, auch auf die Gefahr hin, daß das zu einem längeren Exkurs führt.

7

Ein langer Exkurs über den Essentialismus: Was mich immer noch von den meisten zeitgenössischen Philosophen trennt

Ich nenne diesen Abschnitt aus zwei Gründen einen Exkurs: erstens, weil die Art, in der ich hier (im dritten Absatz) meinen Anti-Essentialismus formuliere, zweifellos durch spätere Einsichten beeinflußt ist; und zweitens, weil die anschließenden Teile dieses Abschnitts sich weniger mit meiner intellektuellen Entwicklung befassen (die allerdings nicht unberücksichtigt bleibt), als vielmehr mit der Besprechung eines Problems, dessen Klärung mich mein ganzes Leben beschäftigt hat.

Ich möchte nicht behaupten, daß ich mir schon mit fünfzehn Jahren über die hier folgende Formulierung klar gewesen wäre, doch kann ich heute die Einstellung, zu der ich in jener Diskussion mit meinem Vater gelangte und von der im vorigen Abschnitt die Rede war, nicht besser als folgendermaßen beschreiben:

Laß dich nie dazu verleiten, Probleme ernst zu nehmen, bei denen es um Worte und ihre Bedeutung geht. Was man ernst nehmen muß, sind Fragen und Behauptungen über Tatsachen: Theorien und Hypothesen; die Probleme, die sie lösen; und die Probleme, die sie aufwerfen.

Diesen Rat, den ich mir selbst gab, werde ich im folgenden meine *anti-essentialistische Richtschnur oder Maxime* nennen. Abgesehen von dem Hinweis auf Theorien und Hypothesen, der wahrscheinlich wesentlich späteren Datums ist, drückt diese Richtschnur oder Maxime recht gut die Gefühle aus, die mich bewegten, als mir zum erstenmal bewußt wurde, in welche

Fallstricke man sich verfängt, wenn man sich in Grübeleien oder in Streitigkeiten über Worte und ihre Bedeutungen einläßt. Ich glaube noch immer, daß es der sicherste Weg ins Verderben ist, echte Probleme zugunsten von Wortstreitigkeiten zu vernachlässigen.

An der Klärung dieser Frage hinderte mich lange Zeit der Umstand, daß ich naiverweise überzeugt war, daß das alles wohlbekannt sein müsse, insbesondere unter Philosophen, sofern diese nur einigermaßen auf dem laufenden waren. Als ich später begann, mich ernsthaft mit philosophischen Büchern zu beschäftigen, veranlaßte mich diese Überzeugung, zu versuchen, mein Problem – die weitgehende Unwichtigkeit von Worten – mit einem der bekannten Probleme der Philosophie zu identifizieren. So kam ich zu dem Schluß, daß es mit dem klassischen Universalienproblem nahe verwandt ist. Ich bemerkte zwar recht bald, daß es mit dem klassischen Problem nicht identisch war, doch ich bemühte mich sehr, in ihm eine Spielart dieses klassischen Problems zu sehen. Das war ein Fehler; er führte aber dazu, daß ich mich für das Universalienproblem und seine Geschichte zu interessieren begann, und ich kam bald zu dem Schluß, daß sich hinter dem klassischen Problem der Universalbegriffe und ihrer Bedeutung (oder ihres Sinnes) ein viel tieferes und wichtigeres Problem verbarg: das Problem der universellen Gesetze und ihrer Wahrheit, also das Problem der Gesetzmäßigkeiten in der Natur.

Das Universalienproblem wird auch heute noch so behandelt, als sei es ein Problem von Worten oder ein Problem des Sprachgebrauchs; oder ein Problem der Ähnlichkeit von Situationen und der diesen entsprechenden Ähnlichkeiten unserer sprachlichen Symbole. Mir schien es aber klar, daß es sich um ein sehr viel allgemeineres Problem handelte: daß es im Grunde um das Problem geht, wie wir auf biologisch ähnliche Situationen *ähnlich reagieren* können. Da alle (oder fast alle) Reaktionen, biologisch gesehen, einen antizipatorischen Wert haben, so kommen wir zu dem Problem der Antizipation oder der Erwartung; und mit diesem Problem kommen wir zu dem der

Anpassung an Regelmäßigkeiten oder an Gesetzmäßigkeiten.

Nun habe ich mein ganzes Leben lang nicht nur an die Existenz einer »Außenwelt« (wie es die Philosophen nennen) geglaubt, sondern ich habe auch die entgegengesetzte Auffassung als eine Ansicht betrachtet, die nicht ernst zu nehmen ist. Das heißt nicht, daß ich in dieser Frage stets mit mir einig gewesen wäre und nie mit dem »neutralen Monismus« oder mit ähnlichen idealistischen Auffassungen experimentiert hätte. Doch war ich immer ein Anhänger des *Realismus,* und dadurch wurde ich darauf aufmerksam, daß der Ausdruck »Realismus« im Zusammenhang mit dem Universalienproblem in einem ganz anderen Sinn gebraucht wurde, nämlich um die dem *Nominalismus* entgegengesetzte Auffassung zu bezeichnen. Um diesen etwas irreführenden Sprachgebrauch zu vermeiden, führte ich den Ausdruck »Essentialismus« ein (also etwa »Wesensphilosophie«), um alle dem Nominalismus entgegengesetzten klassischen Auffassungen zu bezeichnen, insbesondere die Theorien von Platon und Aristoteles und, unter den modernen Theorien, die »Wesensschau« Edmund Husserls. Ich führte den Ausdruck »Essentialismus« etwa 1935 ein, während der Arbeit über *Das Elend des Historizismus* (*The Poverty of Historicism*; siehe das Vorwort zur deutschen Übersetzung).

Zumindest zehn Jahre bevor ich diesen Namen wählte, war mir bewußt geworden, daß mein eigenes Problem im Gegensatz zum klassischen Universalienproblem (und seiner biologischen Variante) *ein Problem der Methode* war. Schließlich war ja jene Maxime, die ich mir ursprünglich eingeprägt hatte, darauf gerichtet gewesen, auf eine bestimmte Art zu denken und vorzugehen. Deshalb hatte ich, lange bevor ich die Ausdrücke *Essentialismus* und *Anti-Essentialismus* einführte, den Ausdruck »Nominalismus« durch das Prädikat »methodologisch« eingeschränkt und jene Einstellung, die meiner Maxime entsprach, als »methodologischen Nominalismus« bezeichnet. Heute erscheint mir dieser Name ein wenig irreführend. Die Wahl des Wortes »Nominalismus« ergab sich aus meinem Versuch, meine Auffassung mit einer allgemein bekannten Auffassung zu identifizieren oder wenigstens Ähnlichkeiten mit einer solchen Auffassung zu finden. Den klassischen »Nominalismus« habe ich aber niemals akzeptiert.

Zwei Diskussionen in den frühen zwanziger Jahren hatten einen gewissen Einfluß auf diese Ideen. Die erste hatte ich mit Karl Polanyi, dem Wirtschaftswissenschaftler und Theoretiker der Politik. Polanyi meinte, mein »methodologischer Nominalismus« sei charakteristisch für die Naturwissenschaften, passe aber nicht für die Sozialwissenschaften. Die zweite Diskussion hatte ich kurz darauf mit Heinrich Gomperz, einem Denker von großer Originalität und Gelehrsamkeit, der mich dadurch einigermaßen aus der Fassung brachte, daß er meine Auffassung als »realistisch« in *beiden* Bedeutungen des Wortes bezeichnete.

Heute glaube ich, daß Polanyi und Gomperz beide recht hatten. Polanyi hatte recht, weil rein verbale Streitigkeiten in den Naturwissenschaften praktisch keine Rolle spielen, während Wortklaubereien in dieser oder jener Form in den Sozialwissenschaften gang und gäbe waren und es noch immer sind. Darüber hinaus würde ich heute sagen[7a], daß die sozialen Beziehungen in vieler Hinsicht zu dem gehören, was ich jetzt »die dritte Welt« oder besser »Welt 3« nenne; also zur Welt der Theorien, der Bücher, der Ideen, der Probleme; zu einer Welt, die seit Platon – der sie als eine Welt der Begriffe ansah – mit essentialistischen Methoden untersucht worden ist. Gomperz hatte recht, weil jemand, der als Realist an eine »Außenwelt« glaubt, notwendigerweise an die Existenz eines Kosmos (im Gegensatz zu einem Chaos), also an Regelmäßigkeiten glauben muß. Ich stand dem klassischen Essentialismus kritischer gegenüber als dem Nominalismus: Ich substituierte das Problem der biologischen Anpassung an Regelmäßigkeiten für das Problem der Existenz von Ähnlichkeiten, aber ich sah nicht, daß ich dadurch dem »Realismus« näher kam als dem Nominalismus; denn Regelmäßigkeiten sind real, während Ähnlichkeiten vom Standpunkt des Betrachters abhängen.

Um zu erklären, wie ich diese Dinge heute sehe, will ich eine Tafel der Ideen verwenden, die ich zum erstenmal in »On the

Sources of Knowledge and of Ignorance« veröffentlicht habe.[8]

Die Tafel ist an sich ganz trivial; die logische Analogie zwischen der *linken Seite* und der *rechten Seite* ist ziemlich gut bekannt. Man kann aber die Tafel dazu verwenden, meine anti-essentialistische Maxime nochmals zu erklären. Diese kann jetzt folgendermaßen formuliert werden:

Obwohl die linke und die rechte Seite dieser Tafel logisch vollkommen analog sind, ist die linke Seite philosophisch unwichtig, während die rechte Seite philosophisch äußerst wichtig ist.[9]

Daraus folgt, daß die Sprachphilosophen, die sich mit dem Sinn der Worte befassen, auf der falschen Fährte sind. *Die in intellektueller Hinsicht einzig erstrebenswerten Dinge sind wahre Theorien, oder doch wenigstens Theorien, die der Wahrheit nahekommen;* zumindest näher als andere (konkurrierende) Theorien, beispielsweise ältere Theorien.

Das werden, vermutlich, die meisten Philosophen zugeben; aber sie werden geneigt sein, folgendermaßen zu argumentieren: Ob eine Theorie wahr ist, oder neu, oder intellektuell wichtig, das hängt von ihrem Sinn ab, und *der Sinn einer Theorie* (sofern sie grammatikalisch eindeutig ist) *ist eine Funktion des Sinnes der Worte, mittels derer die Theorie formuliert wird.* (Eine Funktion muß auch hier, ähnlich wie in der Mathematik, der Reihenfolge der Argumente Rechnung tragen.)

Diese Auffassung vom Sinn einer Theorie scheint fast selbstverständlich zu sein; sie ist weit verbreitet und wird oft ganz unbewußt als wahr hingenommen.[10] Dennoch ist kaum etwas Wahres daran. Ich würde ihr ungefähr folgendes entgegensetzen:

Die Beziehung zwischen einer Theorie (oder einer Aussage) und den zu ihrer Formulierung verwendeten Worten ist in verschiedener Hinsicht mit der Beziehung zwischen geschriebenen Worten und den zu ihrer Niederschrift verwendeten Buchstaben vergleichbar.

Es ist klar, daß Buchstaben nicht in demselben Sinn »Bedeutung« haben wie Worte; obwohl wir natürlich die Buchstaben

	IDEEN,	
	das heißt	
Bezeichnungen oder **Ausdrücke** oder **Begriffe**		**Behauptungen** oder **Aussagen** oder **Theorien**
	können durch	
Worte		**Sätze**
	formuliert werden, die	
sinnvoll		**wahr**
	sein können; und	
ihr Sinn		**ihre Wahrheit**
	kann durch	
Definitionen		**Ableitungen**
	zurückgeführt werden auf	
den Sinn von **undefinierten** **Grundbegriffen.**		**die Wahrheit von** **unableitbaren** **Grundsätzen.**

	Wenn wir versuchen, auf diesem Weg	
ihren Sinn		ihre Wahrheit
	eindeutig festzulegen (statt bloß auf anderes zurückzuführen), so führt das zu einem unendlichen Regreß.	

kennen müssen – das heißt, ihre »Bedeutung« (in einem andern Sinn) kennen müssen –, wenn wir die Worte erkennen und so ihren Sinn oder ihre Bedeutung feststellen wollen. Ungefähr das gleiche läßt sich über das Verhältnis zwischen Worten und Sätzen oder Theorien sagen.

Buchstaben spielen bei der Formulierung von Worten eine lediglich technische oder pragmatische Rolle. Meiner Meinung nach spielen Worte ebenfalls eine lediglich technische oder pragmatische Rolle bei der Formulierung von Theorien. So sind also Buchstaben wie Worte lediglich Mittel zum Zweck (zu verschiedenen Zwecken). Und die einzigen intellektuell wichtigen Zwecke sind: die Formulierung von Problemen; das vorläufige Aufstellen von Theorien zur Lösung dieser Probleme und die kritische Diskussion der konkurrierenden Theorien. Die kritische Diskussion überprüft die vorgeschlagenen Theorien im Hinblick darauf, ob sie das vorliegende Problem rational oder intellektuell lösen, und im Hinblick auf ihre Wahrheit oder ihre Wahrheitsnähe. Wahrheit ist das wichtigste regulative Prinzip in der Kritik von Theorien; ein anderes ist ihre Fähigkeit, neue Probleme aufzuwerfen und zu lösen. (Siehe *Conjectures and Refutations,* Kapitel 10.)

Es gibt einige gute Beispiele, die zeigen, daß zwei Theorien T_1 und T_2, die mit Hilfe von ganz verschiedenen (nicht ein-eindeutig ineinander übersetzbaren) Worten formuliert sind, nichtsdestoweniger logisch äquivalent sein können, so daß man sagen kann, daß T_1 und T_2 lediglich verschiedene Formulierungen einer und derselben Theorie sind. Das zeigt, daß es ein Fehler ist, anzunehmen, der logische »Sinn« einer Theorie sei durch den »Sinn« ihrer Worte bestimmt. (Um die Äquivalenz von T_1 und T_2 zu zeigen, mag es manchmal notwendig sein, eine reichere Theorie T_3 zu konstruieren, in die sowohl T_1 wie auch T_2 übersetzt werden können. Beispiele dafür sind verschiedene Axiomatisierungen der projektiven Geometrie; auch der Partikel- und der Wellenformalismus der Quantenmechanik, deren Äquivalenz sich dadurch beweisen läßt, daß man beide in eine Operatorensprache übersetzt.[11])

Es ist natürlich ganz klar, daß die Veränderung eines einzigen Wortes den Sinn einer Aussage grundlegend ändern kann, so wie die Veränderung eines einzigen Buchstabens den Sinn eines Wortes und damit den Sinn einer Theorie grundlegend ändern kann – was jeder, der sich für die Interpretation etwa von Parmenides interessiert, verstehen wird. Aber die Fehler von Kopisten und Druckern, so irreführend sie auch sein mögen, lassen sich doch häufig aus dem Zusammenhang heraus verbessern.

Jeder, der einmal übersetzt hat und der sich darüber Gedanken gemacht hat, weiß, daß es keine Übersetzung gibt, die grammatikalisch korrekt und außerdem nahezu wörtlich ist. Eine gute Übersetzung ist eine *Interpretation* des Originaltextes; ich würde so weit gehen zu sagen, daß eine gute Übersetzung eines nicht-trivialen Textes eine theoretische Rekonstruktion sein muß. Sie wird vielleicht sogar zum Teil schon ein Kommentar sein. Eine gute Übersetzung muß immer dem Original getreu *und zugleich* frei sein. Es ist übrigens ein Irrtum zu glauben, daß bei dem Versuch, eine rein theoretische Schrift zu übersetzen, ästhetische Erwägungen keine Rolle spielen. Man braucht nur an Theorien wie die von Newton oder Einstein zu denken, um zu sehen, daß eine Übersetzung, die zwar den Inhalt der Theorie wiedergibt, aber gewisse innere Symmetrien nicht herausbringt, unbefriedigend sein wird. Das kann so weit gehen, daß jemand, der nur eine solche Übersetzung kennt und dann diese Symmetrien entdeckt, mit Recht glauben darf, er habe eine selbständige Leistung vollbracht und ein Theorem entdeckt, wenn auch dieses Theorem in erster Linie von ästhetischem Interesse ist. Aus ähnlichen Gründen ist eine Versübersetzung von Xenophanes, Parmenides, Empedokles oder Lukrez einer sonst gleichwertigen Prosaübersetzung vorzuziehen.[12]

Nun mag eine Übersetzung wohl schlecht sein, weil sie nicht *hinreichend* genau ist; aber eine genaue Übersetzung eines schwierigen Textes gibt es nicht. Und wenn zwei Sprachen eine sehr verschiedene Struktur haben, dann können manche Theorien nahezu unübersetzbar sein (wie es Benjamin Lee Whorf[12a] so schön gezeigt hat). Sind die Sprachen allerdings so nahe verwandt wie die lateinische mit der griechischen, dann brauchen unter Umständen nur einige Wörter neu geprägt zu werden, damit eine Übersetzung möglich wird. Aber in anderen Fällen kann es notwendig sein, anstelle einer Übersetzung einen ausführlichen Kommentar zu geben.[13]

Bedenkt man das alles, dann sieht man, daß die Idee einer »exakten« Sprache oder die Idee »sprachlicher Exaktheit« auf einem Mißverständnis beruht. Wollte man »Exaktheit« in meiner *Tafel der Ideen* (siehe oben) unterbringen, dann würde sie auf der linken Seite stehen, denn die sprachliche Exaktheit einer Aussage würde ja ganz von der Exaktheit der verwendeten *Worte* abhängen; ihr Analogon auf der rechten Seite könnte vielleicht »Gewißheit« sein. Ich habe jedoch diese beiden Ideen nicht in meine Tafel aufgenommen, weil sie so konstruiert ist, daß zumindest auf der rechten Seite nur wertvolle Ideen stehen. Aber Exaktheit und Gewißheit sind falsche Ideale. Sie sind unerreichbar und deshalb höchst irreführend, wenn man sich an ihnen unkritisch orientiert. *Das Streben nach Exaktheit entspricht dem Streben nach Gewißheit;* und auf beides sollte man verzichten.

Natürlich will ich damit nicht sagen, daß größere Exaktheit, etwa einer Voraussage oder sogar einer Formulierung, nicht gelegentlich sehr wünschenswert sein kann. Was ich meine, ist, daß *ein Streben nach größerer Exaktheit – besonders sprachlicher Exaktheit – um ihrer selbst willen niemals wünschenswert ist, denn die Folge ist gewöhnlich ein Verlust an Klarheit.* Eine andere Folge ist die Verschwendung von Zeit und Kraft auf terminologische Vorstudien, die sich oft als nutzlos erweisen, weil sie vom wirklichen Fortschritt der Problemsituation überholt werden: *Man soll nie versuchen, exakter zu sein, als es die Problemsituation erfordert.*

Ich kann meinen Standpunkt vielleicht folgendermaßen formulieren: *Jeder Zuwachs an Klarheit ist an sich intellektuell wertvoll; ein Zuwachs an Präzision oder Exaktheit hat – wenn überhaupt – nur einen pragmatischen Wert als Mittel zu einem bestimmten Zweck.* Gewöhnlich ist dieser Zweck ein größeres Maß an Prüfbarkeit oder Kritisierbarkeit, das von der Problemsituation verlangt wird. Die Problemsituation kann zum Beispiel verlangen, daß wir zwischen zwei konkurrierenden Theorien unterscheiden, die zu Voraussagen führen, die nur dann unterscheidbar werden, wenn wir den Grad der Exaktheit unserer Messungen erhöhen.[14]

Es ist klar, daß diese Auffassung grundverschieden ist von der, die stillschweigend von zahlreichen modernen Wissenschaftstheoretikern vertreten wird. Ihre Einstellung zur Frage der Exaktheit geht, wie ich vermute, auf jene Zeit zurück, da Mathematik und Physik als die vorbildlich exakten Wissenschaften galten. Ihr Vorbild hat die Wissenschaftler und auch die wissenschaftlich eingestellten Philosophen mit einigem Recht tief beeindruckt. Sie fühlten sich geradezu verpflichtet, der mathematischen Exaktheit nachzueifern und sich ihrer würdig zu erweisen; vielleicht in der Hoffnung, daß sich aus der Exaktheit, gewissermaßen als Nebenprodukt, fruchtbare Resultate ergeben werden. Aber die Fruchtbarkeit der Resultate ist keine Folge der Exaktheit. Die Fruchtbarkeit kommt daher, daß neue Probleme gesehen werden, wo vorher keine gesehen wurden, und daß neue Wege zu ihrer Lösung gefunden werden.

Aber ich will meine Bemerkungen zur Geschichte der zeitgenössischen Philosophie bis ans Ende dieses Exkurses zurückstellen und mich hier nochmals der Frage nach dem Sinn oder der Bedeutung einer Aussage oder einer Theorie zuwenden.

Eingedenk meiner Maxime, niemals über Worte zu streiten, bin ich durchaus bereit, gewissermaßen achselzuckend zuzugeben, daß es Bedeutungen des Wortes »Bedeutung« geben mag, derart, daß die Bedeutung einer Theorie ganz von der Bedeutung der Worte abhängt, die in einer sehr expliziten Formulierung der Theorie verwendet werden. (Vielleicht gehört Freges »Sinn« hierher, obwohl vieles, was er sagt, dagegen spricht.) Ich leugne natürlich nicht, daß man in der Regel die Worte verstehen muß, um eine Theorie verstehen zu können (obwohl das keineswegs allgemein zutrifft, wie die Existenz von impliziten Definitionen zeigt). Was aber eine Theorie interessant oder wichtig macht – was man zu verstehen sucht, wenn man eine Theorie verstehen will –, ist etwas anderes. Um es zunächst rein intuitiv und vielleicht etwas vage zu formulieren: Was eine Theorie interessant macht, das ist ihre logische Beziehung zur jeweils herrschenden Problemsituation; ihre Beziehung zu vorausgegangenen und zu konkurrierenden Theorien; ihre Fähigkeit, bestehende Probleme zu lösen und neue Probleme in Vorschlag zu bringen. Anders gesagt hängt der Sinn oder die Bedeutung einer Theorie von sehr verschiedenen und weitreichenden logischen Zusammenhängen ab, und die Bedeutung dieser Zusammenhänge ihrerseits hängt wiederum von den verschiedenen Theorien, Problemen und Problemsituationen ab, die diese Zusammenhänge konstituieren.

Das Interessante ist, daß man diese scheinbar vage (und wie man sagen könnte, ganzheitliche oder »holistische«) Idee von der Bedeutung einer Theorie rein logisch analysieren und weitgehend klarmachen kann – mittels der Idee des *Gehalts* eines Satzes oder einer Theorie.

Wir müssen vor allem zwei intuitiv recht verschiedene, aber logisch nahezu identische Ideen des Gehalts unterscheiden, die ich gelegentlich als *»logischen Gehalt«* und als *»informativen Gehalt«* bezeichnet habe; einen Sonderfall des letzteren habe ich auch als »empirischen Gehalt« bezeichnet.

Den *logischen Gehalt* eines Satzes oder einer Theorie kann man dem gleichsetzen, was Tarski als »Folgerungsmenge« bezeichnet hat; also der Menge aller (nicht-tautologischen) Folgerungen, die sich aus dem Satz oder der Theorie logisch ableiten lassen.

Bezüglich des *informativen Gehaltes* (wie ich ihn genannt habe) müssen wir uns mit der intuitiven Vorstellung befassen, daß Sätze oder Theorien um so mehr besagen, »je mehr sie verbieten« oder ausschließen.[15] Diese intuitive Idee führt zu einer Definition des informativen Gehaltes, die manchem Leser absurd erschienen ist: *Der informative Gehalt einer Theorie ist die Menge der Sätze, die mit der Theorie unvereinbar sind.*[16]

Man sieht sofort, daß die Elemente dieser Menge mit den Elementen des logischen Gehalts in einer ein-eindeutigen Beziehung stehen: Für jedes Element der einen Menge gibt es ein entsprechendes Element in der anderen Menge, nämlich seine *Negation.*

Wir finden also, daß immer dann, wenn die logische Stärke einer Theorie oder ihre Tragweite oder der Reichtum an Information, den sie übermittelt, zunimmt oder abnimmt, sowohl ihr logischer Gehalt als auch ihr informativer Gehalt gleichfalls zunehmen oder abnehmen müssen. Man sieht daraus, daß die beiden Ideen einander nahe verwandt sind: Zwischen dem, was über die eine, und dem, was über die andere gesagt werden kann, besteht eine ein-eindeutige Beziehung. Das zeigt, daß meine Definition des informativen Gehalts nicht gänzlich absurd ist.

Aber es bestehen auch Unterschiede zwischen den beiden. Für den *logischen Gehalt gilt zum Beispiel die folgende Transitivitätsregel:* Wenn *b* ein Element des Gehalts von *a* und *c* ein Element des Gehalts von *b* ist, dann ist *c* auch ein Element des Gehalts von *a*. Es gibt natürlich eine entsprechende Regel für den *informativen* Gehalt, doch ist das keine einfache Transitivitätsregel.[17]

Der Gehalt eines jeden (nicht-tautologischen) Satzes – etwa einer Theorie *t* – ist *unendlich.* Nehmen wir zum Beispiel eine *unendliche Liste* von Sätzen *a, b, c, . . .* an, die in Paaren einander widersprechen und von denen keiner *t* logisch impliziert. (Für die meisten *t*'s wären Sätze wie *a*: »Die Anzahl der Planeten ist 0«, *b*: »Die Anzahl der Planeten ist 1« usw. geeignet.) Der Satz *»t oder a oder beide«* ist dann aus *t* ableitbar und gehört folglich zum logischen Gehalt von *t*, und dasselbe gilt für *b* und für jeden anderen Satz der Liste. Aufgrund unserer Annahmen über *a, b, c, . . .* läßt sich nun unschwer zeigen, daß von den Sätzen der Folge *»t oder a oder beide«, »t oder b oder beide« . . .* keiner aus einem der andern ableitbar ist, das heißt, daß keiner dieser Sätze einen der anderen impliziert. Folglich muß der logische Gehalt von *t* unendlich sein.

Dieses einfache Resultat bezüglich des logischen Gehalts einer nicht-tautologischen Theorie ist natürlich wohlbekannt. Das Argument ist trivial, da es auf einer trivialen Operation mit dem (nicht-exklusiven) logischen »oder« beruht.[18] So liegt die Frage nahe, ob nicht die Unendlichkeit des Gehalts eine triviale Angelegenheit ist, die allein von der Existenz solcher Sätze wie *»t oder a oder beide«* abhängt, die das Ergebnis einer trivialen Methode sind, *t* durch einen schwächeren Satz zu ersetzen. Beim *informativen Gehalt* wird jedoch sofort deutlich, daß die Sache nicht ganz so trivial ist, wie sie zu sein scheint.

Nehmen wir an, daß es sich bei der betreffenden Theorie um Newtons Gravitationstheorie handelt; nennen wir sie *N*. Dann gehört jeder Satz und daher jede Theorie, die mit *N* unvereinbar ist, zum informativen Gehalt von *N*. Nennen wir Einsteins Gravitationstheorie *E*. Da die beiden Theorien logisch unvereinbar sind, gehört jede zum informativen Gehalt der andern; jede schließt die andere aus oder verbietet sie.

Das zeigt sehr anschaulich, daß der informative Gehalt einer Theorie *t* in einem alles eher als trivialen Sinn unendlich ist: Jede Theorie, die mit *t* unvereinbar ist, und somit *jede künftige Theorie, die irgendwann an die Stelle von t treten mag* (etwa infolge eines experimentum crucis, das gegen *t* entschieden hat), *gehört offenkundig zum informativen Gehalt von t.* Aber es ist ebenso offenkundig, daß wir diese Theorien nicht im voraus kennen oder konstruieren können: Newton konnte Einstein oder Einsteins Nachfolger nicht vorhersehen.

Es ist jetzt natürlich leicht, eine genau entsprechende, wenn auch nicht ganz so anschauliche intuitive Situation zu finden, die den logischen Gehalt betrifft: Da *E* zum *informativen* Gehalt von *N* gehört, gehört *nicht-E* zum *logischen* Gehalt von *N; nicht-E* wird von *N* impliziert, eine Tatsache, die natürlich weder Newton noch sonst jemandem bekannt sein konnte, bevor *E* entdeckt war.

Ich habe in Vorträgen diese interessante Situation oft dadurch beschrieben, daß ich sagte: *Wir wissen nie, wovon wir reden.* Denn immer wenn wir eine Theorie vorschlagen oder zu verstehen suchen, so sind es zugleich ihre logischen Implikationen, die wir vorschlagen oder zu verstehen suchen; das heißt, alle jene Sätze, die aus ihr folgen. Das aber ist, wie wir gesehen haben, eine hoffnungslose Aufgabe: Es gibt *eine unendliche Zahl von unvorhersehbaren nicht-trivialen Sätzen, die zum informativen Gehalt einer Theorie gehören,* und eine genau entsprechende unendliche Zahl von Sätzen, die zu ihrem logischen Gehalt gehören. Wir können also niemals sämtliche Implikationen einer Theorie – das heißt, ihre volle Bedeutung – kennen oder verstehen.

Das ist, glaube ich, soweit es um den logischen Gehalt geht, ein überraschendes Ergebnis, auch wenn es bezüglich des informativen Gehalts recht selbstverständlich erscheint. (Obwohl ich das in meinen Vorlesungen seit vielen Jahren bespreche, habe ich es nur einmal in einer Veröffentlichung erwähnt gefunden.[19]) Es zeigt unter anderem, daß die Aufgabe, eine Theorie zu verstehen, eine niemals endende Aufgabe ist, und daß es grundsätzlich möglich ist, Theorien immer besser zu verstehen. Es zeigt außerdem, daß wir, wenn wir eine Theorie besser verstehen möchten, *zunächst* ihre logische Beziehung zu den bestehenden Problemen und den vorhandenen Theorien erklären müssen. Diese konstituieren, wie wir sagen können, die *»Problemsituation« im jeweiligen Augenblick.*

Ich gebe natürlich zu, daß wir auch *versuchen* vorauszuschauen: Wir versuchen, neue Probleme zu entdecken, die von unserer Theorie aufgeworfen werden. Aber das ist eine endlose Aufgabe, die niemals abgeschlossen werden kann.

Das bedeutet, daß die Formulierung, von der ich oben sagte, daß sie »rein intuitiv und vielleicht etwas vage« ist, jetzt aufgeklärt werden kann. Wegen der nicht-trivialen Unendlichkeit des Gehalts einer Theorie, die ich hier erläutert habe, wird die Frage nach der Bedeutung und Tragweite einer Theorie zu einer teils logischen und teils historischen Frage. Die letztere hängt mit dem zusammen, was *zu einem bestimmten Zeitpunkt* im Lichte der herrschenden Problemsituation über den Gehalt der Theorie bekannt ist; also gewissermaßen in einer Projektion dieser historischen Problemsituation auf den logischen Gehalt der Theorie.[20]

Kurz, der »Sinn« oder die »Bedeutung« einer Theorie hängt (zumindest in *einer* Interpretation von »Sinn«) von ihrem Gehalt ab und somit weit stärker von ihrer Beziehung zu anderen Theorien als von der Bedeutung der in ihr vorkommenden Worte.

Das, denke ich, sind einige der wichtigeren Resultate, die sich im Laufe eines ganzen Lebens aus meiner anti-essentialistischen Richtschnur oder Maxime ergaben, die ihrerseits das Resultat der in Abschnitt 6 beschriebenen Diskussion war. Ein weiteres Resultat besteht ganz einfach in der Erkenntnis, daß das Streben nach Exaktheit ein vergebliches Bemühen ist, wenn es sich um Worte, Begriffe oder Bedeutungen handelt. Etwas wie einen exakten Begriff (etwa im Sinne Freges) gibt es einfach nicht, auch wenn Begriffe wie »Preis dieser Teekanne« und »dreißig Pence« für den Problemzusammenhang, in dem sie verwendet werden, meistens exakt genug sind. (Man beachte jedoch, daß »dreißig Pence« in sozialer oder wirtschaftlicher Hinsicht ein sehr schwankender Begriff ist. Noch vor wenigen Jahren hatte er eine ganz andere Bedeutung als heute.)

Frege ist anderer Meinung, denn er schreibt: »Eine Definition eines Begriffs ... muß für jeden Gegenstand unzweideutig bestimmen, ob er unter den Begriff falle oder nicht ... Man kann dies bildlich so ausdrücken: der Begriff muß scharf begrenzt sein.«[21] Es ist jedoch klar, daß diese absolute Exaktheit, wenn sie hier von einem definierten Begriff verlangt wird, zuerst von den *definierenden* Begriffen und, letzten Endes, von unseren *undefinierten Grundbegriffen* verlangt werden müßte. Das ist aber unmöglich; denn entweder haben unsere undefinierten Grundbegriffe eine traditionelle Bedeutung (die nie sehr exakt ist), oder sie werden durch sogenannte »implizite Definitionen« eingeführt, das heißt durch die Art und Weise, in der sie im Rahmen einer Theorie verwendet werden. Diese letztere Art ihrer Einführung – wenn sie überhaupt »eingeführt« werden müssen –

scheint die beste zu sein. Sie macht jedoch den *Sinn der Begriffe von dem der Theorie abhängig;* und die meisten Theorien können auf mehr als nur eine Art interpretiert werden. Folglich sind die implizit definierten Begriffe – und damit sämtliche Begriffe, die mit ihrer Hilfe explizit definiert werden – nicht bloß vage, sondern *systematisch mehrdeutig*. Und die verschiedenen systematisch mehrdeutigen Interpretationen (wie etwa die der Punkte und Geraden in der projektiven Geometrie) können voneinander völlig verschieden sein.

Das sollte hinreichen, um die Tatsache festzustellen, daß es »eindeutige« Begriffe oder Begriffe mit »scharfen Grenzlinien« nicht gibt. So braucht uns eine Bemerkung wie die von Clifford A. Truesdell über die Gesetze der Thermodynamik nicht zu überraschen: »Jeder Physiker weiß genau, was der erste und der zweite Hauptsatz bedeuten, aber . . . keine zwei Physiker sind sich darüber einig.«[22]

Wir wissen jetzt aber, daß die Wahl von undefinierten Termini ebenso wie die von Axiomen einer Theorie weitgehend willkürlich ist. Ich glaube, daß Frege sich in diesem Punkt irrte, zumindest im Jahre 1892: Er glaubte, daß es Ausdrücke gibt, die an sich undefinierbar sind, denn »was logisch einfach ist, kann nicht eigentlich definiert werden«.[23] Das Beispiel eines einfachen Begriffs, das er dabei im Auge hatte – der Begriff des »Begriffs« – stellte sich jedoch als etwas ganz anderes heraus, als er dachte. Dieser Begriff hat sich seitdem zu dem der »Menge« entwickelt; ein Begriff, den heute kaum jemand als eindeutig oder einfach bezeichnen wird.

Das fruchtlose Suchen (ich meine das Interesse an der linken Seite der Tafel der Ideen) wurde jedenfalls fortgesetzt. Als ich meine *Logik der Forschung* schrieb, glaubte ich, die Frage nach dem Sinn von Worten wäre zu Ende. Ich war ein wilder Optimist: Diese Frage kam damals erst richtig in Schwung.[24] Immer stärker verbreitete sich die Ansicht, in der Philosophie gehe es um den Sinn; und das heißt hier vor allem: um den Sinn von Worten. Und niemand bezweifelte ernstlich das stillschweigend akzeptierte Dogma, daß der Sinn eines Satzes – zumindest wenn der Satz explizit und eindeutig formuliert ist – eindeutig von dem Sinn seiner Worte abhängt (daß der Sinn eines Satzes eine Funktion des Sinnes der in dem Satz vorkommenden Worte ist). Das gilt geradeso für die britischen Sprachanalytiker wie für diejenigen, die im Anschluß an Carnap die Ansicht vertreten, daß die Aufgabe der Philosophie die »Erläuterung von Begriffen« ist; das heißt, die Präzisierung von Begriffen. Aber *so etwas wie eine präzise »Explikation« (eine präzise »Erläuterung«) oder wie einen »explizierten« oder »präzisen« Begriff gibt es einfach nicht.*

Das Problem aber, was wir tun sollen, um den Sinn unserer Worte klarer zu machen, falls größere Klarheit nötig ist, oder präziser, falls größere Präzision nötig ist, besteht natürlich weiter. Dazu ist eingedenk meiner anti-essentialistischen Maxime vor allem zu sagen: Jeder Schritt in die Richtung auf größere Klarheit oder Präzision hin muß *ad hoc* – also fallweise – gemacht werden. Wenn du findest, daß aufgrund mangelnder Klarheit ein Mißverständnis entstanden ist, dann versuche nicht, ein neues, solideres Fundament zu legen, auf dem du ein präziseres »begriffliches Gerüst« errichten kannst, sondern verbessere deine Formulierungen *ad hoc,* im Hinblick auf eine Vermeidung der entstandenen oder der vorhersehbaren Mißverständnisse. Und bedenke immer, *daß es unmöglich ist, sich so auszudrücken, daß man nicht mißverstanden werden kann;* es wird immer einige geben, die etwas mißverstehen. Wenn größere Präzision nötig ist, so nur deshalb, weil *das zu lösende Problem es verlangt.* Bemühe dich nach besten Kräften, dein Problem zu lösen, und versuche nicht, deine Begriffe und Formulierungen *im voraus* mit voller Präzision auszustatten – in der vergeblichen Hoffnung, dich dadurch für künftige Probleme zu wappnen, die bisher noch nicht aufgetreten sind. Vielleicht werden sie nie auftreten; vielleicht werden alle deine Bemühungen von der Entwicklung der Theorie überholt. Statt der bereitgehaltenen intellektuellen Waffen werden später vielleicht ganz andere benötigt. So ist es nahezu sicher, daß niemand durch den Versuch, den Begriff der Gleichzeitigkeit zu präzisieren, auf

Einsteins »Begriffsanalyse« gekommen wäre, bevor Einstein sein echt theoretisches Problem fand: das Problem der Asymmetrien in der Elektrodynamik bewegter Körper. (Ich möchte nicht, daß man mir die noch immer weitverbreitete Ansicht unterstellt, die Leistung Einsteins beruhe auf einer »operationalen Analyse«. Das ist nicht der Fall. Siehe Bd. 2, S. 20 meines Buches *The Open Society and Its Enemies* [1957 (h)]* und spätere Ausgaben; deutsch *Die offene Gesellschaft und ihre Feinde*, Bd. 2, S. 28.)

Man könnte die Methode, sich *je nach Bedarf* – also *ad hoc* – mit Problemen der Klarheit oder Präzision zu befassen, als »Dialyse« bezeichnen, um sie von der Analyse zu unterscheiden: von der Idee, die Sprachanalyse als solche könne Probleme lösen oder das Rüstzeug für künftige Problemlösungen liefern. Die Dialyse kann keine Probleme lösen, genausowenig wie es die Definition, die Explikation oder die Sprachanalyse kann: Probleme können nur durch neue Ideen gelöst werden. Doch gelegentlich können die Probleme selbst es verlangen, daß wir *neue Unterscheidungen* machen – *ad hoc*, für den jeweils vorliegenden Zweck.

Dieser lange Exkurs[25] hat mich von meinem Hauptthema abgebracht, dem ich mich jetzt wieder zuwenden will.

* Referenzen in eckiger Klammer beziehen sich auf die Ausgewählte Bibliographie am Ende dieses Buches.

8

Ein entscheidendes Jahr: Marxismus, Wissenschaft und Pseudowissenschaft

In den letzten, schrecklichen Kriegsjahren (es war wahrscheinlich im Jahre 1917), während einer längeren Krankheit, wurde mir klar, was ich schon einige Zeit ungenau gespürt hatte, daß wir in unserer berühmten österreichischen Mittelschule (»Gymnasium« genannt und, horribile dictu, »Realgymnasium«) unsere Zeit verschwendeten, obwohl das Niveau unserer Lehrer sehr hoch war und obwohl sie versuchten, unsere Schulen zu den besten der Welt zu machen. Es war mir natürlich nicht neu, daß vieles, was uns beigebracht wurde, unendlich langweilig war – Stunden und Stunden hoffnungsloser Qual. (Diese Stunden immunisierten mich: Ich habe später nie wieder an Langeweile gelitten. In der Schule konnte es leicht passieren, daß, wenn man nicht aufpaßte, man dabei erwischt wurde; man mußte versuchen, aufzupassen. Später, wenn eine Vorlesung langweilig war, konnte man sich mit seinen eigenen Gedanken beschäftigen, ohne entdeckt zu werden.) Nur in einem Gegenstand, Mathematik, hatten wir einen interessanten Lehrer, dem es gelang, uns für sein Fach zu begeistern. Sein Name war Philipp Freud (ich glaube nicht, daß er ein Verwandter Sigmund Freuds war). Meine Enttäuschung, als ich nach mehr als zwei Monaten wieder in die Schule kam und meine Klasse in der Zwischenzeit auch in der Mathematik kaum einen Fortschritt gemacht hatte, war daher um so größer; sie bestärkte mich in meinem Entschluß, aus der Schule auszutreten.

Die Folgen des Ersten Weltkrieges – der Zusammenbruch

Österreichs, die Hungersnot und die damit verbundenen Ausschreitungen, die galoppierende Inflation – alles das ist oft beschrieben worden. Es zerstörte die Welt, in der ich aufgewachsen war: Österreich ging durch eine Zeit des latenten und akuten Bürgerkrieges, der mit dem Einmarsch Hitlers in Österreich im März 1938 endete und zum Zweiten Weltkrieg führte.

Ich war etwas über sechzehn Jahre alt, als der Erste Weltkrieg endete, und die Revolution regte mich zu meiner eigenen, privaten Revolution an: Gegen Ende des Jahres 1918 entschloß ich mich, aus der Mittelschule auszutreten und auf eigene Faust zu studieren. Ich inskribierte an der Wiener Universität, zuerst als außerordentlicher Hörer, weil ich ja keine Matura hatte, und von 1922 an als ordentlicher Hörer. Die Inskriptionsgebühren waren sehr niedrig, und jeder Student konnte jede Vorlesung besuchen.

Es war eine Zeit des Umsturzes, und nicht nur des politischen Umsturzes. Als die österreichische Republik ausgerufen wurde, war ich nahe genug, um die Kugeln pfeifen zu hören: Kommunistische Soldaten begannen, auf die Mitglieder der provisorischen Regierung zu schießen, die oben auf der Rampe vor dem Eingang zum Parlament versammelt waren. (Aus dieser Erfahrung heraus schrieb ich einen Aufsatz über die Freiheit.) Es gab nur wenig zu essen; und was die Kleidung betraf, so konnten sich die meisten von uns nur die feldgrauen Uniformen leisten, von denen die Rangabzeichen entfernt worden waren. Wenige unter uns dachten ernstlich an eine Laufbahn: Es gab keine (außer vielleicht die, in eine Bank einzutreten; aber ein solcher Gedanke kam mir nicht.) Wir studierten nicht für einen Beruf, sondern um zu studieren. Wir studierten; und wir diskutierten, vor allem auch über Politik.

Es gab damals in Österreich drei große politische Parteien, die sozialdemokratische und die zwei antisozialistischen Parteien: die Deutschnationalen (damals die kleinste der drei Parteien – sie wurde später von den Nazis absorbiert), und die Partei, die von der katholischen Kirche beeinflußt war (Österreich hatte eine große römisch-katholische Majorität) und die sich christlich-sozial nannte, obwohl sie antisozialistisch war. Es gab auch eine kleine kommunistische Partei. Ich trat der Vereinigung sozialistischer Mittelschüler bei und ging zu deren Versammlungen, auch zu den Versammlungen der Vereinigung sozialistischer Universitätsstudenten. Die Sprecher bei diesen Versammlungen waren manchmal Sozialdemokraten und manchmal Kommunisten. Ihre marxistischen Theorien ähnelten sich damals sehr. Alle betonten mit Recht die Greuel des Krieges. Die Kommunisten behaupteten, daß sie ihren Pazifismus bewiesen hätten, durch die Beendigung des Krieges zwischen Rußland und Deutschland in Brest-Litovsk. Friede, so sagten sie, war das, wofür sie vor allem anderen eintraten. Sie waren damals nicht nur für den Frieden, sondern auch, wenigstens in ihrer Propaganda, gegen alle »nicht unbedingt notwendige« Gewaltanwendung.[26] Zuerst traute ich den Kommunisten nicht recht, weil mir mein Freund Arndt vieles über sie erzählt hatte. Aber im Frühjahr 1919 überzeugte mich und einige meiner Freunde ihre Propaganda: Wir glaubten, daß sie die Avantgarde des Sozialismus seien. Für zwei oder drei Monate betrachtete ich mich als Kommunist. Die Ernüchterung sollte bald kommen.

Was mich vom Kommunismus abbrachte und was mich auch bald vom Marxismus überhaupt wegführen sollte, gehört zu den wichtigsten Ereignissen meines Lebens. Es war kurz vor meinem siebzehnten Geburtstag. Während einer Demonstration machten junge, unbewaffnete Sozialisten, angespornt von den Kommunisten, den Versuch, einige Kommunisten zu befreien, die in der Wiener Polizeidirektion unter Arrest waren. Mehrere junge sozialistische und kommunistische Arbeiter wurden erschossen. Ich war entsetzt und erschüttert über das Vorgehen der Polizei, aber auch empört über mich selbst. Denn es wurde mir klar, daß ich als Marxist einen Teil der Verantwortung für die Tragödie trug – wenigstens im Prinzip. Die marxistische Theorie verlangte *die dauernde Verschärfung des Klassenkampfes,* damit das Kommen des Sozialismus beschleunigt werde. Ein Marxist wußte wohl, daß die soziale Revolution schreckliche Opfer fordern wird. Aber er wußte auch, und er wußte es mit der vollsten Sicherheit, daß der Kapitalismus an jedem Tag mehr gewaltsame Opfer fordert als die ganze soziale Revolution.

Das war ein Teil der marxistischen Theorie – ein Teil des sogenannten »wissenschaftlichen Sozialismus«. Ich fragte mich jetzt, ob eine solche Behauptung je wissenschaftlich begründet werden könne. Diese Frage, und überhaupt das ganze Erlebnis, führte zu einer dauernden Abwendung vom Marxismus.

Der Kommunismus ist eine Religion, die eine bessere Welt verspricht. Er beansprucht, auf wissenschaftlicher Erkenntnis gegründet zu sein: auf der Erkenntnis der Gesetze der historischen Entwicklung. Ich hoffte weiter auf eine bessere Welt, auf eine weniger gewalttätige und eine gerechtere Welt; aber ich fragte mich, ob ich denn wirklich etwas *wußte* – ob das, was ich für wissenschaftliche Erkenntnis gehalten hatte, nicht vielleicht eine Vorspiegelung falscher Tatsachen war. Ich hatte Marx und Engels gelesen – ja, aber hatte ich auch wirklich verstanden, was sie schreiben? Hatte ich wirklich darüber *kritisch* nachgedacht – wie es jeder tun sollte, bevor er einen Glauben annimmt, der seine gewaltsamen Mittel durch Zwecke rechtfertigt, die in der Zukunft liegen?

Empört über mich selbst, mußte ich zugeben, daß ich nicht nur eine abstrakte und komplizierte Theorie recht unkritisch akzeptiert hatte, sondern sogar, daß ich bereits einiges an der Theorie bemerkt hatte, was falsch oder fragwürdig war; und zwar sowohl in der Theorie als auch in der Praxis des Kommunismus. Aber ich hatte das alles unterdrückt – teils aus Loyalität zu meinen Freunden, teils aus Loyalität zu *»der Sache«;* und teils wegen eines Mechanismus, der da an der Arbeit ist und der verursacht, daß man sich tiefer und tiefer verwickelt: Wenn man erst einmal sein intellektuelles Gewissen wegen eines zunächst vielleicht unbedeutenden Punktes geopfert hat, so gibt man die Sache nicht so leicht auf; man wünscht sich selbst von der fundamentalen Gerechtigkeit der Sache zu überzeugen, die offenbar einen kleinen moralischen oder intellektuellen Kompromiß mehr als aufwiegt. Und mit jedem neuen moralischen und intellektuellen Opfer verwickelt man sich tiefer und tiefer.

Man ist bereit, das moralische und intellektuelle Kapital, das man in die Sache investiert hat, mit weiteren Investitionen zu unterstützen.

Mir begann klarzuwerden, wie dieser Mechanismus in meinem eigenen Fall gearbeitet hatte, und ich war bestürzt. Ich sah auch, wie er in andern Fällen arbeitete, besonders unter meinen kommunistischen Freunden. Aus dieser Erfahrung heraus verstand ich später vieles, was ich sonst nicht verstanden hätte.

Ich hatte eine gefährliche und gewalttätige Religion unkritisch und dogmatisch akzeptiert. Die erste Reaktion war, daß ich zu einem Skeptiker wurde; dann reagierte ich, wenn auch nur für kurze Zeit, mit einer Abwendung vom Rationalismus. (Später fand ich, daß das die typische Reaktion eines vom Marxismus enttäuschten Marxisten ist.)

Mit siebzehn Jahren war ich Anti-Marxist. Ich begriff den dogmatischen Charakter des Marxismus und seine unglaubliche intellektuelle Anmaßung. Es war furchtbar, sich ein Wissen anzumaßen, das es geradezu zur Pflicht machte, *das Leben eines anderen Menschen* aufgrund eines unkritisch angenommenen Dogmas – einer »Ideologie« – in Gefahr zu bringen; oder für einen Traum, der möglicherweise nie verwirklicht werden konnte. *Man kann und darf wohl sein eigenes Leben für eine solche Sache riskieren, aber nie das Leben eines anderen.* Es aufgrund einer Ideologie zu tun, war unverantwortlich, besonders für einen Intellektuellen, der ein Buch lesen und darüber nachdenken konnte. Es war überaus deprimierend und erschütternd, in eine solche Falle geraten zu sein.

Sobald ich den Marxismus mit kritischen Augen anzusehen begann, wurden die Lücken, die Vorwände und die Widersprüche in der marxistischen Theorie deutlich sichtbar. Nimm das zentrale Dogma der Theorie hinsichtlich der Gewaltanwendung, das Dogma von der Diktatur des Proletariats. *Wer ist das Proletariat?* Lenin, Trotzki und die anderen Führer? Oder (was dasselbe war) die Kommunistische Partei? Aber die Kommunisten hatten nie eine Majorität in der Arbeiterschaft gehabt. Sie hatten nicht einmal die Majorität unter den industriellen

Fabrikarbeitern. In Österreich waren sie eine recht kleine Minorität, und anderswo war es anscheinend ähnlich.

Ich brauchte einige Jahre, bevor ich halbwegs sicher war, daß ich den Kernpunkt des marxistischen Arguments erfaßt hatte. Er besteht aus einer angeblich wissenschaftlich beweisbaren Voraussage: der Prophezeiung des unausweichlichen Sieges des Kommunismus. Diese Prophezeiung war verknüpft mit einer implizierten Berufung auf das folgende moralische Gesetz: *Hilf, das herbeizuführen, was unausweichlich ist!*

Ich schrieb mehrere Aufsätze über den Marxismus, sowohl gegen seinen Wissenschaftsanspruch, der damals und auch viele Jahre später sehr ernst genommen wurde, als auch gegen den Anspruch, daß eine kommunistische Revolution mit Notwendigkeit zu einer klassenlosen Gesellschaft führen muß.[26a] Ich hatte aber nicht die Absicht, meine Marx-Kritik zu veröffentlichen, denn der Anti-Marxismus war damals in Österreich noch weit schlimmer als der Marxismus: Denn wenn sich die Sozialdemokraten auch zu einem (teilweise revidierten) Marxismus bekannten, so waren die Anti-Marxisten praktisch identisch mit jenen totalitären Richtungen, die später »faschistisch« genannt wurden. Natürlich sprach ich über meine Marx-Kritik mit meinen Freunden. Aber erst 16 Jahre später, im Jahre 1935, begann ich meine Gedanken über den Marxismus für eine spätere Veröffentlichung niederzuschreiben. Als Folge davon entstanden zwischen 1935 und 1943 zwei Bücher – *The Poverty of Historicism* (Das Elend des Historizismus) und *The Open Society and Its Enemies* (Die offene Gesellschaft und ihre Feinde).

Das, was mich zu der Zeit, von der ich jetzt spreche (es muß 1919 oder 1920 gewesen sein), am meisten abstieß, war die intellektuelle Anmaßung mancher meiner marxistischen Freunde. Sie nahmen es als fast selbstverständlich an, daß sie die zukünftigen Führer der Arbeiterklasse sein würden. Ich wußte aber, daß sie keine speziellen Qualifikationen hatten, die sie zu dieser Annahme berechtigten. Alles, was sie beanspruchen konnten, war, daß sie einige marxistische Bücher gelesen hatten – und auch das nicht gründlich und bestimmt nicht kritisch.

Vom Leben der Arbeiter wußten die meisten von ihnen noch weniger als ich. (Während des Krieges hatte ich einige Monate in einer Fabrik gearbeitet.) So reagierte ich scharf auf diese Einstellung. Ich fühlte, daß es ein großes Privileg war, studieren zu können – ein unverdientes Privileg; und ich entschloß mich, Arbeiter zu werden. Gleichzeitig entschloß ich mich, niemals zu versuchen, Einfluß auf die Parteipolitik zu nehmen.

Ich machte verschiedene Versuche, Hilfsarbeiter zu werden. Mein zweiter Versuch brach zusammen, weil ich nicht die körperliche Ausdauer hatte, die man braucht, um tagelang Straßen, die hart wie Zement waren, mit Spitzhacken aufzugraben. Mein letzter Versuch war, Tischler zu werden. Dazu brauchte man keine besondere körperliche Kraft; aber hier war meine Schwierigkeit, daß gewisse spekulative Ideen, die mich interessierten, zwischen mich und meine Arbeit traten.

Vielleicht ist hier die beste Gelegenheit, zu sagen, wie sehr ich die Wiener Arbeiter bewunderte und die großartige Bewegung, die damals von der sozialdemokratischen Partei geführt wurde. Ich bewunderte sie, obwohl ich den marxistischen Historizismus ihrer sozialdemokratischen Führer für falsch und für verhängnisvoll hielt.[27] Aber die Führer dieser Bewegung inspirierten die Arbeiter mit einem tiefen Vertrauen in ihre große Aufgabe: die Befreiung der Menschheit. Obwohl die sozialdemokratische Bewegung hauptsächlich atheistisch war (abgesehen von einer ausgezeichneten kleinen Gruppe, die sich »religiöse Sozialisten« nannte), so war doch die Bewegung von einem brennenden religiös-humanitären Glauben getragen. Das Ziel der Arbeiterbewegung war es, durch Selbsterziehung ihre »historische Mission« zu erfüllen: sich zu emanzipieren und so mitzuhelfen, die Menschheit zu befreien und, vor allem andern, dem Krieg für immer ein Ende zu machen. In ihrer beschränkten Freizeit besuchten viele Arbeiter, jung und alt, Arbeiterbildungskurse oder eine der Volkshochschulen. Sie arbeiteten an ihrer eigenen Weiterbildung, und sie halfen mit an der Erziehung ihrer Kinder, an der Schulreform, an der Wohnungsreform, an der Lebensreform. Es war eine bewundernswürdige Bewegung. Wandern und Bergsteigen ersetzten vielen den Alkohol; gute Bücher die Schundromane; Arbeiter-Symphoniekonzerte und andere klassische Musik die populären Schlager. Das waren friedliche Beschäftigungen, und sie gingen in einer vom Faschismus vergifteten und vom Bürgerkrieg bedrohten Atmosphäre vor sich. (Leider trugen die wiederholten, verwirrten und verwirrenden Drohungen gewisser Arbeiterführer, daß sie ihre demokratischen Methoden aufgeben und zur Gewalt übergehen würden – ein Erbe der zweideutigen Haltung von Marx und Engels –, nicht dazu bei, eine bessere Atmosphäre zu schaffen.) Diese großartige Arbeiterbewegung und ihre tragische Zerstörung durch den Faschismus machten einen tiefen Eindruck auf mich. Beides wurde von einigen amerikanischen und englischen Beobachtern beschrieben, zum Beispiel von G. E. R. Gedye.[28]

Auch nach meiner Abkehr vom Marxismus blieb ich für Jahre Sozialist. Und wenn es so etwas geben würde wie einen Sozialismus verbunden mit persönlicher Freiheit, dann wäre ich auch heute noch Sozialist. Denn ich kann mir nichts Besseres denken als ein bescheidenes, einfaches und freies Leben in einer egalitären Gesellschaft. Ich brauchte einige Zeit, bevor ich erkannte, daß das nur ein schöner Traum war; daß die Freiheit wichtiger ist als die Gleichheit; daß der Versuch, Gleichheit zu schaffen, die Freiheit gefährdet; und daß, wenn die Freiheit verloren ist, es unter den Unfreien auch keine Gleichheit geben kann.

Meine Begegnung mit dem Marxismus war eines der wichtigsten Ereignisse meiner intellektuellen Entwicklung. Sie lehrte mich Dinge, die ich nie vergessen habe; sie lehrte mich die Weisheit der sokratischen Bemerkung »ich weiß, daß ich nichts weiß«; sie machte mich zu einem Fallibilisten, und sie lehrte mich, wie wichtig intellektuelle Bescheidenheit ist. Und durch sie wurde mir der Gegensatz zwischen dem dogmatischen und dem kritischen Denken bewußt.

Verglichen mit dieser Begegnung war der einigermaßen ähnliche Ablauf meiner Begegnung mit Alfred Adlers Individualpsychologie und mit Freuds Psychoanalyse (das alles spielte sich fast gleichzeitig ab, im Jahre 1919) von weit geringerer Bedeutung.[29]

Wenn ich auf dieses Jahr zurückschaue, bin ich erstaunt, daß so viel in meiner intellektuellen Entwicklung in einer so kurzen Zeit geschehen konnte. Denn zur selben Zeit hörte ich von Einstein; und die Einsteinsche Revolution übte über Jahre hinaus vielleicht den wichtigsten Einfluß auf mein Denken aus. Im Mai 1919 überprüften zwei britische Expeditionen erfolgreich Einsteins Eklipse-Voraussagen. Damit wurde plötzlich eine neue Theorie der Schwerkraft wichtig, und eine neue Kosmologie; nicht vielleicht als eine bloße Möglichkeit, sondern anscheinend als eine wirkliche Verbesserung von Newtons Theorie – als eine bessere Annäherung an die Wahrheit.

Einstein hielt eine Vorlesung in Wien, zu der ich ging; aber ich kann mich nur daran erinnern, daß ich damals wie betäubt war. Das Ganze ging völlig über mein Verständnis hinaus. Ich war in einer Atmosphäre aufgewachsen, in der Newtons Mechanik und Maxwells Elektrodynamik Seite an Seite als unbezweifelbare Wahrheiten betrachtet wurden. Sogar Mach, der in seiner *Mechanik* Newtons Theorie des absoluten Raumes und der absoluten Zeit kritisiert hatte, hielt an Newtons Gesetzen fest; auch am Trägheitsgesetz, das er in einer neuen und faszinierenden Weise interpretierte. Und obwohl er die Möglichkeit einer nicht-Newtonschen Theorie in Erwägung zog, so meinte er doch, daß wir neue Erfahrungen abwarten müßten, bevor wir mit der Konstruktion einer solchen Theorie anfangen könnten: neue Erfahrungen, die vielleicht aus neuen physikalischen oder astronomischen Beobachtungen bestehen würden, über räumliche Gebiete, die schnellere und kompliziertere Bewegungen enthielten, als in unserem Sonnensystem gefunden werden konnten.[30] Auch Hertz' Mechanik wich sachlich nicht von Newtons Mechanik ab, wenn auch seine Darstellung recht verschieden war.

Die allgemeine Annahme, daß Newtons Theorie wahr sei, war

natürlich eine Folge ihres unglaublichen Erfolgs, der in der Auffindung des Planeten Neptun gipfelte. Der Erfolg war so eindrucksvoll, weil Newtons Theorie wiederholt (wie ich es später formulierte) *das Erfahrungsmaterial korrigierte*, das sie ursprünglich zu erklären suchte.[31] Trotz alledem war es Einstein gelungen, eine andere Theorie zu konstruieren, und zwar, wie es schien, eine bessere; und das, ohne auf neue Erfahrungen zu warten. Ähnlich wie einst auch Newton sagte er neue Effekte innerhalb (aber auch außerhalb) unseres Sonnensystems voraus. Und einige dieser Voraussagen waren nun erfolgreich überprüft worden.

Ich hatte das Glück, in diese Ideenwelt von einem brillanten jungen Studenten der Mathematik eingeführt zu werden – von Max Elstein, einem Freund, der 1922 im Alter von einundzwanzig Jahren starb. Er war kein Positivist (wie es Einstein in jungen Jahren war), und er betonte die objektiven Seiten der Einsteinschen Theorie: den feldtheoretischen Ansatz; die neue Verknüpfung der Elektrodynamik und Mechanik; und die großartige Idee einer neuen Kosmologie – eines endlichen, aber unbegrenzten Weltraums. Er betonte, daß Einstein selbst es als eines seiner Hauptargumente betrachtete, daß seine Theorie die Newtonsche Theorie als eine sehr gute Annäherung erscheinen ließ; auch daß Einstein, der glaubte, daß seine Theorie eine bessere Annäherung war als die Newtons, seine eigene Theorie nur als einen Schritt auf dem Weg zu einer noch allgemeineren Theorie betrachtete; und schließlich, daß Hermann Weyl schon vor den Beobachtungen der Sonnenfinsternis, die die Einsteinschen Voraussagen bestätigten, ein Buch geschrieben hatte (*Raum, Zeit, Materie*, 1918), in dem er eine noch allgemeinere und umfassendere Theorie als Einstein entwickelte hatte.

Einstein hatte wohl an alles das gedacht, und insbesondere an seine eigene Theorie, wenn er in einem anderen Zusammenhang schrieb:

> »Es ist das schönste Los einer [widerlegten] physikalischen Theorie, wenn sie selbst zur Aufstellung einer umfassenden Theorie den Weg weist, in welcher sie als Grenzfall weiterlebt.«[32]

Was mich aber am meisten beeindruckte, war Einsteins klare Feststellung, daß er seine Theorie als unhaltbar aufgeben würde, falls sie gewissen Überprüfungen nicht standhielte. So schrieb er zum Beispiel:

»Wenn die Rotverschiebung der Spektrallinien durch das Gravitationspotential nicht existierte, wäre die allgemeine Relativitätstheorie unhaltbar.«[33]

Das war eine Einstellung, die sich von der dogmatischen Einstellung von Marx, Freud und Adler grundsätzlich unterschied – und noch mehr von der Einstellung ihrer Anhänger. Einstein schlug Experimente vor (experimenta crucis), deren Übereinstimmung mit seinen Voraussagen die Theorie keineswegs als wahr bestätigen würde, während eine Nichtübereinstimmung, wie er betonte, die Theorie als unhaltbar erweisen würde.

Das, meinte ich, war die wahre wissenschaftliche Haltung. Sie war grundverschieden von der dogmatischen Einstellung, die dauernd darauf ausging, »Verifikationen« für die eigenen Theorien vorzuführen.

So kam ich, gegen Ende des Jahres 1919, zu dem Schluß, daß die wissenschaftliche Haltung die *kritische* war; eine Haltung, die nicht auf »Verifikationen« ausging, sondern kritische Überprüfungen suchte: Überprüfungen, die die Theorie *widerlegen* konnten, nie aber als wahr erweisen.

9

Frühe Studien

Die sehr harten Jahre nach dem Ersten Weltkrieg waren für meine Freunde und mich eine überaus interessante und anregende Zeit. Nicht, daß wir glücklich gewesen wären. Die meisten von uns hatten keine Aussichten und keine Pläne für die Zukunft. Wir lebten in einem sehr armen Land, unter ständiger Drohung eines Bürgerkrieges, der von Zeit zu Zeit offen ausbrach. Oft waren wir niedergedrückt, mutlos, abgestoßen. Aber wir waren geistig rege, wir lernten, und wir machten Fortschritte. Begierig verschlangen wir alles, was wir zu lesen fanden; wir diskutierten darüber, tauschten unsere Ansichten aus, studierten und versuchten, die Spreu vom Weizen zu sondern. Wir hörten zusammen Musik, wir wanderten in den wunderschönen österreichischen Bergen, und wir träumten von einer besseren, gesünderen, einfacheren und ehrlicheren Welt.

Im Laufe des Winters 1919/20 verließ ich mein Elternhaus und zog in das Grinzinger Barackenlager, den leerstehenden Teil eines ehemaligen Kriegslazaretts, das von Studenten in ein äußerst primitives Studentenheim umgewandelt worden war. Ich wollte unabhängig sein und versuchen, meinem Vater nicht zur Last zu fallen, der weit über sechzig Jahre alt war und in der galoppierenden Inflation nach dem Krieg alle seine Ersparnisse verloren hatte. Meine Eltern hätten mich lieber zu Hause behalten.

Eine Zeitlang hatte ich, natürlich unentgeltlich, in Alfred Adlers Erziehungsberatungsstellen gearbeitet, und ich übernahm nun allerhand Gelegenheitsarbeiten, die kaum etwas einbrachten. Die Arbeit war zum Teil sehr schwer (Straßenbau). Aber ich unterrichtete auch amerikanische Universitätsstudenten, die sehr großzügig waren. Ich brauchte sehr wenig: Es gab wenig zu essen, und ich rauchte nicht und trank nicht. Das einzige notwendige Bedürfnis waren Konzertkarten, und für die war es manchmal schwer, Geld aufzutreiben. Die Karten für einen Stehplatz waren zwar billig, aber sie waren jahrelang eine fast tägliche Ausgabe.

An der Universität ging ich zu Vorlesungen in ganz verschiedenen Sachgebieten: Geschichte, Literatur, Psychologie, Philosophie und sogar zu Vorlesungen an der Medizinischen Fakultät. Bald gab ich jedoch den Besuch der meisten Vorlesungen auf, mit Ausnahme derer in Mathematik und theoretischer Physik. An der Universität waren damals hervorragende Lehrer, doch ihre Bücher zu lesen war meistens ein viel größeres Erlebnis, als ihre Vorlesungen zu hören; und die Seminare waren ausschließlich für Studenten höherer Semester. Gleichzeitig begann ich, mich durch Kants *Kritik der reinen Vernunft* und durch seine *Prolegomena* hindurchzuarbeiten.

Wirklich faszinierende Vorlesungen gab es nur am Mathematischen Institut, wo die Professoren Wirtinger, Furtwängler und Hans Hahn lehrten. Alle drei waren schöpferische Mathematiker von Weltruf. Wirtinger, der, den Institutsgerüchten nach zu schließen, unter den dreien als das größte Genie galt, fand ich schwer verständlich. Furtwängler war in seiner Klarheit und der Beherrschung seiner Themen (Algebra, Zahlentheorie) bewundernswert. Aber am meisten lernte ich bei Hans Hahn. Seine Vorlesungen erreichten einen Grad der Vollkommenheit, den ich nie wieder angetroffen habe. Jede Vorlesung war ein Kunstwerk: dramatisch in ihrem logischen Aufbau, kein Wort zuviel, von vollkommener Klarheit und vorgetragen in einer schönen, gepflegten Sprache. Dem Thema und auch oft einem der erörterten Probleme wurde ein anregender historischer Abriß vorausgeschickt. Alles war lebendig, wenn sich auch Hans Hahn gerade durch die erstaunliche Vollkommenheit

heit seines Vortrags von den Hörern ein wenig distanzierte.

Bei Dozent Eduard Helly, der über Wahrscheinlichkeitstheorie las, hörte ich zum ersten Mal den Namen Richard von Mises. Später kam für kurze Zeit ein sehr junger und besonders anziehender Professor aus Deutschland, Kurt Reidemeister. Ich besuchte seine Vorlesungen über Tensoralgebra. All diese Männer – vielleicht mit Ausnahme von Reidemeister, der gegen Unterbrechungen nichts einzuwenden hatte – waren Halbgötter und für uns unerreichbar. Bevor wir nicht so weit waren, daß wir mit einer Doktorarbeit beginnen konnten, hatten wir Studenten keinen Kontakt mit den Professoren. Ich hatte weder den Ehrgeiz noch irgendeine Aussicht, ihre Bekanntschaft zu machen. Und ich dachte keinen Augenblick daran, daß ich später mit Hahn, Helly, von Mises und mit Hans Thirring, der Theoretische Physik lehrte, persönlich bekannt werden würde.

Ich studierte Mathematik, einfach weil ich lernen wollte und glaubte, in der Mathematik etwas über Wahrheitssuche und Wahrheitskriterien zu erfahren, und auch, weil ich an theoretischer Physik interessiert war. Die Mathematik ist ein gewaltiges und schwieriges Gebiet; wenn ich je daran gedacht hätte, von Beruf Mathematiker zu werden, so hätte ich wohl bald den Mut verloren. Doch das war nicht mein Ehrgeiz. Wenn ich an die Zukunft dachte, träumte ich davon, eines Tages eine Schule zu gründen, in der junge Menschen lernen könnten, ohne sich zu langweilen; in der sie angeregt würden, Probleme aufzuwerfen und zu diskutieren; eine Schule, in der sie nicht gezwungen wären, unverlangte Antworten auf ungestellte Fragen zu hören; in der man nicht studierte, um Prüfungen zu bestehen, sondern um etwas zu lernen.

Meine Reifeprüfung legte ich 1922 als Privatschüler ab, ein Jahr später, als wenn ich weiter die Schule besucht hätte. Aber das Experiment, allein zu lernen, war das eine Jahr, das ich verlor, wert gewesen. Nun wurde ich ein ordentlicher, immatrikulierter Universitätsstudent. Zwei Jahre darauf legte ich an einer Lehrerbildungsanstalt eine zweite »Matura« ab, die mich berechtigte, an Volksschulen (Grundschulen) zu unterrichten.

Ich unterzog mich dieser Prüfung, während ich das Tischlerhandwerk erlernte. Später folgte dann noch die Befähigungsprüfung für den Unterricht von Mathematik, Physik und Chemie an Hauptschulen. Es waren aber keine Lehrerstellen frei, und so wurde ich, wie schon erwähnt, nach Abschluß meiner Lehrzeit als Tischlergeselle Erzieher in einem Hort der Gemeinde Wien für sozial gefährdete Kinder.

Damals war ich dabei, meine Ideen über die *Abgrenzung zwischen wissenschaftlichen Theorien* (wie die Einsteins) *und pseudowissenschaftlichen Theorien* (wie die von Marx, Freud und Adler) weiterzuentwickeln. Mir wurde klar, daß das Wissenschaftliche an einer Theorie (beziehungsweise an einem Satz) in ihrer Fähigkeit lag, das Auftreten von gewissen logisch möglichen Ereignissen auszuschließen – das Auftreten gewisser Ereignisse zu verbieten: *Je mehr eine Theorie verbietet, desto mehr sagt sie aus.*[34]

Obwohl diese Idee mit der des »informativen Gehalts« einer Theorie eng verbunden ist und diese *in nuce* enthält, habe ich sie damals über diesen Punkt hinaus nicht entwickelt. Mich beschäftigte jedoch sehr das Problem des *dogmatischen Denkens und dessen Beziehung zum kritischen Denken.* Besonders interessierte mich die Idee, daß das dogmatische Denken, das ich als vorwissenschaftlich betrachtete, eine notwendige Vorstufe sei, die das kritische Denken erst ermöglichte. Kritisches Denken muß ein Objekt haben, das es kritisieren kann, und dieses Objekt, so glaubte ich, muß das Ergebnis des dogmatischen Denkens sein.

Ich möchte hier noch ein paar Worte über das *Abgrenzungsproblem* sagen und über meine Lösung dieses Problems.

(1) Wie es mir zunächst erschien, bestand das Abgrenzungsproblem nicht darin, die Wissenschaft von der Metaphysik abzugrenzen, sondern von der Pseudowissenschaft. Die Metaphysik interessierte mich damals überhaupt nicht. Erst später wandte ich mein *»Abgrenzungskriterium«* auch auf die Metaphysik an.

(2) Meine zentrale Idee im Jahre 1919 war die folgende. Wenn jemand eine wissenschaftliche Theorie aufstellt, dann soll er, wie Einstein, die Frage beantworten: »Unter welchen Bedingungen würde ich zugeben, daß meine Theorie falsch ist?« Mit anderen Worten, welche möglichen Tatsachen würde ich als Widerlegungen (als »Falsifikationen«) meiner Theorie akzeptieren?

(3) Es hatte mich sehr gestört, daß die Marxisten (deren zentraler Anspruch war, Sozialwissenschaftler zu sein) und die Psychoanalytiker aller Schulen imstande waren, jedes erdenkliche Ereignis als eine Verifikation ihrer Theorien zu interpretieren. Diese Tatsache, zusammen mit meinem Abgrenzungskriterium, führte mich zu der Auffassung, daß nur ein ernsthafter Widerlegungsversuch, der als Widerlegung scheitert, als eine »Verifikation« zählen kann.

(4) Ich halte noch immer an (2) fest. Als ich jedoch ein wenig später versuchsweise die Idee der *Falsifizierbarkeit (oder Prüfbarkeit oder Widerlegbarkeit) einer Theorie als Abgrenzungskriterium* einführte, entdeckte ich sehr bald, daß jede Theorie sich gegen Kritik »immunisieren« läßt (dieser ausgezeichnete Ausdruck geht auf Hans Albert zurück[35]). Wenn wir derartige Immunisierungen zulassen, dann wird *jede* Theorie unfalsifizierbar. Folglich müssen wir wenigstens einige Immunisierungsmethoden ausschließen.

Andererseits begriff ich auch, daß wir nicht sämtliche Immunisierungen ausschließen dürfen; nicht einmal alle jene, die *ad hoc* Hilfshypothesen einführen. So hätte zum Beispiel die beobachtete Bewegung des Uranus als eine Falsifikation von Newtons Theorie aufgefaßt werden können. Statt dessen wurde *ad hoc* die Hilfshypothese von einem bisher unbeobachteten äußeren Planeten eingeführt und damit die Theorie immunisiert. Dies erwies sich als richtig, denn die Hilfshypothese war, wenn auch mit Schwierigkeiten, nachprüfbar; und sie hielt der Überprüfung stand. Das alles zeigt nicht nur, daß ein gewisses Maß an Dogmatismus sogar in der Wissenschaft fruchtbar ist, sondern auch, daß die Falsifizierbarkeit oder Prüfbarkeit logisch gesehen nicht als ein sehr strenges Kriterium gelten kann. Später habe ich in der *Logik der Forschung* dieses Problem recht ausführlich behandelt. Ich führte *Grade der Prüfbarkeit* ein, und es zeigte sich, daß sie mit dem *Gehalt* (dem Maß des Gehalts) eng zusammenhingen und erstaunlich fruchtbar waren: das Wachstum des Gehalts wurde zum Kriterium dafür, ob wir eine Hilfshypothese versuchsweise annehmen sollten oder nicht.

Trotz der Tatsache, daß alles das in meiner *Logik der Forschung* von 1934 sehr klar besprochen worden war, wurden über meine Auffassungen eine Menge von Legenden verbreitet.[36] (Sie werden es noch immer.) Erstens: daß ich die Falsifizierbarkeit als ein Sinnkriterium eingeführt hätte, und nicht als Abgrenzungskriterium. Zweitens: daß ich nicht erkannt hätte, daß die Immunisierung stets möglich sei, und deshalb die Tatsache übersehen hätte, daß Theorien ja immer vor der Falsifizierung bewahrt werden können, so daß keine Theorie ohne weiteres als »falsifizierbar« bezeichnet werden kann. So verwandelten sich in diesen Legenden meine eigenen Resultate in Gründe, meine Theorie zu verwerfen.[37]

(5) Als eine Art von Zusammenfassung ist es vielleicht nützlich, anhand von Beispielen zu zeigen, wie sich verschiedene Arten von theoretischen Systemen zur Prüfbarkeit (oder Falsifizierbarkeit) und zum Immunisierungsverfahren verhalten.

(a) Wir haben da vor allem die metaphysischen Theorien von *rein existentiellem* Charakter (sie werden besonders in meinen *Conjectures and Refutations* erörtert[38]). Sie sind nicht falsifizierbar.

(b) Wir haben dann Theorien, wie die psychoanalytischen Theorien von Freud, Adler und Jung oder wie die (hinreichend vagen) astrologischen Voraussagen.[39] Weder (a) noch (b) sind falsifizierbar.

(c) Dann haben wir Theorien, die man »einfach« nennen kann, wie etwa »Alle Schwäne sind weiß« oder die geozentrische Theorie »Alle Sterne mit Ausnahme der Planeten bewegen sich auf Kreisbahnen«. Keplers Gesetze könnte man hierzu zählen (obwohl sie in mancher Hinsicht höchst abstrakt sind). Diese Theorien sind falsifizierbar, wenn auch die Falsifizierung natürlich vermieden werden kann: Immunisierung ist eben *immer* möglich. Die Vermeidung der Falsifikation ist jedoch in der Regel unehrlich: Es würde zum Beispiel bedeuten, daß man bestreitet, daß ein schwarzer Schwan ein Schwan ist oder daß er schwarz ist; oder daß ein nicht-keplerscher Planet ein Planet ist.

(d) Der Fall des Marxismus ist interessant. Wie ich in meiner *Offenen Gesellschaft*[40] dargelegt habe, kann man Marx' Theorie als durch die Ereignisse während der Russischen Revolution widerlegt ansehen. Denn nach Marx sollten die revolutionären Veränderungen immer sozusagen von unten beginnen: Zuerst verändern sich die Produktionsmittel, dann die gesellschaftlichen Produktionsverhältnisse, dann die politische Macht und schließlich der ideologische Überbau; dieser verändert sich als letzter. Aber in der russischen Oktober-Revolution änderte sich zuerst die politische Macht. Dann begann die Ideologie der »Diktatur plus Elektrifizierung« die gesellschaftlichen Verhältnisse und die Produktionsmittel von oben her zu verändern. Die Marxsche Theorie stimmte also mit den Tatsachen nicht überein. Aber eine Umdeutung der Marxschen Revolutionstheorie, die diese Falsifikation vermied, immunisierte die Theorie: Sie wurde dadurch immun gegenüber aller Kritik. Gerade dadurch wurde sie eben zur vulgärmarxistischen (oder sozio-analytischen) Theorie: zu der nicht-falsifizierbaren Behauptung, daß das gesamte gesellschaftliche Leben vom »ökonomischen Motiv« und daher vom Klassenkampf beherrscht wird.

(e) Es gibt abstraktere Theorien wie zum Beispiel Newtons oder Einsteins Theorien der Gravitation. Sie sind falsifizierbar – etwa dadurch, daß vorhergesagte Störungen der Planetenbewegung nicht gefunden werden, oder durch das eventuell negative Ergebnis von Radarexperimenten, die an die Stelle von Beobachtungen von Sonnenfinsternissen treten können. Aber auch im Falle dieser Theorien *kann* eine anscheinende Falsifikation umgangen werden, und nicht nur durch uninteressante Immunisierungen, sondern auch – wie bei Fällen von der Art des Uranus-Neptun-Problems – durch die Einführung von prüfbaren Hilfshypothesen, so daß der empirische Gehalt des aus der ursprünglichen Theorie plus der Hilfshypothese bestehenden Systems größer ist als der des ursprünglichen Systems. Das können wir als eine Erhöhung des informativen Gehalts auffassen – als einen Fall des *Wachstums* unserer Erkenntnis. Es gibt natürlich auch Hilfshypothesen, die nichts anderes als Immunisierungsmanöver sind. Sie verringern den Gehalt der Theorie. Das alles legt uns die *methodologische* Regel nahe, keine den Gehalt verringernden Manöver oder (in der Terminologie von Imre Lakatos[41]) keine »degenerierenden Problemverschiebungen« (degenerative problem shifts) zu dulden.

10
Ein zweiter Exkurs: Dogmatisches und kritisches Denken Lernen ohne Induktion

Konrad Lorenz ist der Autor einer überaus wichtigen Theorie auf dem Gebiet der tierischen Verhaltensforschung, der Theorie dessen, was er »Prägung« nennt. Die Theorie besagt, daß junge Tiere einen angeborenen Mechanismus haben, voreilige Schlüsse zu ziehen, die dann nicht mehr zu erschüttern sind. Ein gerade ausgeschlüpftes Gänseküken, zum Beispiel, adoptiert als »Mutter« das erste sich bewegende Ding, auf das sein Blick fällt. Dieser Mechanismus ist normalen Umständen gut angepaßt, wenn auch etwas riskant für das Gänsekind. (Er kann auch für die adoptierte Pflegemutter riskant sein, wie die Erfahrungen von Lorenz zeigen.) Doch unter normalen Umständen, und auch unter einigen, die weit vom Normalen entfernt sind, ist der Mechanismus erfolgreich.

Die folgenden Punkte zu Lorenz' »Prägung« sind wichtig:

(1) Es ist ein Vorgang – nicht der einzige – des Lernens durch Beobachtung.

(2) Das Problem, das unter dem Stimulus der Beobachtung gelöst wird, ist angeboren; das heißt, das Gänsekind ist genetisch dazu vorgebildet, nach seiner Mutter Ausschau zu halten: Es *erwartet*, seine Mutter zu sehen.

(3) Die Theorie oder die Hypothese oder die Erwartung, die das Problem löst, ist ebenfalls in einem gewissen Grade angeboren oder genetisch bedingt: Sie geht weit über die tatsächliche Beobachtung hinaus. Die Funktion der Beobachtung besteht lediglich darin, die Annahme oder die Ablehnung

einer Hypothese oder einer Theorie, die im Organismus weitgehend präformiert ist, auszulösen.

(4) Der Lernprozeß *hängt nicht von Wiederholungen ab,* obwohl er eine gewisse Zeit (eine sehr kurze Zeit)[42] in Anspruch nimmt und die Aktivität des Organismus und oft eine gewisse Anstrengung erfordert. Er schafft so eine Umweltsituation, die nicht allzusehr von der normalerweise angetroffenen Situation entfernt ist. Ich werde solche nicht von Wiederholung abhängigen Lernprozesse als »nichtinduktiv« bezeichnen, da ich annehme, daß die Wiederholung für die »Induktion« charakteristisch ist. (Die Theorie des nicht auf Wiederholung beruhenden Lernens kann als *selektiv* oder darwinistisch bezeichnet werden, während die Theorie des induktiven oder repetitiven Lernens eine Theorie des *instruktiven* Lernens ist; sie ist lamarckistisch.) Natürlich ist das rein eine Angelegenheit der Terminologie: Sollte jemand darauf bestehen, die Prägung als einen induktiven Prozeß zu bezeichnen, so würde ich einfach meine Terminologie ändern; ebenso, falls jemand sich dagegen wehren sollte, die Prägung einen Lernprozeß zu nennen.

(5) Die Beobachtung selbst wirkt also nur wie das Umdrehen des Schlüssels in einem Schloß. Ihre Rolle ist wichtig, doch das höchst komplexe Ergebnis ist fast vollständig präformiert.

(6) Die Prägung ist ein irreversibler Lernprozeß; das heißt, sie kann nicht rückgängig gemacht werden. Sie ist also nicht Gegenstand von Korrektur oder Revision.

Natürlich wußte ich 1922 nichts von Konrad Lorenz' Theorien (obwohl ich ihn als Bub in Altenberg gekannt hatte, wo wir auch gute gemeinsame Freunde hatten). Ich werde die Prägungstheorie hier lediglich als Mittel benutzen, um meine eigene Vermutung zu erklären, die ähnlich und doch verschieden war. Meine Vermutung bezog sich nicht so sehr auf Tiere (obwohl ich von C. Lloyd Morgan und noch mehr von H. S. Jennings[43] beeinflußt war) als auf Menschen, insbesondere auf kleine Kinder. Meine Vermutung war folgende:

Die meisten (oder vielleicht alle) Lernprozesse bestehen in der Bildung einer Theorie; das heißt, in der Bildung von Erwartungen. Die Bildung einer Theorie oder Erwartung oder Vermutung hat immer eine »dogmatische« und manchmal eine »kritische« Phase. Die dogmatische Phase hat mit der Lorenzschen Prägung die Kennzeichen (2) bis (4) gemeinsam, und manchmal auch (5); aber normalerweise nicht (6). In der kritischen Phase kann die dogmatische Theorie unter dem Druck von enttäuschten Erwartungen oder von Widerlegungen aufgegeben werden, und andere Dogmen können ausprobiert werden. Ich bemerkte, daß das Dogma manchmal so fest verwurzelt war, daß keine Enttäuschung es erschüttern konnte. Es ist klar, daß in diesem Fall – wenn auch nur in diesem Fall – die dogmatische Theorienbildung der Prägung sehr nahe kommt, für die (6) charakteristisch ist.[44] Aber ich war geneigt, (6) als eine Art von neurotischer Verirrung zu betrachten (obwohl mich Neurosen nicht wirklich interessierten: es war die Psychologie der Entdeckung, hinter die ich damals kommen wollte). Diese Haltung gegenüber (6) zeigt, daß das, was ich im Sinn hatte, etwas anderes als die Prägung war, auch wenn es vielleicht mit dieser verwandt war.

Ich sah diese Methode der Bildung von Theorien als eine Methode des Lernens aufgrund von Versuch und Irrtum an. Wesentlich ist, daß jeder der verschiedenen Versuche eine Theorie (eine Erwartung, eine Vermutung) ist. Aber wenn ich die Bildung eines theoretischen Dogmas einen »Versuch« nenne, *so meine ich nicht einen zufallsartigen Versuch (random trial).*

Es ist von Interesse, das Problem der Zufälligkeit oder (im Gegensatz dazu) das des systematischen Charakters von Versuchen in einem Versuch-und-Irrtum-Vorgang zu untersuchen. Nehmen wir ein einfaches arithmetisches Beispiel: Die Division durch eine größere Zahl (etwa 7485), deren Einmaleins wir nicht auswendig wissen, wird gewöhnlich aufgrund von Versuch und Irrtum ausgeführt; aber das bedeutet nicht, daß diese Versuche aufs Geratewohl hin erfolgen, denn wir kennen das Einmaleins für 7 und 8.[45] Natürlich könnten wir einen Computer so programmieren, daß er mittels einer Methode dividiert, bei der eine der zehn einstelligen Zahlen 0, 1, . . . 9 *blind* versuchsweise herausgegriffen und im Falle eines Irrtums eine der restlichen neun (nachdem die irrtümlich gewählte Zahl ausgeschieden wurde) ebenso zufällig ausgesucht wird. Aber das wäre weniger zweckmäßig als ein mehr systematisches Vorgehen: Wir sollten zumindest den Computer instruieren, zu entscheiden, ob er sich bei seinem ersten Versuch deshalb geirrt hat, weil die gewählte Zahl zu klein war oder weil sie zu groß war. So würde der Bereich der Zahlen, die für die zweite Wahl in Frage kommen, reduziert werden.

Auf ein Beispiel dieser Art ist der Begriff der Zufälligkeit (randomness) im Prinzip deshalb anwendbar, weil bei jedem Schritt in einer langen Division eine Wahl aus einem eindeutig festgelegten Bereich von Möglichkeiten (den einstelligen Zahlen) getroffen werden muß. Doch in den meisten tierpsychologischen Beispielen von Lernen durch Versuch und Irrtum ist der Bereich der möglichen Reaktionen (Bewegungen von beliebiger Kompliziertheit) nicht im voraus gegeben; und da wir die Elemente dieses Bereichs – die verschiedenen möglichen Erwartungen – nicht kennen, können wir ihnen keine Wahrscheinlichkeitsgrade zuschreiben, was aber nötig wäre, um in einem klaren Sinn von Zufälligkeit (Regellosigkeit) sprechen zu können.

So müssen wir die Idee verwerfen, daß die Methode von Versuch und Irrtum im allgemeinen mit Versuchen arbeitet, die *zufällig* erfolgen, auch wenn wir, mit etwas Scharfsinn, höchst künstliche Bedingungen (wie etwa ein Labyrinth für Ratten) konstruieren können, auf die die Idee der Regellosigkeit vielleicht anwendbar ist. Aber deren bloße Anwendbarkeit besagt natürlich nicht, daß die Versuche tatsächlich in zufallsartiger Weise erfolgen; unser Computer könnte sich ja mit Vorteil einer *systematischen*, nicht zufallsartigen Methode bedienen, die einstelligen Zahlen auszuwählen (und eine Ratte, die durch ein Labyrinth läuft, könnte gleichfalls nach Prinzipien handeln, die nicht zufallsartig sind).

Andererseits sind die Versuche in jenen Fällen, in denen die Methode von Versuch und Irrtum zur Lösung eines Problems eingesetzt wird, wie etwa das Problem der Adaptation (zum Beispiel an ein Labyrinth), in der Regel nicht durch das Problem determiniert oder doch nicht vollständig determiniert. Sie können auch seine (unbekannte) Lösung nicht vorwegnehmen, es sei denn aufgrund eines glücklichen Zufalls. In der Terminologie von Donald T. Campbell können wir sagen, daß die Versuche »blind« erfolgen müssen (ich würde vielleicht lieber sagen, sie müssen »blind gegenüber der Lösung des Problems« sein).[46] Es ist nicht der Versuch, sondern nur die kritische Methode, die Methode der Ausmerzung der Fehler, die uns *nach* dem Versuch – der einem Dogma entspricht – erkennen läßt, ob er ein Treffer war oder nicht; das heißt, ob er einigermaßen erfolgreich war, das unmittelbare Problem zu lösen, und ob er dadurch vorläufig vermeiden konnte, als Fehler ausgemerzt zu werden.

Doch die Versuche erfolgen nicht immer ganz blind gegenüber den Erfordernissen des Problems. Zum Beispiel kann das Problem oft den Bereich bestimmen, aus dem die Versuche ausgewählt werden (wie zum Beispiel den Bereich der einstelligen Zahlen). Das hat David Katz gut beschrieben: »Ein hungriges Tier teilt die Umgebung in Eßbares und Nicht-Eßbares ein. Ein Tier auf der Flucht sieht Fluchtwege und Verstekke.«[47] Darüber hinaus kann sich das Problem in Abhängigkeit von den Resultaten der Versuche etwas verschieben; zum Beispiel kann sich der Auswahlbereich der Versuche einengen. Doch kann es auch ganz anders geartete Fälle geben, besonders wenn es sich um Menschen handelt; Fälle, in denen alles von der Fähigkeit abhängt, die Grenzen des zunächst angenommenen Bereichs zu durchbrechen. Diese Fälle zeigen, daß die Wahl des Bereiches selbst einen Versuch darstellen kann (eine unbewußte Vermutung) und daß kritisches Denken nicht nur in einer Verwerfung irgendeines speziellen Versuchs oder einer Vermutung bestehen kann, sondern auch in einer Verwerfung von etwas, was als eine tieferliegende Vermutung beschrieben werden könnte – die Durchbrechung des angenommenen Bereichs »aller möglichen Versuche«. Das, meine ich, ist es, was in vielen Fällen des »schöpferischen« Denkens geschieht.

Was das schöpferische Denken charakterisiert, abgesehen von der Intensität des Interesses an dem Problem, scheint mir also oft die Fähigkeit zu sein, die Grenzen des Bereiches zu durchbrechen – oder den Bereich zu variieren –, aus dem ein weniger schöpferischer Denker seine Versuche auswählt. Diese Fähigkeit, die offenbar eine kritische Fähigkeit ist, kann als *kritische Phantasie* beschrieben werden. Sie ist häufig das Ergebnis des Aufeinanderprallens verschiedener Kulturen (culture clash); das heißt, des Aufeinanderprallens von Ideen oder Ideensystemen. Ein solcher Zusammenstoß kann uns helfen, die ursprünglichen Grenzen unserer Phantasie zu durchbrechen.

Bemerkungen wie diese dürften aber kaum jene befriedigen, die nach einer psychologischen Theorie des schöpferischen Denkens suchen, und insbesondere nach einer psychologischen Theorie der wissenschaftlichen Entdeckung und Forschung. Denn was sie suchen, das ist eine Theorie des *erfolgreichen* Forschens und Denkens.

Ich glaube, daß die Nachfrage nach einer Theorie des *erfolgreichen* Denkens nicht befriedigt werden kann. Sie ist auch nicht dasselbe wie eine Theorie des schöpferischen Denkens. Erfolg hängt von vielen Dingen ab, vor allem davon, daß man Glück hat. Es mag davon abhängen, daß man auf ein vielversprechendes Problem stößt. Es mag davon abhängen, daß gewisse Einfälle nicht von anderen vorweggenommen wurden; oder von Dingen wie etwa eine glückliche Verteilung unserer Zeit auf Versuche, uns auf dem laufenden zu halten, und auf Versuche, unsere eigenen Ideen genauer auszuarbeiten.

Es scheint mir aber, daß das, was für schöpferisches oder erfinderisches Denken wesentlich ist, eine Verbindung von intensivstem Interesse an einem Problem (und so die Bereitschaft, wieder und wieder eine Lösung zu versuchen) mit kritischem Denken ist: mit der Bereitschaft, auch jene Voraussetzungen zu kritisieren, die für weniger kritische Denker den Bereich begrenzen, aus dem unsere Versuche (die Vermutungen) ausgewählt werden. Und das muß weiter mit einer ungebundenen Phantasie verbunden sein, die es uns ermöglicht, unerwartete Fehlerquellen zu entdecken; etwa Vorurteile, die man kritisch überprüfen sollte.

(Ich fürchte, daß die meisten Untersuchungen auf dem Gebiet der Psychologie des schöpferischen Denkens ziemlich unfruchtbar sind – oder doch mehr logischer als psychologischer Natur.[47a] Die Methode des kritischen Denkens oder der Ausmerzung von Fehlern kann, wie ich glaube, besser durch eine »Logik der Situation« erfaßt werden als durch psychologische Methoden.)

Ein »Versuch« – ein neues »Dogma«, eine neue »Erwartung«, eine neue »Hypothese« oder »Theorie« – ist im allgemeinen das Resultat von angeborenen *Bedürfnissen*, die in spezifischen *Situationen* zu spezifischen *Problemen* Anlaß geben. Ein Versuch kann auch das Resultat des angeborenen Bedürfnisses sein, Erwartungen zu formen (in gewissen spezifischen Bereichen, die ihrerseits durch andere Bedürfnisse bestimmt sind); er kann aber auch das Resultat von enttäuschten früheren Erwartungen sein. Natürlich leugne ich nicht, daß persönliche Faktoren wie Begabung und Phantasie auf die Bildung von neuen Theorien Einfluß haben. Trotzdem glaube ich, daß Begabung und Phantasie noch wichtiger für die Ausschaltung von Fehlern sind. Die meisten großen Theorien, die wir zu den Höhepunkten der menschlichen Schöpfungskraft zählen, sind die gemeinsamen Abkömmlinge von Dogmen und von deren Kritik.

Was mir zuerst klarwurde im Zusammenhang mit dem Problem der Dogmenbildung war, daß Kinder – insbesondere kleine Kinder – ein starkes Bedürfnis für auffindbare Regelmäßigkeiten in ihrer Umgebung haben. Sie haben ein angeborenes Bedürfnis nicht nur für Nahrung und für Liebe, sondern auch für auffindbare strukturelle Gesetzmäßigkeiten – Invarianten – ihrer Umwelt. »Dinge« sind solche Invarianten. Sie haben ein Bedürfnis für eine feste Routine, für regelmäßig eintreffende Erwartungen. Dieser kindliche Dogmatismus wird gut von Jane Austen beschrieben: »Henry und John baten noch immer täglich, die Geschichte von Harriet und den Zigeunern erzählt zu bekommen; und sie korrigierten Emma immer hartnäckig, wenn sie von ihrem ursprünglichen Bericht auch nur in der kleinsten Einzelheit abwich.«[48] Natürlich freuen sich Kinder, besonders ältere Kinder, auch über Abwechslung und Abweichungen von der Routine; aber hauptsächlich dann, wenn sich die Abweichung von einem festen Rahmen von Erwartungen abhebt oder in einen festen »Horizont von Erwartungen« einfügt. Die meisten Spiele mit ihren festen Regeln und ihren variierenden Situationen sind von dieser Art. Und es ist interessant, daß die Spielregeln (die Invarianten) oft durch bloße Beobachtung nicht erlernbar sind.[49]

Es war meine Hauptthese, daß die dogmatische Denkungsart eine Folge des angeborenen Bedürfnisses nach Regelmäßigkeiten ist und eine Folge eines angeborenen Mechanismus, der uns anhält, Regelmäßigkeiten zu suchen. Und es war eine meiner Thesen, daß wenn wir gedankenlos von »Vererbung und Umwelt« sprechen, wir oft die überwältigende Rolle der Vererbung unterschätzen; denn diese bestimmt ja, unter anderem, welche Züge der objektiven Umwelt (der ökologischen Nische) zu der subjektiven oder der biologisch wesentlichen Umwelt eines Tieres gehören.

Ich unterschied zwischen drei wichtigen Lernprozessen, von denen ich den ersten als grundlegend betrachtete.

(1) Lernen im Sinne der Entdeckung von Regelmäßigkeiten: (dogmatische) Aufstellung von Theorien oder Erwartungen oder von regelmäßigem Verhalten, kontrolliert durch (kritische) Ausschaltung von Fehlern.

(2) Lernen durch Nachahmung. Das kann auch als ein Spezialfall von (1) interpretiert werden.

(3) Lernen durch »Wiederholung« oder durch »Übung«; zum Beispiel das Erlernen eines Instruments, das Erlernen von Radfahren oder Autofahren. Hier war (und ist) meine These: (a) es gibt keine echte »Wiederholung«[50], sondern (b) eine (nach Theoriebildung) sich durch die Ausschaltung von Fehlern ändernde Quasiwiederholung; diese führt (c) einen Vorgang herbei, durch den gewisse Aktionen und Reaktionen automatisiert oder unbewußt werden: Sie sinken auf das Niveau des Physiologischen hinab, um ohne Aufmerksamkeit (Konzentration) durchführbar zu werden. (Wir brauchen nicht mehr unsere

Fahrtechnik zu überwachen und können uns auf den Verkehr konzentrieren.)

Die Bedeutung der angeborenen Bedürfnisse oder Dispositionen für das Auffinden und Lernen von Regelmäßigkeiten wird besonders klar, wenn wir den Vorgang des Lernens einer Sprache betrachten, einen vieluntersuchten Vorgang. Es ist das natürlich eine Art des Lernens durch Nachahmung. Es ist höchst erstaunlich, daß dieser sehr früh beginnende Vorgang auch ein Vorgang der Entdeckung durch aktive Versuche und vor allem durch kritische Ausschaltung von Fehlern ist. Diese entscheidende Rolle, die die angeborenen Bedürfnisse und Dispositionen in der Entwicklung der Sprache spielen, kann man am besten an Kindern beobachten, die wegen angeborener Taubheit nicht in den normalen Sprechsituationen lernen können. Die am meisten überzeugenden Fälle sind wohl Kinder, die taub und blind sind, wie Laura Bridgman oder die so bewundernswürdige Helen Keller (von der ich erst später hörte). Zwar bestehen natürlich auch in diesen Fällen wichtige soziale Kontakte – man denke an Helen Kellers überaus engen Kontakt mit ihrer Lehrerin – und Möglichkeiten für Nachahmungen. Aber die Art, in der Helen Keller fast unmittelbar auf die von ihrer Lehrerin zum erstenmal in ihre Hand buchstabierten Worte reagierte, sie verstand und sie nachahmte, ist sehr verschieden von der Art, in der nichtbehinderte Kinder Sprachlaute nachahmen, die sie schon seit langem immer wieder gehört haben; Sprachlaute und Geräusche, deren Funktion manchmal sogar von einem Hund richtig verstanden wird und auf die er richtig reagiert.

Die großen Unterschiede zwischen den menschlichen Sprachen machen es klar, daß die Umgebung eine wichtige Rolle im Erlernen einer Sprache spielt. Das Kind erlernt ja eine Sprache fast ganz durch Nachahmung. Aber wenn man über die biologischen Aspekte der Sprache nachdenkt, dann sieht man wohl, daß die genetischen Faktoren noch weit wichtiger sind. Ich stimme daher mit der folgenden Bemerkung von Joseph Church überein: »Während ein Teil der Veränderungen, die in der Kindheit vor sich gehen, als ein Prozeß der körperlichen

Reifung zu erklären ist, wissen wir, daß Reifung in einer zirkulären Relation der Rückkopplung zur Erfahrung steht: zu den Dingen, die der Organismus tut, fühlt und die ihm angetan werden. Das ist keine Herabsetzung der Rolle, die der Reifeprozeß spielt. Es bedeutet nur, daß wir ihn nicht als einen einfachen Blüteprozeß von präformierten biologischen Vorgängen betrachten können.«[51] Richtig. Aber ich stimme insofern nicht mit Church überein, als ich behaupte, daß der genetisch basierte Reifungsprozeß viel komplizierter ist und größeren Einfluß hat als die auslösenden Signale und die Erlebnisse, durch die diese empfangen werden; obwohl zugegebenerweise ein gewisses Minimum von alledem nötig ist, damit der Vorgang des Reifens angeregt wird. Helen Keller (die von Church nicht erwähnt wird) erfaßte fast sofort, daß das in ihre Hand buchstabierte Wort »Wasser« bedeutete: das Ding, das sie mit ihrer Hand fühlte und das sie so gut kannte. Der Vorgang hatte eine Ähnlichkeit mit der Prägung, obwohl er auch in gewisser Weise unähnlich war. Zur Ähnlichkeit gehörte der unauslöschliche Eindruck, den das Erlebnis auf sie machte, und die Art und Weise, in der ein einziges Erlebnis aufgestaute Dispositionen und Bedürfnisse auslöste. Deutlich verschieden von der Prägung war der ungeheure Bereich verschiedenster Möglichkeiten, die das Erlebnis für sie eröffnete, Möglichkeiten, die im Laufe von einigen Jahren in ihrer meisterhaften Beherrschung der geschriebenen englischen Sprache kulminierten.

Angesichts dieser Tatsachen und Überlegungen möchte ich bezweifeln, ob die folgende Bemerkung von Church zutreffend ist: »Das Baby lernt nicht gehen, weil sein ›Gehmechanismus‹ reift, sondern weil es einen Grad von Orientierung im Raum erworben hat, durch den das Gehen als Handlungsweise möglich wird.«[52] Mir scheint, daß im Fall von Helen Keller keine oder fast keine Orientierung im Sprachraum ihrem Lernprozeß vorausgegangen ist, bevor sie entdeckte, daß die eigenartige Berührung ihrer Hand durch die Finger ihrer Lehrerin ein Zeichen für Wasser bedeutete; bevor sie darauf kam, daß gewisse Arten von Berührungen eine bezeichnende oder hinweisende

(»intentionale«) Funktion hatten. Was sie offenbar besaß war eine Bereitschaft, eine Disposition, ein Bedürfnis, Zeichen, Signale von anderen Menschen zu interpretieren; diese Zeichen als Nachahmung selbst zu verwenden und ihre Bedeutung durch die Methode von Versuch (Hypothese) und Irrtum zu erfassen: durch systematische, also nicht-regellose, Versuche und durch die kritische Ausmerzung von Fehlern.

Es scheint, daß in diesem Gebiet sehr verschiedene und sehr komplizierte angeborene Dispositionen zusammenwirken: die Disposition zur Zuneigung, die Disposition mitzufühlen, Bewegungen (zum Beispiel lächeln) nachzuahmen, Bewegungen zu kontrollieren und zu korrigieren, die Disposition, auf Sprache zu reagieren, auf Befehle, auf Bitten, auf Ermahnungen, auf Warnungen; die Disposition, darstellende Sätze als solche zu verstehen und darstellende Sätze zur Darstellung von Sachverhalten zu verwenden.

Im Falle Helen Kellers (im Gegensatz zu nicht-behinderten Kindern) erreichten sie schließlich fast alle Informationen über die Struktur ihrer Umwelt durch das Medium der Sprache. Infolgedessen konnte sie für längere Zeit nicht zwischen sprachlichen Mitteilungen, eigener Erfahrung und eigenen Phantasievorstellungen unterscheiden; denn alle drei wurden ihr durch ein und denselben verschlüsselten Code vermittelt:[53] durch die Wort für Wort durch Tastzeichen übersetzte englische Schriftsprache.

Überlegungen über das Lernen von Sprachen zeigten mir, daß mein Schema einer natürlichen Entwicklung, die zuerst eine dogmatische Phase durchläuft und danach in eine kritische Phase eintritt, zu einfach war. Denn das Erlernen einer Sprache beruht offenbar unter anderem auf einer angeborenen Disposition, sich selbst zu korrigieren; also auf einer Disposition, beweglich und kritisch zu sein und Fehler auszumerzen; einer Disposition, die später verschwindet. Wenn ein Kind, das gelernt hat, »Maus« und »Mäuse« zu sagen, »Haus« und »Häuse« sagt, dann ist offenbar eine Disposition an der Arbeit, Regelmäßigkeiten zu finden; aber das Kind wird sich bald korrigieren (vielleicht unter dem Einfluß von kritischen Bemerkungen von Erwachsenen). Später jedoch kommt es zu einer dogmatischen Phase, in der die Struktur der Sprache erstarrt – möglicherweise unter dem Einfluß der Automatisierung, die oben unter 3 (c) besprochen wurde.

Ich habe das Erlernen einer Sprache hier als Beispiel benutzt, um zu zeigen, daß die Nachahmung als Spezialfall der Methode von Versuch und Irrtum – der Ausmerzung von Fehlern – interpretiert werden kann.[54] Außerdem ist es ein Beispiel der Zusammenarbeit einerseits von dogmatischen Phasen, der Bildung von Theorien oder Erwartungen oder Regelmäßigkeiten des Verhaltens, und andererseits von kritischen Phasen.

Aber obwohl die Theorie der dogmatischen Phase, auf die eine kritische Phase folgt, zu einfach ist, wie wir gesehen haben, so ist es trotzdem richtig, *daß es keine kritische Phase geben kann ohne vorausgehende dogmatische Phase, ohne eine Phase, in der sich eine Erwartung oder eine Regelmäßigkeit des Verhaltens formiert, an der wir dann mit unserer kritischen Arbeit, der Ausmerzung von Fehlern, beginnen können.*

Dieses Resultat führte mich dazu, die psychologische Theorie des Lernens durch Wiederholung – durch die Induktion – zu verwerfen. Diese psychologische Theorie war von David Hume beibehalten worden, nachdem er die Induktion aus logischen Gründen verworfen hatte. (Ich möchte hier nicht wiederholen, was ich in meinen *Conjectures and Refutations* über Humes Theorie der Gewöhnung gesagt habe[55]). Es führte mich auch zu der Einsicht, daß es so etwas wie eine reine, vorurteilslose Erfahrung oder Beobachtung nicht gibt. Eine Beobachtung ist immer eine zielgerichtete Handlung. Sie geht darauf aus, das Bestehen einer Regelmäßigkeit zu finden oder nachzuprüfen, das *zumindest* in unbestimmter Weise vermutet wurde. So ist die Beobachtung eine problemgesteuerte Handlung; eine Handlung, die von einer zusammenhängenden Struktur von Erwartungen gesteuert wird (von einem »Erwartungshorizont«, wie ich es später nannte). So etwas wie eine passive Erfahrung gibt es nicht: weder passiv uns eingeprägte Ideen noch passiv geformte

Assoziationen. Erfahrung ist das Resultat einer aktiven Forschungstätigkeit des Organismus, das Resultat seiner aktiven Suche nach Regelmäßigkeiten oder Invarianten. Wahrnehmungen gibt es nur im Zusammenhang mit Erwartungen und Interessen, und daher mit Regelmäßigkeiten oder »Gesetzen«. Und man kann die Bildung von Wahrnehmungen (Gestaltwahrnehmungen) selbst als eine Art von Hypothesenbildung interpretieren.

Das alles führte mich zu der Einsicht, daß die Vermutung oder die Hypothese der Beobachtung oder der Wahrnehmung phylogenetisch und ontogenetisch vorausgeht: Wir haben angeborene Erwartungen; wir haben latentes angeborenes Wissen in der Form von latenten Erwartungen, die durch Reize aktiviert werden; Reize, auf die wir gewöhnlich dann reagieren, wenn wir im Begriff sind, unsere Umwelt aktiv zu erforschen. Alles Lernen besteht daher in einer Modifizierung (es mag eine Widerlegung sein) von älterem Wissen und daher, in letzter Analyse, von angeborenem Wissen in der Form von Dispositionen.[56]

Das war so ungefähr die psychologische Theorie, die ich zwischen 1921 und 1926 sehr versuchsweise und in einer unbeholfenen Terminologie entwickelte. Es war diese Theorie der Formung unseres Wissens, die mich während meiner Lehrzeit als Tischler beschäftigte und ablenkte.

Ein sonderbarer Umstand in meiner intellektuellen Entwicklung ist der folgende. Obwohl ich damals so sehr am Gegensatz zwischen dogmatischem und kritischem Denken interessiert war, obwohl ich das dogmatische Denken als vorwissenschaftlich betrachtete (und als unwissenschaftlich, falls es vorgibt, wissenschaftlich zu sein), und obwohl ich den Zusammenhang von alledem mit meinem Abgrenzungskriterium zwischen Wissenschaft und Pseudowissenschaft bemerkte – mit meinem Kriterium der Falsifizierbarkeit oder Widerlegbarkeit –, so bemerkte ich doch nicht die sehr enge Beziehung zwischen dem Abgrenzungsproblem und dem mich gleichfalls sehr interessierenden Induktionsproblem. Jahrelang wohnten die beiden Probleme, das Abgrenzungsproblem und das Induktionsproblem, in zwei sozusagen wasserdichten Gehäusen meines Denkens; und das, obwohl ich glaubte, ich hätte das Induktionsproblem durch die einfache Entdeckung gelöst, daß es keine Induktion durch Wiederholung gibt (da man ja durch Wiederholung nicht etwas Neues lernen kann). Ich wußte, daß die angebliche Methode der Induktion durch die Methode der (dogmatischen) Versuche und der (kritischen) Ausmerzung von Irrtümern ersetzt werden muß; durch die Methode, Entdeckungen zu machen, die alle Organismen anwenden, von der Amöbe bis zu Einstein.

Ich wußte wohl, daß meine Lösung der beiden Probleme, des Abgrenzungsproblems und des Induktionsproblems, auf derselben Idee basierte, der Idee der Unterscheidung von dogmatischem und kritischem Denken. Trotzdem schienen mir die beiden Probleme ganz verschieden zu sein: Die Abgrenzung hatte keine Ähnlichkeit mit der Darwinschen Selektion. Es vergingen Jahre, bis ich bemerkte, daß zwischen den beiden Problemen eine enge Verbindung bestand und daß das Induktionsproblem im wesentlichen aus einer falschen Lösung des Abgrenzungsproblems entsteht: aus der falschen (und positivistischen) Annahme, daß das, was die Wissenschaft von der Pseudowissenschaft unterscheidet, die »wissenschaftliche Methode« ist, nämlich die Methode, die uns erlaubt, wahres, gesichertes und begründbares Wissen zu finden; und daß diese »wissenschaftliche Methode« die Methode der Induktion ist: eine Annahme, die aus mehr als einem Grund falsch war.

11
Musik

In allen diesen Überlegungen spielten Grübeleien über die Musik eine beträchtliche Rolle, besonders während meiner Zeit als Tischlerlehrling.

Die Musik war eines der dominierenden Themen meines Lebens. Meine Mutter war sehr musikalisch: Sie spielte wunderschön Klavier. Es scheint, daß die Musik eines der Dinge ist, die in der Familie liegen; aber es ist rätselhaft, warum das so ist. Die europäische Musik ist ja eine viel zu junge Erfindung, als daß sie genetisch verankert sein könnte; und die primitive Musik hören viele sehr musikalische Menschen nicht allzugern, während sie jene Musik lieben, die seit Dunstable, Dufay, Josquin des Prés, Palestrina, Orlando di Lasso und Byrd komponiert worden ist.

Wie dem auch sein mag, die Familie meiner Mutter war »musikalisch«. Vielleicht kam die Begabung von meiner Großmutter mütterlicherseits, einer geborenen Schlesinger. (Bruno Walter gehörte zu dieser Familie. Ich zählte freilich nicht zu seinen Bewunderern, besonders nachdem ich einmal unter seiner Leitung im Chor in Bachs *Matthäuspassion* gesungen hatte.) Meine Großeltern Schiff waren Gründungsmitglieder der berühmten *Gesellschaft der Musikfreunde in Wien,* jener Gesellschaft, die den schönen Musikvereinssaal in Wien gebaut hatte. Beide Schwestern meiner Mutter spielten sehr gut Klavier. Die ältere, eine ausgebildete Pianistin, hatte drei Kinder, die alle begabte Musiker waren. Auch drei andere meiner Cousins mütterlicherseits waren musikalisch sehr begabt. Einer ihrer Brüder spielte viele Jahre lang die erste Geige in einem guten Quartett.

Als Kind hatte ich ein paar Violinstunden, kam aber nicht sehr weit. Ich hatte keine Klavierstunden, und wenn ich auch gerne Klavier spielte, so spielte ich doch (und spiele noch immer) sehr schlecht. Als Siebzehnjähriger begegnete ich Rudolf Serkin. Wir wurden Freunde, und ich bin mein Leben lang ein glühender Bewunderer seines Klavierspiels geblieben, bei dem er sich selbst vergißt und ganz in dem Werk aufgeht, das er spielt.

Eine Zeitlang – vom Herbst 1920 bis etwa 1922 – dachte ich ernsthaft daran, Musiker zu werden. Aber wie bei so vielen anderen Dingen – der Mathematik, der Physik, der Tischlerei – kam ich zu dem Schluß, daß ich nicht hinreichend begabt war. Ich habe immer wieder ein wenig komponiert und dabei Stücke von Bach als platonisches Modell benützt; aber ich habe mir nie Illusionen über den Wert meiner Kompositionen gemacht.

Auf dem Gebiet der Musik war ich immer konservativ. Ich hatte das Gefühl, daß Schubert der letzte ganz große Komponist war, obgleich ich Bruckner (besonders seine drei letzten Symphonien) und einiges von Brahms (das *Requiem*) sehr gern hatte und sehr bewunderte. Richard Wagner mochte ich nie, seinen Text zum *Ring* (einen Text, den ich läppisch finde) noch weniger als seine Musik. Auch die Musik von Richard Strauss mochte ich nicht, obwohl ich mir dessen bewußt war, daß sowohl Wagner als auch Strauss echte Musiker waren. (Es ist klar, daß *Der Rosenkavalier* als eine moderne Version des *Figaro* gedacht war. Aber ganz abgesehen davon, daß schon die historizistische Absicht auf einem Mißverständnis beruht – wie konnte ein Musiker wie Strauss auch nur einen Augenblick lang glauben, diese Absicht ließe sich verwirklichen?) Unter dem Einfluß der Musik Mahlers (dieser Einfluß war nicht von Dauer) und der Tatsache, daß Mahler Schönberg verteidigt hatte, glaubte ich, einen ernsthaften Versuch machen zu müssen, die zeitgenössische Musik kennen- und schätzenzulernen. So trat ich dem »Verein für musikalische Privataufführungen« bei, dessen Präsident Arnold Schönberg war und der sich zum Ziel gesetzt hatte, Kompositionen von Schönberg, Alban Berg,

Anton von Webern und von anderen »fortschrittlichen« zeitgenössischen Komponisten, wie Ravel, Bartók und Strawinski, aufzuführen. Eine Zeitlang wurde ich auch zum Schüler des Schönberg-Schülers Erwin Stein, aber ich hatte nur wenige Stunden bei ihm; statt dessen half ich ihm ein wenig bei seinen Proben für die Aufführungen des Vereins. Auf diese Weise lernte ich einige Kompositionen Schönbergs gut kennen, insbesondere die *Kammersymphonie* und den *Pierrot lunaire*. Ich besuchte auch Proben von Anton von Webern, besonders die seiner *Orchesterstücke*, und auch Proben von Alban Berg.

Nach ungefähr zwei Jahren wußte ich, daß ich etwas gelernt hatte – über eine Musik, die ich jetzt noch weniger mochte als vorher. So wurde ich für etwa ein Jahr Schüler einer ganz anderen Musikschule, der Abteilung für Kirchenmusik am Wiener Konservatorium. Ich wurde aufgrund einer Fuge aufgenommen, die ich geschrieben hatte. Am Ende des Jahres kam ich, wie schon erwähnt, zu dem Schluß, daß ich nicht begabt genug war, um Musiker zu werden. Aber das alles bestärkte mich nur in meiner Liebe zur »klassischen« Musik und in meiner grenzenlosen Bewunderung für die großen Komponisten der alten Zeit. Der Zusammenhang zwischen der Musik und meiner philosophischen Entwicklung ist der, daß sich aus meinem Interesse an der Musik wenigstens drei Ideen entwickelten, die mich mein ganzes Leben beeinflußten. Eine hing eng mit meinen Ideen über dogmatisches und kritisches Denken und mit der Bedeutung von Dogmen und Traditionen zusammen. Die zweite bestand in der Unterscheidung zwischen zwei Arten des Komponierens, die ich damals für überaus wichtig hielt und die ich für mich selbst mit den Ausdrücken »objektiv« und »subjektiv« bezeichnete. Die dritte bestand in der Erkenntnis der geistigen Armut und der zerstörenden Kraft historizistischer Ideen in der Musik und in der Kunst überhaupt. In den nächsten drei Abschnitten möchte ich über diese drei Ideen sprechen.[57]

12

Überlegungen zum Ursprung der polyphonen Musik: Psychologie der Forschung oder Logik der Forschung?

Die Überlegungen, über die ich hier kurz berichten will, hängen eng mit meinen zuvor angedeuteten Überlegungen über das dogmatische und kritische Denken zusammen. Ich glaube, sie gehörten zu meinen ersten Versuchen, diese psychologischen Ideen auf ein anderes Gebiet anzuwenden; später veranlaßten sie mich, eine Theorie über den Ursprung der griechischen Wissenschaft aufzustellen. Die Theorie über die griechische Wissenschaft fand ich historisch fruchtbar. Die Ideen über den Ursprung der polyphonen Musik sind vielleicht ein historischer Irrtum. Ich wählte später Musikgeschichte als zweites Fach für mein Doktorat, in der Hoffnung, daß ich dadurch eine Gelegenheit finden würde, herauszubekommen, ob etwas an meinen Ideen sei. Aber ich kam zu keinem Resultat und wandte mich bald anderen Problemen zu. Tatsächlich habe ich fast alles vergessen, was ich je auf diesem Gebiet wußte. Doch hatten diese Ideen später einen großen Einfluß auf meine Umdeutung der Ideen Kants und auf die Verschiebung meines Interesses von der Psychologie der Forschung zu einer objektivistischen Erkenntnistheorie; das heißt, zur Logik der Forschung.

Mein Problem war das folgende. Die Polyphonie ist, ähnlich wie die Wissenschaft, eine spezifische Eigentümlichkeit unserer abendländischen Zivilisation. (Ich benutze den Ausdruck »Polyphonie«, um nicht nur den Kontrapunkt, sondern auch die abendländische Harmonik zu bezeichnen.) Im Unterschied zur Wissenschaft scheint aber die polyphone Musik nicht griechischen Ursprungs zu sein, sondern sie ist, wie es scheint, zwischen dem neunten und fünfzehnten Jahrhundert unserer Zeitrechnung entstanden. Wenn das richtig ist, so ist sie eine einzigartige, originelle und wirklich wunderbare Leistung unserer abendländischen Zivilisation; anders als die Wissenschaft, die ja auf den Nahen und Fernen Osten und auf die Antike zurückgeht.

Die Tatsachen scheinen folgende zu sein. Melodischen Gesang gab es in vielen Formen – als Tanzlied, als Volksmusik und vor allem als Kirchenmusik. Die Melodien – besonders die langsamen, die man in der Kirche sang – wurden natürlich oft auch in Oktavenparallelen gesungen. Nach einigen Berichten wurden sie auch in Quintenparallelen gesungen (die mit der Oktave zusammen Quarten ergaben, wenn auch nicht vom Baß aus gerechnet). Diese Singweise (»Organum«) wird aus dem zehnten Jahrhundert berichtet und existierte vermutlich noch früher. Der Gregorianische Choral wurde aber auch in parallelen Terzen und parallelen Sexten gesungen (beide von der Baßstimme aus gerechnet: »Fauxbourdon«, »Faburden«).[58] Das hat man anscheinend als eine wirkliche Neuerung empfunden, als eine Art Begleitung oder sogar als eine Verzierung.

Der nächste Schritt (aber seine Ursprünge reichen, wie es scheint, bis ins neunte Jahrhundert zurück) dürfte wohl der gewesen sein, daß bei unveränderter Melodie der Hauptstimme die Begleitstimmen nicht mehr nur in parallelen Terzen und Sexten geführt wurden. Eine antiparallele Bewegung der Noten gegeneinander (Note gegen Note oder punctus contra punctum: Kontrapunkt) war jetzt ebenfalls erlaubt und konnte nicht nur zu Terzen und Sexten, sondern auch zu Oktaven und Quinten führen (vom Baß aus gerechnet) und somit zu Quarten zwischen den Mittelstimmen und einer höheren Stimme.

Ich betrachtete diesen letzten Schritt, die Erfindung des Kontrapunkts, als den entscheidenden. Obwohl es nicht ganz sicher zu sein scheint, daß es zeitlich der letzte Schritt war, so war er doch derjenige, der zur Polyphonie führte.

Das »Organum« dürfte wohl seinerzeit nicht als eine Erweiterung der einstimmigen Melodie empfunden worden sein; außer vielleicht von jenen, die für die Kirchenmusik verantwortlich waren. Es ist durchaus möglich, daß es ganz einfach aus den unterschiedlichen Stimmhöhen innerhalb einer Gemeinde entstand, die sich bemühte, die *eine* Melodie zu singen. Es kann das unbeabsichtigte Ergebnis eines religiösen Brauches gewesen sein, nämlich der Intonation von Responsorien durch die Gemeinde. Derartige Fehler sind beim Gemeindegesang wohl unvermeidlich. So ist es zum Beispiel bekannt, daß beim festlichen Wechselgesang der anglikanischen Kirche, wenn der Cantus firmus im Tenor liegt, die Gemeinde zu dem Fehler neigt, der höchsten Stimme, dem Sopran, in Oktavenabständen zu folgen statt dem Tenor. Auf alle Fälle gibt es, solange strikt parallel gesungen wird, keine Polyphonie. Es mag mehr als eine Stimme geben; aber es gibt nur *eine* Melodie.

Es ist durchaus vorstellbar, daß auch das kontrapunktische Singen aus Fehlern entstand, die die Gemeinde machte. Vielleicht war es so, daß eine Stimme beim Parallelsingen auf eine Note stieß, die ihr zu hoch war und deshalb zu der Note überwechselte, die von der nächsttieferen Stimme gesungen wurde und sich so *contra punctum* bewegte, statt parallel *cum puncto*. Das kann sowohl beim Organum- als auch beim Fauxbourdon-Singen geschehen sein. Es wäre jedenfalls eine Erklärung für die erste Grundregel des einfachen Note-für-Note-Kontrapunkts: daß das Ergebnis der Gegenbewegung nur eine Oktave oder eine Quinte oder eine Terz oder eine Sexte (jeweils vom Baß aus gerechnet) sein darf. Aber wenn auch der Kontrapunkt auf diese Weise *entstanden* sein mag, seine *Erfindung* muß man doch wohl jenem Musiker zuschreiben, der als erster die Möglichkeit erkannte, zusammen mit der Grundmelodie – dem Cantus firmus – eine *selbständige zweite Melodie* zu singen, ohne daß diese die erste mehr stören würde als das Organum- oder Fauxbourdon-Singen. Und das führt zu der zweiten Grundregel des Kontrapunkts: Parallele Oktaven und Quinten sind zu vermeiden, *weil sie den beabsichtigten Eindruck einer selbständigen zweiten Melodie zerstören würden.* Tatsächlich würden sie zu einem unbeabsichtigten (wenn auch nur zeitweiligen) Organum-Effekt und damit zum Verschwinden der zweiten Melodie als solcher führen, denn diese zweite Stimme würde (wie beim Organum-Singen) lediglich den Cantus firmus verstärken. Parallele Terzen und Sexten (wie im Fauxbourdon) sind zulässig, vorausgesetzt, daß ihnen eine wirkliche Gegenbewegung (innerhalb der Stimmführung) vorangeht oder recht bald folgt.

Der Kern der Idee ist also folgender. Der Cantus firmus, die oft vorgegebene Grundmelodie, legt der zweiten Melodie, dem Kontrapunkt, Beschränkungen auf. Doch trotz dieser Beschränkungen soll der Kontrapunkt wirken, als sei er eine frei erfundene selbständige Melodie, die in sich melodisch ist und doch auf geradezu wunderbare Weise zum Cantus firmus paßt, obwohl sie, im Gegensatz zum Organum und zum Fauxbourdon, durchaus nicht von ihm abhängig ist. Sobald diese Grundidee erfaßt ist, sind wir auf dem Wege zur Polyphonie.

Ich möchte mich darüber nicht weiter auslassen. Ich möchte statt dessen eine historische Vermutung erklären, die ich in diesem Zusammenhang hatte – eine Vermutung, die, auch wenn sie tatsächlich falsch sein mag, gleichwohl für all meine späteren Ideen von großer Bedeutung war. Es ging um folgendes.

Ausgehend von dem griechischen Erbe und von der Entwicklung (und Kanonisierung) der Kirchentonarten in der Zeit des Ambrosius und Gregors des Großen, hätte es für die Erfindung der Polyphonie kaum eine Notwendigkeit oder einen Anlaß gegeben, wenn die Kirchenmusiker dieselbe Freiheit gehabt hätten wie etwa die Urheber des Volksliedes. Meine Vermutung war, daß es gerade die Kanonisierung der Kirchenmelodien war – ihre *dogmatische Beschränkung* –, die den Cantus firmus hervorbrachte, gegen den sich der Kontrapunkt entwickeln konnte. Erst der festgelegte Cantus firmus lieferte den Rahmen, die Ordnung, die Regelmäßigkeit, die eine Freiheit des Erfindens ohne Chaos ermöglichte.

Bei manchen Arten außereuropäischer Musik finden wir, daß aus *festgelegten* Melodien *melodische* Variationen entstehen; darin sah ich eine ähnliche Entwicklung. Meiner Vermutung nach war es jedoch die Verbindung einer Tradition von parallel gesungenen Melodien mit der Sicherheit eines Cantus firmus, der sich selbst durch eine Gegenbewegung nicht stören läßt, die eine gänzlich neue geordnete Welt schuf, einen neuen Kosmos.

Erst nachdem die Möglichkeit dieses Kosmos – durch kühne Versuche und durch Eliminierung von Irrtümern – in einem gewissen Umfang erforscht war, konnte man auf die ursprünglichen authentischen Melodien, die von der Kirche kanonisiert waren, verzichten. Jetzt konnte man neue, an die Stelle des ursprünglichen Cantus firmus tretende Melodien erfinden, die zum Teil für eine gewisse Zeit zur Tradition wurden, zum Teil aber auch nur in einer einzigen Komposition verwendet wurden; zum Beispiel als Thema einer Fuge.

Nach dieser vielleicht unhaltbaren historischen Vermutung war es also die Kanonisierung der Gregorianischen Melodien, ein Stück Dogmatismus, das uns den notwendigen Rahmen und das notwendige Rüstzeug gab, um eine neue Welt aufzubauen. Ich habe das auch so formuliert: Das Dogma liefert uns den Rahmen, das Bezugssystem, das wir brauchen, um die Ordnung dieser neuen, unbekannten und möglicherweise an sich sogar einigermaßen chaotischen Welt zu erforschen; und außerdem, um auch dort Ordnung zu schaffen, wo noch keine Ordnung besteht. Das musikalische und wissenschaftliche Schaffen scheinen also folgendes miteinander gemein zu haben: Sie benützen das Dogma oder den Mythos als einen von Menschen geschaffenen Weg, auf dem wir uns ins Unbekannte vortasten, während wir die Welt erforschen und dabei sowohl Regelmäßigkeiten oder Gesetze schaffen als auch nach bestehenden Regelmäßigkeiten suchen. Und sobald wir erst einige Wegweiser gefunden oder errichtet haben, gehen wir weiter und probieren neue Wege aus, die Welt zu ordnen: neue Koordinatensysteme; neue Wege der Forschung und der Schöpfung; neue Wege, eine neue Welt zu bauen, von denen die Antike sich nichts träumen ließ – wenn man von dem Mythos der Sphärenmusik absieht.

Ein großes musikalisches Werk ist (wie eine große wissenschaftliche Theorie) in der Tat ein dem Chaos aufgezwungener

Kosmos, unausschöpfbar in allen seinen Spannungen und Harmonien selbst für seinen Urheber. Das hat Kepler in einer Schrift, die der Musik der Himmelskörper gewidmet ist, mit wunderbarer Klarheit beschrieben:[59]

> So sind die Bewegungen der himmlischen Körper nichts anderes als ein ewiges Konzert; ein Wohlklang, der vernünftig ist, und nicht hörbar und tönend. Sie bewegen sich durch die Spannungen der Dissonanzen, die ähnlich wirken wie die Synkopen, oder die Vorhalte mit ihren Auflösungen (durch die die Menschen die Dissonanzen der Natur nachahmen). So erreichen sie mit Sicherheit ihre vorausbestimmten Kadenzen, die je sechs Elemente enthalten – wie ein Akkord, der aus sechs Stimmen entsteht. Und in dieser Weise rhythmisieren und artikulieren sie die Unendlichkeit der Zeit. Kein Wunder ist schöner oder erhabener als die Regeln, nach denen man zusammen in Harmonien singt, in mehreren Stimmen; eine Kunst, die der Antike unbekannt war, die aber endlich entdeckt wurde, vom Menschen, dem Abbild und Nachahmer des Schöpfers; so daß er durch den kunstvollen Zusammenklang von mehreren Stimmen in einem kleinen Teil einer Stunde ein Bild der zeitlichen Ewigkeit der Welt spielend hervorzaubern kann. So kann er durch die Musik, das Echo Gottes, in süßester Seligkeit fast jene Zufriedenheit kosten, die Gott, der Schöpfer, in seinem eigenen Werke findet.

Es gab noch einige andere Ideen, die mich ablenkten und in meiner Arbeit an den früher erwähnten Schreibtischen während meiner Tischlerlehrzeit störten.[60] Es war das eine Zeit, in der ich wieder und wieder Kants erste Kritik las. Ich kam bald zu dem Schluß, daß der Mittelpunkt seiner Lehre ist, daß *die wissenschaftlichen Theorien von uns selbst erfunden werden und daß wir sie der Welt aufzuzwingen versuchen:* »Der Verstand schöpft seine Gesetze ... nicht aus der Natur, sondern er schreibt sie dieser vor.« Aus der Verknüpfung dieser Bemerkung mit meinen eigenen Ideen kam ich etwa zu dem folgenden Ergebnis:

Unsere Theorien, die mit primitiven Mythen anfangen und sich zu den Theorien der Wissenschaft weiterentwickeln, sind in der Tat Menschenwerk, wie schon Kant sagt. Wir versuchen, sie der Welt vorzuschreiben, und wir *können*, wenn wir es wollen, immer dogmatisch an ihnen festhalten, auch dann, wenn sie falsch sind (wie es nicht nur die meisten religiösen Mythen sind, sondern sogar Newtons Theorie, an die Kant dachte).[61] Aber wenn wir auch zunächst an unseren Theorien festhalten müssen – *ohne Theorien können wir nicht einmal beginnen,* denn wir haben sonst nichts, an das wir uns halten könnten –, so können wir doch im Laufe der Zeit ihnen gegenüber eine *kritischere Haltung* einnehmen. Wir können versuchen, sie durch etwas Besseres zu ersetzen, wenn wir mit ihrer Hilfe die Stelle gefunden haben, an der sie uns im Stich lassen. So kann es zu einer wissenschaftlichen oder kritischen Phase des Denkens kommen, *der notwendig eine unkritische oder dogmatische Phase vorausgeht.*

Kant, dachte ich, hatte recht, als er sagte, es sei unmöglich, daß die Erkenntnis gleichsam eine Kopie oder ein Abdruck der Wirklichkeit sei. Er hatte recht, wenn er sagte, die Erkenntnis sei *in genetischer oder psychologischer Hinsicht* a priori. Aber er war im Unrecht, wenn er glaubte, daß Erkenntnisse a priori *gültig* sein können.[62] Unsere Theorien sind unsere Erfindungen. Sie mögen oft nichts Besseres sein als schlecht durchdachte Mutmaßungen. Sie sind nie mehr als kühne Vermutungen, *Hypothesen.* Aus diesen erschaffen wir eine Welt: nicht die wirkliche Welt, sondern Modelle; von uns gemachte Netze, mit denen wir die wirkliche Welt einzufangen versuchen.[62a]

Wenn diese Gedanken richtig waren, dann hatte das, was ich zunächst als Psychologie der Forschung aufgefaßt hatte, eine Grundlage in der Logik: Es gab aus logischen Gründen keinen anderen Weg ins Unbekannte, als selbst unsere Netze zu machen und sie auszuwerfen. (Bei Novalis fand ich die Bemerkung: »Hypothesen sind Netze, nur der wird fangen, der auswirft . . .«)

13
Zwei Arten von Musik

Es war mein Interesse an der Musik, das mich zu einer, wie ich damals glaubte, nicht sehr wichtigen Entdeckung führte (etwa im Jahre 1920, jedenfalls noch bevor mein Interesse an der Psychologie der Forschung erwacht war, das ich im vorigen Abschnitt und in Abschnitt 10 beschrieben habe). Diese Entdeckung hat später mein philosophisches Denken stark beeinflußt und schließlich zu jener Unterscheidung zwischen Welt 2 und Welt 3 geführt, die in meiner Altersphilosophie eine so große Rolle spielt. Zunächst ging es dabei um eine Deutung des Unterschiedes zwischen Bachs und Beethovens Musik oder um ihre Haltung zur Musik. Ich glaube noch immer, daß meine Idee nicht zur Gänze falsch war, auch wenn ich später zu dem Schluß kam, daß ich in meiner damaligen Deutung den Unterschied zwischen Bach und Beethoven stark übertrieben hatte. Dennoch hängen die Anfänge dieser Entdeckung so eng mit diesen beiden großen Komponisten zusammen, daß ich sie in der Form mitteilen möchte, in der sie sich mir seinerzeit darstellten. Ich möchte jedoch nicht behaupten, daß meine Bemerkungen ihnen oder anderen Komponisten gerecht werden oder daß sie zu den vielen guten und schlechten Dingen, die über Musik geschrieben worden sind, etwas Neues hinzufügen könnten: Meine Bemerkungen sind wesentlich autobiographisch.

Für mich war diese Entdeckung ein Schock. Ich liebte sowohl Bach als auch Beethoven – nicht nur ihre Musik, sondern auch die Persönlichkeiten, die, so schien es mir, in ihrer Musik zutage traten. (Bei Mozart war es noch ganz anders: Die Verbindung von Anmut und Tiefe in seiner Musik hat etwas Unfaßbares.) Der Schock kam, als mir eines Tages plötzlich klarwurde, daß Bach und Beethoven ein ganz verschiedenes Verhältnis zu ihrem eigenen Werk hatten und daß es zwar zulässig war, sich Bach zum Vorbild zu nehmen, aber daß diese Haltung Beethoven gegenüber unzulässig war.

Beethoven, so empfand ich es, hatte die Musik benützt, um sich selbst durch sie auszudrücken. Das mag für ihn in seiner Verzweiflung die einzige Möglichkeit gewesen sein, weiterzuleben. (Man kann das vielleicht aus seinem »Heiligenstädter Testament« vom 6. Oktober 1802 herauslesen.) Es gibt kein ergreifenderes Werk als *Fidelio*, keinen ergreifenderen Ausdruck für den Glauben eines Menschen, für seine Hoffnungen, seine Träume und seinen heroischen Kampf gegen die Verzweiflung. Aber die Reinheit seines Herzens, seine dramatische Gestaltungskraft und seine einzigartigen schöpferischen Gaben erlaubten es ihm, in einer Art zu arbeiten, die für andere unerlaubt war. Ich kam zu der Ansicht, daß nichts für die Musik gefährlicher sein könne als der Versuch, Beethovens Stil zu einem Ideal, zu einem Maßstab oder zu einem Modell zu machen.

Um die unterschiedliche Haltung Bachs und Beethovens gegenüber den eigenen Kompositionen zu kennzeichnen, führte ich – nur für meinen eigenen Gebrauch – die Ausdrücke »objektiv« und »subjektiv« ein. Es mag sein, daß diese Ausdrükke nicht glücklich gewählt sind (darauf kommt es nicht an) und daß sie in einem Zusammenhang wie diesem für einen Philosophen nichts bedeuten; aber ich war froh, als ich viele Jahre später fand, daß Albert Schweitzer sie 1905 am Anfang seines großen Buches über Bach in einem ganz ähnlichen Sinn verwendet hatte.[63] Für mein Denken wurde der Gegensatz zwischen einer objektiven und einer subjektiven Einstellung oder Haltung, insbesondere zum eigenen Werk, entscheidend. Und er beeinflußte bald meine Ansichten über Erkenntnistheorie. (Siehe zum Beispiel die Titel einiger meiner späteren Arbeiten wie »Erkenntnistheorie ohne erkennendes Subjekt«, »Zur Theorie des objektiven Geistes« oder »Quantenmechanik ohne ›Beobachter‹«.[64])

Ich will jetzt zu erklären versuchen, woran ich denke, wenn ich (bis zum heutigen Tage nur zu mir selbst und vielleicht zu einigen Freunden) von »objektiver« und »subjektiver« Musik oder Kunst spreche. Um einige meiner frühen Ideen deutlich zu machen, werde ich gelegentlich Formulierungen benutzen, die mir damals wohl kaum zur Verfügung standen.

Es ist vielleicht das beste, wenn ich mit einer Kritik an einer weithin akzeptierten Theorie der Kunst beginne: der Theorie – ich will sie die »expressionistische Kunsttheorie« nennen –, nach der das Wesen der Kunst Selbstausdruck ist, ein Ausdruck der Persönlichkeit des Künstlers oder vielleicht ein Ausdruck seiner Gefühle. (Benedetto Croce und Robin G. Collingwood sind zwei der zahllosen Verfechter dieser Theorie, die die Frage »Was ist Kunst« zu beantworten sucht, während ich solche essentialistischen *Was ist?*-Fragen für verfehlt halte.[65]) Mein Haupteinwand gegen diese Theorie ist einfach: *Die expressionistische Kunsttheorie ist nichtssagend.* Denn alles, was ein Mensch oder ein Tier tun kann, ist (unter anderem) ein Ausdruck seines inneren Zustands, seiner Gefühle, seiner Persönlichkeit. Das ist eine triviale Wahrheit, und sie gilt zum Beispiel für alle Arten von menschlichen und tierischen Sprachen. Sie gilt auch für die Art, in der ein Mensch oder ein Löwe schreitet; die Art, in der ein Mensch hustet oder seine Nase putzt; die Art, in der ein Mensch oder ein Löwe uns ansieht oder uns ignoriert. Sie gilt für die Art, in der ein Vogel sein Nest baut, eine Spinne ihr Netz webt und ein Mensch sein Haus baut. Sie ist, mit anderen Worten, nicht charakteristisch für die Kunst. Aus demselben Grund sind auch Ausdruckstheorien und besonders Gefühlstheorien der Sprache trivial, nichtssagend und nutzlos.[65a]

Natürlich habe ich nicht vor, die *Was ist?*-Frage: »Was ist Kunst?« zu beantworten; aber ich behaupte, daß das, was ein Kunstwerk interessant oder bedeutsam macht, etwas ganz anderes ist als der Selbstausdruck oder der Ausdruck von

Gefühlen. Psychologisch gesehen muß ein Künstler gewisse Fähigkeiten aufweisen, darunter eine schöpferische Phantasie, vielleicht eine spielerische Begabung, Geschmack und – von großer Bedeutung – völlige Hingabe an sein Werk. Das Werk muß für ihn alles sein, es muß für ihn wichtiger sein als seine Person. Aber das ist lediglich ein psychologischer Aspekt der Frage und insofern von untergeordneter Bedeutung. Worauf es ankommt, ist das Kunstwerk selbst. Und hierzu möchte ich zunächst einige negative Bemerkungen machen.

Es gibt große Kunstwerke ohne große Originalität. Es kann kaum ein großes Kunstwerk geben, bei dem der Künstler vor allem *beabsichtigte*, originell oder »anders« zu sein (außer vielleicht in einem spielerischen Sinne). Das Hauptziel des wahren Künstlers ist die Vollkommenheit des Werkes. Originalität ist ein Geschenk der Götter – ähnlich wie die Naivität läßt sie sich nicht erbitten oder erzwingen. Das Streben, originell oder anders zu sein, und auch das Streben, die eigene Persönlichkeit auszudrücken, kann das, was man die »Integrität« oder die »Authentizität« des Kunstwerks genannt hat, nur beeinträchtigen. Bei einem großen Kunstwerk versucht der Künstler nicht, dem Werk seine kleinen persönlichen Ambitionen aufzuzwingen, sondern er stellt diese *in den Dienst* seines Werkes. Auf diese Weise kann er vielleicht als Persönlichkeit, als Mensch, durch die Wechselwirkung mit dem, was er schafft, wachsen. Durch eine Art von Rückkoppelung kann er vielleicht an handwerklichen und anderen Fähigkeiten gewinnen, die einen Künstler ausmachen.[66]

Aus dem, was ich gesagt habe, geht vielleicht hervor, was der Unterschied zwischen Bach und Beethoven war, der mich so beeindruckte: Bach vergißt sich in seinem Werk, er ist ein Diener seines Werkes. Natürlich kann er nicht umhin, ihm seine Persönlichkeit aufzuprägen; das ist unvermeidlich. Aber er versucht nicht – wie zuweilen Beethoven –, sich oder gar seine Stimmungen auszudrücken. Aus diesem Grunde sah ich in Bach und Beethoven die Vertreter von zwei einander entgegengesetzten Haltungen zur Musik.

So sagte Bach, als er seinen Schülern Anweisungen hinsichtlich des Continuo-Spiels diktierte: »daß die linke Hand die vorgeschriebenen Noten spielt, die rechte aber Con- und Dissonantien dazu greifet, damit dieses eine wohlklingende Harmonie gebe zur Ehre Gottes und zulässiger Ergötzung des Gemüths und soll wie aller Musik, also auch des Generalbasses *Finis* und Endursache anders nicht, als nur zu Gottes Ehre und *Recreation* des Gemüths sein. Wo dieses nicht in acht genommen wird, da ist's keine eigentliche Musik sondern ein teuflisches Geplerr und Geleyer.«[67]

Es scheint, daß es Bachs Absicht war, die Erzeugung von Lärm zur höheren Ehre des Musikers vom Endzweck der Musik auszuschließen.

Im Hinblick auf dieses Bach-Zitat möchte ich ganz klar sagen, daß es mir hier nicht um den Unterschied zwischen religiöser und weltlicher Kunst geht. An Beethovens *Missa solemnis* wird das deutlich. Sie ist überschrieben: »Vom Herzen – möge es wieder – zu Herzen gehen.« Auch möchte ich klarmachen, daß ich, wenn ich diesen Unterschied hervorhebe, damit keineswegs den emotionalen Gehalt oder die emotionale Wirkung der Musik leugne. Ein hochdramatisches Oratorium wie etwa Bachs *Matthäuspassion* schildert starke Emotionen, und es erweckt in dem einfühlungsfähigen Hörer starke Emotionen – vielleicht sogar stärkere als Beethovens *Missa solemnis.* Es gibt keinen Grund daran zu zweifeln, daß auch der Komponist diese Emotionen empfunden hat; aber, so nehme ich an, er empfand sie, weil die Musik, die er erfand, Eindruck auf ihn machte (sonst hätte er das Stück zweifellos als nicht gelungen verworfen), und nicht, weil er zunächst in einer emotionalen Stimmung war, die er dann in seiner Musik ausdrückte.

Der Unterschied zwischen Bach und Beethoven hat seine charakteristischen technischen Aspekte. So ist zum Beispiel die strukturelle Bedeutung des dynamischen Elements (der Gegensatz von forte und piano) verschieden. Natürlich gibt es die dynamische Elemente bei Bach. In den Konzerten gibt es die Übergänge vom Tutti zum Solo. In der *Matthäuspassion* gibt es den Aufschrei *»Barrabam!«* Bach ist oft äußerst dramatisch. Aber obwohl dynamische Überraschungen und Kontraste vorkommen, spielen sie nur selten eine entscheidende Rolle im strukturellen Aufbau der Komposition. In der Regel kommen ziemlich lange Perioden ohne größere dynamische Kontraste vor. Ähnliches kann man auch über Mozart sagen. Aber man kann es zum Beispiel nicht von Beethovens *Appassionata* sagen, in der dynamische Kontraste beinahe ebenso wichtig sind wie harmonische Kontraste.

Schopenhauer sagt, daß aus einer Beethoven-Symphonie »alle menschlichen Leidenschaften und Affekte (sprechen): die Freude, die Trauer, die Liebe, der Haß, der Schrecken, die Hoffnung usw. in zahllosen Nuancen«[68]; und er formuliert die Theorie des emotionalen Ausdrucks und Widerhalls: »Das unaussprechlich Innige aller Musik, vermöge dessen sie . . . so ganz verständlich . . . ist, beruht darauf, daß sie alle Regungen unseres innersten Wesens wiedergibt.« Man könnte sagen, daß Schopenhauers Theorie der Musik – und der Kunst überhaupt – dem Subjektivismus nur dadurch entgeht (falls sie ihm entgeht), daß ihm zufolge »unser innerstes Wesen« – unser Wille – objektiv ist, da der Wille das Wesen der objektiven Welt ist.

Doch zurück zur objektiven Musik. Wir wollen, ohne eine *Was ist?*-Frage zu stellen, einen Blick auf Bachs *Inventionen* mit der von ihm verfaßten, ein wenig langatmigen Titelseite werfen. »Aufrichtige Anleitung womit denen Liebhabern des Claviers eine deutliche Arth gezeigt wird, nicht allein mit zwo Stimmen reine spielen zu lernen, sondern auch bei weiteren Progressen mit dreien obligaten Partien richtig und wohl zu verfahren« und so »eine cantable Arth im Spielen zu erlangen«[69]; außerdem werden die Liebhaber des Klaviers angeregt, selbst Erfindungen (»gute Inventiones«) zu machen und so »daneben einen starken Vorschmack von der Composition zu überkommen«. Hier soll die Musik an Beispielen erlernt werden. Der Musiker soll gewissermaßen in Bachs Werkstatt heranwachsen. Er erlernt eine Disziplin, aber er wird auch ermuntert, seine eigenen musikalischen Ideen zu verwenden, und es wird ihm gezeigt, wie er sie klar und kunstvoll ausführen kann. Dabei können sich seine Ideen zweifellos entwickeln. Ähnlich wie der Wissenschaftler kann der Musiker durch sein Werk lernen, durch die Methode von Versuch und Irrtum. Und mit dem Wachstum seines Werkes kann auch sein musikalisches Urteilsvermögen wachsen und sein Geschmack – und vielleicht sogar seine schöpferische Phantasie. Aber dieses Wachstum wird nur erreicht durch Anstrengung, Fleiß, Hingabe an sein Werk; durch Einfühlung in die Arbeit anderer; und durch Selbstkritik. Das Verhältnis zwischen dem Künstler und seinem Werk wird ein beständiges Geben und Nehmen sein: nicht jenes einseitige »Geben«, das nichts wäre als ein Ausdruck seiner Persönlichkeit in seinem Werk.

Aus dem Gesagten wird wohl deutlich, daß mir die Ansicht fernliegt, große Musik und große Kunst überhaupt dürften keine tiefen emotionalen Wirkungen ausüben. Und am allerwenigsten teile ich die Ansicht, ein Musiker dürfe von dem, was er schreibt oder spielt, nicht tief bewegt werden. Doch der Musik eine emotionale Wirkung zuzugestehen bedeutet natürlich nicht, jenen musikalischen Expressionismus zu akzeptieren, der *eine Theorie über die Musik* ist; eine Theorie, die einen großen Einfluß auf die Musik gehabt hat. Es handelt sich dabei, wie ich glaube, um eine falsche Theorie über das Verhältnis zwischen den menschlichen Emotionen auf der einen Seite und der Musik – und der Kunst überhaupt – auf der anderen.

Über das Verhältnis zwischen der Musik und den menschlichen Emotionen gibt es eine Reihe sehr unterschiedlicher Auffassungen. Eine der ältesten und fruchtbarsten Theorien ist die Theorie von der göttlichen Inspiration, die sich in dem göttlichen Wahnsinn oder der göttlichen Raserei des Poeten oder Musikers manifestiert: Der Künstler ist von einem Gott besessen oder von einem Geist, und eher von einem guten als von einem bösen. Eine klassische Formulierung dieser Auffassung ist in Platons Dialog *Ion* zu finden.[70] Die Ansichten, die Platon dort vorträgt, sind vielseitig und enthalten mehrere deutlich unterscheidbare Theorien. Man kann Platons Abhandlung zur

Grundlage einer systematischen Übersicht machen:

(1) Was der Dichter oder Komponist schafft, ist nicht sein eigenes Werk, sondern vielmehr eine Botschaft, eine Schickung der Götter, insbesondere der Musen. Der Poet oder Musiker ist nur ein Werkzeug, durch welches die Musen sprechen; er ist nur das Sprachrohr eines Gottes, und »um das zu beweisen, sang der Gott mit Absicht seine schönsten Gesänge durch den Mund der unwürdigsten Dichter«[71].

(2) Der (schöpferische oder ausführende) Künstler, der von einem göttlichen Geist besessen ist, rast: Er ist emotional übererregt, und dieser Zustand teilt sich durch sympathetische Resonanz seinem Publikum mit. (Platon vergleicht den Prozeß mit dem der magnetischen Induktion.)

(3) Wenn der Dichter oder der Rhapsode dichtet oder rezitiert, ist er tief bewegt und (nicht nur von dem Gott, sondern auch) von der Botschaft besessen; etwa von den Szenen, die er beschreibt. Und sein Werk – und nicht bloß sein emotionaler Zustand – ruft entsprechende Emotionen bei seinen Zuhörern hervor.

(4) Wir müssen zwischen einer bloßen Kunstfertigkeit unterscheiden, einer »Kunst«, die durch Übung oder Studium erworben wurde, und göttlicher Inspiration; nur die letztere macht den Poeten oder Musiker aus.

Man muß beachten, daß es Platon bei der Entwicklung dieser Ansichten durchaus nicht ernst ist, er spricht mit verhaltener Ironie. Besonders ein kleiner Scherz ist bezeichnend und amüsant. Auf die Bemerkung des Sokrates, daß der von Gott besessene Rhapsode offenbar ganz von Sinnen ist (zum Beispiel wenn er vor Furcht zittert, obwohl ihm keine Gefahr droht) und dieselben unsinnigen Emotionen auf seine Zuhörer überträgt, antwortet der Rhapsode Ion: »Ganz richtig: Wenn ich von meinem Podium auf sie herunterblicke, dann sehe ich, wie sie weinen und wie sie mich mit entsetzten Augen anblicken ... Und ich muß ihre Erschütterung mit wachsamen Augen verfolgen; denn wenn sie weinen, dann weiß ich, daß ich lachen werde, wegen des Geldes, das ich einnehme; und wenn sie lachen, dann werde ich weinen, wegen des Geldes, das ich verliere.«[72] Platon will uns hier zu verstehen geben, daß der Rhapsode, wenn er von diesen sehr irdischen und durchaus nicht »verrückten« Besorgnissen besessen ist, während er seine Zuhörer beobachtet, um sein Verhalten nach ihrer Reaktion auszurichten, es nicht allzu ernst meinen kann, wenn er behauptet (wie es Ion gerade an dieser Stelle tut), daß seine Wirkung auf sein Publikum ganz auf seiner Aufrichtigkeit, seiner Integrität beruht – darauf also, daß er vollständig und wahrhaftig von dem Gott besessen und von Sinnen ist. (Dieser Scherz Platons beruht auf einem geradezu paradoxen Selbstrückbezug.[73]) Platon deutet sogar eindringlich darauf hin[74], daß jede bewußte Geschicklichkeit oder Kunstfertigkeit, die Zuhörer hinzureißen, Betrügerei und Täuschung ist, da sie ja unvermeidlich mit der göttlichen Botschaft in Konflikt treten muß. Und er deutet an, daß der Rhapsode (oder der Poet oder der Musiker) zumindest gelegentlich ein geschickter Betrüger ist und nicht wahrhaft von den Göttern inspiriert.

Ich will nun meine Liste benützen, um von Platons Theorien (1) bis (4) die von mir verworfene moderne expressionistische Theorie der Kunst abzuleiten. Mein Hauptargument ist: Wenn wir die Theorie der Inspiration und des Wahns übernehmen, *aber deren göttlichen Ursprung beiseite lassen,* gelangen wir unmittelbar zu der modernen Theorie, daß die Kunst Selbstausdruck ist oder, genauer gesagt, Selbstinspiration, verbunden mit Ausdruck, Mitteilung und Übertragung von Emotionen. Die moderne Theorie ist, mit anderen Worten, eine Art von Theologie ohne Gott, wobei die verborgene Natur des Künstlers oder sein Wesen oder seine Persönlichkeit die Stelle des inspirierenden Gottes einnimmt: Der Künstler inspiriert sich selbst.

Gewiß muß diese subjektivistische Theorie den Punkt (3) – daß der Künstler und sein Publikum emotional *durch das objektive Kunstwerk selbst* bewegt werden – außer acht lassen oder zumindest in seiner Bedeutung heruntersetzen. Doch halte ich gerade (3) für diejenige Theorie, die die Beziehung zwischen der Kunst und den Emotionen richtig darstellt. Es ist eine objektivistische Theorie, derzufolge die Dichtung oder die Musik Szenen beschreiben oder Dinge darstellen könne, die eine emotionale Bedeutung haben. Sie können sogar Emotionen als solche beschreiben oder darstellen. (Man beachte, daß diese Theorie nicht impliziert, daß Kunst ausschließlich oder hauptsächlich in diesem Sinne bedeutsam sein kann.)

Die objektivistische Theorie des Verhältnisses zwischen der Kunst und den Emotionen kann man auch aus dem schönen Kepler-Zitat herauslesen, das im vorigen Abschnitt gegeben wurde.

Diese Theorie spielte eine wichtige Rolle in der Entwicklung der Oper und des Oratoriums. Gewiß war sie für Bach und Mozart akzeptabel. Sie ist, nebenbei bemerkt, durchaus vereinbar mit der Theorie Platons, die im *Staat* oder auch in den *Gesetzen* besprochen wird, daß die Musik die Macht besitzt, Emotionen zu wecken oder (wie ein Wiegenlied) zu besänftigen und sogar den Charakter eines Menschen zu formen. Gewisse Arten von Musik machen ihn mutig, andere verwandeln ihn in einen Feigling: eine Theorie, die, gelinde gesagt, die Macht der Musik übertreibt.[75]

Nach meiner objektivistischen Theorie (die den künstlerischen Selbstausdruck nicht leugnet, aber betont, daß er trivial ist) besteht die wirklich wichtige Funktion der Emotionen des Komponisten nicht darin, daß sie ausgedrückt werden, sondern darin, daß sie benützt werden können, um das Gelingen, die Angemessenheit und Wirkungskraft des (objektiven) Kunstwerks zu überprüfen: Der Komponist kann sich selbst als eine Art Versuchsperson verwenden und seine Kompositionen abändern (wie Beethoven es oft getan hat), wenn er mit seiner eigenen Reaktion auf diese nicht ganz zufrieden ist; er kann sie auch ganz verwerfen. (Unabhängig davon, ob die Komposition in erster Linie Ausdruck von Emotionen ist oder nicht, wird er bei diesem Verfahren von seinen eigenen Reaktionen, von seinem »guten Geschmack« Gebrauch machen: Auch hier wird also die Methode von Versuch und Irrtum angewandt.)

Man sollte beachten, daß Platons Theorie (4) in ihrer nichttheologischen Form kaum zu vereinbaren ist mit einer objektivistischen Theorie, derzufolge die Glaubwürdigkeit des Werkes weniger auf der Echtheit oder Ursprünglichkeit oder Authentizität der Inspiration des Künstlers beruht als vielmehr auf den Ergebnissen seiner Selbstkritik. Dennoch wurde, worauf Ernst Gombrich mich hinweist, eine expressionistische Auffassung, wie sie in Platons Theorie (4) enthalten ist, zum Bestandteil der klassischen Tradition der Rhetorik und der Theorie der Dichtkunst. Diese Auffassung ging sogar so weit, zu behaupten, daß eine gelungene Beschreibung oder Schilderung von Emotionen von der Tiefe der Emotionen abhängt, deren der Künstler fähig ist.[76] Und es mag durchaus diese letztere, recht zweifelhafte Auffassung gewesen sein – die säkularisierte Form von Platons (4), die alles, was nicht reiner Selbstausdruck ist, als »betrügerisch«[77] oder »unaufrichtig« betrachtet –, die zu der modernen expressionistischen Theorie von Musik und Kunst führte.[78]

Um zusammenzufassen: Die Theorien (1), (2) und (4) können, nach Weglassung der Götter, als eine Formulierung der subjektivistischen oder expressionistischen Theorie der Kunst und ihres Verhältnisses zu den Emotionen aufgefaßt werden, und (3) als eine (teilweise) Formulierung einer objektivistischen Theorie dieses Verhältnisses. Nach dieser objektivistischen Theorie ist es eher das Werk, das für die Emotionen des Künstlers verantwortlich ist, als umgekehrt.

Wenn wir uns jetzt der objektivistischen Auffassung der Musik zuwenden, so ist es klar, daß (3) keine ausreichende Theorie sein kann, da es in (3) lediglich um das Verhältnis der Musik zu den Emotionen geht. Diese sind aber nicht das einzige und nicht einmal das Wichtigste, was die Kunst bedeutsam macht. Der Komponist *kann* sich das Problem stellen, Emotionen zu schildern und uns zum Mitgefühl zu bewegen – wie in der *Matthäuspassion;* darüber hinaus gibt es jedoch noch viele Probleme, die er zu lösen versucht. (Das ist offenkundig in einer Kunst wie der Architektur, wo es immer auch praktische und technische Probleme zu lösen gilt.) Beim Komponieren einer

Fuge ist es das Problem des Komponisten, ein interessantes Thema und einen dazu im scharfen Gegensatz stehenden Kontrapunkt zu finden und dann dieses Material so vielseitig wie möglich zu gestalten. Vielleicht läßt er sich dabei von einem entwickelten Gefühl für die Angemessenheit oder die Ausgewogenheit des Ganzen leiten. Das Ergebnis mag immer noch ergreifend sein; aber wir schätzen es doch nicht so sehr wegen irgendeiner dargestellten (oder ausgedrückten) Emotion als vielmehr wegen der Ausgewogenheit des Kosmos, der sich aus dem Chaos entwickelt.

Das gilt auch für einige der *Inventionen* Bachs, der sich hier die Aufgabe stellte, dem Lernenden einen Vorgeschmack von der Komposition zu geben – von der Kunst der musikalischen Problemlösung. In ähnlicher Weise stellt die Absicht, ein Menuett oder ein Trio zu verfassen, den Komponisten vor ein bestimmtes *Problem*; und das Problem kann näher bestimmt sein durch die Forderung, daß sich dieses Menuett in eine schon teilweise vorliegende, halbvollendete Suite einfügen soll. Es ist natürlich etwas ganz anderes, ob man den Komponisten als jemanden betrachtet, der sich bemüht, solche musikalischen Probleme zu lösen, oder als jemanden, der sich damit befaßt, seine Emotionen auszudrücken (was trivialerweise niemand vermeiden kann).

Ich habe mich bemüht, eine einigermaßen klare Idee von dem Unterschied zwischen diesen beiden Musiktheorien, der objektivistischen und der subjektivistischen, zu geben und sie mit den beiden Arten von Musik zu vergleichen – der Bachschen und der Beethovenschen –, die mir damals so verschieden vorkamen, obgleich ich sie beide bewunderte und liebte.

Die Unterscheidung zwischen einer objektiven und einer subjektiven Auffassung von der eigenen Arbeit wurde für mich äußerst wichtig. Sie hat etwa seit meinem siebzehnten Jahr meine Ansichten über die Welt und über das Leben stark beeinflußt.

14

Über die Idee des Fortschritts in der Kunst, insbesondere in der Musik

Es war sicher nicht gerecht, wenn ich Beethoven für den Expressionismus in der Musik verantwortlich machte. Zweifellos wurde er durch die Romantik beeinflußt. Aber wir können aus seinen Skizzenbüchern sehen, daß er weit davon entfernt war, lediglich seine Gefühle oder Launen auszudrücken. Oft hat er sich durch viele Fassungen einer musikalischen Idee hindurchgearbeitet, in dem Bemühen, die Idee klarer und einfacher zu machen, wie man aus der *Chorphantasie* und den Skizzen zu seiner *Neunten Symphonie* entnehmen kann. Trotzdem glaube ich, daß der indirekte Einfluß seines ungestümen Temperaments, und insbesondere die Versuche, ihn nachzuahmen, zu einem Niedergang in der Musik beigetragen haben. Und ich glaube noch immer, daß dieser Niedergang zum großen Teil durch den Einfluß der expressionistischen Theorien der Musik bewirkt wurde. Aber ich würde heute nicht behaupten, daß es nicht auch andere schädliche Auffassungen gibt, darunter gewisse anti-expressionistische Auffassungen, die zu allen möglichen Arten von formalistischen Experimenten geführt haben, vom Serialismus in der Musik bis zur *musique concrète*. Doch all diese Bewegungen und besonders die »Anti«-Bewegungen hängen weitgehend mit dem »Historizismus« zusammen, über den ich in diesem Abschnitt sprechen will, und insbesondere mit der historizistischen Einstellung zum »Fortschritt«.

Natürlich ist in der Kunst so etwas wie Fortschritt möglich, in dem Sinne, daß gewisse neue Möglichkeiten und auch neue

Probleme entdeckt werden können.[79] In der Musik haben solche Erfindungen wie der Kontrapunkt eine nahezu unbegrenzte Zahl von neuen Möglichkeiten und Problemen aufgedeckt. Außerdem gibt es den rein technischen Fortschritt, zum Beispiel in der Konstruktion neuer Instrumente, wie des Klaviers. Das ist aber, auch wenn sich dadurch neue Möglichkeiten eröffnen, nicht von grundlegender Bedeutung. (Veränderungen des »Mediums« können eher Probleme beseitigen, als sie neu schaffen.) Es ist sogar ein Fortschritt in dem Sinne denkbar, daß das musikalische Wissen wächst; dann nämlich, wenn ein Komponist die Entdeckungen seiner großen Vorgänger beherrscht. Ich glaube aber nicht, daß irgendeinem Musiker etwas Derartiges gelungen ist. (Es mag sein, daß Einstein kein größerer Physiker war als Newton, aber er beherrschte die Technik Newtons; es scheint, daß es auf dem Gebiet der Musik ein ähnliches Verhältnis nie gegeben hat.) Selbst Mozart, der dem vielleicht am nächsten gekommen ist, hat es wohl nicht erreicht, und Schubert kam ihm nicht einmal nahe. Auch besteht immer die Gefahr, daß neuerkannte Möglichkeiten alte Möglichkeiten zerstören: Dynamische Effekte, die Dissonanz, ja sogar der Wechsel der Tonart können, wenn sie zuviel verwendet werden, unsere Empfänglichkeit für die nicht so offenkundigen Effekte des Kontrapunkts oder zum Beispiel für eine Anspielung an die alten Tonarten abstumpfen.

Der Verlust an Möglichkeiten, der unter Umständen infolge einer Neuerung eintreten kann, ist ein interessantes Problem. So drohten durch den Kontrapunkt die monophonen (monodischen) und besonders die rhythmischen Effekte verlorenzugehen, und man hat die kontrapunktische Musik aus diesem Grund und auch wegen ihrer Kompliziertheit kritisiert. Diese Kritik hat heilsame Wirkungen gehabt, und einige der großen Meister des Kontrapunktes, Bach eingeschlossen, haben sich lebhaft für die Feinheiten und für die Kontraste interessiert, die entstehen, wenn Rezitative, Arien und andere monodische Alternativen mit kontrapunktischen Stücken verbunden werden. Viele neuere Komponisten sind weniger erfinderisch gewesen. (Schönberg erkannte, daß Konsonanzen in einem dissonanten Rahmen sorgfältig vorbereitet, eingeführt und vielleicht sogar aufgelöst werden müssen. Das bedeutete aber den Verlust ihrer alten Funktion.)

Es war Wagner[80], der in die Musik jene Fortschrittsidee einführte, die ich (etwa um 1935) »historizistisch« genannt habe, und der dadurch, wie ich noch immer glaube, zum Hauptübeltäter in dieser Sache wurde. Zugleich förderte er den unkritischen und beinahe neurotischen Mythos vom unerkannten Genie: vom Genie, das nicht nur den Geist seiner Zeit ausdrückt, sondern in der Tat »seiner Zeit voraus« ist; von einem Führer, der normalerweise von allen seinen Zeitgenossen mißverstanden wird, ausgenommen von einigen wenigen »fortschrittlichen« Kennern, die ihn verstehen.

Ich behaupte, daß die Theorie, die Kunst sei der Ausdruck der Persönlichkeit, trivial, verworren und nichtssagend ist – wenn auch nicht unbedingt schädlich, solange sie nicht ernst genommen wird. Wenn sie aber ernst genommen wird, so kann sie leicht zu egozentrischen Posen und zum Größenwahn führen. Aber die Theorie, daß das Genie seiner Zeit voraus sein muß, ist gänzlich verfehlt und immer schädlich. Sie läßt in die Welt der Kunst Bewertungen eindringen, die mit dem, was in der Kunst wirklich wertvoll ist, nichts zu tun haben. Beide Theorien stehen auf einem derart niedrigen intellektuellen Niveau, daß man sich wundern muß, daß sie je ernst genommen wurden. Die erste kann man, ohne auch nur näher auf die Kunst einzugehen, aus rein intellektuellen Gründen als trivial und verworren abweisen. Die zweite – die Theorie, die Kunst sei der Ausdruck eines Genies, das seiner Zeit voraus ist – kann durch zahllose Beispiele von Genies widerlegt werden, die in ihrer Zeit von vielen Gönnern der Künste wirklich geschätzt wurden. Die meisten der großen Maler der Renaissance genossen hohe Wertschätzung; auch viele große Musiker. Bach wurde von Friedrich dem Großen hoch geschätzt – er war, nebenbei bemerkt, seiner Zeit nicht voraus (wie es vielleicht Telemann war): Sein Sohn Carl Philipp Emanuel hielt ihn für *passé* und nannte ihn gewöhnlich

»den alten Zopf«. Mozart wurde, obwohl er in Armut starb, in ganz Europa geschätzt. Eine Ausnahme ist vielleicht Schubert, der nur von einem verhältnismäßig kleinen Freundeskreis in Wien gewürdigt wurde; aber selbst er war im Begriff, in größeren Kreisen bekannt zu werden, als er allzu früh starb. Die Geschichte, daß Beethoven von seinen Zeitgenossen nicht geschätzt worden sei, ist ein Mythos. Doch möchte ich hier noch einmal sagen[80a], daß der Erfolg im Leben weitgehend eine Glückssache ist. Erfolg hat wenig mit Verdienst zu tun, und es hat in allen Lebensbereichen stets viele Menschen von großen Verdiensten gegeben, die keinen Erfolg hatten. Wie zu erwarten, kommt das auch in den Wissenschaften und in den Künsten vor.

Die Theorie, daß die Kunst fortschreitet, mit den Künstlern als Vorhut oder Avantgarde, ist kein harmloser Mythos: Sie hat zur Bildung von Cliquen und Interessengruppen geführt, die mit ihren Propagandaapparaten beinahe an politische Parteien oder an religiöse Sekten erinnern.

Ich gebe zu, daß es auch schon vor Wagner Cliquen in der Kunst gegeben hat. Aber gab es etwas, was im gleichen Maße wie die Wagnerianer (und später die Freudianer) einer Interessengruppe, einer Partei, einer Kirche mit Ritualen entsprach? Ich will darüber aber nichts mehr sagen, denn Nietzsche hat das alles viel besser gesagt.[81]

Einige dieser Dinge habe ich in Schönbergs Verein für musikalische Privataufführungen aus nächster Nähe beobachtet. Schönberg begann, wie so viele seiner Zeitgenossen, als Wagnerianer. Aber bald wurde ihm und vielen Mitgliedern seines Kreises, wie einer von ihnen bei einem Vortrag sagte, die Frage zum Problem: »Wie können wir Wagner überwinden?« oder gar: »Wie können wir die Spuren Wagners in uns überwinden?« Später hieß es: »Wie können wir allen anderen voraus bleiben und sogar immer wieder uns selbst überflügeln?« Aber es ist klar, daß der Wunsch, seiner eigenen Zeit voraus zu sein, nichts mit Musik zu tun hat, und nichts mit wahrer Hingabe an das eigene Werk.

Anton von Webern war anders. Er war ein hingebungsvoller

Musiker und ein einfacher, liebenswerter Mensch. Aber er war in der philosophischen Doktrin des Selbstausdrucks aufgewachsen, und er hat ihre Wahrheit nie angezweifelt. Er hat mir einmal erzählt, wie er seine *Orchesterstücke* schrieb: Er lauschte einfach auf die Töne, wie sie ihm einfielen, und schrieb sie nieder; und wenn keine Töne mehr kamen, hörte er auf, zu schreiben. Wie er sagte, war das die Erklärung für die extreme Kürze seiner Stücke. Seine Lauterkeit konnte nicht bezweifelt werden. Aber viel Musik war in seinen bescheidenen Kompositionen nicht zu finden.

Der Ehrgeiz, ein großes Werk zu schreiben, mag etwas für sich haben, und es mag sein, daß er tatsächlich dazu beiträgt, ein großes Werk zu schaffen; obwohl viele große Werke entstanden sind, bei denen kein anderer Ehrgeiz im Spiel war, als der, gute Arbeit zu leisten. Der Ehrgeiz jedoch, ein Werk zu schreiben, das seiner Zeit voraus ist und das am besten nicht allzu bald verstanden wird – ein Werk, das möglichst viele Menschen vor den Kopf stoßen soll –, hat nichts mit Kunst zu tun, obwohl viele Kunstkritiker diese Haltung unterstützen und verbreiten.

Ich vermute, daß Moden in der Kunst ebenso unvermeidlich sind wie in der Philosophie und in vielen anderen Bereichen. Aber es sollte wohl klar sein, daß jene wenigen Künstler, die nicht nur Meister ihrer Kunst, sondern auch mit der Gabe der Originalität gesegnet sind, selten darauf aus gewesen sind, einer Mode zu folgen, und nie versucht haben, Führer einer Mode zu sein. Weder Johann Sebastian Bach noch Mozart oder Schubert haben bewußt eine neue Mode oder einen neuen »Stil« in der Musik geschaffen. Zu denen, die das taten, gehört Carl Philipp Emanuel Bach, ein hervorragend ausgebildeter Komponist, der Talent und Charme besaß – und dessen Einfälle weniger originell sind als die der großen Meister. Dies gilt für alle Moden, einschließlich der Mode des Primitivismus – obwohl bei ihm teilweise ein Hang zur Einfachheit das Motiv sein mag; und eine der klügsten Bemerkungen Schopenhauers (wenn auch vielleicht nicht seine originellste) war: »Überhaupt aber ist aller Kunst, allem Schönen ... die Einfachheit ... ein wesentliches Gesetz;

wenigstens ist es immer gefährlich, sich von ihr zu entfernen.«[82] Ich glaube, er meinte damit das Streben nach jener Art von Einfachheit, die wir besonders in den Themen der großen Komponisten finden. Wie wir am Beispiel der *Entführung aus dem Serail* sehen können, mag das Endresultat höchst komplex sein; dennoch konnte Mozart dem Kaiser Joseph stolz erwidern, es gebe darin keine Note zuviel.

Aber mögen Moden auch unvermeidlich sein und mögen auch neue Stile aufkommen – das Bemühen, modern zu sein, sollten wir verachten. Es liegt wohl auf der Hand, daß der »Modernismus« – der Wunsch, um jeden Preis neu und anders zu sein, seiner Zeit voraus zu sein, *»Das Kunstwerk der Zukunft«* (der Titel eines Aufsatzes von Wagner) zu schaffen – überhaupt nichts mit jenen Dingen zu tun hat, die ein Künstler schätzen sollte und die er versuchen sollte zu schaffen.

Der Historizismus in der Kunst ist nichts als ein Irrtum. Doch man findet ihn überall. Sogar in der Philosophie hört man von einem neuen Stil des Philosophierens, von einer »Philosophie in einer neuen Tonart« – als ob es auf die Tonart ankäme und nicht auf die gespielte Melodie, und als ob es nicht gleichgültig wäre, ob die Tonart alt oder neu ist. Natürlich mache ich einem Künstler oder einem Komponisten keinen Vorwurf, wenn er versucht, etwas Neues zu sagen. Was ich vielen der »modernen« Komponisten wirklich vorwerfe, ist ihre Unfähigkeit, die große alte Musik wirklich zu lieben – die großen Meister und ihre wunderbaren Werke, die größten vielleicht, die die Menschheit geschaffen hat.

15
Die letzten Jahre an der Universität

Im Jahre 1925, als ich mit sozial gefährdeten Kindern arbeitete, gründete die Stadt Wien ein neues Erziehungsinstitut, genannt das Pädagogische Institut. Das Institut sollte in einer lockeren Verbindung zur Universität stehen. Es sollte autonom sein, aber seine Studenten sollten, zusätzlich zu den Kursen am Institut, Kurse an der Universität besuchen. Einige der Universitätskurse (wie etwa Psychologie) waren Pflichtkurse, andere blieben der Wahl der Studenten überlassen. Zweck des neuen Institutes war es, die damals im Gange befindliche Reform der Grund- und Hauptschulen in Wien zu fördern und zu unterstützen. Einige Fürsorgearbeiter wurden als Studenten aufgenommen, darunter auch ich. Unter den Studenten waren einige meiner lebenslänglichen Freunde: Fritz Kolb, der nach dem Zweiten Weltkrieg österreichischer Botschafter in Pakistan war, Ludwig Krenek und Robert Lammer. Mit allen hatte ich viele faszinierende Diskussionen.

Das bedeutete, daß wir nach einer kurzen Anstellung als Fürsorger unsere Arbeit aufgeben mußten (ohne Arbeitslosenhilfe oder irgendein sonstiges Einkommen – außer in meinem Falle den gelegentlichen Unterrichtsstunden für amerikanische Studenten). Aber die Schulreform und das Studium begeisterten uns – obwohl die Erfahrung mit sozial gefährdeten Kindern manche von uns skeptisch gemacht hatte gegenüber den Erziehungstheorien, die wir in gewaltigen Dosen zu schlucken bekamen. Es waren das Theorien, die hauptsächlich aus Amerika

(John Dewey) und Deutschland (Georg Kerschensteiner) importiert wurden.

In persönlicher und geistiger Hinsicht waren die Jahre am Institut für mich höchst bedeutsam, weil ich dort meine Frau kennenlernte. Sie war eine meiner Kolleginnen und sollte einer der strengsten Beurteiler meiner Arbeit werden. Ihr Anteil an meiner Arbeit war seither mindestens so aufreibend wie meiner. Ohne sie wäre vieles nie zustande gekommen.

Meine Jahre am Pädagogischen Institut füllte ich mit Studieren, Lesen und Schreiben aus, aber das Geschriebene blieb unveröffentlicht. Es waren für mich die ersten Jahre eines ganz inoffiziellen akademischen Unterrichtens. Während dieser Jahre hielt ich für eine Gruppe von Kollegen Seminare ab. Ich wußte das damals nicht, aber es waren gute Seminare. Zum Teil waren sie sehr zwanglos: Sie wurden während unserer Wanderungen oder Skifahrten abgehalten oder auch an einem Tag auf einer Donauinsel. Von meinen Lehrern am Pädagogischen Institut lernte ich sehr wenig, viel aber lernte ich von Karl Bühler, Professor der Psychologie an der Universität. (Obwohl die Studenten des Pädagogischen Instituts seine Vorlesungen besuchten, hatte er kein Amt am Institut und lehrte dort nicht.)

Außer den Seminaren hielt ich Kurse ab, ebenfalls ganz inoffiziell, in denen ich meine Kollegen auf einige der zahllosen Prüfungen vorbereitete, denen wir uns zu unterziehen hatten, darunter die Psychologieprüfungen bei Bühler. Er sagte mir nachher (in dem ersten Privatgespräch, das ich mit einem Universitätslehrer hatte), daß es die am besten vorbereitete Gruppe von Studenten war, die er jemals geprüft hatte. Bühler war erst kurz zuvor nach Wien berufen worden, um Psychologie zu lehren, und er war damals vor allem durch sein Buch *Die geistige Entwicklung des Kindes* bekannt.[83] Außerdem war er einer der Pioniere der Gestaltpsychologie. Am bedeutendsten für meine künftige Entwicklung wurde seine Theorie von den drei Funktionen der Sprache (siehe Anmerkung 78): die Kundgabefunktion, die Auslösefunktion und, auf einer höheren Ebene, die Darstellungsfunktion. Bühler lehrte, daß die beiden niederen Funktionen den menschlichen und tierischen Sprachen gemeinsam sind, während die dritte Funktion die menschliche Sprache charakterisiert. Manchmal (etwa in Ausrufen) fehlt sie sogar in der menschlichen Sprache.

Diese Theorie wurde für mich aus vielen Gründen wichtig. Sie bestätigte meine Auffassung, daß die Theorie, die Kunst sei Selbstausdruck, nichtssagend war. Sie führte mich später zu dem Schluß, daß die Theorie, die Kunst sei »Kommunikation« (das heißt Auslösung)[84], ebenso nichtssagend war, da diese beiden Funktionen in allen – auch in den tierischen Sprachen – vorhanden sind. Ich wurde dadurch in meinem »objektivistischen« Standpunkt bestärkt. Auch wurde ich dadurch bald (noch vor 1928) dazu geführt, den drei Funktionen Bühlers die *argumentative Funktion* – wie ich sie nannte – hinzuzufügen.[85] Die argumentative Funktion der Sprache wurde besonders wichtig für mich, weil ich in ihr die Grundlage von allem kritischen Denken sah.

Ich war im zweiten Jahr am Pädagogischen Institut, als ich Professor Heinrich Gomperz kennenlernte, für den mir Karl Polanyi ein Empfehlungsschreiben gegeben hatte. Heinrich Gomperz war der Sohn von Theodor Gomperz, dem Verfasser der *Griechischen Denker*, einem Freund und Übersetzer von John Stuart Mill. Er war wie sein Vater ein hervorragender Kenner der griechischen Philosophie, und er interessierte sich sehr für Erkenntnistheorie. Er war der zweite Berufsphilosoph und der erste Universitätslehrer der Philosophie, mit dem ich in persönlichen Kontakt kam. Vorher hatte ich Julius Kraft kennengelernt (ein entfernter Verwandter von mir aus Hannover und ein Schüler Leonard Nelsons[86]), der später Professor der Philosophie und Soziologie in Frankfurt wurde; unsere Freundschaft dauerte bis zu seinem Tode im Jahre 1960.[87]

Julius Kraft war, wie Leonard Nelson, ein nichtmarxistischer Sozialist, und ungefähr die Hälfte unserer Diskussionen, die sich oft bis in die frühen Morgenstunden hinzogen, drehten sich um meine Kritik des Marxismus. Bei der anderen Hälfte ging es um die Erkenntnistheorie: vornehmlich um Kants sogenannte »Transzendentale Deduktion« (die ich für zirkulär hielt), um

Kants Auflösung der Antinomien und um Nelsons »Unmöglichkeit der Erkenntnistheorie«.[88] Über diese Fragen führten wir Auseinandersetzungen, die von 1926 bis 1956 dauerten, und erst wenige Jahre vor Krafts vorzeitigem Tod (1960) gelangten wir zu einer gewissen Verständigung. Über den Marxismus wurden wir uns sehr rasch einig.

Heinrich Gomperz war immer geduldig mit mir. Er stand in dem Ruf, scharf und ironisch zu sein, aber ich habe davon nie etwas zu spüren bekommen. Er konnte allerdings sehr witzig sein, zum Beispiel, wenn er Geschichten über einige seiner berühmten Kollegen wie etwa Franz Brentano und Ernst Mach erzählte. Er lud mich von Zeit zu Zeit in sein Haus ein und ließ mich reden. Gewöhnlich gab ich ihm Teile meiner Manuskripte zu lesen, aber er äußerte sich selten zu diesen. Er hat das, was ich zu sagen hatte, nie kritisiert, sehr oft aber wies er mich auf verwandte Auffassungen und auf Bücher und Artikel hin, die sich auf mein Thema bezogen. Er ließ nicht erkennen, daß er das, was ich sagte, wichtig fand, bis ich ihm einige Jahre später das Manuskript meines ersten Buches *Die beiden Grundprobleme der Erkenntnistheorie* zu lesen gab. (Es ist noch immer unveröffentlicht, aber es soll 1979 im Verlag J. C. B. Mohr in Tübingen erscheinen.) Er schrieb mir damals (im Dezember 1932) einen überaus anerkennenden Brief, den ersten, den ich über etwas, was ich verfaßt hatte, bekommen habe.

Ich las alle seine Schriften. Sie waren hervorragend durch ihre historischen Betrachtungen: Gomperz konnte die Entwicklung eines philosophischen Problems in allen seinen historischen Abwandlungen darlegen, von Heraklit bis zu Husserl und (in Gesprächen jedenfalls) bis zu Otto Weininger, den er persönlich gekannt hatte und den er für ein Genie hielt. Über die Psychoanalyse waren wir uns nicht einig. Gomperz war zu jener Zeit von ihrer Richtigkeit und Wichtigkeit überzeugt, und er schrieb sogar für *Imago*.

Die Probleme, die ich mit Gomperz diskutierte, betrafen die Psychologie des Erkennens oder der Forschung. In jener Zeit begann ich, sie durch Probleme der Logik der Forschung zu ersetzen. Immer heftiger wehrte ich mich gegen jede »psychologistische« Betrachtungsweise, den Psychologismus Gomperz' eingeschlossen.

Gomperz selbst hatte den Psychologismus kritisiert – aber nur, um auf ihn zurückzufallen.[89] In den Diskussionen mit ihm begann ich damals meinen Realismus zu betonen, meine Überzeugung, daß es eine reale Welt gibt und daß das Erkenntnisproblem in der Frage besteht, wie man diese reale Welt erkennen kann. Ich kam zu der Überzeugung, daß wir, wenn wir dieses Problem diskutieren wollen, nicht von unseren Sinneserfahrungen ausgehen können (oder von unseren Gefühlen, wie es Gomperz' Theorie forderte), ohne in die Fallen des Psychologismus, des Idealismus, des Positivismus, des Phänomenalismus, ja selbst des Solipsismus zu geraten – alles Auffassungen, die ich nicht ernst nehmen konnte. Mein soziales Verantwortungsgefühl sagte mir, daß es seitens der Intellektuellen eine Art von Verrat sei, derartige Probleme ernst zu nehmen – und ein Mißbrauch der Zeit, die wir für echte Probleme verwenden sollten.

Da ich Zugang zum psychologischen Laboratorium hatte, führte ich einige Experimente durch, die mich rasch davon überzeugten, daß es Sinnesdaten, »einfache« Ideen oder Empfindungen und andere derartige Dinge nicht gibt: Sie sind fiktiv – Erfindungen, die auf dem v-erfehlten Versuch beruhten, den Atomismus (oder die Aristotelische Logik – siehe unten) von der Physik auf die Psychologie zu übertragen. Ähnlich kritische Auffassungen vertraten die Verfechter der Gestaltpsychologie, aber ich fand ihre Ansichten nicht radikal genug. Ich stellte auch eine Ähnlichkeit meiner Ansichten mit denen von Oswald Külpe und seiner Schule (der Würzburger Schule) fest, besonders mit den Ansichten von Bühler[90] und Otto Selz[91]. Sie hatten entdeckt, daß wir nicht mit Hilfe von Bildern denken, sondern mit Hilfe von Problemen und von Lösungsversuchen. Ich fand, daß einige meiner Ergebnisse von anderen, wie Otto Selz, vorweggenommen worden waren, und das hat, wie ich vermute, eine gewisse Rolle bei meiner Abwendung von der Psychologie gespielt.

Die Abwendung von der Psychologie der Forschung und des Denkens, der ich Jahre gewidmet hatte, war ein langwieriger Prozeß, der in der folgenden Einsicht gipfelte: Ich erkannte, daß die Assoziationspsychologie – die Psychologie von Locke, Berkeley und Hume – nichts anderes war als eine Übersetzung der aristotelischen Subjekt-Prädikat-Logik in psychologische Begriffe.

Die aristotelische Logik handelt von Sätzen wie »Alle Menschen sind sterblich«. Hier haben wir zwei »Begriffe« und eine »Kopula«, welche die Begriffe verbindet oder assoziiert. Übersetzt man das in psychologische Ausdrucksweise, so wird man sagen, das Denken bestehe darin, die *Ideen* »Mensch« und »sterblich« zu *»assoziieren«*. Man braucht nur in diesem Sinne Locke zu lesen, und man begreift, wie es dazu kam: Seine zentralen Annahmen waren, daß die aristotelische Subjekt-Prädikat-Logik gültig ist und daß sie unsere subjektiven, psychologischen Denkprozesse beschreibt. Aber die Subjekt-Prädikat-Logik ist etwas sehr Primitives. (Man kann sie als eine Interpretation eines kleinen Teils der Booleschen Algebra auffassen, vermischt oder vermengt mit einem kleinen Teil der naiven Mengenlehre. Es ist kaum zu glauben, daß sie noch immer von manchen für eine empirische Psychologie gehalten wird.)

Aber weitere Überlegungen zeigten mir, daß das Verfahren, eine fragwürdige Theorie in eine angeblich empirisch-psychologische Theorie zu übersetzen, noch immer wirksam war und noch immer ihre Gefahren hatte, sogar für einen so hervorragenden Denker wie Bühler.

Denn in Külpes *Logik*[92], die Bühler als richtig akzeptierte und die er bewunderte, wurden logische Argumente als komplexe Urteile aufgefaßt (was vom Standpunkt der modernen Logik aus ein Irrtum ist[93]). Konsequenterweise konnte es zwischen Urteilen und Argumenten keinen wirklichen Unterschied geben. Eine weitere Konsequenz war, daß die Darstellungsfunktion der Sprache (die den »Urteilen« entspricht) und die argumentative Funktion auf eins hinausliefen. Das hinderte Bühler daran, zu sehen, daß diese beiden Funktionen ebenso deutlich auseinandergehalten werden konnten wie die drei Funktionen der Sprache, zwischen denen er schon unterschieden hatte.

Bühlers Ausdrucksfunktion ließ sich von seiner kommunikativen Funktion (seiner Signal- oder Auslösefunktion) deshalb klar unterscheiden, weil es möglich ist, daß ein Tier oder ein Mensch sich selbst auch dann ausdrückt, wenn es keinen zu stimulierenden »Empfänger« gibt. Die Ausdrucksfunktion und die Auslösefunktion zusammengenommen ließen sich von Bühlers deskriptiver Funktion deshalb unterscheiden, weil es möglich ist, daß ein Tier oder ein Mensch beispielsweise Furcht auf andere überträgt, ohne das gefürchtete Objekt zu beschreiben oder darzustellen. Die Darstellungsfunktion (nach Bühler eine höhere Funktion, die allein dem Menschen zukommt) ließ sich, wie ich damals herausfand, eindeutig von der argumentativen Funktion unterscheiden, da es Sprachen gibt (zum Beispiel Landkarten), die deskriptiv sind, aber nicht argumentativ.[94] (Das macht, nebenbei gesagt, die bekannte Analogie zwischen Landkarten und wissenschaflichen Theorien zu einer besonders unglücklichen. Theorien sind im wesentlichen argumentative Systeme von Sätzen: Es kommt bei ihnen hauptsächlich darauf an, daß sie etwas deduktiv erklären. Landkarten sind nicht-argumentativ. Natürlich ist jede Theorie zugleich deskriptiv, wie eine Landkarte – ebenso ist sie auch kommunikativ, wie alle deskriptiven Sprachen, da sie Menschen zum Handeln veranlassen kann; und sie ist außerdem expressiv, da sie ein Symptom des »Zustandes« des Kommunikators ist, der übrigens zufälligerweise ein Computer sein kann.) Es gab hier also einen zweiten Fall, in dem ein Irrtum in der Logik zu einem Irrtum in der Psychologie führte; in diesem besonderen Fall zu einem Irrtum in der Psychologie der sprachlichen Dispositionen und der angeborenen biologischen Bedürfnisse, die dem Gebrauch und den Leistungen der menschlichen Sprache zugrunde liegen.

Alles das zeigte mir *die Priorität des Studiums der Logik gegenüber dem Studium der subjektiven Denkprozesse.* Und es machte mich sehr mißtrauisch gegen viele der damals akzeptierten psychologischen Theorien. Es wurde mir zum Beispiel klar, daß *die Theorie des bedingten Reflexes falsch war. Es gibt keinen bedingten Reflex.* Pawlows Hunde muß man so interpretieren, daß sie auf der Suche nach Invarianten im Bereich der Nahrungsbeschaffung sind (in einem Bereich, der im wesentlichen »plastisch« ist und den die Hunde durch die Methode von Versuch und Irrtum erforschen). So kommen sie zu Erwartungen oder Antizipationen bevorstehender Ereignisse. Man mag dies »Konditionierung« nennen; aber es ist nicht ein Reflex, der infolge des Lernprozesses entsteht; es ist eine Entdeckung (vielleicht eine irrtümliche) dessen, was sie zu erwarten haben.[95] In diesem Lichte stellte sich heraus, daß selbst die scheinbar empirischen Resultate von Pawlow und die Reflexologie von W. von Bechterew[96], und auch die meisten Resultate der modernen Lerntheorie, Mißdeutungen der Befunde unter dem Einfluß der aristotelischen Logik sind. Denn die Reflexologie und die Theorie der Konditionierung waren nichts anderes als die in neurologische Begriffe weiterübersetzte Assoziationspsychologie.

1928 legte ich eine Dissertation vor, mit der ich mich, obwohl sie indirekt das Ergebnis jahrelanger Arbeit über die Psychologie des Denkens und der Forschung war, endgültig von der Psychologie abwandte. Ich hatte meine eigentliche psychologische Arbeit aufgegeben, ohne sie abzuschließen; von dem meisten, was ich geschrieben hatte, besaß ich nicht einmal eine Reinschrift; und die Dissertation »Zur Methodenfrage der Denkpsychologie«[97] war eine flüchtige, in letzter Minute abgeschlossene Angelegenheit. Sie war ursprünglich nur als methodologische Einleitung in meine psychologische Arbeit gedacht, aber am Ende war sie wohl ein Schritt in die Richtung zur Methodologie hin.

Ich war sehr unzufrieden mit meiner Dissertation, und ich habe seither nie wieder auch nur einen Blick auf sie geworfen. Auch bei meinen beiden »Rigorosen« (den öffentlich stattfindenden mündlichen Prüfungen für das Doktorat), der einen in Musikgeschichte, der anderen in Philosophie und Psychologie, hatte ich ein schlechtes Gefühl. Bühler, der mich schon vorher öfters in Psychologie geprüft hatte, stellte mir keine Fragen auf diesem Gebiet, sondern ermutigte mich, über meine Ideen zur Logik und zur Wissenschaftslogik zu sprechen. Schlick prüfte mich vor allem über die Geschichte der Philosophie, und ich wußte so wenig über Leibniz, daß ich glaubte, ich sei durchgefallen. Ich konnte kaum meinen Ohren trauen, als man mir sagte, daß ich beide Prüfungen mit der besten Note bestanden hätte: »Einstimmig mit Auszeichnung.« Ich war natürlich erleichtert und glücklich, aber es hat eine ganze Weile gedauert, bis ich über das Gefühl hinwegkam, daß ich eigentlich hätte durchfallen sollen.

16

Erkenntnistheorie: Logik der Forschung

Im Jahre 1928 wurde ich zum Doktor der Philosophie promoviert[97a], und 1929 erwarb ich die Befähigung zum Lehramt in Mathematik und Physik an Hauptschulen. Für die Lehrbefähigungsprüfung schrieb ich eine Arbeit über Probleme der Axiomatik in der Geometrie, die auch ein Kapitel über die nichteuklidische Geometrie enthielt.

Erst nach meiner Promotion ging mir über gewisse Dinge ein Licht auf, und einige meiner früheren Ideen fügten sich zusammen. Ich begriff, warum die falsche Wissenschaftstheorie, die seit Bacon geherrscht hatte – die Theorie, daß die Naturwissenschaften *induktive* Wissenschaften seien und daß die Induktion ein Weg sei, durch *wiederholte* Beobachtungen oder Experimente etwas Allgemeines festzustellen oder zu rechtfertigen – sich so tief verwurzeln konnte. Der Grund war, daß die Wissenschaftler ihre Tätigkeit sowohl von der Pseudowissenschaft wie von der Theologie und Metaphysik *abgrenzen* mußten und daß sie von Bacon die induktive Methode als ihr Abgrenzungskriterium übernommen hatten. (Andererseits waren sie bestrebt, ihre Theorien durch die Berufung auf Erkenntnisquellen zu rechtfertigen, die eine ähnliche Glaubwürdigkeit besaßen wie die Quellen der Religion.) Ich verfügte jedoch seit vielen Jahren über ein besseres Abgrenzungskriterium: die Prüfbarkeit oder Falsifizierbarkeit.

Ich konnte also auf die Induktion verzichten, ohne mit der Abgrenzung in Schwierigkeiten zu kommen. Und ich konnte meine Ergebnisse hinsichtlich der Methode von Versuch und Irrtum so anwenden, daß die gesamte induktive Methodologie durch eine deduktive ersetzt werden konnte. Die Falsifikation oder Widerlegung von Theorien durch die Falsifikation oder Widerlegung einer oder mehrerer ihrer deduktiven Konsequenzen war offenbar eine deduktive Schlußweise *(modus tollens)*. Meine Auffassung implizierte, daß *wissenschaftliche Theorien, es sei denn, daß sie falsifiziert werden, für immer Hypothesen oder Vermutungen bleiben müssen.*

Auf diese Weise klärte sich das ganze Problem der wissenschaftlichen Methode wie von selbst, und damit auch das Problem des wissenschaftlichen Fortschritts. Der Fortschritt bestand darin, zu Theorien fortzuschreiten, die uns mehr und mehr sagen – zu Theorien von immer größerem Gehalt. Je mehr aber eine Theorie aussagt, um so mehr schließt sie aus oder verbietet sie, und um so größer sind die Chancen, sie zu falsifizieren. Eine Theorie mit größerem Gehalt ist also auch eine Theorie, die strenger geprüft werden kann. Diese Überlegung führte zu einer Erkenntnistheorie, der zufolge der wissenschaftliche Fortschritt nicht darin bestand, Beobachtungen anzuhäufen, sondern darin, weniger gute Theorien zu stürzen und durch bessere zu ersetzen, insbesondere durch Theorien von größerem Gehalt. Es gab also eine Konkurrenz zwischen den Theorien – eine Art von Darwinschem Kampf ums Dasein.

Natürlich bedürfen Theorien, von denen wir nicht mehr behaupten, als daß sie Vermutungen oder Hypothesen sind, keiner Rechtfertigung (und am allerwenigsten einer Rechtfertigung durch eine nicht existierende »Methode der Induktion«, von der bisher noch niemand eine vernünftige Beschreibung gegeben hat). Wir können jedoch manchmal – im Lichte ihrer kritischen Diskussion – Gründe anführen, warum wir eine der konkurrierenden Vermutungen den anderen vorziehen.[98]

Alles das war vollkommen klar, und es hing gut zusammen. Aber es stand im Gegensatz zu dem, was die Machschen Positivisten und die Wittgensteinianer des Wiener Kreises sagten. Ich hatte von dem Kreis zuerst 1926 oder 1927 gehört, durch einen Zeitungsartikel von Otto Neurath und etwas später durch einen Vortrag, den Neurath in einer sozialdemokratischen Jugendgruppe hielt. (Das war die einzige Parteiversammlung, an der ich jemals teilgenommen habe; ich tat es, weil ich Neurath seit 1919 oder 1920 ein wenig kannte.) Ich hatte dann die programmatischen Schriften des Kreises und des Vereins Ernst Mach gelesen, insbesondere eine Flugschrift meines Lehrers, des Mathematikers Hans Hahn. Außerdem hatte ich, einige Jahre bevor ich meine Dissertation schrieb, Ludwig Wittgensteins *Tractatus* gelesen sowie, gleich nach deren Erscheinen, die Bücher Rudolf Carnaps.

Mir war klar, daß alle diese Leute nach einem Abgrenzungskriterium suchten, nach einer Abgrenzung nicht so sehr zwischen Wissenschaft und Pseudowissenschaft als vielmehr zwischen Wissenschaft und Metaphysik. Und mir war auch klar, daß mein altes Abgrenzungskriterium besser war als das ihre. Denn erstens versuchten sie, ein Kriterium zu finden, welches die Metaphysik als sinnlosen Unsinn, als leeres Geschwätz entlarvte, und ein solches Kriterium mußte zu Schwierigkeiten führen; denn metaphysische Ideen sind oft die Vorläufer wissenschaftlicher Ideen. Zweitens bedeutete eine Abgrenzung durch den Begriff des Sinnvollen im Gegensatz zum Sinnlosen lediglich eine Verschiebung des Problems. Wie der Kreis selbst herausfand, entstand dadurch die Notwendigkeit eines weiteren Kriteriums, eines Kriteriums zur Unterscheidung zwischen Sinn und Sinnlosigkeit. Als ein solches Kriterium hatte der Kreis die Verifizierbarkeit angenommen, unter der sie dasselbe verstanden wie Beweisbarkeit durch Beobachtungssätze. Das war jedoch nur eine andere Formulierung des altehrwürdigen Kriteriums der Induktivisten: Es gab keinen wirklichen Unterschied zwischen der Idee der Induktion und der der Verifikation. Doch nach meiner Theorie war die Wissenschaft nicht induktiv; die Induktion war ein Mythos, den Hume zerstört hatte. (Ein weiterer, weniger interessanter Punkt, der später von Alfred Ayer anerkannt wurde, war, daß die Verwendung der Verifizierbarkeit als Sinnkriterium absurd war: Wie konnte man nur sagen, eine Theorie sei unsinnig, weil sie nicht verifiziert werden könne? War es nicht notwendig, eine Theorie zu *verstehen*, um zu beurteilen, ob sie sich verifizieren ließ oder nicht? Und konnte eine verständliche Theorie blanker Unsinn sein?) Alles das bestärkte meinen Eindruck, daß ich für jedes einzelne seiner Hauptprobleme bessere und klarere Antworten hatte als der Wiener Kreis.

Vielleicht lag es im Grunde daran, daß die Mitglieder des Kreises Positivisten waren und erkenntnistheoretische Idealisten in der Tradition von Berkeley und von Mach. Natürlich gaben sie nicht zu, Idealisten zu sein. Sie bezeichneten sich damals selbst als »neutrale Monisten«. Meiner Meinung nach war das aber nur ein anderer Name für Idealismus – und in Carnaps Büchern[99] wurde der subjektive Idealismus (oder was er den methodologischen Solipsismus nannte) offen als eine Art von Arbeitshypothese akzeptiert.

Ich schrieb (ohne etwas zu veröffentlichen) eine ganze Menge über diese Fragen und arbeitete Carnaps und Wittgensteins Bücher recht eingehend kritisch durch. Von dem Standpunkt aus, den ich erreicht hatte, erwies sich das als ziemlich leicht. Ich kannte nur einen Menschen, dem ich diese Ideen erklären konnte, und das war Heinrich Gomperz. Im Zusammenhang mit einem meiner Hauptpunkte – daß wissenschaftliche Theorien immer Hypothesen oder Vermutungen bleiben – verwies er mich auf Alexis Meinong, *Über Annahmen* (1902), ein Buch, das ich nicht nur psychologistisch fand, sondern das überdies stillschweigend annahm – wie Husserl in seinen *Logischen Untersuchungen* (1900, 1901) –, wissenschaftliche Theorien (im Gegensatz zu Annahmen) seien wahr. Viele Jahre hindurch habe ich gefunden, daß es vielen Menschen große Schwierigkeiten bereitet, anzuerkennen, daß Theorien, logisch betrachtet, dasselbe sind wie Hypothesen. Es herrschte die Auffassung, daß Hypothesen bisher unbewiesene Theorien seien und Theorien bewiesene oder begründete Hypothesen. Und selbst diejenigen, die den hypothetischen Charakter aller Theorien zugaben, glaubten doch, daß sie einer gewissen Rechtfertigung bedürfen; daß sie, falls sie nicht als wahr bewiesen werden könnten, zumindest einen hohen Wahrscheinlichkeitsgrad besitzen müssen.

Der entscheidende Punkt bei all dem, der hypothetische Charakter sämtlicher wissenschaftlichen Theorien, war meiner Ansicht nach eine recht unmittelbare Konsequenz der Einsteinschen Revolution, die gezeigt hatte, daß nicht einmal die mit dem allergrößten Erfolg überprüfte Theorie – die Newtonsche Theorie – mehr war als eine Hypothese, eine Annäherung an die Wahrheit.

Im Zusammenhang mit meinem Eintreten für den Deduktivismus – die Auffassung, daß Theorien hypothetisch-deduktive Systeme sind und daß die Methode der Wissenschaft nicht induktiv ist – verwies mich Gomperz auf Professor Victor Kraft, ein Mitglied des Wiener Kreises und Verfasser eines sehr bedeutenden Buches über *Die Grundformen der wissenschaftlichen Methoden*[100]. Dieses Buch enthielt eine sehr brauchbare Darstellung verschiedener Methoden, die tatsächlich in der Wissenschaft verwendet wurden, und es zeigte, daß zumindest einige dieser Methoden nicht induktiv sind, sondern deduktiv: *hypothetisch-deduktiv*. Gomperz gab mir eine Empfehlung für Victor Kraft (der nicht mit Julius Kraft verwandt war), und ich traf ihn mehrere Male im Volksgarten, nahe der Universität. Victor Kraft war das erste Mitglied des Wiener Kreises, dem ich begegnete (wenn ich Edgar Zilsel nicht dazu rechne, der nach Feigl[101] kein Mitglied des Kreises war). Er war bereit, meiner Kritik am Kreis ernsthaft Gehör zu schenken – mehr als die meisten Mitglieder, die ich später traf. Aber ich erinnere mich, wie schockiert er war, als ich voraussagte, daß die Philosophie des Kreises sich zu einer neuen Form des Scholastizismus und der Wortklauberei entwickeln werde. Diese Voraussage ist, wie ich glaube, eingetroffen. Ich spiele dabei auf die spätere programmatische Auffassung Carnaps an, Aufgabe der Philosophie sei »die Explikation der Begriffe«.

Im Jahre 1929 oder 1930 (1930 bekam ich endlich meine erste Stelle als Lehrer an einer Hauptschule) begegnete ich einem anderen Mitglied des Wiener Kreises, Herbert Feigl.[102] Die Begegnung wurde von meinem Onkel Walter Schiff herbeigeführt, der Professor für Statistik und Nationalökonomie an der Universität Wien war und der von meinen philosophischen Interessen wußte. Es war eine Begegnung, die für mein ganzes Leben entscheidend wurde. Ich hatte zuvor durch Julius Kraft, Heinrich Gomperz und Victor Kraft eine gewisse Ermutigung erfahren. Doch obwohl sie wußten, daß ich viele (unveröffentlichte) Arbeiten geschrieben hatte[103], hatte keiner von ihnen mich ermutigt, meine Ideen zu veröffentlichen. Gomperz hatte mir klargemacht, daß der Versuch, ein philosophisches Buch zu veröffentlichen, hoffnungslos sei. (Die Zeiten haben sich geändert.) Das wurde dadurch bekräftigt, daß Victor Krafts ausgezeichnetes Buch über die Methoden der Wissenschaft nur mit Hilfe eines speziellen Fonds publiziert werden konnte.

Aber Herbert Feigl sagte mir während unserer Unterredung, die eine ganze Nacht dauerte, nicht nur, daß er meine Ideen für wichtig, ja geradezu für revolutionär halte, sondern auch, daß ich sie in Buchform veröffentlichen solle.[104]

Es war mir nie eingefallen, ein Buch zu schreiben. Ich hatte meine Ideen aus reinem Interesse an den Problemen entwickelt und dann einige davon für mich selbst niedergeschrieben, weil ich fand, daß das nicht nur zur Klarheit beitrug, sondern für die Selbstkritik notwendig war. Ich betrachtete mich damals als einen unorthodoxen Kantianer und als einen Realisten.[105] Ich räumte dem Kantschen Idealismus ein, daß unsere Theorien aktiv von unserem Verstand hervorgebracht und nicht von der Realität uns aufgezwungen werden und daß sie unsere »Erfahrung« transzendieren; gleichzeitig aber betonte ich, daß eine Falsifikation einen *Zusammenstoß mit der Wirklichkeit* bedeuten kann. Ich ersetzte deshalb Kants Lehre von der Unmöglichkeit, die Dinge an sich zu erkennen, durch die Lehre von dem für immer hypothetischen Charakter unserer Theorien. Auch auf dem Gebiet der Ethik betrachtete ich mich als einen (gemäßigten) Kantianer. Ich dachte damals, daß meine Kritik am Wiener Kreis lediglich darauf zurückzuführen sei, daß ich Kant gelesen und einige seiner Hauptpunkte kritisch verstanden hatte.

Ich glaube, daß ich ohne die Ermutigung durch Herbert Feigl wahrscheinlich nie ein Buch geschrieben hätte. Die Idee, ein Buch zu schreiben und es zu veröffentlichen, entsprach nicht meinem Lebensstil und auch nicht meiner Einstellung zu mir selbst. Mir fehlte das Vertrauen, daß das, was mich interessierte, für andere von hinreichendem Interesse sein würde. Auch ermutigte mich niemand, nachdem Feigl nach Amerika gegangen war. Gomperz, dem ich von meiner aufregenden Begegnung mit Feigl erzählte, riet mir entschieden ab, an eine Publikation zu denken; ähnlich auch mein Vater, der fürchtete, daß ich ein Journalist werden könnte. Meine Frau war gegen die Idee, weil sie wollte, daß ich meine Freizeit verwende, um mit ihr skifahren und bergsteigen zu gehen – die Dinge, die uns beide am meisten freuten. Aber nachdem ich einmal mit dem Buch begonnen hatte, lehrte sie sich selbst das Maschineschreiben, und sie hat alles, was ich seither geschrieben habe, viele Male getippt. (Es ist mir nie gelungen, etwas zustande zu bringen, wenn ich selbst die Schreibmaschine benützte – ich pflege zu viele Verbesserungen zu machen.)

Das Buch, das ich schrieb, war zwei Problemen und ihrer Wechselbeziehung gewidmet: den Problemen der Induktion und der Abgrenzung. Deshalb nannte ich es *Die beiden Grundprobleme der Erkenntnistheorie.* (Das war eine Anspielung auf den Titel von Schopenhauer: *Die beiden Grundprobleme der Ethik.)*

Sobald ich einige Kapitel im Manuskript fertig hatte, gab ich sie Robert Lammer zu lesen, meinem Freund und früheren Kollegen am Pädagogischen Institut. Er war der gewissenhafteste und kritischste Leser, der mir je begegnet ist: Gegen jeden Punkt, der nach seiner Ansicht nicht kristallklar war, jede Lücke in der Argumentation, jeden Gedanken, den ich nicht zu Ende geführt hatte, machte er Einwendungen. Ich hatte meinen ersten Entwurf ziemlich schnell geschrieben; aber dank dem, was ich aus Lammers beharrlicher Kritik lernte, habe ich nie wieder etwas schnell geschrieben. Auch lernte ich, nie etwas von mir

Verfaßtes gegen den Vorwurf zu verteidigen, daß es nicht klar genug sei. Wenn ein gewissenhafter Leser eine Stelle unklar findet, so muß sie umgeschrieben werden. Ich habe es mir deshalb zur Gewohnheit gemacht, etwas Geschriebenes wieder und wieder umzuschreiben und es dabei ständig klarer und einfacher auszudrücken. Ich glaube, daß ich diese Gewohnheit nahezu ausschließlich Robert Lammer verdanke. Ich schreibe gewissermaßen, als ob mir jemand ständig über die Schulter schaut und mich ständig auf Stellen hinweist, die nicht klar sind. Ich weiß natürlich sehr gut, daß man niemals alle möglichen Mißverständnisse vorhersehen kann, aber einige Mißverständnisse kann man wohl vermeiden, vorausgesetzt, daß der Leser verstehen will.

Schon früher hatte ich durch Lammer Franz Urbach kennengelernt, einen Experimentalphysiker, der am Institut für Radiumforschung an der Wiener Universität arbeitete. Wir hatten viele gemeinsame Interessen (darunter die Musik), und er hat mich sehr ermutigt. Er machte mich auch mit Fritz Waismann bekannt, der als erster das berühmte Sinnkriterium formuliert hatte, mit dem der Wiener Kreis so viele Jahre lang identifiziert wurde – das Sinnkriterium der Verifizierbarkeit. Waismann war an meiner Kritik sehr interessiert. Ich glaube, es geschah auf seine Initiative hin, daß ich meine erste Einladung erhielt, Vorträge in einigen der »epizyklischen« Gruppen zu halten, die eine Art Hof um den Wiener Kreis bildeten. In diesen Vorträgen kritisierte ich die Ansichten des Kreises.

Der Kreis selbst war, wie ich gehört hatte, Schlicks Privatseminar, das jeweils am Donnerstagabend zusammenkam. Mitglied war, wer von Schlick eingeladen wurde. Ich wurde nie eingeladen, und ich habe mich nie aktiv um eine Einladung bemüht.[106] Es gab aber auch andere Gruppen, die in der Wohnung von Victor Kraft oder von Edgar Zilsel und an anderen Orten zusammenkamen; und es gab außerdem Karl Mengers berühmtes mathematisches Kolloquium. Verschiedene dieser Gruppen, von deren Existenz ich nicht einmal gehört hatte, luden mich ein, meine Kritik an den Hauptideen des

Wiener Kreises darzulegen. Meinen ersten Vortrag hielt ich in der Wohnung von Edgar Zilsel, in einem überfüllten Raum. Ich erinnere mich noch an mein Lampenfieber.

In einigen dieser frühen Vorträge erörterte ich auch Probleme, die mit der Wahrscheinlichkeitstheorie zusammenhingen. Von allen bestehenden Interpretationen fand ich die sogenannte »Häufigkeitsinterpretation« am befriedigendsten, besonders in der Form, die Richard von Mises ihr gegeben hatte. Eine Reihe schwieriger Probleme war jedoch noch ungelöst, besonders, wenn man bedachte, daß *Wahrscheinlichkeitsaussagen Hypothesen sind.* Die zentrale Frage war dann: *Sind diese Hypothesen prüfbar?* Ich versuchte, diese und einige damit zusammenhängende Fragen zu diskutieren, und ich habe seither an der Art, wie ich sie damals behandelte, immer wieder Verbesserungen vorgenommen.[107] (Einige sind noch immer unveröffentlicht.)

Mehrere Mitglieder des Kreises, von denen einige bei diesen Zusammenkünften gewesen waren, luden mich ein, diese Punkte mit ihnen persönlich zu diskutieren, darunter Hans Hahn, der mich durch seine Vorlesungen so beeindruckt hatte, sowie Philipp Frank und Richard von Mises (anläßlich ihrer häufigen Besuche in Wien). Hans Thirring, der theoretische Physiker, lud mich ein, in seinem Seminar zu sprechen; und Karl Menger lud mich ein, Mitglied seines schon damals berühmten mathematischen Kolloquiums zu werden. Von Karl Menger (den ich in diesem Punkt um seinen Rat gebeten hatte) kam der Vorschlag, ich solle versuchen, seine Dimensionstheorie für den Vergleich der Grade der Prüfbarkeit einer Theorie heranzuziehen.

Zu Beginn des Jahres 1932 schloß ich den – wie ich damals plante – ersten Band von *Die beiden Grundprobleme der Erkenntnistheorie* ab. Ich hatte das Buch von Anfang an als eine kritische Diskussion und Korrektur der Ideen des Wiener Kreises konzipiert. Lange Abschnitte waren auch der Kritik an Kant und Fries gewidmet. Das Buch, das jetzt bald veröffentlicht werden soll, wurde zunächst von Feigl und dann von Carnap, Schlick, Frank, Hahn, Neurath und anderen Mitgliedern des Kreises sowie auch von Gomperz gelesen.

Schlick und Frank nahmen dieses Buch 1933 zur Veröffentlichung in der Reihe »Schriften zur wissenschaftlichen Weltauffassung« an, deren Herausgeber sie waren. (Das war eine Reihe von Büchern, von denen die meisten von Mitgliedern des Wiener Kreises stammten.) Der Verlag Springer verlangte jedoch, daß es radikal gekürzt werde. Zu dem Zeitpunkt, als das Buch angenommen wurde, hatte ich schon den zweiten Band zum Teil fertig. Das bedeutete, daß innerhalb der vom Verleger bewilligten Seitenzahl kaum mehr als ein Abriß meines Werkes gegeben werden konnte. Mit Zustimmung von Schlick und Frank legte ich ein neues Manuskript vor, das Auszüge aus beiden Bänden enthielt. Aber selbst das wies der Verlag zurück mit der Begründung, es sei zu lang. Er beharrte auf einem maximalen Umfang von fünfzehn Bogen (240 Seiten). Den letzten Auszug aus dem Manuskript – der schließlich unter dem Titel *Logik der Forschung* veröffentlicht wurde – besorgte mein Onkel Walter Schiff, der unbarmherzig ungefähr die Hälfte des Textes strich.[108] Ich glaube nicht, daß ich das selbst hätte tun können, nachdem ich mich so sehr bemüht hatte, klar und deutlich zu sein.

Ich kann hier schwerlich einen Abriß jenes Abrisses geben, aus dem mein erstes veröffentlichtes Buch bestand. Es gibt jedoch einen oder zwei Punkte, die ich erwähnen möchte. Das Buch sollte eine Erkenntnistheorie sein und zugleich eine Abhandlung über die Methode der Wissenschaft. Diese Kombination war deshalb möglich, weil ich der Ansicht war, daß die menschliche Erkenntnis aus unseren Theorien, unseren Hypothesen, unseren Vermutungen besteht und daß sie das *Produkt* unserer geistigen Bemühungen ist. Natürlich kann man die »Erkenntnis« auch anders sehen: Wir können die »Erkenntnis« oder das »Wissen« als einen subjektiven Bewußtseinszustand auffassen oder als einen Zustand der Dispositionen eines Organismus. Ich entschied mich jedoch dafür, die Erkenntnis als ein System von Sätzen zu behandeln, von Theorien, die zur Diskussion gestellt werden. »Erkenntnis« in diesem Sinne ist *objektiv;* und sie besteht aus Hypothesen oder Vermutungen.

Diese Auffassung der Erkenntnis machte es mir möglich, Humes *Problem der Induktion* neu zu formulieren. In dieser objektiven Neuformulierung ist das Problem der Induktion nicht mehr als ein Problem anzusehen, das unsere Überzeugungen betrifft – oder das die Rationalität unserer Überzeugungserlebnisse betrifft –, sondern als ein Problem der logischen Beziehung zwischen singulären Sätzen (Beschreibungen von »beobachtbaren« singulären Tatsachen) und allgemeinen Theorien.

In dieser Form wird das Problem der Induktion lösbar.[109] Die Lösung ist, daß es keine Induktion gibt, weil allgemeine Theorien nicht aus singulären Sätzen ableitbar sind. Sie können aber durch singuläre Sätze widerlegt werden, da sie mit Beschreibungen von beobachtbaren Tatsachen kollidieren können.

Außerdem können wir von »besseren« und »schlechteren« Theorien in einem objektiven Sinne sprechen, und zwar sogar noch, bevor diese Theorien überprüft wurden: Die besseren Theorien sind die mit dem größeren Gehalt und der größeren Erklärungskraft (beides relativ zu den Problemen, die wir zu lösen versuchen). Und sie sind, wie ich zeigen konnte, zugleich die besser prüfbaren Theorien; und wenn sie den Prüfungen standhalten, die besser geprüften Theorien.

Diese Lösung des Induktionsproblems führt zu einer neuen Theorie der Methode der Wissenschaft: zu einer Analyse der *kritischen Methode*, der Methode von Versuch und Irrtum. Es ist die Methode, kühne Hypothesen aufzustellen und sie der schärfsten Kritik auszusetzen, um herauszufinden, wo wir uns geirrt haben.

Unsere Forschungstätigkeit geht, vom Standpunkt dieser Methodologie gesehen, von *Problemen* aus. Wir befinden uns immer in einer bestimmten Problemsituation; und wir wählen ein Problem aus, von dem wir hoffen, es lösen zu können. Die Lösung, immer nur vorläufig und versuchsweise, besteht in einer Theorie, einer Hypothese, einer Vermutung. Die verschiedenen konkurrierenden Theorien werden miteinander verglichen und kritisch diskutiert, mit dem Ziel, ihre Mängel aufzudecken. Die immer wechselnden, immer unabgeschlossenen Ergebnisse der kritischen Diskussion konstituieren das, was man jeweils als die Wissenschaft bezeichnen kann, als die Wissenschaft von heute.

Es gibt also keine Induktion: Wir schließen niemals von Tatsachen auf Theorien, es sei denn, auf ihre Widerlegung oder »Falsifikation«. Man kann diese Auffassung der Wissenschaft als selektiv, als darwinistisch bezeichnen. Im Gegensatz dazu sind methodologische Theorien, die behaupten, daß wir induktiv vorgehen, oder die den Akzent auf die *Verifikation* (statt auf die *Kritik*, auf die *Falsifikation*) legen, typisch lamarckistisch: Sie legen den Akzent auf das *Lernen von der Umwelt* und nicht auf die *Auslese durch die Umwelt.*

Es sei erwähnt (obwohl das nicht eine These der *Logik der Forschung* war), daß die vorgeschlagene Lösung des Induktionsproblems zugleich den Weg zur Lösung eines älteren Problems weist – des Problems der Rationalität unserer Überzeugungen. Wir können nämlich zunächst die Idee der Überzeugung durch die der Handlung ersetzen, und wir können sagen, daß Handlungen (oder Unterlassungen) »rational« sind, wenn sie im Einklang mit dem jeweils herrschenden Stand der kritischen, wissenschaftlichen Diskussion ausgeführt werden: Es gibt für »rational« kein besseres Synonym als »kritisch«. (Eine Überzeugung, ein Glaube, ist natürlich nie rational: rational ist es vielmehr, die Überzeugung *in der Schwebe zu lassen;* vergleiche die Anmerkung 226.)

Meine Lösung des Induktionsproblems ist oft mißverstanden worden. Ich habe mehr darüber in meinen *Replies to My Critics* gesagt.[109a]

Der logische Positivismus ist also tot;
so tot jedenfalls, wie es eine
philosophische Bewegung überhaupt
sein kann. *John Passmore*[110]

17

Der logische Positivismus ist tot: Wer ist der Täter?

Die Geschichte der Entstehung meines Buchs *Logik der Forschung*, das Ende 1934 erschien, erklärt, warum es zum Teil als eine *Kritik des Positivismus* geschrieben wurde. Das gilt auch für seinen unveröffentlichten Vorläufer von 1932 und für meine kurze Mitteilung an die Herausgeber der Zeitschrift *Erkenntnis* vom Jahre 1933.[111] Da meine Position damals von führenden Mitgliedern des Kreises viel diskutiert wurde und da außerdem das Buch in einer Reihe überwiegend positivistischer Schriften erschien, hatte diese Seite der Vorgeschichte der *Logik der Forschung* einige seltsame Konsequenzen. Eine davon war, daß ich bis zu seiner englischen Veröffentlichung im Jahre 1959 unter dem Titel *The Logic of Scientific Discovery* von Philosophen in England und Amerika (mit nur wenigen Ausnahmen wie insbesondere Julius Robert Weinberg[112]) für einen logischen Positivisten gehalten wurde – oder bestenfalls für einen abtrünnigen logischen Positivisten, der die Verifizierbarkeit durch die Falsifizierbarkeit ersetzte.[113] Selbst einige logische Positivisten, die sich erinnerten, daß das Buch in dieser Reihe erschienen war, zogen es vor, in mir einen Verbündeten zu sehen und nicht einen Gegner.[113a] Sie glaubten, meine Kritik mit ein paar Konzessionen – und womöglich mit gegenseitigen Konzessionen – und mit einigen verbalen Schachzügen abwehren zu können.[114] (So hofften sie zum Beispiel, daß ich bereit sein würde, die Falsifizierbarkeit anstelle der Verifizierbarkeit als ein *Sinn*kriterium zu akzeptieren.) Und da ich meine Kritik nur mündlich wiederholte und nicht in Veröffentlichungen (der Kampf gegen den logischen Positivismus war keineswegs mein Hauptinteresse), so merkten die meisten logischen Positivisten nicht, daß ihre Position durch meine Kritik radikal in Frage gestellt war. Vor dem Zweiten Weltkrieg und selbst noch danach erschienen Bücher und Aufsätze von logischen Positivisten, in denen sie diese Methode der Zugeständnisse und der kleinen Korrekturen fortsetzten. Aber da war der logische Positivismus schon seit einigen Jahren tot.

Heutzutage weiß das jeder. Aber anscheinend kommt niemand darauf, hier die Frage zu stellen: »Wer ist der Täter?« (Auch Passmores ausgezeichneter historischer Artikel, zitiert in Anmerkung 110, wirft diese Frage nicht auf.) Ich fürchte, daß ich mich als Täter bekennen muß. Doch ich habe es nicht mit Absicht getan: Meine Absicht war nur, auf eine Reihe von – wie mir schien – fundamentalen Irrtümern hinzuweisen. Passmore schreibt die Auflösung des logischen Positivismus ganz richtig dessen unüberwindlichen inneren Schwierigkeiten zu. Aber auf die meisten dieser Schwierigkeiten hatte ich in Vorträgen und Diskussionen und besonders in der *Logik der Forschung* hingewiesen.[114a] Einige der Mitglieder des Wiener Kreises ließen sich davon überzeugen, daß Änderungen gemacht werden müssen. Damit begann die Auflösung. Und im Laufe der Jahre führte das zum Zerfall der Philosophie des Wiener Kreises.

Aber der Zerfall des Kreises selbst ging dem Zerfall seiner Philosophie voran. Der Wiener Kreis war eine bewundernswerte Institution. Er war ein einzigartiges Seminar von Philosophen, die hier mit hervorragenden Mathematikern und Naturwissenschaftlern zusammenarbeiteten. Sie waren tief an Problemen der Logik und der Grundlagen der Mathematik interessiert, und es gelang ihnen, zwei der genialsten und produktivsten Denker auf diesem Gebiet, Kurt Gödel und Alfred Tarski, zur Mitarbeit zu gewinnen. Die Auflösung des Kreises war ein schwerer Verlust für die Wissenschaft. Einigen seiner Mitglieder bin ich persönlich zu großem Dank verpflichtet, insbesondere Herbert Feigl, Victor Kraft und Karl Menger, und ganz besonders auch Philipp

Frank und Moritz Schlick, die trotz der in meinem Buch enthaltenen scharfen Kritik ihrer positivistischen Ansichten meine *Logik der Forschung* in die von ihnen herausgegebene Schriftenreihe aufnahmen. Außerdem kam ich durch Vermittlung des Kreises mit Alfred Tarski zusammen, zuerst auf der Prager Konferenz im August 1934, zu der ich den Umbruch der *Logik der Forschung* mitgenommnen hatte[114b]; später in Wien, im Winter 1934/35; und dann wieder auf dem Pariser Kongreß im September 1935. Und von Tarski habe ich, wie ich glaube, mehr gelernt als von irgend jemand anderem.

Was mich aber wohl am meisten am Wiener Kreis anzog, war seine wissenschaftliche Einstellung oder, wie ich es jetzt lieber nenne, seine rationale Einstellung. Carnap hat sie in den letzten drei Absätzen des Vorworts zur ersten Auflage [114c] seines ersten größeren Buches, *Der logische Aufbau der Welt*, sehr schön formuliert.

Es gibt vieles bei Carnap, womit ich nicht einverstanden bin; und sogar in diesen drei Absätzen gibt es Dinge, die meiner Ansicht nach verfehlt sind: Ich stimme ihm zwar darin zu, daß die meisten philosophischen Systeme »auf Menschen wissenschaftlicher Gesinnung niederdrückend wirken«. Aber ich glaube nicht, daß das Tadelnswerte in der »Vielzahl« dieser Systeme besteht. Und ich halte Carnaps »Forderung zur Rechtfertigung und zwingenden Begründung einer jeden These« ebenso für einen Fehler wie seine Forderung, »die ganze Metaphysik aus der Philosophie zu verbannen, weil sich ihre Thesen nicht rational rechtfertigen lassen«. Aber obwohl meiner Ansicht nach insbesondere Carnaps oft wiederholte *Forderung nach Rechtfertigung* ein schwerwiegender Fehler ist, so spielt das im hier vorliegenden Zusammenhang nahezu keine Rolle. Denn Carnap plädiert hier für Rationalität, für größere intellektuelle Verantwortlichkeit. Er fordert uns auf, von der Einstellung der Mathematiker und der Naturwissenschaftler zu lernen, der er das niederdrückende Verhalten der Philosophen gegenüberstellt: ihre eingebildete Weisheit, ihr angemaßtes Wissen, das sie so oft mit einem Minimum an rationalen oder kritischen

Argumenten vortragen, und mit einem Maximum von eindrucksvollen Worten.

In dieser Einstellung, der Einstellung der Aufklärung, und in der kritisch-rationalen Auffassung von Philosophie – von dem, was die Philosophie leider ist, und von dem, was sie sein sollte – fühle ich mich noch heute mit dem Wiener Kreis verbunden, und besonders mit seinem geistigen Vater, Bertrand Russell. Vielleicht ist das der Grund, warum einige Mitglieder des Kreises wie etwa Carnap mich gelegentlich für einen der Ihren hielten und glaubten, daß ich meine Abweichungen von ihren Ansichten überbetone. Das war aber nie meine Absicht. Ich schrieb meine *Logik der Forschung* lediglich in der Hoffnung, meine positivistischen Freunde und Gegner herauszufordern. Darin war ich nicht ganz erfolglos. Als Carnap, Feigl und ich im Sommer 1932 in Tirol zusammentrafen[115], las Carnap den unveröffentlichten ersten Band meiner *Grundprobleme* und einiges aus dem zweiten Band. Er veröffentlichte kurz darauf zu meiner Überraschung in der Zeitschrift *Erkenntnis* einen Artikel »Über Protokollsätze«[116], in dem er einige meiner Ansichten, mit ausführlichen Hinweisen auf meine Arbeit, ziemlich genau referierte. Die Sachlage zusammenfassend, erklärte er, daß er das »Verfahren B«, wie er mein Verfahren nannte, jetzt für das beste halte, das in der gegenwärtigen Erkenntnistheorie vertreten werde. Dieses Verfahren bestand in dem *deduktiven Verfahren, Sätze der Physik zu überprüfen;* einem Verfahren, das *alle Sätze, sogar die Prüfsätze selbst, als Hypothesen auffaßt, als theoriedurchtränkte Vermutungen.* An dieser Auffassung hielt Carnap[117] ebenso wie Hempel[118] für Jahre fest. Auch Carnaps und Hempels sehr positive Rezensionen der *Logik der Forschung*[119] waren vielversprechende Anzeichen; ebenso wie, in einem anderen Sinne, die heftigen Angriffe von Reichenbach und von Neurath.[120]

Da ich zu Beginn dieses Abschnitts Passmores Artikel erwähnt habe, darf ich an dieser Stelle vielleicht sagen, daß ich die letzte Ursache für die innere Auflösung des Wiener Kreises und des logischen Positivismus nicht so sehr in dessen schwerwiegenden Irrtümern sehe (von denen ich viele aufgedeckt hatte), sondern in einem nachlassenden Interesse an den großen Problemen: in der Konzentration auf Kleinigkeiten (auf »puzzles«) und insbesondere auf die Analyse (»Explikation«) von Begriffen und Wortbedeutungen; kurz, in seinem Scholastizismus. Leider haben seine Nachfolger in England und in den Vereinigten Staaten diesen übernommen und weiterentwickelt.

18

Realismus und Quantentheorie

Obwohl meine *Logik der Forschung* manchem als eine Kritik am Wiener Kreis erschienen sein mag, verfolgte ich doch hauptsächlich positive Ziele. Ich versuchte, eine Theorie des menschlichen Wissens zu formulieren. Ich faßte aber das menschliche Wissen ganz anders auf als die klassischen Philosophen. Bis zu Hume, Mill und Mach sahen die meisten Philosophen im menschlichen Wissen etwas Sicheres, etwas Feststehendes. Sogar Hume, der sich für einen Skeptiker hielt und der den *Traktat über die menschliche Natur* in der Hoffnung schrieb, die Sozialwissenschaften zu revolutionieren, setzte das menschliche Wissen beinahe mit den stabilen menschlichen Gewohnheiten gleich. Das menschliche Wissen bestand in dem, was nahezu jedermann wußte: daß die Katze auf der Matte liegt; daß Julius Cäsar ermordet wurde; daß das Gras grün ist. Alles das erschien mir aber sehr uninteressant. Das Interessante war das problematische Wissen, das unsichere Wissen; und das Wachstum des Wissens – die *Forschung*.

Wenn wir die Erkenntnistheorie als eine Theorie der Forschung auffassen wollen, dann wird es das beste sein, uns die *wissenschaftliche* Forschung anzusehen. Eine Theorie über das Wachstum des Wissens sollte besonders über das Wachstum der Physik und über den Meinungsstreit in der Physik etwas zu sagen haben.

Zu jener Zeit (1930), als ich, ermutigt durch Herbert Feigl, mein Buch zu schreiben begann, befand sich die moderne Physik

im Umbruch. Werner Heisenberg und Max Born hatten 1925 die Quantenmechanik geschaffen[121]; es vergingen aber noch mehrere Jahre, bevor die Außenseiter – und unter diesen waren auch professionelle Physiker – erkannten, daß damit ein entscheidender Durchbruch gelungen war. Und von Anfang an herrschten Uneinigkeit und Verwirrung. Die beiden größten Physiker und vielleicht die beiden originellsten und größten Denker des zwanzigsten Jahrhunderts, Einstein und Bohr, widersprachen einander. Und als Einstein 1955 starb, war dieser Widerspruch noch ebenso scharf wie auf der Solvay-Konferenz im Jahre 1927. Nach einem weithin akzeptierten Mythos hatte Bohr in der Auseinandersetzung mit Einstein einen Sieg errungen[122]; und die Mehrheit der schöpferischen Physiker stand auf seiten Bohrs und glaubte an diesen Mythos. Aber zwei der größten Physiker, Louis de Broglie und Erwin Schrödinger, stimmten mit Bohrs Ansichten (später bekannt als »die Kopenhagener Interpretation der Quantenmechanik«) durchaus nicht überein und verfolgten unabhängige Überlegungen. Und nach dem Zweiten Weltkrieg gab es eine Reihe von bedeutenden Dissidenten der Kopenhagener Schule, namentlich David Bohm, Mario Bunge, Alfred Landé, Henry Margenau und Jean-Pierre Vigier (später auch Leslie E. Ballentine und K. V. Roberts).[122a]
Die Gegner der Kopenhagener Interpretation sind noch immer eine kleine Minderheit, und das werden sie vielleicht bleiben. Auch sind sie untereinander nicht ganz einig. Aber innerhalb der Kopenhagener Orthodoxie läßt sich gleichfalls viel Uneinigkeit feststellen. Die Anhänger dieser Orthodoxie scheinen diese Meinungsverschiedenheiten nicht zu bemerken oder sich darüber nicht zu beunruhigen; wie sie ja auch die ihren Auffassungen inhärenten Schwierigkeiten nicht zu bemerken scheinen. Beides ist jedoch für Außenstehende deutlich erkennbar.

Diese nur allzu oberflächlichen Bemerkungen machen es vielleicht verständlich, weshalb ich nicht wußte, woran ich war, als ich begann, mich mit der Quantenmechanik auseinanderzusetzen, die damals oft »die neue Quantentheorie« genannt wurde. Ich arbeitete auf eigene Faust, mit Hilfe von Büchern und von Artikeln. Einer der wenigen Physiker, mit denen ich gelegentlich über meine Schwierigkeiten sprach, war mein Freund Franz Urbach. Ich versuchte, die Theorie zu *verstehen,* und er bezweifelte, daß sie verständlich sei – zumindest für gewöhnliche Sterbliche.

Die Sache wurde mir etwas klarer, als ich die Bedeutung von Borns statistischer Interpretation der Schrödingerschen Theorie erkannte. Zunächst hatte mir Borns Interpretation nicht zugesagt. Schrödingers ursprüngliche Interpretation gefiel mir besser: Sie war schön, und sie war *ein Versuch, die Materie zu erklären.* Als mir aber klarwurde, daß Schrödingers eigene Interpretation unhaltbar war, während Borns statistische Interpretation äußerst erfolgreich zu sein schien, entschied ich mich für diese. Aber ich konnte nicht verstehen, daß man (wie Born selbst) an Heisenbergs Interpretation seiner Unbestimmtheitsrelationen festhalten konnte, wenn man Borns Interpretation akzeptierte. Wenn die Quantenmechanik mit Born statistisch zu interpretieren war, dann, das schien mir auf der Hand zu liegen, waren es auch Heisenbergs Formeln: Sie müssen, schloß ich, als *Streuungsrelationen* interpretiert werden, das heißt als Formeln, welche eine untere Grenze der statistischen Streuung angeben oder eine obere Grenze der Homogenität einer beliebigen Folge quantenmechanischer Experimente. Diese Auffassung wurde mittlerweile weithin anerkannt.[123] (Ich muß jedoch zugeben, daß ich ursprünglich nicht immer klar zwischen der Streuung der Resultate einer Folge von Experimenten und der Streuung einer Folge von Teilchen bei *einem* Experiment unterschied; obwohl ich in den »formal singulären« Wahrscheinlichkeitsaussagen ein Mittel gefunden hatte, um dieses Problem zu lösen, gelang es mir erst mit Hilfe der Idee der Propensität, es ganz aufzuklären.[124])

Ein zweites Problem der Quantenmechanik war das berühmte Problem der »Reduktion des Wellenpakets«. Wenige werden wohl die Auffassung teilen, daß dieses Problem 1934 in meiner *Logik der Forschung* gelöst wurde; doch einige sehr kompetente Physiker haben die Richtigkeit dieser Lösung anerkannt. Die vorgeschlagene Lösung besteht in dem Hinweis, daß die in der

Quantenmechanik auftretenden Wahrscheinlichkeiten *relative Wahrscheinlichkeiten* waren.[125]

Das zweite Problem hängt mit dem zusammen, was wohl der zentrale Punkt meiner Überlegungen war – einer Vermutung, die fast eine Überzeugung wurde: daß *die Schwierigkeiten der Interpretation der Quantenmechanik auf Probleme der Interpretation des Wahrscheinlichkeitskalküls zurückgeführt werden können.*

Ein drittes Problem, dessen Lösung ich vorschlug, war das der Unterscheidung zwischen einer Zustandsaussonderung und einer Messung. Obwohl meine Überlegungen zu diesem Punkt korrekt waren und, wie ich glaube, recht wichtig, beging ich bei einem bestimmten Gedankenexperiment (in Abschnitt 77 der *Logik der Forschung*) einen ernsten Fehler. Ich nahm mir diesen Fehler sehr zu Herzen; ich wußte damals nicht, daß selbst Einstein einige ähnliche Fehler begangen hatte, und ich glaubte, daß mein Schnitzer meine Inkompetenz beweise. Erst 1936 erzählte mir Niels Bohr in Kopenhagen, nach dem »Kongreß für die Einheit der Wissenschaft«, von ähnlichen Fehlern Einsteins. Auf Veranlassung des theoretischen Physikers Victor Weisskopf war ich von Niels Bohr eingeladen worden, einige Tage zu bleiben, um an Diskussionen in seinem Institut teilzunehmen. Ich hatte vorher mein fehlerhaftes Gedankenexperiment gegen von Weizsäcker und Heisenberg verteidigt, deren Argumente mich nicht völlig überzeugten, und gegen Einstein, dessen Argumente mich überzeugten. Ich hatte die Sache auch mit Thirring und (in Oxford) mit Schrödinger besprochen, der mir sagte, er sei über die Quantenmechanik unglücklich und mit ihr unzufrieden und glaube, daß niemand sie wirklich verstehe. Als Bohr mir von seinen Diskussionen mit Einstein berichtete – jenen Diskussionen, über die er später auch in Schilpps *Einstein*-Band schrieb[126] –, war ich daher auf eine Niederlage vorbereitet. Es fiel mir nicht ein, mich mit der Tatsache zu trösten, daß, Bohr zufolge, Einstein sich ebenso geirrt hatte wie ich; ich fühlte mich geschlagen, und ich konnte mich dem überwältigenden Eindruck von Bohrs Persönlichkeit und Eifer nicht entziehen. (Bohr war damals überhaupt unwiderstehlich.) Ich gab nach, obwohl ich auch weiterhin meine Erklärung der »Reduktion des Wellenpakets« verteidigte. Weisskopf schien geneigt, sie zu akzeptieren; aber Bohr war viel zu sehr damit beschäftigt, seine Theorie der Komplementarität darzulegen, um von meinen zaghaften Bemühungen, meine Erklärung zu vertreten, Notiz zu nehmen. So ging ich der Sache nicht weiter nach, bereit, etwas zu lernen, statt zu versuchen zu belehren. Von Bohrs Freundlichkeit, Enthusiasmus und von seinem sprühenden Geist nahm ich einen überwältigenden Eindruck mit. Ich bezweifelte nicht, daß er recht und ich unrecht hatte. Dennoch konnte ich mir nicht einreden, Bohrs »Komplementaritätsprinzip« verstanden zu haben, und es kamen mir sogar Zweifel, ob überhaupt jemand es verstehen konnte – auch wenn einige offensichtlich davon überzeugt waren. Diesen Zweifel teilte Einstein, wie er mir später berichtete, und auch Schrödinger.

Das veranlaßte mich, über das »Verstehen« nachzudenken. Bohr, so schien es, behauptete, daß man die Quantenmechanik nicht verstehen kann: Nur die klassische Physik kann verstanden werden, und wir müssen uns eben mit der Tatsache abfinden, daß die Quantenmechanik nur teilweise verstanden werden kann, und zwar nur durch Vermittlung der klassischen Physik. Das Verständnis kommt zum Teil durch das klassische »Teilchenbild«, zum Teil durch das klassische »Wellenbild« zustande. Diese beiden Bilder sind aber nicht vereinbar; sie sind, wie Bohr sagte, *»komplementär«*. Auf ein tieferes oder unmittelbareres Verständnis der Theorie kann man nicht hoffen. Es ist daher nötig, dem Versuch, zu einem tieferen Verständnis zu gelangen, zu *»entsagen«*.

Ich hatte den Verdacht, daß Bohrs Theorie von einer sehr engen Auffassung dessen ausging, was *Verstehen* leisten kann. Bohr dachte, wie es schien, beim Verstehen an Bilder und Modelle, an so etwas wie eine visuelle Vergegenwärtigung. Ich hatte das Gefühl, daß das die Idee des Verstehens zu eng faßte; und im Laufe der Zeit entwickelte ich eine völlig andere

Auffassung. Worauf es nach dieser Auffassung ankommt, ist nicht das Verstehen von Bildern, sondern das Erfassen der logischen Kraft einer Theorie: ihrer Erklärungskraft, ihrer Beziehung zu den relevanten *Problemen* und zu *anderen Theorien.* Ich entwickelte diese Auffassung im Laufe vieler Jahre in Vorträgen, zum ersten Mal, glaube ich, in Alpbach (1948) und in Princeton (1950), in Cambridge in einem Vortrag über Quantenmechanik (1953 oder 1954), in Minneapolis (1962) und später erneut in Princeton (1963) und an anderen Orten (natürlich auch in London). Man findet sie, wenn auch nur skizzenhaft, in einigen meiner späteren Aufsätze.[127]

Was die Interpretation der Quantenphysik angeht, so war ich jahrelang sehr entmutigt. Ich kam über den Fehler meines Gedankenexperiments nicht hinweg, und wenn es auch, wie ich glaube, vollkommen richtig ist, jeden begangenen Fehler zu bedauern, so bin ich jetzt doch der Ansicht, daß ich ihm zuviel Gewicht beigemessen habe. Erst nach einigen Diskussionen im Jahre 1948 oder 1949 mit Arthur March, einem Quantenphysiker, dessen Buch über die Grundlagen der Quantenmechanik[128] ich in meiner *Logik der Forschung* zitiert hatte, wandte ich mich dem Problem wieder mit neuem Mut zu. Ich befaßte mich erneut mit den alten Argumenten und gelangte zu folgendem:[129]

A) Das Problem des Determinismus und des Indeterminismus.

(1) So etwas wie ein spezifisch quantenmechanisches Argument gegen den Determinismus gibt es nicht. Natürlich ist die Quantenmechanik eine statistische Theorie und keine prima facie deterministische Theorie. Aber das heißt nicht, daß sie unvereinbar wäre mit einer prima facie deterministischen Theorie. (Von Neumanns berühmter Beweis dieser angeblichen Unvereinbarkeit – der Beweis der Nichtexistenz sogenannter »verborgener Variablen« – ist ungültig, wie zuerst David Bohm gezeigt hat, und später auf direkterem Wege John S. Bell.[130]) Die Position, zu der ich 1934 gelangt war, besagte, daß nichts in der Quantenmechanik die These rechtfertigt, daß der Determinismus aufgrund seiner Unvereinbarkeit mit der Quantenmechanik

widerlegt sei. Seither habe ich meine Ansicht in dieser Frage mehr als einmal geändert.

Ein Modell, das zeigte, daß die Existenz einer prima facie deterministischen Theorie mit den Ergebnissen der Quantenmechanik tatsächlich formal vereinbar ist, lieferte David Bohm 1951. (Die grundlegenden Ideen, auf denen dieser Beweis beruhte, hatte Louis de Broglie vorweggenommen.)

(2) Andererseits gibt es überhaupt keinen gültigen Grund für die Behauptung, daß der Determinismus eine Basis in der physikalischen Wissenschaft hat; tatsächlich sprechen starke Gründe dagegen, wie Charles Sanders Peirce[131], Franz Exner, Erwin Schrödinger[132] und John von Neumann[133] gezeigt haben: Sie alle wiesen auf die Tatsache hin, daß der deterministische Charakter der Newtonschen Mechanik mit dem Indeterminismus vereinbar ist.[134] Außerdem ist es möglich, die Existenz von prima facie deterministischen Theorien als Makrotheorien auf der Grundlage von indeterministischen und probabilistischen Mikrotheorien zu erklären. Aber das Umgekehrte ist nicht möglich: *Nichttriviale probabilistische Konklusionen können nur mit Hilfe von probabilistischen Prämissen abgeleitet (und damit erklärt) werden.*[135] (In diesem Zusammenhang sollte man einige sehr interessante Argumente Landés berücksichtigen.[136])

B) Wahrscheinlichkeit

In der Quantenmechanik brauchen wir eine Interpretation des Wahrscheinlichkeitskalküls, die

(1) physikalisch und objektiv (oder »realistisch«) ist;

(2) Wahrscheinlichkeitshypothesen ergibt, die statistisch geprüft werden können.

Darüber hinaus

(3) sollen diese Hypothesen auf Einzelfälle anwendbar sein, und

(4) sie sind relativ zu der Versuchsanordnung (zum objektiven Zustand der Umgebung).

In der *Logik der Forschung* entwickelte ich eine »formalistische« Interpretation des Wahrscheinlichkeitskalküls, die allen diesen Forderungen genügte. Ich habe später diese Interpretation verbessert und durch die »Propensitäts-Interpretation« ersetzt.[137]

C) Quantentheorie

(1) Realismus. Zwar hatte ich gegen »wavicles« (Welle-*cum*-Partikel; »Wellikel«) oder ähnliche nichtklassische Entitäten prinzipiell nichts einzuwenden, aber ich sah (und ich sehe noch immer) keinen Grund, von der klassischen, naiven und realistischen Auffassung abzuweichen, daß Elektronen und andere subatomare Partikel eben nichts anderes sind als Partikel (Teilchen); das heißt, *daß sie einen Ort und einen Impuls besitzen.* (Künftige Entwicklungen der Theorie *könnten* natürlich zeigen, daß diese Ansicht falsch ist.[138])

(2) Heisenbergs sogenannte »Unbestimmtheitsrelationen« sind Fehlinterpretationen gewisser Formeln, welche eine *statistische Streuung* behaupten.

(3) Die Heisenbergschen Formeln sollten *nicht als Beschränkungen der Meßgenauigkeit* interpretiert werden. Das bedeutet aber, daß die gesamte gegenwärtige »Quantentheorie der Messung« voller Fehlinterpretationen ist. Messungen, die nach der gewöhnlichen Interpretation der Heisenberg-Formeln »verboten« sind, sind nach meinen Ergebnissen nicht nur erlaubt, sondern tatsächlich notwendig, um diese Formeln zu *überprüfen.*[139] Die Streuungsrelationen beziehen sich aber auf die *Aussonderung von Zuständen* der quantenmechanischen Systeme: Mit der Aussonderung eines Zustandes führen wir immer eine (konjugierte) *Streuung* ein.[139a]

(4) Eine Erscheinung, die in der Tat für die Quantentheorie spezifisch ist, ist die (phasenabhängige) *Interferenz von Wahrscheinlichkeiten.* (Genauer: von Wahrscheinlichkeitsamplituden.) Es ist denkbar, daß wir das als etwas Letztes zu akzeptieren haben. Es scheint jedoch, daß das nicht der Fall ist: W. Duane stellte 1923 (also zu einer Zeit, als er noch immer gegen Arthur Holly Comptons entscheidende Überprüfungen der Einsteinschen Photonentheorie polemisierte, und noch Jahre vor der

Wellenmechanik) eine neue Quantenregel[140] über Impulse auf, die als ein Analogon zur Planckschen Quantenregel über die Energien aufgefaßt werden kann. Duanes Regel für die Quantisierung des Impulses kann nicht nur auf Photonen, sondern (wie Landé hervorhebt[141]) auch auf andere Partikel angewendet werden, und sie liefert dann eine rationale (wenn auch nur qualitative) Erklärung der Teilcheninterferenz. Landé scheint weiter einen Weg gezeigt zu haben, auf dem die quantitativen Interferenzregeln der Wellenmechanik aus recht einfachen (wenn auch zusätzlichen) Annahmen abgeleitet werden können.

(5) Es ist deshalb jetzt möglich, eine ganze Sippe von philosophischen Gespenstern zu bannen und mit allen jenen verblüffenden philosophischen Behauptungen aufzuräumen, die von einer Einmischung des beobachtenden Subjekts, des Bewußtseins oder des Geistes in die Welt des Atoms sprechen. Diese angebliche Einmischung läßt sich weitgehend wegerklären: Sie entsteht, wenn die traditionelle subjektivistische Fehlinterpretation des Wahrscheinlichkeitskalküls auf die Atomtheorie übertragen wird.[142]

19

Objektivität und Physik

Im vorhergehenden Abschnitt habe ich einige Aspekte der *Logik der Forschung* und der sich daraus ergebenden späteren Arbeiten beschrieben, die zum Teil wenig oder auch gar nichts mit meiner Kritik am Positivismus zu tun hatten. In meinen Ansichten über die Quantentheorie spielte jedoch die Kritik am Positivismus eine wenn auch vielleicht untergeordnete Rolle: Nachdem ich den Positivismus des jungen Einstein abgelehnt hatte, war ich, so scheint es, gegen den Positivismus des jungen Heisenberg immun.

Mit Einsteins Relativitätstheorien wurde ich, wie schon erwähnt, durch Max Elstein bekannt. Er legte weder besonderes Gewicht auf den Standpunkt des Beobachters, noch kritisierte er ihn; aber er half mir, das Problem der speziellen Theorie zu verstehen (in der üblichen, historisch nicht ganz richtigen Version: als ein Problem, das durch das Experiment von Albert A. Michelson und E. W. Morley aufgeworfen wurde). Und er diskutierte mit mir auch Minkowskis Form der Lösung. Es kann sein, daß diese Art der Einführung mich davon abgehalten hat, die operationalistische Interpretation der Gleichzeitigkeit jemals sehr ernst zu nehmen: Man kann Einsteins Aufsatz[143] von 1905 als Realist lesen, ohne »dem Beobachter« überhaupt Beachtung zu schenken; oder man kann ihn umgekehrt als Positivist oder Operationalist lesen und dabei ständig auf den Beobachter und seine Erlebnisse und Handlungen achten.

Es ist eine interessante Tatsache, daß Einstein selbst jahrelang ein dogmatischer Positivist und Operationalist war. Später verwarf er diese Interpretation seiner Theorien: Er sagte mir im Jahre 1950, daß er keinen der Fehler, die er jemals gemacht habe, so sehr bedauere wie diesen. Eine wirklich bedenkliche Form nahm dieser Fehler in seinem allgemeinverständlich geschriebenen Buch *Über die spezielle und die allgemeine Relativitätstheorie*[144] an. Er sagt dort auf Seite 15 (der Ausgabe von 1920): »Bevor du mir dies mit Überzeugung zugegeben hast, lieber Leser, lies nicht weiter.« Dabei handelt es sich, kurz gesagt, darum, daß »Gleichzeitigkeit« *definiert* – und zwar *operational definiert* – werden *muß*, denn sonst »gebe ich mich ... einer Täuschung hin, wenn ich glaube, mit der Aussage der Gleichzeitigkeit einen Sinn verbinden zu können«. Mit anderen Worten, ein Ausdruck muß operational definiert werden, andernfalls ist er *sinnlos.*[144a] Hier haben wir in aller Kürze den (Machschen) Positivismus vor uns, den später der Wiener Kreis unter dem Einfluß von Wittgensteins *Tractatus* (6.53 f.) in gleichfalls sehr dogmatischer Form entwickelte.

Der Sachverhalt ist aber in Einsteins Theorie einfach der, daß *innerhalb* eines beliebigen Inertialsystems (oder eines »ruhenden Systems«[145]) zwei Ereignisse, genau wie in Newtons Theorie, entweder gleichzeitig sind oder nicht. Auch gilt für sie die folgende Transitivitätsregel *(Tr)*:

(Tr) Wenn, innerhalb eines beliebigen Inertialsystems, das Ereignis *a* gleichzeitig ist mit *b* und *b* gleichzeitig mit dem Ereignis *c*, dann ist auch *a* gleichzeitig mit *c*.

Aber (Tr) gilt nicht allgemein für die Zeiten von beliebig drei voneinander entfernten Ereignissen, es sei denn, das System, in welchem a und b gleichzeitig sind, ist identisch mit dem System, in welchem b und c gleichzeitig sind: (Tr) gilt nicht für voneinander entfernte Ereignisse, von denen einige in verschiedenen Systemen zeitlich beurteilt werden, das heißt in Systemen, die sich relativ zueinander bewegen. Dies ergibt sich aus dem Prinzip der Konstanz der Lichtgeschwindigkeit für beliebige Inertialsysteme in relativer Bewegung; das heißt aus dem Prinzip, das es uns gestattet, die Lorentz-Transformationen abzuleiten. Es ist übrigens nicht einmal *notwendig*, von Gleichzeitigkeit zu sprechen, es sei denn, man will den Unvorsichtigen warnen, daß die Lorentz-Transformationen unvereinbar sind mit einer Anwendung von *(Tr)* auf zeitliche Bestimmungen, die in verschiedenen Inertialsystemen durchgeführt werden.[146]

Man sieht, daß hier kein Anlaß besteht, den Operationalismus einzuführen, und noch weniger, nachdrücklich auf ihm zu bestehen. Überdies besaß Einstein – zumindest 1905, als er seinen Aufsatz über die spezielle Relativitätstheorie schrieb – für die Konstanz der Lichtgeschwindigkeit nur spärliche empirische oder operationale Anhaltspunkte, da er ja damals das Michelson-Experiment nicht kannte.

Viele hervorragende Physiker ließen sich jedoch von Einsteins operationalistischen Ausführungen sehr beeindrucken; und sie hielten (ebenso wie Einstein selbst längere Zeit) diese für einen integralen Bestandteil der Relativitätstheorie. So inspirierte der Operationalismus Heisenbergs Aufsatz aus dem Jahre 1925 und auch seine weitverbreitete These, daß der Begriff einer *Bahn* des Elektrons *sinnlos* sei; ebenso sinnlos wie die Behauptung, daß das Elektron eine klassische »Lage und Impuls« besitze.

Hier war eine Gelegenheit, meine realistische Erkenntnistheorie zu überprüfen. Ich benutzte sie zur Kritik von Heisenbergs subjektivistischen Interpretationen des quantenmechanischen Formalismus. Über Bohr habe ich in *Logik der Forschung* wenig gesagt, weil er sich nicht so bestimmt und eindeutig geäußert hatte wie Heisenberg und weil ich zögerte, ihm Ansichten zuzuschreiben, die er vielleicht nicht vertrat. Jedenfalls war es Heisenberg, der die neue Quantenmechanik auf einem operationalistischen Programm aufbaute und dessen Erfolg die Mehrheit der theoretischen Physiker zum Positivismus und zum Operationalismus bekehrt hatte.

20

Wahrheit, Wahrscheinlichkeit, Bewährung

Zur Zeit, als die *Logik der Forschung* erschien, war mir bewußt, daß es drei Probleme gibt, die ich noch weiterentwickeln sollte: das Problem der Wahrheit, das der Wahrscheinlichkeit und das des Vergleichs von Theorien bezüglich ihres Gehalts und ihrer Bewährung.

Zwar spielte der Begriff der Falschheit, also der Unwahrheit – und daher implizit der Begriff der Wahrheit –, eine große Rolle in der *Logik der Forschung*, aber ich hatte ihn recht naiv verwendet und nur in Abschnitt 84 näher besprochen, unter dem Titel »Bemerkungen über den Gebrauch der Begriffe ›wahr‹ und ›bewährt‹«. Als ich diesen Abschnitt schrieb, wußte ich weder von Tarskis Werk noch von der Unterscheidung zwischen zwei Arten von metasprachlichen Theorien (von denen die eine von Carnap »Syntax« genannt wurde und die andere von Tarski »Semantik« und die beide später von Marja Kokoszyńska sehr klar unterschieden und diskutiert wurden[147]). Was die Beziehungen zwischen Wahrheit und Bewährung betrifft, so wurden meine Ansichten[148] vom Wiener Kreis mehr oder weniger akzeptiert – vor allem von jenen Mitgliedern des Kreises[149], die, wie Carnap, Tarskis Theorie der Wahrheit übernahmen.

Als Tarski mir 1935 im Wiener Volksgarten die Idee seiner Definition des Wahrheitsbegriffes auseinandersetzte, sah ich sofort, wie wichtig sie war, und daß er ein für allemal die vielgelästerte Korrespondenztheorie der Wahrheit rehabilitiert hatte, die, wie ich glaube, schon immer jene Idee der Wahrheit war, die vom gesunden Menschenverstand akzeptiert wird. Meine späteren Überlegungen dazu waren weitgehend ein Versuch, mir selbst klarzumachen, worin Tarskis Leistung bestand. Sie bestand eigentlich nicht darin, daß er die Wahrheit *definiert* hatte. Gewiß hatte er das für eine einfache formalisierte Sprache getan, und er hatte Methoden skizziert, mit deren Hilfe diese Definition auf eine weite Klasse von formalisierten Sprachen ausgedehnt werden konnte. Aber er hatte auch klar gesagt, daß es andere, im wesentlichen gleichwertige Möglichkeiten gab, die Idee der Wahrheit einzuführen: nicht durch Definition, sondern axiomatisch. Die Frage, ob die Wahrheit axiomatisch oder durch Definition eingeführt werden sollte, konnte also keine grundlegende Frage sein. Überdies waren all diese exakten Methoden auf formalisierte Sprachen begrenzt; sie ließen sich, wie Tarski gezeigt hatte, auf die gewöhnliche Sprache (mit ihrem »universalistischen« Charakter) nicht unmittelbar anwenden. Trotzdem war klar, daß wir aus Tarskis Analyse lernen konnten, wie, mit etwas Vorsicht, der Wahrheitsbegriff auf die Umgangssprache angewendet werden konnte, und auch, daß er auch hier in seinem gewöhnlichen Sinne verwendet werden konnte, also als *Übereinstimmung mit den Tatsachen.* Ich kam schließlich zu dem Ergebnis, daß Tarskis große Leistung in folgendem bestand: Er konnte zeigen, daß, wenn wir erst den Unterschied zwischen einer Objektsprache und einer (semantischen) Metasprache verstanden haben – einer Sprache, in der wir gleichzeitig über Sätze und über Tatsachen sprechen können –, es nicht mehr schwierig ist, zu *verstehen*, wie es möglich ist, von der Übereinstimmung eines Satzes mit einer Tatsache zu sprechen. (Siehe Abschnitt 32.)

Die Wahrscheinlichkeit gab mir Probleme auf; sie gab mir auch viel anregende und erfreuliche Arbeit. Das grundlegende Problem, das ich in der *Logik der Forschung* anpackte, war die *Prüfbarkeit von Wahrscheinlichkeitsaussagen in der Physik.* Ich sah in diesem Problem einen wichtigen Prüfstein meiner Erkenntnistheorie, und ich löste es mit Hilfe einer Idee, die, wie ich glaubte, ein integraler Bestandteil dieser Erkenntnistheorie war, und keine Ad-hoc-Annahme. Es war die Idee, daß die Überprüfung eines theoretischen Satzes niemals endgültig ist und daß die empirische oder kritische Einstellung darin besteht, gewissen »methodologischen Regeln« zu folgen, die von uns verlangen, der Kritik nicht auszuweichen, sondern Widerlegungen anzuerkennen (wenn auch nicht allzu leicht). Diese Regeln sind notwendigerweise etwas dehnbar. Deshalb ist es fast ebenso gewagt, eine Widerlegung (vorläufig) zu akzeptieren, wie eine Hypothese: beides bedeutet, eine Vermutung zu akzeptieren.

Ein zweites Problem war das der *Vielfalt möglicher Interpretationen von Wahrscheinlichkeitsaussagen*, und dieses Problem hing eng mit zwei weiteren Problemen zusammen, die in meinem Buch eine wichtige Rolle spielten (aber einen ganz anderen Charakter hatten). Das eine war das Problem der Interpretation der Quantenmechanik, das meiner Ansicht nach auf das Problem des Status von Wahrscheinlichkeitsaussagen in der Physik hinauslief; das andere war das Problem des Gehalts von Theorien.

Um das Problem der Interpretation von Wahrscheinlichkeitsaussagen in seiner allgemeinsten Form behandeln zu können, war es notwendig, ein *axiomatisches System für den Wahrscheinlichkeitskalkül* zu entwickeln. Das war zugleich für einen anderen Zweck notwendig – um meine in der *Logik der Forschung* vorgebrachte These zu verteidigen, daß *die Bewährung keine Wahrscheinlichkeit im Sinne des Wahrscheinlichkeitskalküls sei;* das heißt, daß bestimmte intuitive Aspekte der Bewährung es unmöglich machten, sie mit der Wahrscheinlichkeit im Sinne des Wahrscheinlichkeitskalküls zu identifizieren.[149a]

In der *Logik der Forschung* hatte ich darauf hingewiesen, daß es *viele mögliche Interpretationen* der Idee der Wahrscheinlichkeit gibt, und ich hatte betont, daß in den Naturwissenschaften nur eine Häufigkeitstheorie, etwa die von Richard von Mises vorgeschlagene, akzeptabel sei. (Später modifizierte ich diese Ansicht durch Einführung der Propensitäts-Interpretation, und ich glaube, daß von Mises mit dieser Modifikation einverstanden gewesen wäre; denn Propensitätsaussagen werden ja durch Häufigkeiten überprüft.) Gegen alle bekannten Häufigkeitstheorien, die mit unendlichen Folgen arbeiteten, hatte ich jedoch, ganz abgesehen von mehreren untergeordneten Einwänden, einen wichtigen technischen Einwand. Es war der folgende:

Nehmen wir *eine endliche Folge* von Nullen und Einsern (oder nur von Nullen oder nur von Einsern) von beliebiger endlicher Länge an; ihre Länge, die Tausende von Millionen betragen mag, nennen wir n. Von dem $n + 1$ten Glied an fahren wir mit einer *unendlichen Zufallsfolge* (einem »Kollektiv«) fort. Für die gesamte Folge sind dann *nur* die Merkmale eines *Endabschnitts* (von einem $m \geq n + 1$ an) maßgebend; denn eine Folge genügt den von Misesschen Forderungen dann und nur dann, wenn ihnen einer ihrer unendlichen Endabschnitte genügt. Das bedeutet aber, daß die Struktur einer *empirischen* (und daher endlichen) Folge völlig *irrelevant* ist für die Beurteilung einer unendlichen Folge, deren Anfangsabschnitt sie ist.

Ich hatte Gelegenheit, dieses Problem neben vielen anderen mit Richard von Mises, Eduard Helly und Hans Hahn zu besprechen. Sie gaben mir natürlich recht; doch von Mises war darüber nicht sonderlich beunruhigt. Nach seiner wohlbekannten Ansicht war eine Folge, die seinen Forderungen genügte – ein »Kollektiv«, wie er es nannte –, ein *idealer* mathematischer Begriff, ähnlich wie der Begriff der Kugel. Jede empirische »Kugel« war bestenfalls nur eine mehr oder weniger grobe Annäherung an diesen idealen Begriff.

Ich war bereit, das Verhältnis zwischen einer idealen mathematischen Kugel und einer empirischen Kugel als eine Art von Modell für das Verhältnis zwischen einer mathematischen Zufallsfolge (einem »Kollektiv«) und einer unendlichen empirischen Folge zu akzeptieren. Ich betonte aber, daß man von einer *endlichen* Folge leider nicht in einem befriedigenden Sinne sagen kann, daß sie eine mehr oder weniger grobe Annäherung an ein Kollektiv im von Misesschen Sinne ist. Deshalb ging ich daran, ein ideales, aber doch weniger abstraktes Modell zu konstruieren: *Eine ideale endliche und ins Unendliche verlängerbare*

Zufallsfolge, die von Anfang an den Charakter der Zufälligkeit hat, so daß jeder endliche Anfangsabschnitt von der Länge *n* dem Charakter der idealen Zufälligkeit so nahe kam wie möglich.

Ich hatte die Konstruktion einer solchen Folge in der *Logik der Forschung*[150] skizziert; aber ich hatte mir damals nicht vollständig klargemacht, daß diese Konstruktion tatsächlich folgende Probleme löste: (a) das Problem einer *idealen unendlichen* Folge, die sich von ihrem Anfang an mit einer *endlichen empirischen* Folge vergleichen ließ; (b) das Problem der Konstruktion einer mathematischen Folge, die sich anstelle der von Misesschen (nicht-konstruktiven) Definition einer Zufallsfolge (eines Kollektivs) verwenden ließ; und (c) das Problem, das von Misessche Postulat der Existenz eines Grenzwerts überflüssig zu machen, da dieses Postulat jetzt zu einem beweisbaren Theorem wurde. Mit anderen Worten, ich erkannte damals nicht, daß meine eigene Konstruktion imstande war, mehrere meiner in der *Logik der Forschung* vorgeschlagenen Lösungen zu überholen.

Meine idealisierten Zufallsfolgen waren keine »Kollektive« im von Misesschen Sinne. Sie bestanden zwar sämtliche statistischen Prüfungen der Zufallsartigkeit, aber sie waren mathematische Konstruktionen: Jeder, der ihr Konstruktionsgesetz kannte, konnte ihre Fortsetzung mathematisch vorausberechnen. Von Mises hatte jedoch von einem »Kollektiv« gefordert, daß es nicht voraussagbar sein darf (das »Prinzip vom ausgeschlossenen Spielsystem«). Diese weitreichende Forderung hatte die unglückliche Konsequenz, daß es unmöglich war, ein Beispiel für ein Kollektiv mathematisch zu konstruieren; folglich war auch ein konstruktiver Beweis für die Widerspruchsfreiheit der von Misesschen Forderung unmöglich. Die einzige Möglichkeit, diese Schwierigkeit zu überwinden, war natürlich, die von Misessche Forderung aufzulockern. Dadurch entstand ein interessantes Problem: Was war die minimale Auflockerung, die einen Beweis der Widerspruchsfreiheit der aufgelockerten Forderung erlauben würde?

Das war ein interessantes Problem; es war aber nicht mein Problem. Mein zentrales Problem war die Konstruktion von *endlichen* zufallsartigen Folgen von beliebiger Länge, also von Folgen, die zu unendlichen idealen Zufallsfolgen verlängert werden konnten.

Im Frühjahr 1935 hielt ich darüber einen Vortrag in einem der Epizyklen des Wiener Kreises, und anschließend wurde ich von Karl Menger eingeladen, einen Vortrag in seinem berühmten mathematischen Kolloquium zu halten. Ich fand eine erlesene Versammlung vor, von ungefähr dreißig Leuten, darunter Kurt Gödel, Alfred Tarski und Abraham Wald; und hier wurde ich unwissentlich, nach Karl Mengers Bericht, das Werkzeug, das Walds Interesse an der Wahrscheinlichkeitstheorie und an der Statistik erweckte; ein Gebiet, auf dem er später berühmt wurde. Menger berichtet den Vorfall in seinem Nachruf auf Wald wie folgt:[151]

> Damals kam es zu einem zweiten Ereignis, welches sich für Walds weiteres Leben und seine Arbeit als von entscheidender Bedeutung erwies. Der Wiener Philosoph Karl Popper ... hatte versucht, die Idee einer Zufallsfolge zu präzisieren und dadurch die offenkundigen Mängel der von Misesschen Definition des Kollektivs zu beheben. Nachdem ich (in Schlicks philosophischem Zirkel) eine halbtechnische Exposition seiner Ideen gehört hatte, bat ich Popper, das wichtige Thema in allen Einzelheiten im mathematischen Kolloquium vorzutragen. Wald war sehr interessiert, und das Ergebnis war seine meisterhafte Abhandlung über die Widerspruchsfreiheit des Kollektivbegriffs ... Er ging, in seinem Beweis für die Existenz von Kollektiven, von einer doppelten Relativierung dieses Begriffes aus.

Anschließend umreißt Menger seine Auffassung von Walds Definition eines Kollektivs, und er schließt:[152]

> Obwohl Walds Relativierung die ursprünglich unbegrenzte (aber unausführbare) Idee von Kollektiven einschränkt, ist sie viel schwächer als die Regellosigkeitsforderungen von Copeland, Popper und Reichenbach. Tatsächlich umfaßt sie diese Forderung als Sonderfälle.

Das ist richtig, und ich war äußerst beeindruckt von Walds brillanter Lösung des Problems einer minimalen Auflockerung der von Misesschen Forderungen.[153] Aber wie ich Gelegenheit hatte, Wald zu erklären, sie löste nicht mein Problem: Ein »Wald-Kollektiv« mit gleichen Wahrscheinlichkeiten für Null und Eins konnte noch immer mit einem Block von Tausenden Millionen von Nullen *beginnen,* da sein Kollektiv-Charakter lediglich davon abhängig war, wie sich sein unendlicher Endabschnitt verhielt. Zugegebenermaßen lieferte Walds Arbeit eine allgemeine Methode, um die unendlichen Folgen in Kollektive und Nichtkollektive zu unterscheiden, während meine Arbeit lediglich die Konstruktion einer engen Klasse von Zufallsfolgen von jeder beliebigen endlichen Länge ermöglichte, also von einigen sehr speziellen idealen Modellen.

Aber *jede vorgegebene endliche Folge* von beliebiger Länge kann immer so fortgesetzt werden, daß sie entweder zu einem Kollektiv oder zu einem Nichtkollektiv im Waldschen Sinne wird. (Das gleiche gilt auch für die Folgen von Copeland, Reichenbach, Church und anderen.[154])

Ich war lange Zeit überzeugt, daß meine Lösung des Problems, auch wenn sie philosophisch recht befriedigend erscheint, sich durch eine Verallgemeinerung mathematisch interessanter gestalten ließe und daß man Walds Methode zu diesem Zweck benützen könnte. Ich erörterte die Frage mit Wald (wir hatten uns inzwischen angefreundet) in der Hoffnung, daß er selbst es tun werde. Aber es waren schwierige Zeiten: Keinem von uns gelang es, auf das Problem zurückzukommen, bevor wir beide durch die Emigration in verschiedene Weltgegenden verschlagen waren: er nach Amerika, ich nach Neuseeland.

Ein weiteres Problem, das eng mit der Wahrscheinlichkeit zusammenhängt, ist das des *Gehalts* (oder eines Maßes für den Gehalt) eines Satzes oder einer Theorie. Ich hatte in der *Logik der Forschung* gezeigt, daß die Wahrscheinlichkeit eines Satzes im umgekehrten Verhältnis zu seinem Gehalt steht und daß sie deshalb dazu benutzt werden kann, ein Maß des Gehalts zu konstruieren. (Ein solches Maß ist bestenfalls ein komparatives Maß, es sei denn, der Satz handelt von einem Glücksspiel oder einem statistischen Sachverhalt.)

Das legte es nahe, daß unter den Interpretationen des Wahrscheinlichkeitskalküls wenigstens zwei von größerer Bedeutung sind: (1) Eine Interpretation, die uns gestattet, von der *Wahrscheinlichkeit von (singulären) Ereignissen* wie etwa einem Münzwurf oder dem Auftreffen eines Elektrons auf einem Schirm (oder einem Zähler) zu sprechen; und (2) der *Wahrscheinlichkeit von Sätzen oder Aussagen,* insbesondere von Hypothesen oder Vermutungen (mit unterschiedlichem Allgemeinheitsgrad).[155]

Diese zweite Interpretation ist wichtig für diejenigen, die behaupten, daß der Grad der Bewährung durch eine Wahrscheinlichkeit gemessen werden kann; und natürlich auch für diejenigen, die (wie ich) das bestreiten.

Was meine Idee des *Grades der Bewährung* betrifft, so bestand sie, in einer kurzen Formel zusammengefaßt, in einem *Bericht* über die Art und Weise, in der eine Theorie ihre Prüfungen bestanden hat oder nicht bestanden hat; einschließlich einer Beurteilung der *Strenge* dieser Prüfungen: Nur solche Prüfungen sollten zählen, die in einem *kritischen* Geist als Widerlegungsversuche unternommen wurden. Dadurch daß eine Theorie derartige Prüfungen besser besteht als eine andere, kann sie ihre »Widerstandskraft«, ihre »Lebensfähigkeit«, ihre »Anpassung an die Umwelt« zeigen.[156] Diese Anpassung, diese Fähigkeit zum Überleben kann sie natürlich nur in jenen Prüfungen zeigen, die sie tatsächlich überlebt hat. Ebenso wie im Falle eines Organismus bedeutet hier die Angepaßtheit nur das tatsächliche Überleben in vergangenen Prüfungen, und Leistungen in der Vergangenheit bieten natürlich keine Gewähr für Erfolge in der Zukunft.

Ich sah (und ich sehe noch immer) in dem Grad der Bewährung einer Theorie nicht mehr als einen kritischen Bericht über die Qualität früherer Leistungen: *Man kann ihn nicht benutzen, um künftige Leistungen vorherzusagen.* (Die *Theorie* kann uns natürlich helfen, *künftige Ereignisse vorherzusagen:* Das ist Teil ihrer Funktion.) Der Grad der Bewährung hat also einen Zeitindex: Man kann nur vom Grad der Bewährung einer Theorie *in einem bestimmten Stadium ihrer kritischen Diskussion* sprechen. Er gibt uns in vielen Fällen eine recht gute

Richtschnur für die Beurteilung der *relativen Vorzüge von zwei oder mehr konkurrierenden Theorien im Lichte ihrer kritischen Diskussionen.* Angesichts der *Notwendigkeit,* der einen oder anderen Theorie gemäß *zu handeln,* besteht eine rationale Entscheidung darin, gemäß jener Theorie zu handeln – sofern überhaupt eine da war –, die bisher der Kritik besser standgehalten hat als ihre Konkurrenten: Die Idee der Rationalität kann nicht besser gekennzeichnet werden als durch die Bereitschaft, Kritik anzunehmen; nämlich eine solche Kritik, die die Vorzüge konkurrierender Theorien unter dem Gesichtspunkt der regulativen Idee der Wahrheit diskutiert. Dementsprechend ist der Grad der Bewährung einer Theorie eine rationale Richtschnur für die Praxis. Wir können zwar eine Theorie – oder genauer, unseren Glauben an ihre Wahrheit – nicht rational rechtfertigen; aber wir können es gelegentlich rechtfertigen, daß wir die eine Theorie einer anderen *vorziehen;* zum Beispiel, wenn ihr Grad der Bewährung größer ist.[157]

Ich glaube sehr einfach zeigen zu können, daß Einsteins Theorie der Newtonschen (zumindest in dem Augenblick, da ich das schreibe) vorzuziehen ist, weil der Grad ihrer Bewährung größer ist.[158] Gegen mein Argument wurden ernste Einwände erhoben, aber ich glaube, daß diese beantwortet werden können.

Entscheidend für den Grad der Bewährung ist, daß er, weil er mit der Strenge der Prüfungen wächst, nur bei *Theorien mit einem hohen Grad der Prüfbarkeit oder des Gehalts* hoch sein kann. Das bedeutet aber, daß der Grad der Bewährung eher mit der *Unwahrscheinlichkeit* einer Theorie als mit deren *Wahrscheinlichkeit* wächst: Es ist deshalb unmöglich, ihn mit einer Wahrscheinlichkeit zu identifizieren (obwohl er, was ja auch für die Unwahrscheinlichkeit gilt, durch die Wahrscheinlichkeit definiert werden kann).

Alle diese Probleme wurden in der *Logik der Forschung* angeschnitten oder behandelt; mir war aber klar, daß ich mich noch mehr mit ihnen befassen müsse und daß eine Axiomatisierung des Wahrscheinlichkeitskalküls meine nächste Aufgabe war.[159]

21
Der drohende Zweite Weltkrieg und die »Judenfrage«

Im Juli 1927, nach der großen Schießerei in Wien, die ich noch beschreiben werde, begann ich das Schlimmste zu befürchten: daß die demokratischen Bastionen in Mitteleuropa fallen werden und daß ein totalitäres Deutschland einen neuen Weltkrieg beginnen wird. Um 1929 herum wurde mir klar, daß von den Politikern des Westens nur Winston Churchill in England – damals ein Außenseiter, den niemand ernst nahm – die von Deutschland drohende Gefahr erkannt hatte. Ich glaubte damals, es werde in wenigen Jahren zum Krieg kommen. Ich irrte mich: Alles entwickelte sich viel langsamer, als ich es, ausgehend von der Logik der Situation, für möglich gehalten hatte.

Offenbar war ich ein Schwarzseher. Aber im wesentlichen hatte ich die Situation richtig beurteilt. Mir war klar, daß die Sozialdemokraten (die einzige noch verbleibende politische Partei mit einem starken demokratischen Element) zu schwach waren, um den totalitären Parteien in Österreich und Deutschland Widerstand zu leisten. Ich erwartete, von 1929 an, den Aufstieg Hitlers; ich erwartete die Annexion Österreichs durch Hitler in der einen oder anderen Form; und ich erwartete den Krieg gegen den Westen. *(Der Krieg gegen den Westen – The War Against the West* – ist der Titel eines ausgezeichneten Buches von Aurel Kolnai.) In diesen Erwartungen spielte meine Einschätzung der sogenannten Judenfrage eine beträchtliche Rolle.

Meine Eltern waren beide jüdischer Abstammung, aber sie

traten, bevor die Kinder kamen, zum protestantischen Glauben über. Nach langer Überlegung war mein Vater zu dem Schluß gekommen, daß das Leben in einer Gesellschaft, die in ihrer überwältigenden Mehrheit christlich war, die Verpflichtung auferlegte, so wenig Anstoß wie möglich zu erregen und sich zu assimilieren. Das bedeutete jedoch, beim organisierten Judentum Anstoß zu erregen. Es bedeutete auch, als ein Feigling hingestellt zu werden, als jemand, der den Antisemitismus fürchtet. Das alles war verständlich. Es war dem aber entgegenzuhalten, daß der Antisemitismus ein Übel war, das von Juden und Nichtjuden gleichermaßen gefürchtet werden sollte, und daß es die Aufgabe aller Menschen jüdischer Herkunft war, ihr Bestes zu tun, um ihn nicht zu provozieren. Überdies gab es viele Juden, die ganz in der Bevölkerung aufgingen: Die Assimilation funktionierte. Es ist verständlich, daß Menschen, die wegen ihrer »rassischen« Herkunft verachtet werden, darauf mit der Erklärung reagieren, sie seien stolz auf ihre »Rasse«. Aber Rassenstolz ist nicht nur an sich dumm, sondern auch unrecht, selbst dann, wenn er durch Rassenhaß provoziert ist. Jeglicher Nationalismus oder Rassismus ist von Übel, und der jüdische Nationalismus ist keine Ausnahme.

Ich glaube, daß die Juden vor dem Ersten Weltkrieg in Österreich und selbst in Deutschland recht gut behandelt wurden. Sie hatten nahezu alle Rechte, auch wenn die Tradition gewisse Schranken errichtete, besonders in der Armee. In einer vollkommenen Gesellschaft wären sie zweifellos in jeder Hinsicht gleich behandelt worden. Doch diese Gesellschaft war, wie alle Gesellschaften, recht weit davon entfernt, vollkommen zu sein: Obwohl Juden (und Menschen jüdischer Herkunft) vor dem Gesetz mit anderen gleichgestellt waren, so wurden sie nicht in jeder Hinsicht als gleichgestellt behandelt. Dennoch glaube ich, daß die Juden so gut behandelt wurden, wie man es vernünftigerweise erwarten konnte. (Sie hatten mehr Rechte, als die Araber in Israel heute.) Ein Angehöriger einer zum Katholizismus übergetretenen jüdischen Familie war sogar Erzbischof geworden (Erzbischof Kohn von Olmütz); allerdings mußte er im Jahr 1903 wegen einer Intrige, die sich den weitverbreiteten Antisemitismus zunutze machte, sein Amt aufgeben. Unter den Universitätsprofessoren, den Medizinern und den Juristen gab es verhältnismäßig viele Juden oder Menschen jüdischer Herkunft, was erst nach dem Ersten Weltkrieg unverhüllte Ressentiments weckte. Getaufte Juden konnten bis zu den höchsten Beamtenstellungen aufsteigen.

Ein Berufsstand, der viele Juden anzog, war der Journalismus, und unter den jüdischen Journalisten gab es nicht wenige, die sich kaum bemühten, das journalistische Niveau zu heben. Der Sensationsjournalismus, den einige dieser Leute betrieben, wurde viele Jahre lang heftig kritisiert – vor allem von anderen Juden, wie von Karl Kraus, der sich bemühte, ein zivilisiertes Niveau zu verteidigen. Der Staub, den diese Auseinandersetzungen aufwirbelten, machte die Streitenden nicht beliebt. Auch unter den Führern der sozialdemokratischen Partei waren Juden, und da sie als Führer die Zielscheibe übler Attacken waren, trugen sie zu der wachsenden Spannung bei.

Hier bestand offenkundig ein Problem. Viele Juden sahen deutlich anders aus als die »einheimische« Bevölkerung. Es gab viel mehr arme als reiche Juden; aber einige der reichen waren typische Neureiche.

Nebenbei gesagt: während sich in England der Antisemitismus mit der Vorstellung verbindet, daß die Juden »Geldverleiher« sind (oder es einmal waren) – wie man etwa im *Kaufmann von Venedig* lesen kann oder bei Dickens und bei Trollope –, habe ich davon in Österreich nie ein Wort gehört, zumindest nicht vor dem Aufstieg der Nazis. Es gab ein paar jüdische Bankiers, wie etwa die österreichischen Rothschilds, aber ich habe nie sagen hören, daß sie sich je auf jene Art von Geldverleih an Privatpersonen eingelassen hätten, von der man in der englischen Literatur lesen kann.

In Österreich war der Antisemitismus im Grunde ein Ausdruck des Mißtrauens und der Feindseligkeit jenen gegenüber, die man als Fremde empfand; dieses Empfinden wurde nicht nur von der deutschnationalen Partei Österreichs, sondern auch von der katholischen (»christlichsozialen«) Partei ausgebeutet. Und es ist charakteristisch, daß auch Familien jüdischer Herkunft diese bedauerliche Ablehnung der Fremden teilten (eine Haltung, die man leider, wie mir scheint, beinahe überall antrifft). Während des Ersten Weltkrieges strömten aus jenen Teilen der alten österreichischen Monarchie, die von Rußland besetzt worden waren, jüdische Flüchtlinge nach Wien. Diese »Ostjuden«, wie man sie nannte, kamen direkt aus wirklichen Ghettos[160], und sie stießen auf die Ablehnung der eingesessenen und assimilierten Wiener Juden, aber auch vieler orthodoxer Juden und sogar vieler Zionisten, die sich ihrer armen Verwandten schämten.

Mit der Auflösung des österreichischen Kaiserreiches am Ende des Ersten Weltkrieges verbesserte sich die Situation in legaler Hinsicht, aber sie verschlechterte sich, wie es vorauszusehen war, in sozialer Hinsicht: In der Überzeugung, daß Freiheit und volle Gleichheit nun Wirklichkeit geworden seien, entschieden sich viele Juden beruflich für die Politik und den Journalismus, was wohl verständlich, aber nicht vernünftig war. Es geschah meist in der besten Absicht; aber der Zustrom der Juden zu den Linksparteien trug zu deren Niedergang bei. Offenbar konnte ein guter Sozialist, der zufällig jüdischer Herkunft war, seiner Partei am besten dienen, indem er *nicht* versuchte, in ihr eine prominente Rolle zu spielen. Es ist merkwürdig, daß nur wenige an diese naheliegende Regel dachten.

Die Folge war, daß der Kampf zwischen der Rechten und der Linken, der beinahe von Anfang an so etwas wie ein kalter Bürgerkrieg war, von der Rechten zunehmend mit antisemitischen Parolen ausgetragen wurde. An der Universität kam es häufig zu antisemitischen Unruhen, und es gab ständige Proteste gegen die allzu hohe Zahl von Juden unter den Professoren. Für jemanden, der jüdischer Herkunft war, wurde es bald unmöglich, ein Lehramt an der Universität zu bekommen. Und die miteinander konkurrierenden Parteien der Rechten überboten einander in ihrer Feindseligkeit gegen die Juden.

Weitere Gründe, warum ich zumindest seit 1929 mit der

Niederlage der sozialdemokratischen Partei rechnete, findet man in einigen der Anmerkungen zu meiner *Offenen Gesellschaft*.[161] Sie hingen im wesentlichen mit dem Marxismus zusammen – genauer gesagt, mit der (von Engels formulierten) Politik, Gewalt zumindest als Drohung zu verwenden. Diese Androhung von Gewalt lieferte der Polizei im Juli 1927 einen Vorwand, um in Wien eine größere Zahl von friedlich demonstrierenden und unbewaffneten sozialdemokratischen Arbeitern und von Umstehenden niederzuschießen. Meine Frau und ich (wir waren noch nicht verheiratet) waren unter den Augenzeugen dieses Vorfalls, unfähig, das, was wir sahen, für wahr zu halten. Es wurde mir klar, daß die Politik der sozialdemokratischen Führer, obwohl sie aus denkbar besten Absichten handelten, unverantwortlich *und* selbstmörderisch war. (Wenige Tage nach dem Blutbad traf ich Fritz Adler, den Sohn Victor Adlers, des hervorragenden Führers der Wiener Sozialdemokraten. Fritz Adler, ein Freund Einsteins und ein Übersetzer Duhems, war damals derselben Ansicht über die Politik der sozialdemokratischen Führer wie ich.) Es sollten jedoch noch mehr als sechs Jahre vergehen, bevor der endgültige Selbstmord der damaligen sozialdemokratischen Partei das Ende der Demokratie in Österreich besiegelte.

22

Die Emigration: England und Neuseeland

Meine *Logik der Forschung* hatte überraschenden Erfolg, weit über Wien hinaus. Sie wurde häufiger rezensiert und in mehr Sprachen und selbst im englischen Sprachraum ausführlicher als fünfundzwanzig Jahre später *The Logic of Scientific Discovery.* Die Folge war, daß ich aus verschiedenen europäischen Ländern viele Briefe erhielt und viele Einladungen zu Vorträgen, darunter eine Einladung von Professor Susan Stebbing vom Bedford College in London. So kam ich im Herbst 1935 nach England, um am Bedford College zwei Vorlesungen zu halten. Man hatte mich eingeladen, über meine eigenen Ideen zu sprechen, aber ich war von den Leistungen Tarskis, der in England damals ganz unbekannt war, so tief beeindruckt, daß ich statt dessen diese zum Thema wählte. Meine erste Vorlesung handelte von »Syntax und Semantik« (Tarskis Semantik) und die zweite von Tarskis Theorie der Wahrheit. Ich glaube, bei dieser Gelegenheit habe ich zum ersten Mal das Interesse von Professor Joseph Henry Woodger, dem Biologen und Philosophen der Biologie, an der Arbeit Tarskis geweckt.[162] Insgesamt war ich 1935/36 zweimal für längere Zeit in England, mit einem kurzen Zwischenaufenthalt in Wien. Von meiner Lehrtätigkeit in Wien hatte man mich ohne Gehalt beurlaubt, während meine Frau weiter unterrichtete und für uns beide verdiente.

Während der Besuche in England hielt ich nicht nur diese beiden Vorlesungen am Bedford College, sondern außerdem drei Vorlesungen über Wahrscheinlichkeit am Imperial College;

die Einladung ging von Hyman Levy aus, der damals Professor der Mathematik am Imperial College war. Weiter hielt ich zwei Vorträge in Cambridge (in Anwesenheit von G. E. Moore und, beim zweiten Mal, von dem amerikanischen Philosophen C. H. Langford, der in der Diskussion ausgezeichnete Bemerkungen machte); und ich hielt einen Vortrag in Oxford, wo Freddie Ayer (jetzt Sir Alfred Ayer) mich zuvor mit Isaiah Berlin und Gilbert Ryle bekannt gemacht hatte. Außerdem hielt ich einen Vortrag über »Das Elend des Historizismus« in Professor F. A. von Hayeks Seminar an der London School of Economics and Political Science (LSE). Obwohl Hayek aus Wien kam, wo er Professor gewesen war und Direktor des Instituts für Konjunkturforschung, traf ich ihn zum ersten Mal in der LSE.[163] Bei diesem Seminarvortrag waren Lionel Robbins (heute Lord Robbins) und der Kunsthistoriker Ernst Gombrich anwesend. Jahre später erzählte mir der Nationalökonom G. L. S. Shackle, er sei gleichfalls dabeigewesen.

In Oxford traf ich Schrödinger, mit dem ich lange Gespräche führte. Er war nach Oxford von Berlin gekommen, wo er ein Seminar für theoretische Physik geleitet hatte, das wohl einzigartig in der Geschichte der Wissenschaft war: Einstein, von Laue, Planck und Nernst hatten zu den regelmäßigen Teilnehmern gehört. In Oxford war er sehr gastfreundlich aufgenommen worden, fühlte sich aber dort recht unglücklich. Natürlich konnte er nicht ein Seminar von Geistesriesen erwarten; was er jedoch bei Studenten und Lehrern gleichermaßen vermißte, war ein leidenschaftliches Interesse an der theoretischen Physik. Wir diskutierten meine statistische Deutung der Heisenbergschen Ungenauigkeitsrelationen. Er war interessiert, aber skeptisch, sogar hinsichtlich des Status der Quantenmechanik. Er gab mir einige Sonderdrucke von Abhandlungen, in denen er Zweifel an der Kopenhagener Interpretation geäußert hatte. Mit dieser – das heißt mit Bohrs »Komplementarität« – konnte er sich bekanntlich niemals anfreunden. Schrödinger sprach davon, daß er eventuell nach Österreich zurückkehren werde. Ich versuchte ihm das auszureden, weil er beim Verlassen Deutschlands aus seiner ablehnenden Haltung gegen die Nazis keinen Hehl gemacht hatte und man ihm, sollten die Nazis in Österreich an die Macht kommen, das sicher anlasten werde. Aber im Spätherbst 1936 ging er zurück. In Graz war ein Lehrstuhl frei geworden, und Hans Thirring, Professor der theoretischen Physik in Wien, schlug vor, seinen Lehrstuhl in Wien aufzugeben und nach Graz zu gehen, so daß Schrödinger den Lehrstuhl in Wien übernehmen könne. Doch Schrödinger wollte davon nichts wissen; er ging nach Graz, wo er ungefähr achtzehn Monate blieb. Nach Hitlers Einmarsch in Österreich konnten Schrödinger und seine Frau Annemarie nur um Haaresbreite entkommen. Sie fuhren mit ihrem Auto bis in die Nähe der italienischen Grenze, wo sie es stehenließen. Nur mit ganz wenig Handgepäck überquerten sie die Grenze. Von Rom aus, wo sie fast ohne Geld eintrafen, gelang es ihnen, mit dem irischen Premierminister (und Mathematiker) De Valera zu telefonieren, der damals gerade in Genf war, und De Valera forderte sie auf, zu ihm nach Genf zu kommen. An der italienisch-schweizerischen Grenze fielen sie der italienischen Grenzpolizei auf, weil sie so wenig Gepäck und fast kein Geld bei sich hatten. Sie wurden aus dem Zug geholt, der ohne sie die Grenzstation verließ; und sie dachten schon, daß die Italiener sie an die Nazis ausliefern werden. Schließlich ließ man sie mit dem nächsten Zug in die Schweiz ausreisen. Und so wurde Schrödinger von De Valera zum Senior Professor des Institute of Advanced Studies in Dublin ernannt, das damals noch gar nicht existierte. (In Großbritannien gibt es noch immer kein solches Institut und nichts, was der Max-Planck-Gesellschaft entspricht.)

Eines der Erlebnisse, an die ich mich aus meinem England-Aufenthalt im Jahre 1936 gut erinnern kann, war die Teilnahme an einer Sitzung der Aristotelian Society, zu der mich Ayer mitnahm und auf der Bertrand Russell sprach, den ich für den größten Philosophen seit Kant halte.

Russell hielt einen Vortrag über *Die Grenzen des Empirismus* (»The Limits of Empiricism«[164]). Von der Voraussetzung ausgehend, daß empirisches Wissen durch Induktion erlangt wird, und zugleich stark von Humes Kritik an der Induktion beeindruckt, meinte Russell, wir müßten ein *Induktionsprinzip* annehmen, das seinerseits nicht auf Induktion zurückgeführt werden kann. Die Annahme dieses Prinzips zeigt die Grenzen des Empirismus. Nun hatte ich in meinen *Grundproblemen* und, kürzer gefaßt, in der *Logik der Forschung* gerade dieses Argument Kant zugeschrieben, und so schien es mir, als sei Russells Position in dieser Hinsicht mit dem Kantschen Apriorismus identisch.

Nach dem Vortrag gab es eine Diskussion, und Ayer ermutigte mich zu sprechen. Ich sagte also zunächst, ich glaubte überhaupt nicht an die Induktion, obwohl ich an ein Lernen aus Erfahrung glaubte und an einen Empirismus *ohne* jene von Russell vorgeschlagenen Kantschen Grenzen. Diese Bemerkung, die ich in dem unsicheren Englisch, das mir zur Verfügung stand, so knapp und bündig wie möglich formulierte, wurde mit Wohlwollen von den Anwesenden aufgenommen, die sie anscheinend als einen Spaß auffaßten, lachten und klatschten. Ich machte einen zweiten Versuch und sagte, die ganze Schwierigkeit sei auf die falsche Annahme zurückzuführen, daß *wissenschaftliches Wissen* eine Abart von *Wissen* sei – von Wissen in dem gewöhnlichen Sinne, in dem es, wenn ich weiß, daß es regnet, *wahr* sein muß, daß es regnet, so daß Wissen Wahrheit und Sicherheit impliziert. Was wir »wissenschaftliche Erkenntnis« nennen, sei aber, so sagte ich, hypothetisch und oft unwahr und keineswegs sicher wahr oder wahrscheinlich wahr (im Sinne der Wahrscheinlichkeitsrechnung). Auch das nahmen die Zuhörer als einen Spaß auf oder als ein Paradoxon, und sie lachten und applaudierten. Ich fragte mich, ob einer darunter war, der ahnte, daß ich nicht nur diese Ansichten ernsthaft vertrat, sondern daß eine Zeit kommen werde, in der diese Ansichten in weiten Kreisen als trivial gelten würden.

Von Woodger stammte der Vorschlag, ich solle mich um die ausgeschriebene Stelle eines Dozenten (Lecturer) für Philosophie an der Universität von Neuseeland bewerben (am Canterbury University College, wie die heutige Universität von Canterbury damals hieß). Jemand – es wird wohl Hayek gewesen sein – machte mich mit Dr. Walter Adams (dem späteren Direktor der London School of Economics) und Miss Esther Simpson bekannt, die zusammen die Hauptarbeit für das Academic Assistance Council leisteten, das sich bemühte, den zahlreichen aus Deutschland geflohenen Wissenschaftlern zu helfen, und das auch schon begonnen hatte, einige Flüchtlinge aus Österreich zu unterstützen.

Im Juli 1936 verließ ich London – Ernst Gombrich begleitete mich an den Zug –, um in Kopenhagen an einem Kongreß[165] teilzunehmen und um Niels Bohr jenen Besuch abzustatten, den ich schon geschildert habe. Von Kopenhagen aus kehrte ich, Hitler-Deutschland durchquerend, nach Wien zurück. Ende November erhielt ich einen Brief von Dr. A. C. Ewing, der mir im Namen der Moral Sciences Faculty der Universität Cambridge akademische Gastfreundschaft anbot, zusammen mit einem Schreiben von Walter Adams vom Academic Assistance Council; kurz darauf, am Weihnachtsabend 1936, erhielt ich ein Telegramm, in dem mir eine Dozentur am Canterbury University College in Christchurch, Neuseeland, angeboten wurde. Diese Dozentur war eine normale Anstellung, während die von Cambridge angebotene Gastfreundschaft einem Flüchtling zugedacht war. Meine Frau und ich wären lieber nach Cambridge gegangen, aber ich dachte, daß man das Angebot der Gastfreundschaft vielleicht auf jemand anderen übertragen könnte. Ich nahm also die Einladung nach Neuseeland an und bat den Academic Assistance Council und Dr. A. C. Ewing in Cambridge, an meiner Stelle Fritz Waismann, ein führendes Mitglied des Wiener Kreises, einzuladen. Meiner Bitte wurde entsprochen.

Meine Frau und ich gaben unsere Stellungen als Lehrer auf, und schon im Jänner 1937 verließen wir Wien. Nach fünf Tagen Aufenthalt in London schifften wir uns nach Neuseeland ein. Die Seereise dauerte fünf Wochen, und wir kamen in den ersten

Märztagen des Jahres 1937 in Christchurch an, gerade zu Beginn des akademischen Jahres in Neuseeland.

Ich war sicher, daß österreichische Flüchtlinge, von Hitler vertrieben, bald meine Hilfe benötigen würden. Aber es verging noch ein Jahr, bevor Hitler in Österreich einmarschierte und die Hilferufe einsetzten. In Christchurch wurde ein Komitee gebildet, das sich um die Einreiseerlaubnis für Flüchtlinge nach Neuseeland bemühte. Einige wurden sogar aus den Konzentrationslagern und aus dem Gefängnis gerettet, dank der Energie von Dr. R. M. Campbell vom Bureau des High Commissioners von Neuseeland in London.

23
Erste Tätigkeit in Neuseeland

Bevor wir nach Neuseeland gingen, hatte ich insgesamt rund neun Monate in England verbracht, und es war eine Offenbarung gewesen. Die Ehrlichkeit, Freundlichkeit und Großzügigkeit der Menschen, ihr starkes politisches Verantwortungsgefühl und ihr überzeugter Pazifismus machten auf mich den denkbar größten Eindruck. Aber selbst die Universitätslehrer, die ich kennenlernte, waren über Hitler-Deutschland vollkommen uninformiert, und ihre Wünsche beeinflußten ihr Denken. Ich war in England, als die allgemeine Loyalität gegenüber den Ideen des Völkerbundes den Hoare-Laval-Plan zunichte machte (ein Plan, der vielleicht Mussolini gehindert hätte, sich Hitler anzuschließen); ich war wieder in England, als Hitler in das Rheinland einmarschierte – ein Schritt, der durch eine Gefühlsaufwallung in der breiten englischen Öffentlichkeit unterstützt wurde. Ich hörte auch, wie Neville Chamberlain ein Aufrüstungsbudget befürwortete, und ich versuchte, mich mit dem Gedanken zu trösten, er sei nur Schatzkanzler und brauche deshalb nicht wirklich zu verstehen, gegen wen er rüstete und wie dringlich die Rüstung war. Mir wurde klar, daß die Institution der Demokratie – auch die der britischen Demokratie – nicht darauf eingerichtet ist, den Totalitarismus zu bekämpfen. Und es war traurig festzustellen, daß es anscheinend nur einen Mann gab – Winston Churchill –, der begriff, was in Deutschland geschah, und daß buchstäblich niemand in England ein gutes Wort für ihn übrig hatte.

In Neuseeland war die Situation ähnlich, eher etwas ärger. Die Menschen dachten an nichts Böses: Sie waren, wie die Briten, rechtschaffen, freundlich und gutmütig. Aber der europäische Kontinent lag unendlich fern. Neuseeland hatte damals keinen Kontakt mit der Welt außer durch England, und das war fünf Wochen entfernt. Eine Flugverbindung gab es nicht, und mit der Antwort auf einen Brief konnte man nicht vor drei Monaten rechnen. Im Ersten Weltkrieg hatte das Land schreckliche Verluste erlitten, besonders in Gallipoli, aber alles das war vergessen. Man mochte die Deutschen, und an einen Krieg glaubte niemand.

Ich hatte den Eindruck, daß Neuseeland von allen Ländern der Welt das am besten regierte Land sei, aber auch das am leichtesten zu regierende.

Es herrschte eine wunderbar ruhige und für die Arbeit angenehme Atmosphäre, und so nahm ich meine Arbeit, die ich mehrere Monate lang unterbrochen hatte, rasch wieder auf. Ich gewann eine Reihe von Freunden, die an meiner Arbeit interessiert waren und mich sehr ermutigten. Da waren zunächst der Physikochemiker Hugh Parton, der Physiker Frederick White und der Geologe Bob (Robin) Allan. Dann kamen der Ökonom Colin Simkin, der Jurist Alan Reed, der Radiologe George Roth und Margaret Dalziel, damals Studentin der alten Sprachen und der Anglistik. Weiter im Süden, in Dunedin, Otago, waren der Philosoph John Findlay und später der Neurophysiologe John Eccles. Sie alle wurden Freunde fürs Leben.

Im Brennpunkt meines Interesses stand zunächst – abgesehen von meiner ausgedehnten Lehrtätigkeit (ich war der einzige Lehrer der Philosophie[166]) – die Wahrscheinlichkeitstheorie, und ich arbeitete insbesondere an einer Axiomatisierung der Wahrscheinlichkeitsrechnung und über die Beziehung zwischen der Wahrscheinlichkeitsrechnung und der Booleschen Algebra; und ich beendete bald einen Aufsatz, den ich auf ein Minimum kürzte. Er wurde später im *Mind* veröffentlicht.[167] Die Arbeit auf diesem Gebiet beschäftigte mich für viele Jahre: Ich griff immer wieder darauf zurück; besonders, wenn ich mit einer Erkältung im Bett lag, war sie eine verläßliche Hilfe. Daneben las ich auch einiges aus dem Bereich der Physik, und ich dachte weiter über die Quantentheorie nach. (Unter anderem las ich in der Zeitschrift *Nature* die aufregende und beunruhigende Mitteilung[168] von Halban, Joliot und Kowarski über die Möglichkeit einer Uranexplosion, einige Mitteilungen zum gleichen Thema in *The Physical Review* und auch in einem Artikel von Karl K. Darrow im *Annual Report of the Board of Regents of the Smithsonian Institution.*[169])

Seit langem hat e ich über die Methoden der Sozialwissenschaften nachgedacht; schließlich war es zum Teil eine Kritik am Marxismus gewesen, die mich im Jahre 1919 den Weg zur *Logik der Forschung* finden ließ. In Hayeks Seminar hatte ich, wie berichtet, einen Vortrag über »Das Elend des Historizismus« gehalten, einen Vortrag, der (wie ich glaubte) so etwas wie eine Anwendung der Ideen der *Logik der Forschung* auf die Methoden der Sozialwissenschaften enthielt. Ich diskutierte diese Ideen mit Hugh Parton und mit Dr. H. Larsen, der damals am Department für Nationalökonomie lehrte; aber ich zögerte, irgend etwas Kritisches gegen den Marxismus zu veröffentlichen; denn wo immer es auf dem europäischen Kontinent noch Sozialdemokraten gab, waren sie die einzige politische Partei, die der Tyrannei noch Widerstand leistete. Ich war der Ansicht, daß in der damals herrschenden Situation nichts gegen diese Partei veröffentlicht werden sollte. Obwohl ich ihre Politik für selbstmörderisch hielt, war es doch unrealistisch zu glauben, sie könnte durch eine Abhandlung reformiert werden: Eine öffentliche Kritik konnte sie nur schwächen.

Dann kam, im März 1938, die Nachricht vom Einfall Hitlers in Österreich. Jetzt war es dringend nötig, Österreichern zur Flucht zu verhelfen. Ich fühlte auch, daß ich das, was ich seit 1919 über politische Probleme gelernt hatte, nicht länger zurückhalten sollte. So beschloß ich, »Das Elend des Historizismus« in eine Form zu bringen, die zu einer Veröffentlichung geeignet war. Was dabei herauskam, waren zwei einander mehr oder weniger ergänzende Arbeiten: *Das Elend des Historizismus* und *Die offene Gesellschaft und ihre Feinde* (Der ursprüngliche Titel dieser zweiten Arbeit war: »Falsche Propheten: Platon – Hegel – Marx«.)

24

Die offene Gesellschaft und ihre Feinde und Das Elend des Historizismus

Ursprünglich hatte ich lediglich vor, meinen Vortrag in Hayeks Seminar (den ich zuerst in deutscher Sprache im Hause meines Freundes Alfred Braunthal in Brüssel gehalten hatte[170]) auszuarbeiten und zu zeigen, wie das, was ich »Historizismus« nannte, sowohl den Marxismus als auch den Faschismus inspirierte. Ich sah den fertigen Aufsatz deutlich vor mir: ein ziemlich langer Aufsatz, aber nicht zu lang, um in *einer* Nummer einer Zeitschrift untergebracht zu werden.

Meine Hauptsorge war, in erträglichem Englisch zu schreiben. Ich hatte schon vorher einiges in englischer Sprache veröffentlicht, aber es war sprachlich sehr schlecht. Mein deutscher Stil, in dem ich die *Logik der Forschung* geschrieben hatte, war verhältnismäßig klar und leicht – für deutsche Leser; ich entdeckte jedoch, daß im Englischen völlig andere Anforderungen an den Autor und an die Klarheit seines Stils gestellt werden, und weit höhere als im Deutschen. Ein deutscher Leser nimmt zum Beispiel keinen Anstoß an vielsilbigen Wörtern. Im Englischen mußte ich lernen, ihnen gegenüber empfindlich zu werden. Wenn man aber noch kämpfen muß, um die einfachsten Fehler zu vermeiden, dann liegen solche höheren Ziele, auch wenn man sie für richtig hält, in weiter Ferne.

The Poverty of Historicism (später als *Das Elend des Historizismus* ins Deutsche übersetzt) ist, wie ich glaube, eine der schwerfälligsten unter meinen englischen Schriften. Dazu kam noch, daß mein ganzer Plan zusammenbrach, nachdem ich die zehn Abschnitte geschrieben hatte, die das erste Kapitel bilden. Der Abschnitt 10 über den Essentialismus (die Wesensphilosophie) wurde in seiner ursprünglichen Form von meinen neuseeländischen Freunden als unverständlich abgelehnt; und so begann ich, ihn im einzelnen auszuarbeiten. Aus dieser Ausarbeitung und einigen Bemerkungen, die ich über die totalitären Tendenzen von Platons *Staat* gemacht hatte – Bemerkungen, die meine Freunde (besonders Henry Dan Broadhead und Margaret Dalziel) unannehmbar fanden – entstand oder vielmehr explodierte, ohne jeden Plan und gegen alle Pläne, das Buch *The Open Society and Its Enemies (Die offene Gesellschaft und ihre Feinde)*. Nachdem dieses Buch Gestalt angenommen hatte, trennte ich es von dem *Elend des Historizismus* ab, das ich dann ungefähr auf den Umfang beschränkte, den es ursprünglich haben sollte.

Zur *Offenen Gesellschaft* trug noch ein anderer Faktor von untergeordneter Bedeutung bei: Ich war irritiert durch den Obskurantismus gewisser Prüfungsfragen im Gebiet der griechischen Philosophie über »den Einen und die Vielen«, und ich wollte die mit diesen metaphysischen Ideen zusammenhängenden politischen Tendenzen aufdecken.

Nachdem *Die offene Gesellschaft* vom *Elend des Historizismus* abgetrennt war, beendete ich zunächst die ersten drei Kapitel des *Elends*. Das vierte Kapitel, das bis dahin nur in Skizzenform existiert hatte (ohne die Diskussion dessen, was ich später »Situationslogik« nannte), wurde, glaube ich, erst abgeschlossen, nachdem der erste Entwurf des Platon-Bandes der *Offenen Gesellschaft* geschrieben war.

Daß diese beiden Arbeiten auf eine so verworrene Weise entstanden sind, war zweifellos zum Teil auf innere Entwicklungen in meinem Denken zurückzuführen, zum Teil aber vielleicht auch auf den Hitler-Stalin-Pakt, den anschließenden Kriegsausbruch und den beunruhigenden Verlauf des Krieges. Wie wohl jedermann befürchtete auch ich, daß Hitler nach dem Fall Frankreichs England angreifen würde. Ich war erleichtert, als er statt dessen Rußland angriff, fürchtete aber, daß Rußland zusammenbrechen werde. Doch wie Churchill in seinem Buch über den Ersten Weltkrieg sagt, Kriege werden nicht gewonnen, sondern verloren; und der Zweite Weltkrieg wurde von Hitlers Panzern vor Moskau verloren und von Japans Bombern über Pearl Harbor (beides im Dezember 1941).

Das Elend des Historizismus und *Die offene Gesellschaft* waren meine Versuche, einen Beitrag zum Krieg zu leisten. Ich dachte, daß das Problem der Freiheit vielleicht wieder zu einem zentralen Problem werden würde, besonders unter dem erneuten Einfluß des Marxismus und der Propagierung einer zentralgelenkten Planwirtschaft (des »Dirigismus«). Deshalb waren diese Bücher als eine Verteidigung der Freiheit gedacht – eine Verteidigung gegen totalitäre und autoritäre Ideen – und als eine Warnung vor den Gefahren des historizistischen Aberglaubens. Beide Bücher, besonders aber *Die offene Gesellschaft* (zweifellos das wichtigere von beiden), können als Beiträge zur kritischen Philosophie der Politik bezeichnet werden.

Beide wuchsen aus der Erkenntnistheorie der *Logik der Forschung* heraus, und aus meiner Überzeugung, daß Ideen, deren wir uns oft gar nicht bewußt sind, wie insbesondere unsere Ideen über die menschliche Erkenntnis und deren zentrale Probleme (»Was können wir wissen?«, »Wie gewiß ist unser Wissen?«), für unsere Einstellung zu uns selbst und zur Politik entscheidend sind.[171]

In der *Logik der Forschung* versuchte ich zu zeigen, daß unser Wissen durch Versuche und durch die Eliminierung von Irrtümern wächst und daß der Hauptunterschied zwischen dem vorwissenschaftlichen und dem wissenschaftlichen Stadium unseres Wissens darin liegt, daß wir auf der wissenschaftlichen Ebene bewußt nach unseren Irrtümern suchen: *Die bewußte Annahme der kritischen Methode* wird zum Hauptinstrument des Wachstums unseres Wissens. Schon damals war ich mir bewußt, daß die kritische Methode – oder die kritische Betrachtungsweise – in der Suche nach Schwierigkeiten oder Widersprüchen besteht und in dem Versuch, diese aufzulösen; und daß sich diese Betrachtungsweise weit über den Bereich der

Wissenschaft hinaus auf alle jene Gebiete anwenden läßt, für die *kritische Prüfungen* charakteristisch sind; denn ich schrieb: »In der vorliegenden Arbeit tritt diese kritische oder, wenn man will, ›dialektische Methode‹ der Auflösung von Widersprüchen stark zurück gegenüber dem Versuch, die Auffassung in ihren methodologischen Konsequenzen zu entwickeln. In einer noch unveröffentlichten Arbeit habe ich jedoch versucht, diesen kritischen Weg einzuschlagen ...«[172] (Der Hinweis betraf *Die beiden Grundprobleme der Erkenntnistheorie.*)

In der *Offenen Gesellschaft* betonte ich, daß die kritische Methode, auch wenn sie so weit wie möglich Prüfungen – und vorzugsweise praktische Prüfungen – heranzieht, zu einer kritischen oder rationalen Einstellung, wie ich sie nannte, verallgemeinert werden kann.[173] Ich argumentierte dort, daß man »Vernunft« und »Vernünftigkeit« am besten als Offenheit für Kritik interpretieren kann – als Bereitschaft, sich kritisieren zu lassen, und als den Wunsch, sich selbst zu kritisieren; und ich versuchte Gründe dafür anzugeben, daß diese kritische oder vernünftige Einstellung auf so viele Gebiete wie möglich ausgedehnt werden sollte.[174] Die Forderung, die kritische Einstellung auf so viele Gebiete wie möglich auszudehnen, schlug ich vor als »kritischen Rationalismus« zu bezeichnen; ein Vorschlag, der zuerst von Adrienne Koch[175] und Hans Albert[176] aufgegriffen wurde. In dieser kritischen Einstellung ist die Erkenntnis enthalten, daß wir immer in einer unvollkommenen Gesellschaft werden leben müssen. Das liegt nicht nur daran, daß selbst sehr gute Menschen sehr unvollkommen sind, und auch nicht nur daran, daß wir selbstverständlich oft Fehler machen, weil wir nicht genug wissen. Noch wichtiger als diese beiden Gründe ist die Tatsache, daß es immer unauflösliche Wertkonflikte gibt: Es gibt moralische Probleme, die unlösbar sind, weil moralische Prinzipien miteinander in Konflikt geraten können.

Eine menschliche Gesellschaft ohne Konflikte kann es nicht geben: Eine solche Gesellschaft wäre nicht etwa eine Gesellschaft von Freunden, sondern eher von Ameisen. Selbst wenn sie erreichbar wäre, gäbe es menschliche Werte von größter

Wichtigkeit, die durch ihr Erreichen vernichtet werden würden. Wir sollten deshalb nicht versuchen, sie herbeizuführen. Andererseits sollten wir gewiß versuchen, die Konflikte zu verringern. Hier haben wir also bereits ein Beispiel für einen Konflikt zwischen Werten oder Prinzipien. Dieses Beispiel zeigt auch, daß Konflikte zwischen Werten und Prinzipien wertvoll und für eine offene Gesellschaft sogar wesentlich sein können.

Eines der Hauptargumente meines Buchs über die *Offene Gesellschaft* richtet sich *gegen den moralischen Relativismus.* Die Tatsache, daß moralische Werte oder Prinzipien einander widersprechen können, macht diese Prinzipien nicht ungültig. Moralische Werte oder Prinzipien können entdeckt und sogar erfunden werden. Sie können für eine bestimmte Situation relevant und für eine andere irrelevant sein. Sie können bestimmten Menschen zugänglich und anderen unzugänglich sein. Alles das ist jedoch etwas ganz anderes als der Relativismus, das heißt die These, daß jedes beliebige Wertsystem sich in gleicher Weise verteidigen läßt[177] und daß daher alle Wertsysteme gleich gültig (und daher gleichgültig) sind.

Eine Anzahl weiterer philosophischer Ideen aus der *Offenen Gesellschaft* (von denen manche die Philosophiegeschichte, andere die Geschichtsphilosophie betreffen) sollten eigentlich in dieser Autobiographie erwähnt werden – mehr, als hier Platz finden können. Zu ihnen gehört die erste einigermaßen umfassende Darlegung meiner anti-essentialistischen Position und, wie ich vermute, die erste Formulierung eines Anti-Essentialismus, der weder nominalistisch noch observationalistisch motiviert ist. Im Zusammenhang damit enthält *Die offene Gesellschaft* einige kritische Einwände gegen Wittgensteins *Tractatus;* Einwände, die von Wittgensteins Kommentatoren fast vollständig ignoriert wurden.

In einem ähnlichen Zusammenhang schrieb ich dort auch über die *logischen Paradoxien* und formulierte neue Paradoxien. Ich diskutierte auch das *Paradoxon der Demokratie* (diese Diskussion hat zu einer recht umfangreichen Literatur Anlaß gegeben) und die etwas allgemeineren *Paradoxien der Souveränität.*

Eine andere umfangreiche Literatur, die meiner Meinung nach wenig zur Lösung der Probleme beigetragen hat, ist aus einer verfehlten Kritik an meinen Ideen über die *historische Erklärung* entstanden. In Abschnitt 12 der *Logik der Forschung* diskutierte ich etwas, was ich als »kausale Erklärung«[178] oder deduktive Erklärung bezeichnete, eine Diskussion, die, ohne daß ich davon wußte, J. S. Mill zum Teil vorweggenommen hatte, allerdings vielleicht in etwas vager Weise (weil er nicht zwischen einer Randbedingung und einem universellen Gesetz unterschied).[179] Als ich »Das Elend des Historizismus« zum ersten Mal 1935 in Brüssel vortrug, lieferte Dr. Karl Hilferding[180], ein früherer Schüler von mir, einen interessanten Beitrag zur Diskussion, zu der auch die Philosophen Carl Hempel und Paul Oppenheim beitrugen: Hilferding wies auf die Beziehung hin, die zwischen einigen meiner Bemerkungen über die historische Erklärung und dem Abschnitt 12 der *Logik der Forschung* bestehen. (Diese Bemerkungen wurden schließlich zu den Seiten 112–115 der deutschen Buchausgabe [1965 (g)] von *Das Elend des Historizismus*. Die auf der *Logik der Forschung* basierenden Ergänzungen Hilferdings arbeiteten einige der Punkte heraus, die jetzt auf den Seiten 96–98 und 104 von [1965 (g)] zu finden sind;[181] Punkte, die teilweise mit der logischen Beziehung zwischen Erklärung und Vorhersage und teilweise mit der Trivialität jener allgemeinen Gesetze zusammenhängen, die hauptsächlich in historischen Erklärungen und gewöhnlich implicite verwendet werden: Diese Gesetze sind in der Regel uninteressant, aus dem einfachen Grund, weil sie in dem betreffenden Zusammenhang völlig unproblematisch sind.)

Ich hatte jedoch diese spezielle Analyse nicht als besonders wichtig für die *historische Erklärung* angesehen, und was ich tatsächlich als wichtig ansah, brauchte noch einige Jahre, um zu reifen. Es war das Problem der Rationalität – das »Rationalitätsprinzip« oder die »Null-Methode« (»zero-method«) oder die »Situationslogik«.[182] Aber leider hat die verhältnismäßig unwichtige These – in einer falsch interpretierten Form – jahrelang unter dem Namen »Das deduktive Modell der historischen

Erklärung« dazu beigetragen, eine umfangreiche Literatur hervorzubringen.

Der sehr viel wichtigere Aspekt des Problems, die Methode der Situationsanalyse, die ich zuerst 1938 dem *Elend des Historizismus*[183] einfügte und später ein wenig ausführlicher im Kapitel 14 der *Offenen Gesellschaft*[184] diskutierte, war aus dem hervorgegangen, was ich vorher die »Null-Methode« genannt hatte. Es ging hier im wesentlichen um einen Versuch, *die Methode der ökonomischen Theorie – der Grenznutzenlehre – so zu verallgemeinern, daß sie auf die übrigen theoretischen Sozialwissenschaften anwendbar wird.* In meinen späteren Formulierungen besteht diese Methode darin, unter Berücksichtigung vor allem der institutionellen Situation ein *Modell der sozialen Situationen* menschlicher Handlungen zu konstruieren, um so die Rationalität (den Null-Charakter) des Handelns zu erklären. Solche Modelle bilden die überprüfbaren Hypothesen der Sozialwissenschaften; und besonders die Modelle von Situationen, die »singulär« sind, bilden die (prinzipiell überprüfbaren) singulären Hypothesen der Geschichte.

In diesem Zusammenhang sollte ich vielleicht auch auf die Theorie der abstrakten Gesellschaft verweisen, die zum ersten Mal in der amerikanischen Ausgabe [1950 (a)] der *Offenen Gesellschaft* angefügt wurde (S. 234–236 der deutschen Ausgabe[185]).

Für mich selbst bedeutete die *Offene Gesellschaft* einen Wendepunkt, denn sie veranlaßte mich, Geschichte zu schreiben (eine etwas spekulative Art von Geschichte). Das gab mir bis zu einem gewissen Grad ein Recht oder doch eine Entschuldigung, mich über die Methoden der geschichtlichen Forschung zu äußern.[186] Ich hatte vorher einige unveröffentlichte Untersuchungen zur Philosophiegeschichte verfaßt; aber die *Offene Gesellschaft* enthielt meinen ersten publizierten Beitrag. Er hat, glaube ich, eine Reihe neuer historischer Probleme aufgeworfen – man könnte vielleicht sagen, ein Wespennest von Problemen.

Der erste Band der *Offenen Gesellschaft*, den ich *Der Zauber Platons* nannte, entstand, wie schon erwähnt, aus einer Erweiterung des Abschnitts 10 des *Elends des Historizismus.* Diese Erweiterung enthielt im ersten Entwurf einige Absätze über Platons Totalitarismus, über den Zusammenhang zwischen diesem Totalitarismus und *Platons* historizistischer Theorie des Verfalls oder der Degeneration, und über Aristoteles. Sie beruhten auf meiner früheren Lektüre des *Staates,* des *Staatsmanns,* des *Gorgias* und einiger Bücher der *Gesetze* sowie auf Theodor Gomperz' *Griechischen Denkern,* einem Buch, das ich seit meiner Mittelschulzeit sehr liebte. Die negativen Reaktionen meiner neuseeländischen Freunde auf die betreffenden Abschnitte führten schließlich zum *Zauber Platons* und damit zur *Offenen Gesellschaft.* Denn ich wurde dadurch gezwungen, erneut die Quellen zu studieren, um meine Auffassung gründlich zu belegen. Ich las Platon noch einmal sehr intensiv; ich las Hermann Diels, George Grote (dessen Ansichten mit den meinen weitgehend übereinstimmten) und zahlreiche weitere Kommentatoren und Historiker jener Epoche. Was ich las, war allerdings weitgehend davon abhängig, welche Bücher für mich in Neuseeland erreichbar waren: Während des Krieges gab es keine Möglichkeit, für meine Zwecke Bücher aus Europa oder Amerika zu bekommen. Aus irgendeinem Grund konnte ich zum Beispiel nicht die Loeb-Ausgabe des *Staates* (in der Übersetzung von Paul Shorey) bekommen, obwohl der zweite Band, wie ich nach dem Krieg feststellte, schon 1935 erschienen war. Das war sehr schade, weil es bei weitem die beste englische Übersetzung ist, wie ich später herausfand. Die vorhandenen Übersetzungen, die ich bekommen konnte, waren so unbefriedigend, daß ich mit Hilfe der wunderbaren Ausgabe des *Staates* von James Adam begann, selber zu übersetzen, trotz meiner sehr spärlichen griechischen Kenntnisse, die ich mit Hilfe einer Schulgrammatik, die ich aus Österreich mitgebracht hatte, zu verbessern versuchte. Dabei wäre wohl nichts herausgekommen, hätte ich nicht sehr viel Zeit und Mühe auf diese Übersetzungen verwandt: Ich hatte schon vorher bemerkt, daß ich Übersetzungen aus dem Lateinischen und sogar aus dem Deutschen wieder und wieder umschreiben mußte, wenn ich eine interessante Idee in einigermaßen überzeugendem Englisch klarmachen wollte. Man hat mir vorgeworfen, meine Übersetzungen von Platon seien tendenziös, und das sind sie in der Tat. Aber es gibt keine tendenzfreien Übersetzungen von Platon, und ich glaube, daß es keine geben kann. Shoreys Übersetzung ist eine der wenigen, die keine liberale Tendenz hat: Er interpretiert Platons Politik in ungefähr derselben Weise wie ich; nur bejaht er sie, während ich sie ablehne.

Ich sandte das Manuskript von *Das Elend des Historizismus* an die Zeitschrift *Mind*, aber es wurde abgelehnt. Und unmittelbar nachdem ich im Februar 1943 *Die offene Gesellschaft* abgeschlossen hatte (sie war viele Male umgeschrieben worden), sandte ich sie zur Veröffentlichung nach Amerika. Ich hatte das Buch unter sehr schwierigen Umständen geschrieben; die Bibliotheken in Neuseeland waren damals nicht sehr gut, und ich mußte eben mit den Büchern, die mir zugänglich waren, zurechtkommen. Ich hatte viel zu viele Vorlesungen zu geben, und die Universitätsbehörden versagten mir nicht nur jede Hilfe, sondern versuchten, mir aktiv Schwierigkeiten zu machen. Man sagte mir, daß ich gut daran täte, während meines Aufenthalts in Neuseeland nichts zu publizieren, und daß die Zeit, die ich mit Forschungen verbrächte, ein Diebstahl sei an meiner Arbeitszeit als Dozent, für die ich bezahlt werde.[187] Die Situation war derart, daß ich ohne die moralische Unterstützung meiner Freunde in Neuseeland kaum hätte überleben können. Unter diesen Umständen war die Reaktion meiner Freunde in den Vereinigten Staaten, denen ich das Manuskript schickte, ein arger Schlag. Monatelang reagierten sie überhaupt nicht; und später baten sie, statt das Manuskript einem Verlag vorzulegen, einen bekannten Professor der Harvard-Universität um ein Gutachten. Dieser sagte, daß das Buch wegen seiner Respektlosigkeit gegenüber Aristoteles (nicht Platon!) ungeeignet sei, einem Verlag angeboten zu werden.

Nach fast einem Jahr, als ich weder aus noch ein wußte und in sehr bedrückter Stimmung war, erfuhr ich durch Zufall die englische Adresse meines Freundes Ernst Gombrich, mit dem ich während des Krieges jeden Kontakt verloren hatte. Dank der sehr aktiven Intervention von Professor F. A. von Hayek, der äußerst großzügig seine Hilfe anbot (ich hätte nicht gewagt, ihn zu belästigen, da ich ihn nur wenige Male in meinem Leben gesehen hatte), fand sich nach mehreren Versuchen schließlich der Verleger von Hayeks englischen Büchern bereit, mein Buch herauszubringen. Hayek und Gombrich schrieben mir beide sehr ermutigende Briefe über das Buch. Meine Erleichterung war immens. Mir war, als hätten die beiden mir das Leben gerettet; und dieses Gefühl habe ich noch heute.

25
Andere Arbeiten in Neuseeland

Die beiden Bücher waren aber nicht das einzige, was mich in Neuseeland beschäftigte. Ich arbeitete auch an logischen Problemen; insbesondere an dem, was heute als »Kalkül des natürlichen Schließens«[188] bezeichnet wird. Überhaupt las und schrieb ich viel, und ich hielt viele Vorlesungen, insbesondere über die Logik der wissenschaftlichen Forschung und über Wissenschaftsgeschichte. Diese letzteren Arbeiten waren Anwendungen meiner logischen Ideen auf die Geschichte der wissenschaftlichen Entdeckungen. Dabei versuchte ich mir auch über die große historische Bedeutung klarzuwerden, die falsche Theorien für das Wachstum unseres Wissens haben, wie zum Beispiel die Bedeutung von Parmenides' Theorie von der Welt als einer vollen Kugel für die Geschichte der Kosmologie bis zu Einstein.

Ich hielt auch eine Reihe von Vorträgen über nicht-induktivistische Methoden der Wissenschaft für die Royal Society von Neuseeland in Christchurch und eine andere Reihe an der hervorragenden Medizinischen Fakultät der Universität von Otago in Dunedin. Den Anstoß zu diesen gab der Hirnforscher Professor John C. Eccles (später Sir John Eccles, der Nobelpreisträger, mit dem ich 1977 das Buch *The Self and Its Brain* veröffentlichte). Während der beiden letzten Jahre, die ich in Christchurch verbrachte, hielt ich sogenannte »Lunch Time Lectures«, die von Lehrern und Studenten der verschiedenen naturwissenschaftlichen Institute des Canterbury University College besucht wurden. Das alles bedeutete viel Arbeit (heute kann ich mir nicht mehr vorstellen, wie ich es geschafft habe), aber es hat mir sehr große Freude gemacht. In späteren Jahren habe ich überall in der Welt ehemalige Teilnehmer dieser Vortragsreihen getroffen, Wissenschaftler, die mir versicherten, ich hätte ihnen die Augen geöffnet – und es waren darunter einige sehr erfolgreiche Wissenschaftler.

Ich war sehr gern in Neuseeland, trotz der Ablehnung, auf die meine Tätigkeit bei einem Teil der damaligen Universitätsbehörden stieß, und ich war bereit, für immer dort zu bleiben. Im Frühjahr 1945 erhielt ich eine Einladung von der Universität Sydney. Daraufhin kam es in der australischen Presse zu kritischen Bemerkungen über die Berufung eines Ausländers, und es gab sogar Anfragen im Parlament. Ich lehnte deshalb dieses Angebot dankend ab. Kurz danach – der Krieg in Europa neigte sich seinem Ende zu – erhielt ich ein Telegramm, unterzeichnet von Hayek, der mir eine außerordentliche Professur (Readership) an der London School of Economics (ein Teil der Universität London) anbot. Gleichzeitig dankte er mir für die Übersendung von *The Poverty of Historicism* an die Zeitschrift *Economica*, deren Herausgeber er damals war. Ich hatte das Gefühl, Hayek habe mir ein zweites Mal das Leben gerettet. Von diesem Augenblick an konnte ich es kaum erwarten, Neuseeland zu verlassen.

26

England: An der London School of Economics and Political Science

Es herrschten noch Zustände und Einschränkungen wie im Krieg, als wir Neuseeland verließen, und unser Schiff erhielt Befehl, Kurs über Kap Horn zu nehmen. Kap Horn war ein phantastisch und unvergeßlich schöner Anblick. Anfang Januar 1946 kamen wir in England an, und ich begann, an der Londoner Universität zu arbeiten, an der London School of Economics and Political Science (LSE).

Die LSE war damals, gleich nach dem Krieg, eine wunderbare Institution. Sie war noch klein genug, um es zu ermöglichen, daß jeder Lehrer seine Kollegen kannte. Die Lehrer waren hervorragend und die Studenten ebenfalls. Es gab sehr viele Studenten – die Vorlesungen waren überfüllt, mehr als in meiner späteren Zeit an der LSE –, und sie waren lernbegierig und wußten zu schätzen, was ihnen geboten wurde. Sie waren sehr aufnahmebereit und ein Ansporn für den Lehrer. Unter diesen Studenten war ein früherer Berufsoffizier der Royal Navy, John Watkins, heute mein Nachfolger an der LSE.

Ich hatte aus Neuseeland eine Reihe von offenen Problemen mitgebracht, zum Teil rein logischer, zum Teil methodologischer Natur. Darunter waren auch Probleme, die die Methode der Sozialwissenschaften betrafen. Und da ich jetzt an einer Schule für Sozialwissenschaften war, glaubte ich, mich – wenigstens für einige Zeit – stärker mit diesen Problemen als mit den Methodenproblemen der Naturwissenschaften beschäftigen zu müssen. Aber die Sozialwissenschaften besaßen für mich nie die gleiche Anziehungskraft wie die theoretischen Naturwissenschaften. Die Nationalökonomie war im Grunde die einzige theoretische Sozialwissenschaft, die mich interessierte. Aber wie so viele vor mir beschäftigte mich das Problem, die Natur- und Sozialwissenschaften unter dem Gesichtspunkt ihrer Methoden zu vergleichen. Das war bis zu einem gewissen Grade eine Fortsetzung dessen, was ich in meiner Arbeit über *Das Elend des Historizismus* getan hatte.

Eine der Ideen, die ich im *Elend des Historizismus* diskutiert hatte, war der Einfluß einer Vorhersage auf das vorhergesagte Ereignis. Ich hatte dieses Phänomen den »Ödipuseffekt« genannt, weil die Voraussage des Orakels in der Reihenfolge der Ereignisse, die zum Eintreffen seiner Prophezeiung führten, eine äußerst wichtige Rolle spielte. (Das war zugleich eine Anspielung auf die Psychoanalytiker, die für diese interessante Tatsache merkwürdig blind waren, obwohl Freud selbst zugegeben hatte, daß die Träume der Patienten oft auffallend gut in die besonderen Theorien ihrer Analytiker hineinpassen; Freud nannte sie »Gefälligkeitsträume«.) Eine Zeitlang glaubte ich, die Existenz des Ödipuseffekts unterscheide die Sozial- von den Naturwissenschaften. Doch auch in der Biologie, sogar in der Molekularbiologie, spielen Erwartungen oft eine Rolle: Sie helfen, das herbeizuführen, was erwartet wurde. Jedenfalls wurde meine Widerlegung der Idee, daß der Ödipuseffekt als Unterscheidungsmerkmal zwischen Sozial- und Naturwissenschaft dienen kann, zum Ausgangspunkt meiner Abhandlung »Indeterminism in Quantum Physics and in Classical Physics«[189].

Bis dahin verging aber noch einige Zeit. Die erste Abhandlung, die ich nach meiner Rückkehr nach Europa schrieb, erwuchs aus der freundlichen Einladung, einen Beitrag zu einem Symposium zu leisten über die Frage »Why are the Calculuses of Logic and Arithmetic Applicable to Reality?«[190], das anläßlich der gemeinsamen Sitzung der Aristotelian Society und der Mind Association im Juli 1946 in Manchester stattfand. Es war eine interessante Konferenz, und ich wurde von den englischen

Philosophen mit der größten Freundlichkeit und speziell von Gilbert Ryle mit großem Interesse empfangen. Meine *Open Society* war in England sehr gut aufgenommen worden, weit über meine Erwartungen hinaus; sogar ein Platoniker – ein Rezensent, der das Buch haßte – schrieb über die »große Fruchtbarkeit« der Ideen des Buches und sagte: »Beinahe jeder Satz gibt uns zu denken.« Das freute mich mehr als jede unkritische Zustimmung.

Trotzdem bestand kein Zweifel daran, daß meine Denkweise, meine Interessen und meine Probleme vielen englischen Philosophen wenig sympathisch waren. Warum das so war, weiß ich nicht. In manchen Fällen mag es an meinem großen Interesse für die Naturwissenschaften gelegen haben. In anderen mag es meine kritische Einstellung zum Positivismus und zur Sprachphilosophie gewesen sein. Das bringt mich auf meine Begegnung mit Wittgenstein, über die mir die verschiedensten und absurdesten Berichte zu Ohren gekommen sind.

Zu Beginn des akademischen Jahres 1946/47 erhielt ich eine Einladung vom Sekretär des Moral Sciences Club in Cambridge, einen Vortrag über ein »philosophical puzzle« zu halten. (Das Wort »puzzle« ist nicht leicht zu übersetzen. Es bedeutet etwa »Rätsel«, aber ein nicht sehr ernst zu nehmendes Rätsel; etwa eine Vexierfrage. Jedenfalls ist ein »puzzle« kein echtes Problem. Man könnte etwa sagen, ein Rätselchen, das auf einem Mißverständnis beruht oder auf einer Fehlinterpretation.) Es war klar, daß das Wittgensteins Formulierung war und daß dahinter Wittgensteins philosophische These stand, daß es in der Philosophie keine echten Probleme gebe, sondern nur sprachliche »puzzles« (Vexierfragen, Vexierspiele). Da mir diese These von Herzen zuwider war, beschloß ich, über die Frage: »Gibt es philosophische Probleme?« zu sprechen. Ich begann meinen Vortrag (gehalten am 26. Oktober 1946 im Zimmer von Richard B. Braithwaite im King's College, Cambridge), indem ich meine Überraschung darüber äußerte, daß der Sekretär mich eingeladen hatte, einen Vortrag über ein »philosophisches Puzzle« zu halten. Weiter bemerkte ich, daß derjenige, der diese Einladung formulierte, implizite die Existenz philosophischer Probleme leugnete und damit, möglicherweise ohne es zu wissen, in einem Streit Partei ergriffen hat, der als ein Streit über ein echtes philosophisches Problem anzusehen ist: das Problem, ob es ernste philosophische Probleme gibt.

Ich brauche wohl kaum zu sagen, daß dies lediglich als eine provokante und etwas scherzhafte Einleitung in mein Thema gemeint war. Aber an diesem Punkt sprang Wittgenstein auf und sagte laut und, wie mir schien, sehr ärgerlich: »Der Sekretär tat genau das, was ihm gesagt wurde. Er handelte genau nach meiner Anweisung.« Ich nahm davon keine Notiz und fuhr fort; es stellte sich aber heraus, daß zumindest einige der Bewunderer Wittgensteins unter den Zuhörern davon Notiz nahmen und deshalb meine scherzhaft gemeinte Bemerkung als eine ernste Beschwerde über den Sekretär auffaßten. So verstand es auch der Sekretär selbst, wie aus dem Protokoll hervorgeht, in dem er den Zwischenfall schildert und eine Anmerkung hinzufügt: »Das ist die Form, in der der Klub seine Einladungen ausschickt.«[191]

Ich sagte weiter, daß, falls es keine echten philosophischen Probleme gibt, ich sicher kein Philosoph sein möchte und daß meiner Meinung nach die einzige Rechtfertigung dafür, ein Philosoph zu sein, darin besteht, daß viele oder vielleicht sogar alle Menschen unhaltbare Lösungen für viele oder vielleicht sogar alle philosophischen Probleme gedankenlos akzeptieren. Wittgenstein sprang wieder auf, unterbrach mich und sprach lange über Puzzles und über die Nichtexistenz philosophischer Probleme. In einem Augenblick, der mir geeignet erschien, unterbrach ich ihn und las eine von mir vorbereitete Liste philosophischer Probleme vor, wie etwa: Erkennen wir die Dinge durch unsere Sinne? Erlangen wir unsere Erkenntnis durch Induktion? Wittgenstein tat diese Probleme ab mit der Bemerkung, es seien mehr logische als philosophische Probleme. Daraufhin verwies ich auf das Problem, ob es potentielle oder vielleicht sogar tatsächliche Unendlichkeiten gibt, ein Problem, das er als ein mathematisches Problem abtat. (Diese Bemerkung kam ins Protokoll.) Daraufhin nannte ich moralische Probleme und das Problem der Gültigkeit moralischer Regeln. An diesem Punkt sagte Wittgenstein, der beim Feuer saß und nervös mit dem Schürhaken gespielt hatte, den er gelegentlich wie einen Dirigentenstab benutzte, um seine Behauptungen zu unterstreichen: »Geben Sie ein Beispiel für eine moralische Regel!« Ich erwiderte: »Man soll einen Gastredner nicht mit einem Schürhaken bedrohen.« Darauf warf Wittgenstein ärgerlich den Schürhaken hin, stürmte aus dem Raum und schlug die Türe hinter sich zu.

Mir tat das wirklich sehr leid. Ich gebe zu, daß ich nach Cambridge gegangen war in der Hoffnung, Wittgenstein zur Verteidigung seiner Ansicht zu provozieren, daß es keine echten philosophischen Probleme gibt, und mich mit ihm über diese Frage auseinanderzusetzen. Aber ich hatte keineswegs beabsichtigt, ihn zu ärgern; und es überraschte mich, daß er keinen Scherz verstehen konnte. Erst später ging mir auf, daß er wahrscheinlich gespürt hat, daß ich scherzte und daß ihn gerade das verletzte. Aber obwohl ich gewünscht hatte, mein Problem auf eine lustige Weise anzupacken, war es mir doch ernst; vielleicht ernster als Wittgenstein, denn er glaubte schließlich nicht an echte philosophische Probleme.

Nachdem Wittgenstein gegangen war, hatten wir eine sehr angenehme Diskussion, in der Bertrand Russell des öfteren das Wort ergriff. Und anschließend machte Braithwaite mir ein Kompliment (vielleicht ein zweifelhaftes Kompliment), als er sagte, ich sei der einzige Mensch, dem es gelungen sei, Wittgenstein ebenso zu unterbrechen, wie Wittgenstein sonst alle anderen unterbrach.

Am anderen Tag im Zug nach London saßen in meinem Abteil zwei junge Leute, ein Student, der in einem Buch las, und ihm gegenüber eine Studentin, die eine linksradikale Zeitschrift las. Plötzlich fragte sie: »Wer ist denn dieser Karl Popper?« Er antwortete: »Nie von ihm gehört.« So geht es mit der Berühmtheit. (Wie ich später herausfand, enthielt die Zeitschrift einen Angriff auf die *Open Society*).

Die Sitzung des Moral Sciences Club wurde bald zum

Gegenstand wilder Gerüchte. Nach erstaunlich kurzer Zeit erhielt ich einen Brief aus Neuseeland mit der Anfrage, ob es wahr sei, daß Wittgenstein und ich uns gegenseitig mit Feuerhaken geschlagen hätten. Näher am Kampfplatz waren die Geschichten etwas weniger übertrieben, aber nicht viel weniger.

Der Vorfall war teilweise auf meine Gewohnheit zurückzuführen, daß ich immer, wenn ich irgendwo zu einem Vortrag eingeladen bin, versuche, bestimmte Konsequenzen aus meinen Auffassungen darzulegen, von denen ich annehme, daß sie für das jeweilige Publikum gar nicht oder nur schwer akzeptabel sind. Denn ich glaube, daß es für einen Vortrag nur *eine* Rechtfertigung gibt: daß er eine Herausforderung an die Zuhörer ist. Nur darin kann der Vorzug der persönlichen Rede gegenüber dem gedruckten Wort bestehen. Mein Thema war dementsprechend gewählt. Im übrigen ging es bei dieser Kontroverse mit Wittgenstein um fundamentale Fragen.

Ich behaupte, daß es philosophische Probleme gibt, ja sogar, daß ich das eine oder das andere gelöst habe. Doch wie ich an anderer Stelle geschrieben habe, »nichts scheint weniger erwünscht zu sein als eine einfache Lösung für ein altes philosophisches Problem«[192]. Viele Philosophen – und besonders, wie es scheint, die Wittgensteinianer – sind der Ansicht, daß ein Problem, wenn es lösbar ist, kein philosophisches Problem gewesen sein kann. Es gibt natürlich andere Möglichkeiten, über den Skandal eines gelösten Problems hinwegzukommen. Man kann sagen, daß das alles schon längst überholt ist oder daß es das eigentliche Problem nicht berührt. Und überhaupt ist es ja klar, daß die vorgeschlagene Lösung falsch sein muß. Ich bin aber bereit zuzugeben, daß eine solche Haltung oft wertvoller ist als eine übertrieben zustimmende.

Eines der Dinge, die zu verstehen mir damals schwerfiel, war die Neigung der englischen Philosophen, mit nichtrealistischen (und subjektivistischen) Erkenntnistheorien zu liebäugeln: Phänomenalismus, Positivismus, Berkeleyscher, Humescher oder Machscher Idealismus oder »neutraler Monismus«, Sensualismus, Pragmatismus – alle diese philosophischen Spielereien fanden damals mehr Anklang als der Realismus. Nach einem sechsjährigen grauenhaften Krieg war diese Haltung überraschend, und ich gebe zu, daß ich sie damals (um eine historizistische Phrase zu verwenden) »überholt« fand. Deshalb wählte ich, 1946/47 zu einem Vortrag in Oxford eingeladen, den Titel »Eine Widerlegung des Phänomenalismus, Positivismus, Sensualismus, Idealismus und Subjektivismus«. In der Diskussion war die Verteidigung der von mir attackierten Ansichten so schwach, daß sie fast keinen Eindruck machte. Doch die Früchte dieses Sieges (wenn es überhaupt solche gab) ernteten die Vertreter der Philosophie der Umgangssprache (ordinary-language-philosophy), da die Vertreter dieser Version der Sprachphilosophie sich auch auf den gesunden Menschenverstand (common sense) beriefen. Tatsächlich sind die Bemühungen, am gesunden Menschenverstand und am Realismus festzuhalten, nach meiner Meinung bei weitem das Beste an dieser Philosophie der Umgangssprache. Doch der gesunden Menschenverstand, auch wenn er oft (und besonders mit seinem Realismus) recht hat, hat nicht immer recht. Und wirklich interessant werden die Dinge gerade dort, wo er unrecht hat. Das sind dann die Gelegenheiten, bei denen deutlich wird, daß wir der Aufklärung dringend bedürftig sind; und es sind zugleich die Gelegenheiten, bei denen der Gebrauch der Alltagssprache uns nicht helfen kann. Anders ausgedrückt: Die Alltagssprache ist konservativ; und dasselbe gilt für die Philosophie der Alltagssprache. In Dingen des *Intellekts* aber ist (anders vielleicht als in der Kunst oder der Politik) nichts weniger schöpferisch und mehr abgedroschen als der Konservativismus.

Das hat, wie mir scheint, Gilbert Ryle sehr gut formuliert: »Die Rationalität des Menschen besteht nicht darin, daß er gewisse Grundsätze bedingungslos akzeptiert, sondern darin, daß er nicht bedingungslos akzeptiert; nicht darin, daß er an vermeintlichen Axiomen festhält, sondern darin, daß er nichts als ausgemacht hinnimmt.«[193]

27

Frühe Arbeiten in England

Zwar habe ich, wie es niemandem erspart bleibt, Sorgen und Kummer erlebt, doch glaube ich nicht, daß ich als Philosoph eine unglückliche Stunde verbracht habe, seit wir nach England zurückgekehrt sind. [Das wurde 1969 geschrieben.] Ich habe viel gearbeitet, und ich bin oft tief in unslösbare Schwierigkeiten geraten. Aber ich habe das Glück gehabt, neue Probleme zu finden, an ihnen arbeiten zu können und hier und da auch einige Fortschritte zu machen. Das ist, denke ich, die beste Art zu leben; unendlich viel besser als ein Leben bloßer Beschaulichkeit oder Kontemplation (ganz zu schweigen von der von Aristoteles gepriesenen göttlichen Selbstkontemplation). Es ist ein rastloses Leben, aber es ist in hohem Maße unabhängig; autark, im Sinne von Sokrates, obwohl natürlich kein Leben wirklich autark sein kann.

Weder meine Frau noch ich lebten gern in London; seit wir aber im Jahre 1950 nach Penn in Buckinghamshire gezogen sind, bin ich, so vermute ich, der glücklichste Philosoph, der mir je begegnet ist.

Das ist für meine intellektuelle Entwicklung durchaus nicht unwichtig, denn es hat mir bei meiner Arbeit sehr geholfen. Andererseits besteht hier auch eine Art von Rückkoppelung: Es ist eine der vielen Quellen des Glücks, hier und da den Schimmer einer neuen Ansicht von der unwahrscheinlichen Welt zu erhaschen, in der wir leben, und von unserer unwahrscheinlichen Rolle in ihr.

Bevor wir nach Buckinghamshire zogen, beschäftigte ich mich hauptsächlich mit der Theorie des »natürlichen Schließens«. Ich hatte damit in Neuseeland begonnen, wo einer der Studenten meines Logik-Kurses, Peter Munz (heute Professor der Geschichte an der Victoria-Universität in Wellington), mich durch sein Verständnis für die Probleme und durch seine Fähigkeit, selbständig ein Argument zu entwickeln, sehr ermutigte.[194] (Er kann sich nicht mehr daran erinnern.) Nachdem ich nach England zurückgekehrt war, sprach ich über diese Probleme mit Paul Bernays, dem Mengentheoretiker, und einmal mit Bertrand Russell. (Tarski war daran nicht interessiert, was ich gut verstehen konnte, da er sich mit wichtigeren Ideen befaßte; Evert Beth dagegen zeigte großes Interesse.) Es ist eine sehr elementare, zugleich aber auch merkwürdig schöne Theorie – sehr viel schöner und symmetrischer als die logischen Theorien, die ich vorher gekannt hatte.

Mein Interesse an diesen Untersuchungen war von Tarskis Abhandlung »Über den Begriff der logischen Folgerung«[195] ausgelöst worden, die ich ihn auf einem Kongreß in Paris im Herbst 1935 vortragen hörte. Diese Abhandlung und speziell gewisse Zweifel, die darin zum Ausdruck kamen[196], führten mich zu zwei Problemen: (1) Inwieweit ist es möglich, mit Hilfe der Wahrheit oder der Ableitbarkeit (das heißt der Übertragung der Wahrheit von den Prämissen auf die Konklusion und der Rückübertragung der Falschheit) eine Logik zu formulieren? Und (2) kann man die logischen Konstanten einer Objektsprache als Symbole charakterisieren, deren Funktion sich durch die Ableitbarkeitsbeziehungen (Wahrheitsübertragung) beschreiben läßt? Aus diesen Problemen und aus meinen zahlreichen Versuchen, sie zu lösen, ergaben sich viele weitere Probleme.[197] Trotzdem gab ich nach jahrelangen Bemühungen schließlich auf, als ich entdeckte, daß ich Fehler gemacht hatte, obgleich es keine schwerwiegenden Fehler waren und ich durch ihre Ausschaltung zu einigen interessanten Resultaten gelangte, die ich aber nie veröffentlicht habe.[198]

Zusammen mit Fritz Waismann reiste ich 1946 nach Holland,

um an einem Kongreß der Internationalen Vereinigung für Semiotik teilzunehmen. Damit begann eine enge Beziehung zu Holland, die sich über mehrere Jahre erstreckte. (Vorher hatte mich der holländische Physiker J. Clay, der meine *Logik der Forschung* gelesen hatte und mit dem ich in vielen Ansichten übereinstimmte, in England besucht.) Auf diesem Kongreß begegnete ich zum erstenmal L. Egbert J. Brouwer, dem Begründer der intuitionistischen Interpretation der Mathematik, und Arend Heyting, seinem hervorragendsten Schüler, sowie dem Psychologen und Methodologen Adriaan D. De Groot und den Brüdern Justus und Herman Meijer. Justus war sehr interessiert an meiner *Open Society* und machte sich gleich an die Übersetzung des Buches in die holländische Sprache.[199]

Im Jahre 1949 wurde ich Professor der Logik und der wissenschaftlichen Methode an der Universität London. Vielleicht habe ich deshalb meine Vorlesungen über die wissenschaftliche Methode so oft mit einer Auseinandersetzung der Gründe begonnen, warum es dieses Fach, die wissenschaftliche Methode, nicht gibt – sogar noch weniger als andere nicht existierende Fächer. (Abgesehen aber von dieser Einleitung wiederholte ich mich in meinen Vorlesungen nur selten: Ich habe meine Vorlesungsnotizen nie ein zweites Mal verwendet.)

Die Menschen, von denen ich in jener ersten Zeit in England am meisten lernte, waren Ernst Gombrich, Friedrich von Hayek, Peter Medawar und Lionel Robbins (später Lord Robbins) – alle keine Philosophen; außerdem war da noch Terence Hutchinson, der sehr interessant über die Methoden der Wirtschaftswissenschaft geschrieben hatte. Was ich damals am stärksten vermißte, war eine Gelegenheit mit einem Physiker ausführlich zu sprechen. Aber ich hatte einige Gespräche mit Arthur March in Alpbach, Tirol, mit Wolfgang Pauli in Zürich und, des öfteren, mit Schrödinger.

28

Erster Besuch in den Vereinigten Staaten. Begegnung mit Albert Einstein

Im Jahre 1949 wurde ich eingeladen, im folgenden Jahr die William-James-Vorlesungen an der Harvard-Universität zu halten. So kam es zu meinem ersten Besuch in Amerika, einem der Wendepunkte in meinem Leben. Als ich die völlig unterwartete Einladung las, die mir Professor Donald Williams geschickt hatte, glaubte ich zuerst an einen Irrtum: Ich dachte, man habe mich mit dem schon lange verstorbenen Josef Popper-Lynkeus verwechselt.

Ich beschäftigte mich zu jener Zeit mit drei Dingen: mit einer Reihe von Aufsätzen über natürliche Deduktion, mit verschiedenen Axiomatisierungen der Wahrscheinlichkeit und mit der Methodologie der Sozialwissenschaften. Das einzige Thema, das für eine Reihe von acht oder zehn öffentlichen Vorträgen geeignet erschien, war das letztere, und so wählte ich für die Vorträge den Titel »Das Studium der Natur und das der Gesellschaft« (»The Study of Nature and of Society«).

Wir fuhren im Februar 1950 auf dem Schiff »Queen Mary« nach New York. Von den Mitgliedern des philosophischen Departments in Harvard kannte ich von früher nur Willard Van Orman Quine (»Van«). Nun lernte ich außerdem Clarence Irving Lewis, Donald Williams und Morton White kennen. Außerdem traf ich, zum ersten Mal seit 1936, eine Reihe alter Freunde wieder: den Mathematiker Paul Boschan, Herbert Feigl, Philipp Frank (der mich mit dem großen Physiker Percy Bridgman bekannt machte, mit dem ich mich rasch anfreundete, obwohl wir philosophisch recht weit voneinander entfernt waren), Julius Kraft, Richard von Mises, Franz Urbach, Abraham Wald und Victor Weisskopf. Ich traf auch zum ersten Mal Gottfried von Haberler, der, wie ich später von Hayek erfuhr, wohl der erste Nationalökonom war, der sich für meine Methodenlehre interessiert hatte, sowie die Wissenschaftshistoriker George Sarton und I. Bernard Cohen. Und ich lernte James Bryant Conant kennen, den Präsidenten von Harvard.

Mit gefiel Amerika vom ersten Tag an; vielleicht, weil ich ein wenig voreingenommen gegen das Land gewesen war. Im Jahre 1950 herrschte dort ein Gefühl der Freiheit und der persönlichen Unabhängigkeit, das es in Europa nicht gab und das, glaube ich, noch deutlicher fühlbar war als in Neuseeland, dem freiesten Land, das ich bis dahin kennengelernt hatte. Zwar begann sich damals der McCarthyismus auszubreiten – der antikommunistische Kreuzzug des heute ziemlich vergessenen Senators Joseph McCarthy. Aber ich glaubte, nach der allgemeinen Atmosphäre urteilend, daß sich diese Bewegung, die an die Furcht appellierte, am Ende selbst ad absurdum führen werde. Nach meiner Rückkehr nach England hatte ich darüber eine Auseinandersetzung mit Bertrand Russell.

Ich gebe gern zu, daß die Dinge sich ganz anders hätten entwickeln können. Die Behauptung: »Das ist hier unmöglich«, ist immer falsch; eine Diktatur ist überall möglich.

Der größte und nachhaltigste Eindruck unserer Reise war die Begegnung mit Albert Einstein. Man hatte mich nach Princeton eingeladen, und ich hielt in einem Seminar einen Vortrag über den »Indeterminismus in der Quantentheorie und in der klassischen Physik« (»Indeterminism in Quantum Physics and in Classical Physics«), der ein Auszug aus einem sehr viel längeren Aufsatz war.[200] In der Diskussion sagte Einstein einige zustimmende Worte, und Bohr sprach sehr lange (so lange, bis nur er und ich übrig waren), wobei er anhand des berühmten Zweispaltenexperiments zu zeigen versuchte, daß sich in der Quantenphysik eine vollkommen neuartige Situation entwickelt habe, die mit der in der klassischen Physik überhaupt nicht zu vergleichen sei. Die Tatsache, daß Einstein und Bohr zu meinem Vortrag kamen, betrachtete ich als das größte Kompliment, das mir je gemacht wurde.

Ich hatte Einstein schon vor meinem Seminarvortrag besucht, ermutigt von Paul Oppenheim, der uns eingeladen hatte, bei ihm zu wohnen. Ich fürchtete, Einsteins Zeit in Anspruch zu nehmen, aber er lud mich ein wiederzukommen. Im ganzen habe ich ihn dreimal getroffen. Das Hauptthema unserer Gespräche war der Indeterminismus. Ich versuchte, ihn dazu zu überreden, seinen Determinismus aufzugeben, der auf die Ansicht hinauslief, die Welt sei ein vierdimensionales, parmenideisches, abgeschlossenes System, in dem Veränderungen nichts anderes sein konnten – oder beinahe nichts anderes – als eine menschliche Illusion. (Er gab zu, daß das seine Ansicht war; und in unserer Diskussion nannte ich ihn »Parmenides«.) Ich argumentierte, daß, wenn Menschen oder andere Organismen Veränderung und einen echten Zeitablauf erleben können, dieser real sein muß. Er kann nicht hinwegerklärt werden durch eine Theorie, derzufolge verschiedene Zeitabschnitte, die irgendwie gleichzeitig da sind, uns in zeitlicher Abfolge bewußt werden; denn ein solches »Bewußtwerden« würde genau denselben zeitlichen Charakter haben wie jene Abfolge von Veränderungen, welche diese Theorie hinwegzuerklären versucht. Ich brachte auch die ziemlich naheliegenden biologischen Argumente vor, daß die Evolution des Lebens und das Verhalten der Organismen, besonders das der höheren Tiere, nicht verstanden werden könne aufgrund einer Theorie, welche die Zeit interpretiere, als sei sie so etwas wie eine zusätzliche (anisotrope) Raumkoordinate. Im Grunde ist schließlich eine Raumkoordinate *nicht* etwas, was wir erfahren. Und zwar deshalb, weil es sie einfach nicht gibt: Wir müssen uns davor hüten, sie zu hypostasieren. Raumkoordinaten sind Konstruktionen, die beinahe ganz willkürlich sind. Warum sollten wir dann die Zeitkoordinate – natürlich die, die unserem Inertialsystem angemessen ist – nicht nur als etwas Reales, sondern auch als etwas Absolutes erleben, also als unveränderlich und als unabhängig von allem, was wir tun können (ausgenommen von einer radikalen Veränderung unseres Bewegungszustandes)?

Die Wirklichkeit der Zeit und der Veränderung schien mir der entscheidende Punkt des Realismus zu sein. (Ich fasse sie noch immer so auf; und auch einige idealistische Gegner des Realismus, wie etwa Schrödinger und Gödel, haben sie so aufgefaßt.)

Kurz bevor ich Einstein besuchte, war Paul Arthur Schilpps *Einstein*-Band in der *Library of Living Philosophers* erschienen; dieser Band enthielt einen seither berühmt gewordenen Beitrag von Gödel, der Argumente aus den beiden Relativitätstheorien von Einstein gegen die Wirklichkeit von Zeit und Veränderung benutzte.[201] Einstein selbst war in diesem Band nachdrücklich für den Realismus eingetreten, und er stimmte ganz offenbar mit Gödels Idealismus nicht überein: In seiner Schlußbemerkung deutete er an, daß man Gödels Lösungen der kosmologischen Gleichungen unter Umständen »aus physikalischen Gründen auszuschließen« habe.[202]

Ich versuchte, Einstein-Parmenides mit den besten Argumenten, die mir zur Verfügung standen, meine Überzeugung darzulegen, daß man jeglicher idealistischen Zeitauffassung entgegentreten müsse. Und ich versuchte zu zeigen, daß man, trotz der Vereinbarkeit der idealistischen Auffassung sowohl mit dem Determinismus als auch mit dem Indeterminismus, klar und deutlich für ein »offenes« Universum eintreten sollte – eines, in dem die Zukunft in keinem wie immer gearteten Sinn in der Vergangenheit oder der Gegenwart enthalten ist, obwohl diese beiden der Zukunft strenge Beschränkungen auferlegten. Die Schönheit einer Theorie darf uns nicht dazu verführen, den gesunden Menschenverstand allzuleicht aufzugeben. Offensichtlich wollte Einstein den Realismus nicht aufgeben (der seine stärksten Argumente vom gesunden Menschenverstand bezieht). Aber ich glaube, daß Einstein genauso wie ich bereit war, einzuräumen, daß wir eines Tages gezwungen sein könnten, den Realismus aufzugeben, falls starke Argumente (etwa von der Art der Gödelschen) gegen ihn vorgebracht werden sollten. Ich sagte, daß hinsichtlich der Zeit und hinsichtlich des Indeterminismus (das heißt, hinsichtlich der Unvollständigkeit der Physik) ganz ähnliche Argumente gelten wie hinsichtlich des Realismus. Mit einer Anspielung auf Einsteins Vorliebe, die Dinge in theologischer Sprache auszudrücken, sagte ich: Wenn Gott eine Welt gewollt hätte, die alles von Anfang an enthält, dann hätte er ein Universum geschaffen ohne Veränderung, ohne Organismen, ohne Evolution; und ohne den Menschen und dessen Fähigkeit, Veränderungen zu erleben und Veränderungen herbeizuführen. Aber Gott scheint sich gedacht zu haben, daß ein lebendiges Universum mit selbst für ihn manchmal unerwarteten Ereignissen interessanter sein würde als ein totes Blockuniversum wie das des Parmenides.

Weiter versuchte ich Einstein zu überzeugen, daß eine solche Position seine kritische Einstellung zu Bohrs Behauptung, die Quantenmechanik sei vollständig, nicht beeinträchtigen würde; im Gegenteil, diese Position war mit der Idee vereinbar, daß wir unsere Probleme immer weiter vorantreiben können und daß sich die Wissenschaft überhaupt wohl als unvollständig und unvollendbar erweisen wird.

Denn wir können immer weiter Warum-Fragen stellen. Obwohl Newton an die Wahrheit seiner Theorie glaubte, glaubte er nicht, daß sie eine letzte Erklärung liefere, und er versuchte, eine theologische Erklärung der Fernwirkung zu geben. Leibniz glaubte nicht, daß der mechanische Stoß (Nahwirkung über eine verschwindende Distanz) das letzte sei, denn er suchte nach einer Erklärung durch abstoßende Kräfte; eine Erklärung, die später durch die elektrische Theorie der Materie geliefert wurde. Erklärungen sind immer unvollständig:[203] Wir können immer eine weitere Warum-Frage stellen. Und die neue Warum-Frage kann zu einer neuen Theorie führen, die nicht nur die alte Theorie erklärt, sondern sie auch korrigiert.[204]

Deshalb ist die Entwicklung der Physik wohl ein endloser Prozeß der Korrektur und der besseren Annäherung. Und selbst wenn wir eines Tages ein Stadium erreichen sollten, in dem unsere Theorien nicht mehr korrekturbedürftig sind, da sie ganz einfach wahr sind (was wir aber nicht wissen würden), so wären sie noch immer nicht vollständig (und das würden wir wissen). Denn dann würde Gödels berühmtes Unvollständigkeitstheorem ins Spiel kommen: Angesichts des mathematischen Hintergrunds der Physik würden wir im besten Falle eine unendliche Folge solcher wahren Theorien benötigen, um jene Probleme zu beantworten, die in jeder gegebenen (formalisierten) Theorie unentscheidbar sind.

Solche Überlegungen beweisen nicht, daß die objektive physikalische Welt unvollständig oder indeterminiert ist: Sie zeigen nur die wesentliche Unvollständigkeit aller menschlichen Bemühungen.[204a] Sie zeigen aber auch, daß es der Wissenschaft kaum möglich ist (wenn es überhaupt möglich ist), einen Zustand zu erreichen, in dem sie eine glaubhafte Grundlage für die Ansicht liefern könnte, daß die physikalische Welt deterministisch ist. Warum also sollten wir daher nicht den Urteilsspruch des gesunden Menschenverstandes akzeptieren – zumindest so lange, als diese Argumente nicht widerlegt sind?[205]

Das sind im wesentlichen die Argumente, mit denen ich versuchte, Einstein-Parmenides zu bekehren. Daneben erörterten wir, nicht ganz so ausführlich, Probleme wie den Operationalismus[206], den Positivismus und die merkwürdige Furcht der Positivisten vor der Metaphysik; die Verifikation im Gegensatz zur Falsifikation; die Falsifizierbarkeit und die Einfachheit. Ich erfuhr zu meiner Überraschung, daß Einstein glaubte, meine Vorschläge zur Einfachheit (in der *Logik der Forschung*) seien mittlerweile allgemein anerkannt, so daß jetzt jedermann wisse, daß die einfachere (nämlich parameterärmere) Theorie vorzuziehen sei wegen ihrer größeren Fähigkeit, mögliche Sachverhalte auszuschließen, das heißt, wegen ihrer besseren Prüfbarkeit.[207]

Ein anderes Thema, das wir erörterten, war Bohrs Komplementaritätsprinzip – ein Thema, das nach Bohrs Diskussionsbeitrag am Vorabend kaum zu vermeiden war; und Einstein wiederholte mit dem größten Nachdruck, was er in dem von Schilpp herausgegebenen Band angedeutet hatte: daß er trotz aller Bemühungen nicht imstande sei, zu verstehen, was Bohr mit seinem Prinzip der Komplementarität eigentlich meine.[208]

Auch erinnere ich mich einiger Bemerkungen Einsteins über die – vom Standpunkt des Physikers aus betrachtet – Trivialität der Theorie der Atombombe; Bemerkungen, die mir ein bißchen zu weit zu gehen schienen, wenn man bedenkt, daß er selbst, ebenso wie Rutherford, eine Nutzung der Atomenergie für unmöglich gehalten hatte. Vielleicht waren diese Bemerkungen ein wenig beeinflußt durch seine Ablehnung der Bombe und alles dessen, was mit ihr zusammenhing; aber zweifellos meinte er, was er sagte; und im wesentlichen hatte er sicher recht.

Es ist schwierig, den Eindruck zu vermitteln, den Einsteins Persönlichkeit auf mich und auf meine Frau machte. Man mußte ihm einfach vertrauen, mußte sich bedingungslos seiner Freundlichkeit überlassen, seiner Güte, seiner Weisheit, seiner Offenheit und einer beinahe kindlichen Einfachheit. Es spricht für unsere Welt und für Amerika, daß ein so weltfremder Mensch dort nicht nur überleben konnte, sondern geschätzt und geehrt wurde.

Während meines Besuches in Princeton kam ich auch wieder mit Kurt Gödel zusammen, und wir diskutierten seinen Beitrag zum *Einstein*-Band und auch die mögliche Bedeutung seines Unvollständigkeitstheorems für die Physik.

Nach unserer ersten Amerikareise zogen wir im Oktober 1950 nach Penn, Buckinghamshire, das damals ein sehr stiller und schöner kleiner Ort war. Hier konnte ich mehr arbeiten als je vorher.

29

Probleme und Theorien

Schon im Jahre 1937 hatte ich versucht, dem berühmten »dialektischen Dreischritt« *(Thesis : Antithesis : Synthesis)* dadurch einen Sinn abzugewinnen, daß ich ihn durch die Methode von Versuch und Irrtumsausschaltung interpretierte. Ich ging damals von der Annahme aus, daß jeder wissenschaftlichen Diskussion ein *Problem* (P_1) zugrunde liegt. Dieses Problem P_1 führt zu einem Lösungsvorschlag – zu einer *versuchsweise vorgeschlagenen Theorie* (*VT*, vorgeschlagene Theorie). In einem nächsten Schritt wird die vorgeschlagene Theorie kritisiert, in dem Bemühen, ihre Fehler zu entdecken und zu eliminieren (*FE*, Fehler-Entdeckung oder Fehler-Elimination). Die Fehler-Entdeckung führt nun ihrerseits zu neuen Problemen (P_2), und damit beginnt der Prozeß, wie bei der Dialektik, von vorn, aber auf einer höheren Ebene: Die vorgeschlagene Theorie *(VT)* und ihre kritische Revision *(FE)* haben neue Probleme (P_2) aufgeworfen.[209]

Später stellte ich das durch das folgende Schema dar:

$$P_1 \rightarrow VT \rightarrow FE \rightarrow P_2,$$

ein Schema, das ich oft in Vorlesungen benützt habe.

Ich faßte diese Formel gern in dem Satz zusammen, daß *die Wissenschaft von offenen Problemen ausgeht und mit offenen Problemen endet.* Allerdings hat mich diese Zusammenfassung immer ein wenig beunruhigt, denn ein wissenschaftliches Problem entsteht seinerseits in einem *theoretischen* Zusammenhang. Es ist von Theorie durchtränkt. Deshalb sagte ich, wir könnten das Schema an jeder beliebigen Stelle beginnen lassen: Wir können mit VT_1 anfangen, um bei VT_2 zu landen, oder wir können mit FE_1 anfangen, um bei FE_2 zu landen. Ich pflegte allerdings hinzuzufügen, daß eine *theoretische* Entwicklung oft von einem *praktischen Problem* ausgeht; und obgleich jede *Formulierung* eines praktischen Problems unvermeidlich Theorien involviert, so kann es doch sein, daß das praktische Problem als solches bloß »empfunden« war: Unter Umständen ist es »vorsprachlich«. Wir – oder eine Amöbe – können Kälte *fühlen* (oder einen anderen Reiz); und das kann uns – oder die Amöbe – zu vorläufigen Lösungsversuchen veranlassen (vielleicht auch zu theoretischen Lösungsversuchen), um dem Reiz zu entgehen.

Doch das Problem: »Was kommt zuerst, das Problem oder die Theorie?« ist nicht so leicht zu lösen.[210] Ich fand es unerwartet fruchtbar und schwierig.

Praktische Probleme entstehen ja dadurch, daß etwas schiefgegangen ist: durch ein unerwartetes und unerwünschtes Ereignis. Das bedeutet aber, daß der Organismus, sei es ein Mensch oder eine Amöbe, sich zuvor (vielleicht nicht ganz geschickt) an seine Umgebung angepaßt hat, indem er eine Erwartung oder irgendeine andere Struktur (etwa ein Organ) entwickelte. Eine solche Anpassung kann als die vorbewußte Form einer Theorie angesehen werden, eine Form, die der bewußten Form vorausgeht. Und da jedes praktische Problem im Zusammenhang mit einer solchen Anpassung entsteht, sind praktische Probleme wesentlich von Theorien (in diesem Sinn) durchtränkt. Wir kommen so zu einem Resultat, das in der Tat unerwartet interessante Konsequenzen hat: *Die ersten Theorien – das heißt, die ersten vorläufigen Problemlösungen – und die ersten Probleme müssen irgendwie zusammen entstanden sein.*

Diese Überlegungen haben einige weitere Konsequenzen: *Organische Strukturen und Probleme entstehen zusammen.* Oder mit anderen Worten, *organische Strukturen sind sowohl theorieverkörpernde als auch problemlösende Strukturen.*

Später werde ich noch einmal auf die Biologie und die Evolutionstheorie zurückkommen. Hier will ich nur darauf hinweisen, daß bei der Unterscheidung zwischen formulierten und theoretischen Problemen einerseits und andererseits Problemen, die lediglich »empfunden« werden, einschließlich praktischen Problemen, gewisse subtile Punkte zu beachten sind.

Dazu gehören die folgenden:

(1) Die Beziehung zwischen einem *formulierten* Problem und einer vorgeschlagenen *formulierten* Lösung kann als eine im wesentlichen *logische* Beziehung aufgefaßt werden.

(2) Die Beziehung zwischen einem »empfundenen« Problem (oder einem praktischen Problem) und einer Lösung ist jedoch fundamental eine *biologische* Beziehung. Solche Beziehungen sind manchmal bedeutsam für die Beschreibung des Verhaltens von Einzelorganismen oder auch für die Theorie der Evolution einer Art oder eines Stammes. (Die meisten Probleme – vielleicht alle – sind also nicht *nur* »Überlebensprobleme«: Es sind ganz konkrete Probleme, die durch ganz spezifizische Situationen aufgeworfen werden.)

(3) Die Beziehungen zwischen Problemen und Lösungen spielen offensichtlich eine wichtige Rolle in der *Geschichte* von Einzelorganismen, besonders von menschlichen Organismen; und sie spielen eine besonders wichtige Rolle in der Geschichte von intellektuellen Bestrebungen, etwa in der Geschichte der Wissenschaft. Ich schlage vor, daß Geschichte jeder Art als eine *Geschichte von Problemsituationen* aufgefaßt werden sollte.

(4) Andererseits sieht es so aus, als ob Problemsituationen in der Geschichte der *anorganischen* Evolution des Universums oder seiner anorganischen Bestandteile *keine* Rolle spielen (etwa in der Geschichte der Evolution der Sterne oder des »Überlebens« stabiler Elemente oder stabiler Verbindungen und der entsprechenden Seltenheit von instabilen Elementen und Verbindungen).

Ein ganz anderer Punkt ist auch von Interesse:

(5) Wann immer wir sagen, ein Organismus habe versucht, ein Problem, etwa P_1, zu lösen, schlagen wir eine mehr oder weniger riskante *historische Vermutung* vor. So eine historische Vermutung wird aber selten im Zusammenhang mit historischen oder

biologischen Theorien vorgeschlagen. Die Vermutung ist ein Versuch, ein historisches Problem, wie etwa »Was war Keplers Problem?«, also $P (P_1)$ zu lösen, ein Problem, das durchaus verschieden ist von dem Problem P_1, das von der Vermutung dem betreffenden Organismus zugeschrieben wird.[211] So ist es möglich, daß ein Wissenschaftler wie Kepler geglaubt haben mag, er habe ein Problem P_1 gelöst, während ein Wissenschaftshistoriker vielleicht versucht, daß Problem $P (P_1)$ zu lösen, etwa »Hat Kepler das Problem P_1 oder ein anderes Problem gelöst? Was war die wirkliche *Problemsituation*?«. Und die Lösung von $P (P_1)$ kann tatsächlich (und wie ich glaube, ganz richtig) darin bestehen, daß Kepler ein ganz anderes Problem löste, als er gelöst zu haben glaubte.

Auf der Ebene der Verhaltensforschung der Tiere kann es natürlich *immer* nur eine Vermutung sein – in der Tat ist es eine höchst theoretische Konstruktion –, wenn ein Wissenschaftler von einem einzelnen oder einer Tierkolonie oder einer Art (zum Beispiel einer mit Penicillin behandelten Kolonie von Mikroben) vermutet, sie sei (zum Beispiel dadurch, daß sie penicillinresistent wurde) zu einer Lösung eines ihr gestellten Problems gelangt. Eine solche Vermutung klingt zwar metaphorisch, ja sogar anthropomorph, aber das braucht sie nicht zu sein: Sie drückt wohl nur die Vermutung aus, daß die Umweltsituation derart beschaffen war, daß die Art (oder die Population von Organismen) in noch größere Schwierigkeiten geraten wäre, wenn sie sich nicht in einem bestimmten Sinne verändert hätte (etwa durch eine veränderte statistische Verteilung ihres Gen-Bestandes).

Man könnte sagen, daß das alles selbstverständlich sei: Wir wissen ja, daß es eine schwierige Aufgabe ist, unsere Probleme klar zu formulieren, und daß wir oft bei dieser Aufgabe versagen. Es ist nicht leicht, Probleme zu identifizieren oder zu formulieren. Natürlich wird uns manchmal ein klar formuliertes Problem vorgelegt, etwa bei einer akademischen Prüfung; aber selbst bei einer Prüfung finden wir unter Umständen, daß der Prüfer sein Problem nicht gut formuliert hat und daß wir es vielleicht besser formulieren können. Deshalb besteht das Problem nur allzuoft darin, das Problem zu formulieren – und darin, ob das denn wirklich das zu formulierende Problem war.

Probleme, selbst praktische Probleme, sind daher irgendwie immer auch theoretische Probleme. Theorien dagegen sind nur als vorläufige, versuchsweise angebotene Lösungen von Problemen zu verstehen, und immer im Hinblick auf Problemsituationen.

Um Mißverständnisse zu vermeiden, möchte ich betonen, daß die hier erörterten Beziehungen zwischen Problemen und Theorien nicht etwa Beziehungen zwischen den *Worten* »Probleme« und »Theorien« sind: Weder Wortbedeutungen noch Begriffe wurden hier erörtert. Was erörtert wurde, sind Beziehungen zwischen Problemen und Theorien – insbesondere jenen Theorien, die den Problemen vorangehen; jenen Problemen, die aus Theorien oder mit ihnen entstehen; und jenen Theorien, die vorläufige Lösungen gewisser Probleme sind.

30

Diskussionen mit Erwin Schrödinger

Im Jahre 1947 oder 1948 ließ Schrödinger mich wissen, daß er nach London komme, und ich traf ihn in der Wohnung eines Freundes. Von da an standen wir ziemlich regelmäßig in Verbindung, teils durch Briefe, teils durch persönliche Begegnungen in London und später in Dublin, in Alpbach (Tirol) und in Wien.

1960 war ich in Wien im Krankenhaus, und da Schrödinger selbst zu krank war, um mich zu besuchen, kam seine Frau Annemarie täglich. Vor meiner Rückkehr nach England suchten meine Frau und ich die beiden in ihrer Wohnung in der Pasteurgasse auf. Es war das letzte Mal, daß ich ihn sah.

Der Verlauf unserer Beziehungen war einigermaßen stürmisch gewesen. Wer ihn kannte, wird darüber nicht erstaunt sein. In vielen Dingen kam es zwischen uns zu heftigen Debatten. Ursprünglich hatte ich es beinahe für selbstverständlich gehalten, daß er bei seiner grenzenlosen Bewunderung für Boltzmann nicht eine positivistische Erkenntnistheorie vertreten werde. Aber als ich eines Tages (es muß 1954 oder 1955 gewesen sein) jene Machsche Auffassung kritisierte, die heute gewöhnlich als »neutraler Monismus« bezeichnet wird, kam es zu einer heftigen Explosion und beinahe zu einem Bruch – obwohl wir uns beide darin einig w [illegible] es Theorie, entgegen Machs Absichten, eine Form des Idealismus war.[212]

Schrödinger war in seinem Idealismus (den er später in Form eines schönen Buches *Mein Weltbild* entwickelte) wohl stark von Schopenhauer beeinflußt. Ich hatte jedoch erwartet, daß er die Schwäche der idealistischen Philosophie einsehen würde, einer Philosophie, über die Boltzmann sich äußerst abfällig geäußert hatte und gegen die zum Beispiel Churchill, der sich nie als einen Philosophen ansah, schlagende Argumente vorgebracht hatte.[213] Da Schrödinger innerhalb der Quantentheorie ein Realist war (ähnlich wie Einstein und im Gegensatz zu Bohr), so war ich noch mehr überrascht, als Schrödinger sensualistische und positivistische Auffassungen vertrat, wie die, daß »unser gesamtes Wissen . . . ganz und gar auf unmittelbaren Sinnesempfindungen beruht«[214].

Wir hatten noch eine weitere heftige Auseinandersetzung über meinen Brief, der 1956 in der Zeitschrift *Nature* unter dem Titel »The Arrow of Time« erschien[215], in der ich die Existenz irreversibler physikalischer Prozesse behauptete, unabhängig davon, ob mit ihnen ein Entropiezuwachs verbunden ist oder nicht. Ein typisches Beispiel dafür ist eine sich ausbreitende sphärische Lichtwelle oder ein Prozeß (wie eine Explosion), der Teilchen in die Unendlichkeit (des Newtonschen Raumes) schleudert. Das Gegenteil – eine kohärente aus der Unendlichkeit kommende und in einem Punkt zusammenlaufende sphärische Welle (oder eine aus der Unendlichkeit kommende Implosion) – kann nicht vorkommen; nicht weil so etwas durch die allgemeinen Gesetze der Ausbreitung des Lichts oder der Bewegung ausgeschlossen ist, sondern weil es physikalisch unmöglich ist, die Anfangsbedingungen zu realisieren.[216]

Schrödinger hatte eine Reihe von interessanten Aufsätzen geschrieben, in denen er versuchte, Boltzmanns Theorie zu rechtfertigen, derzufolge die Richtung der Entropiezunahme vollständig die Richtung der Zeit determiniert (oder »definiert« – aber vergessen wir das). Er hatte darauf bestanden, daß Boltzmanns Theorie zusammenbrechen würde, wenn es eine Methode gäbe, wie etwa die von mir vorgeschlagene, mit deren Hilfe wir unabhängig von der Entropiezunahme über die Richtung der Zeit entscheiden könnten.[217]

Über diesen Punkt waren wir uns einig. Als ich ihn jedoch bat, mir zu sagen, wo ich mich getäuscht habe, warf Schrödinger mir vor, daß ich gefühllos die schönste Theorie, die es in der Physik gebe, zerstöre – eine Theorie mit tiefem, philosophischem Gehalt, eine Theorie, die kein Physiker anzugreifen wagte. Wenn ein Nicht-Physiker wie ich eine solche Theorie angriff, so war das nach seiner Ansicht eine Anmaßung, fast ein Sakrileg. Um diesen Punkt ganz klarzumachen, fügte er in seinem Buch *Mind and Matter* in Klammern eine Stelle ein: »Das hat eine überaus schwerwiegende Konsequenz für die Methodologie des Physikers. Er darf nie irgendetwas einführen, was uns erlauben würde, unabhängig über die Richtung der Zeit zu entscheiden, denn sonst bricht Boltzmanns schönes Gebäude zusammen.«[218] Ich glaube noch immer, daß Schrödinger sich von seinem Enthusiasmus hinreißen ließ: Wenn der Physiker oder sonst jemand unabhängig von der Entropiezunahme über die Richtung der Zeit entscheiden *kann* und wenn das die Konsequenz hat, die ihm Schrödinger (wie ich glaube, zu Recht) zuschreibt, dann muß er, ob es ihm gefällt oder nicht, den Zusammenbruch der Boltzmann-Schrödingerschen Theorie und der darauf basierenden Argumente zugunsten des Idealismus hinnehmen. Schrödingers Weigerung, das zu tun, war verfehlt – es sei denn, er hätte einen anderen Ausweg gefunden. Aber er glaubte, es gäbe keinen anderen Weg.

Zu einem anderen Zusammenstoß kam es über eine seiner Thesen – eine, wie ich glaube, unwichtige These, aber er hielt sie für sehr wichtig – in seinem bewundernswürdigen Buch *Was ist Leben?*. Dieses Buch ist eine geniale Arbeit, insbesondere der kurze Abschnitt »Der Vererbungscode« (»The Genetic Code«), der schon in seinem Titel eine der wichtigsten biologischen Theorien enthält. Das Buch ist wirklich einzigartig. Geschrieben für den gebildeten Laien, enthält es neue und bahnbrechende wissenschaftliche Ideen.

Es enthält aber zugleich, in der Antwort auf seine Hauptfrage, »Was ist Leben?«, eine Behauptung, die mir ganz offensichtlich falsch zu sein scheint. In Kapitel 6 gibt es einen Abschnitt, der mit den Worten beginnt: »Was ist das Kennzeichen des

Lebens? Wann sagt man von einem Stück Materie, daß es lebt?« Eine Antwort auf diese Frage gibt Schrödinger in dem Titel des folgenden Abschnitts: »*Es ernährt sich von ›negativer Entropie‹*«[219]. Der erste Satz dieses Abschnitts lautet: »Es ist das Vermeiden des raschen Zerfalls in den trägen Zustand des ›Gleichgewichts‹, das uns einen Organismus so rätselhaft erscheinen läßt ...« Nach einer kurzen Diskussion der statistischen Theorie der Entropie fragt Schrödinger: »Wie könnten wir, im Sinne der statistischen Theorie, die wunderbare Fähigkeit eines lebenden Organismus beschreiben, durch die er den Zerfall in das thermodynamische Gleichgewicht (den Tod) verzögert? Wir sagten vorhin: ›Er ernährt sich von negativer Entropie‹, indem er gleichsam einen Strom negativer Entropie zu sich hinzieht ...«[220], und Schrödinger fügt hinzu: »Das Mittel, mit dessen Hilfe ein Organismus sich stationär auf einem ziemlich hohen Niveau von Ordnung (= einem ziemlich niedrigen Niveau von Entropie) hält, besteht tatsächlich darin, daß er ständig Ordnung aus seiner Umgebung saugt.«[221]

Zugegeben, daß Organismen das alles tun. Aber ich bestritt – und ich bestreite noch immer[222] – Schrödingers These, daß das ein Merkmal ist, das für das Leben oder für die Organismen *charakteristisch* ist; denn es gilt für jede Dampfmaschine. Man kann in der Tat von jedem mit Öl beheizten Kessel und von jeder sich selbst aufziehenden Uhr sagen, daß sie »ständig Ordnung aus ihrer Umgebung saugt«. Schrödingers Antwort auf seine Frage kann also nicht richtig sein: Sich von negativer Entropie zu ernähren ist nicht »das charakteristische Merkmal des Lebens«.

Ich habe hier einige meiner Meinungsverschiedenheiten mit Schrödinger erwähnt. Aber ich schulde ihm persönlich ungeheuer viel: Trotz all unserer Streitigkeiten, bei denen mehr als einmal der Eindruck entstand, als würden unsere Wege sich endgültig trennen, kam er immer wieder zurück, um unsere Diskussionen neu aufzunehmen – Diskussionen, die interessanter und sicherlich aufregender waren als alle, die ich mit anderen Physikern geführt habe. Die Themen unserer Diskussionen betrafen gewöhnlich Themen, an denen ich arbeitete. Und allein die Tatsache, daß er in seinem wundervollen Buch die Frage *Was ist Leben?* aufwarf, gab mir den Mut, mir diese Frage erneut zu stellen, wobei ich allerdings versuchte, die *Was-ist?*-Form der Frage zu vermeiden.

In dem verbleibenden Teil dieser Autobiographie möchte ich mehr von Ideen statt von Ereignissen berichten, auch wenn ich vielleicht dort, wo es mir relevant erscheint, historische Bemerkungen einflechten werde. Ich will versuchen, einen Überblick über einige Ideen und Probleme zu geben, mit denen ich mich während der letzten Jahre befaßt habe und noch immer befasse. Man wird sehen, daß einige davon mit jenen Problemen zusammenhängen, die mit Schrödinger zu diskutieren ich das große Glück hatte.

31
Objektivität und Kritik

Ein Großteil meiner Arbeit in den letzten Jahren bestand darin, die Objektivität zu verteidigen, subjektivistische Positionen anzugreifen oder Angriffe von dieser Seite abzuwehren.

Zunächst muß ich ganz deutlich machen, daß ich kein Behaviorist bin und daß meine Verteidigung der Objektivität nicht das geringste mit einer Ablehnung von »introspektiven Methoden« in der Psychologie zu tun hat. Ich denke nicht daran, zu bestreiten, daß es subjektive Erlebnisse, geistige Zustände, Intelligenz und Bewußtsein gibt; und ich bin überzeugt, daß diese Dinge von allergrößter Bedeutung sind. Aber ich denke, daß unsere Theorien über diese subjektiven Erlebnisse oder über diese geistigen Zustände so objektiv wie andere Theorien sein sollten. Und unter einer objektiven Theorie verstehe ich eine Theorie, die man diskutieren kann, die man einer rationalen Kritik unterziehen kann; womöglich eine Theorie, die überprüft werden kann: eine Theorie also, die nicht bloß an unsere subjektiven Intuitionen appelliert.

Als Beispiel für einige einfache, überprüfbare Gesetze über subjektive Erfahrungen möchte ich optische Täuschungen wie etwa die Müller-Lyersche Täuschung anführen. Eine interessante optische Täuschung wurde mir kürzlich[222a] von meinem Freund Edgar Tranekjaer Rasmussen vorgeführt: Wenn man bei der Beobachtung eines schwingenden Pendels – eines an einem Faden aufgehängten Gewichts – vor *eines* der Augen ein dunkles Glas hält, dann scheint sich das Pendel bei zweiäugigem Sehen auf einer horizontalen Kreisbahn statt in einer vertikalen Ebene zu bewegen; und wenn man das dunkle Glas vor das andere Auge hält, dann scheint sich das Pendel auf derselben Kreisbahn zu bewegen, aber in der entgegengesetzten Richtung.

Diese Experimente können durch unabhängige Versuchspersonen überprüft werden (die, nebenbei bemerkt, *wissen* können und *gesehen* haben, daß das Pendel in einer vertikalen Ebene schwingt). Außerdem können sie durch Versuchspersonen überprüft werden, die gewohnheitsmäßig (und nachprüfbar) nur einäugig sehen: Sie sehen die scheinbar horizontale Bewegung nicht.

Ein Effekt wie dieser kann zu allen möglichen Theorien Anlaß geben, etwa zu der Theorie, daß unser zentrales Entschlüsselungssystem das räumliche Sehen benützt, um räumliche Entfernungen zu *interpretieren,* und daß diese Interpretationen in manchen Fällen unabhängig von unserem »besseren Wissen« funktionieren können. Solche Interpretationen scheinen eine wichtige biologische Rolle zu spielen. Unter normalen Bedingungen funktionieren sie zweifellos sehr gut, und zwar ganz unbewußt; durch abnormale Bedingungen kann jedoch unser Entschlüsselungssystem irregeführt werden.

Daraus kann man schließen, daß zahlreiche subtile Entschlüsselungs- und Interpretationsvorrichtungen in unsere Sinnesorgane eingebaut sind. Sie sind Anpassungen und können mit (unbewußten) Theorien verglichen werden. Sie sind keine »gültigen« Theorien (»gültig« etwa deshalb, weil sie sich unausweichlich allen unseren Erfahrungen aufdrängen), sondern eher eine Art von Hypothesen oder Vermutungen, da sie, insbesondere unter ungewöhnlichen Bedingungen, zu Irrtümern führen können. Daraus folgt, daß es keine uninterpretierten visuellen Sinnesdaten gibt, keine »Empfindungen« oder »Elemente« im Sinne Machs: Was immer uns »gegeben« ist, ist bereits theoretisch interpretiert, entschlüsselt, von Hypothesen durchtränkt.

In diesem Sinne kann eine objektive Theorie der subjektiven Wahrnehmung aufgestellt werden. Es wird eine biologische

Theorie sein, die die normale Wahrnehmung nicht als die subjektive Quelle oder die subjektive erkenntnistheoretische Grundlage unseres subjektiven Wissens darstellt, sondern eher als eine objektive Leistung des Organismus, mit deren Hilfe er bestimmte *Probleme* der Anpassung an eine wirkliche Welt löst. Und diese Probleme lassen sich – hypothetisch – spezifizieren.

Es ist klar, daß der hier vorgeschlagene Ansatz meilenweit vom Behaviorismus entfernt ist. Und was den Subjektivismus betrifft, so macht zwar der hier vorgeschlagene Ansatz die subjektive Erfahrung (und zwar die subjektive Erfahrung des »Wissens« oder »Fürwahrhaltens«) zu seinem *Gegenstand*; aber die Theorien oder Vermutungen, mit denen er arbeitet, sind vollkommen objektiv und nachprüfbar.

Das ist nur ein Beispiel des *objektivistischen* Ansatzes, für den ich mich überall eingesetzt habe: in der Erkenntnistheorie, in der Quantenphysik, in der statistischen Mechanik, in der Wahrscheinlichkeitstheorie, in der Biologie, in der Psychologie und in der Geschichte.[223]

Wohl von größter Bedeutung für diesen objektivistischen Ansatz ist die Anerkennung folgender vier Punkte: (1) Objektive Probleme, (2) objektive Leistungen, das heißt Problemlösungen, (3) Wissen im objektiven Sinne, (4) rationale Kritik, die objektives Wissen in Gestalt sprachlich formulierter Theorien voraussetzt.

(1) Obwohl wir uns von einem Problem beunruhigt fühlen können und obwohl wir vielleicht den dringenden Wunsch fühlen, es zu lösen, so ist doch das Problem selbst etwas Objektives – wie die Fliege, die uns irritiert und die wir gerne loswerden möchten. Daß es ein objektives Problem ist, daß es vorhanden ist und die Rolle, die es bei gewissen Ereignissen spielen mag, sind Vermutungen (so wie das Vorhandensein der Fliege eine Vermutung ist).

(2) Die Lösung eines Problems, die gewöhnlich durch die Methode von Versuch und Irrtum gefunden wird, ist eine Leistung, ein Erfolg im objektiven Sinne. *Daß* etwas tatsächlich eine Leistung *ist*, ist eine Vermutung, und es kann eine

kritisierbare Vermutung sein. Die Kritik hat auf das (vermutete) Problem Bezug zu nehmen, da eine Leistung oder ein Erfolg, genau wie eine Lösung, immer als relativ zu einem Problem betrachtet werden muß.

(3) Wir müssen zwischen Leistungen oder Lösungen im objektiven Sinne und den subjektiven Gefühlen des Erfolges, des Wissens oder des Fürwahrhaltens unterscheiden. Jede Leistung kann man als eine Lösung eines Problems auffassen und somit als eine *Theorie* in einem verallgemeinerten Sinne. Aber als eine Theorie gehört sie zur Welt der *Erkenntnis im objektiven Sinne*; und das ist eben die Welt der Probleme und ihrer versuchsweisen Lösungen sowie der kritischen Argumente, die sich auf sie beziehen. Zu dieser Welt der Erkenntnis im objektiven Sinne (»Welt 3«) gehören zum Beispiel die geometrischen oder die physikalischen Theorien. Sie sind in der Regel Vermutungen in den verschiedenen Stadien ihrer kritischen Diskussion.

(4) Die Kritik, so könnte man sagen, setzt das Werk der natürlichen Auslese auf einer nicht-genetischen (exosomatischen) Ebene fort: Sie setzt die Existenz objektiver Erkenntnis in der Form von *sprachlich formulierten Theorien* voraus. Bewußte Kritik wird also erst durch die Sprache möglich. Das ist, so vermute ich, der wichtigste Grund für die Bedeutung der Sprache; und ich vermute, daß für die Besonderheiten des Menschen (darunter auch seine hohen Leistungen in den nicht-sprachlichen Künsten wie in der Musik) die menschliche Sprache verantwortlich ist.

32

Induktion, Deduktion, objektive Wahrheit

An dieser Stelle ist es vielleicht notwendig, ein paar Worte über den Mythos von der Induktion und über einige meiner Argumente gegen die Induktion zu sagen. Und da gegenwärtig gerade jene Formen dieses Mythos modern sind, die die Induktion mit einer unhaltbaren subjektivistischen Philosophie der Deduktion verknüpfen, so muß ich zunächst einiges über die objektive Theorie des deduktiven Schließens sagen und über die objektive Theorie der Wahrheit.

Ich hatte ursprünglich nicht vor, Tarskis Theorie der objektiven Wahrheit in dieser *Autobiographie* zu erklären. Aber nachdem ich in Abschnitt 20 kurz darüber geschrieben hatte, stieß ich zufällig auf Anzeichen dafür, daß namhafte Logiker die Theorie nicht in dem Sinne verstanden haben, in dem sie meiner Ansicht nach verstanden werden sollte. Da diese Theorie nötig ist, um den fundamentalen Unterschied zwischen einer *deduktiven Schlußweise* und der angeblichen *induktiven Schlußweise* zu erklären, werde ich sie kurz erläutern. Ich beginne mit dem folgenden Problem.

Wie kann man je hoffen zu verstehen, was gemeint ist, wenn jemand sagt, daß ein deskriptiver Satz (oder, wie Tarski auch sagt, ein »*sinnvoller*« Satz[224]) mit den Tatsachen übereinstimmt? In der Tat scheint es, daß man von so etwas wie einer Entsprechung oder Übereinstimmung (Korrespondenz) zwischen einem Satz und einer Tatsache nicht reden kann, es sei denn, man akzeptiert so etwas wie eine Abbildtheorie der

Sprache (wie es Wittgenstein im *Tractatus* tat). Aber die Abbildtheorie ist hoffnungslos falsch, geradezu eine Verhöhnung unserer Intelligenz. Und so scheint es aussichtslos zu sein, die Übereinstimmung zwischen einem Satz und einer Tatsache zu erklären.

Man kann wohl sagen, daß das die fundamentale Schwierigkeit ist, vor der die sogenannte »Korrespondenztheorie der Wahrheit« steht, jene Theorie, welche die Wahrheit eines Satzes als dessen Übereinstimmung mit den Tatsachen erklärt. Es ist verständlich, daß diese Schwierigkeit manche Philosophen zu der Entscheidung verleitete, daß die Korrespondenztheorie falsch sei oder, noch schlimmer, daß sie sinnlos sei. Ich denke, daß Tarskis philosophische Leistung auf diesem Gebiet darin besteht, daß er diese Entscheidung zu Fall brachte. Er tat das mit Hilfe der ganz einfachen Überlegung, daß eine Theorie, wie die Korrespondenztheorie der Wahrheit, die von einer Beziehung zwischen einem Satz und einer Tatsache handelt, imstande sein muß, (a) *über Sätze* und (b) *über Tatsachen* zu sprechen. Um über Sätze sprechen zu können, muß sie Namen von Sätzen oder Beschreibungen von Sätzen verwenden (und vielleicht auch solche beschreibenden Ausdrücke wie »Satz«). Das heißt, die Theorie muß in einer *Metasprache* formuliert sein: in einer Sprache, in der man über Sprachen sprechen kann. Und um über Tatsachen oder vermeintliche Tatsachen sprechen zu können, muß die Metasprache auch Namen von Tatsachen oder Beschreibungen von Tatsachen verwenden (und vielleicht auch beschreibende Ausdrücke wie »Tatsache«). Sobald uns eine solche Metasprache zur Verfügung steht, eine Sprache, in der wir über Sätze *und* Tatsachen sprechen können, wird es aber leicht, Behauptungen über die Korrespondenz zwischen einem Satz und einer Tatsache aufzustellen. Denn wir können dann in einer solchen Metasprache sagen:

Der englische Satz, der aus den drei Wörtern »grass«, »is« und »green« in dieser Reihenfolge besteht, entspricht den Tatsachen genau dann, wenn Gras grün ist.

Der erste Teil dieser metasprachlichen Behauptung ist die

Beschreibung eines englischen Satzes (die Beschreibung wird im *Deutschen* gegeben, das uns hier als Metasprache dient, und sie besteht *zum Teil* aus deutschen Anführungsnamen für englische Wörter); und der zweite Teil enthält eine Beschreibung (ebenfalls deutsch) einer (möglichen) Tatsache – eines (möglichen) Sachverhalts. Und der ganze Satz behauptet die Übereinstimmung (Korrespondenz). Auf eine allgemeinere Weise können wir das folgendermaßen ausdrücken: Wir nehmen an, daß *»X«* die Abkürzung eines deutschen Namens oder einer deutschen Beschreibung für einen deskriptiven Satz (eine Behauptung) ist, der zu der Sprache *L* gehört, und daß *»x«* für die Übersetzung von *X* ins Deutsche steht (Deutsch fungiere wieder gegenüber *L* als Metasprache); dann können wir (im Deutschen, also in der Metasprache von *L*) ganz allgemein sagen:

(+) *Der Satz X in der Sprache L entspricht den Tatsachen dann und nur dann, wenn x.*

Demnach ist es möglich und sogar ganz trivial, in einer *geeigneten Metasprache* über die Übereinstimmung zwischen einem Satz und einer (angeblichen) Tatsache zu sprechen. Und das Rätsel löst sich folgendermaßen auf: Die Übereinstimmung (Korrespondenz) erfordert keine strukturelle Ähnlichkeit zwischen einem Satz und einer Tatsache oder so etwas wie die Beziehung zwischen einem Bild und der abgebildeten Szene; denn sobald wir eine geeignete Metasprache haben, können wir mit Hilfe von (+) leicht erklären, was wir unter Übereinstimmung mit den Tatsachen verstehen.

Sobald wir auf diese Weise die Idee der Übereinstimmung mit den Tatsachen erklärt haben, können wir »entspricht den Tatsachen« oder »stimmt mit den Tatsachen überein« ersetzen durch »ist wahr (in *L*)«. Man beachte, daß *»ist wahr«* ein *metasprachliches Prädikat* ist, das sich auf Sätze bezieht. Ihm müssen als *Subjekt* metasprachliche *Namen* für Sätze – zum Beispiel *Anführungsnamen* – vorausgehen. (Es muß klar unterschieden werden von einer Wendung wie *»Es ist wahr, daß«*. So enthält zum Beispiel der Satz: »Es ist wahr, daß Schnee rot ist«, kein metasprachliches Prädikat von Sätzen. Ein solcher Satz gehört *nicht* zur *Metasprache,* sondern zur *gleichen* Sprache wie der Satz »Schnee ist rot«, mit dem er äquivalent ist.)

Einer der Gründe, warum das alles etwas schwer zu verstehen ist, scheint die unerwartete Trivialität von Tarskis Ergebnis zu sein. Andererseits hätte man die Trivialität vernünftigerweise erwarten können, da schließlich jedermann versteht, was »Wahrheit« bedeutet, solange er nicht anfängt, sich darüber (falsche) Gedanken zu machen.

Die wichtigste Anwendung der Korrespondenztheorie bezieht sich nicht auf spezifische Sätze wie »Gras ist rot« oder »Gras ist grün«, sondern auf die Beschreibungen allgemeiner logischer Sachverhalte. Wir wünschen vielleicht die folgende logische Regel zu formulieren:

Wenn ein Schluß gültig ist, dann muß, sofern die Prämissen alle wahr sind, die Konklusion wahr sein; das heißt, die Wahrheit der Prämissen (sofern sie alle wahr sind) wird stets auf die Konklusion übertragen; und die Falschheit der Konklusion (sofern sie falsch ist) wird, wenn der Schluß gültig ist, stets auf zumindest eine der Prämissen zurückübertragen. (Ich habe diese Regeln »die Regel der Wahrheitsübertragung« beziehungsweise »die Regel der Rückübertragung der Falschheit« getauft.)

Diese Regel ist für die Theorie der Deduktion von fundamentaler Bedeutung, und die Verwendung der Ausdrücke »Wahrheit«, »ist wahr« und »sind wahr«, die durch die Worte »Übereinstimmung (Korrespondenz) mit den Tatsachen« und »stimmt mit den Tatsachen überein« ersetzbar sind, ist in diesem Zusammenhang alles andere als überflüssig.

Die Korrespondenztheorie der Wahrheit, die durch Tarski rehabilitiert wurde, ist eine Theorie, welche die Wahrheit als *objektiv* auffaßt: als eine Eigenschaft von Theorien, nicht aber als eine subjektive Überzeugung oder einen Akt des Glaubens oder ein Erlebnis oder etwas ähnlich Subjektives. Zugleich ist die Wahrheit *absolut*: Sie ist nicht relativ zu Voraussetzungen, Annahmen oder Überzeugungen; denn wir können für jede beliebige Menge von Annahmen die Frage stellen, ob alle diese Annahmen wahr sind.

Nun zur Deduktion. Man kann sagen, daß ein deduktiver Schluß dann und nur dann logisch gültig ist, wenn er die obige Regel erfüllt; das heißt, wenn er immer die Wahrheit von den Prämissen auf die Konklusion überträgt; genauer: dann und nur dann, wenn *alle* Schlüsse *von der gleichen logischen Form* die Wahrheit übertragen. Man kann das auch so erklären: Ein deduktiver Schluß ist dann und nur dann gültig, wenn es *kein Gegenbeispiel gibt.* Ein Gegenbeispiel ist in diesem Zusammenhang ein Schluß von der gleichen Form mit wahren Prämissen und einer falschen Konklusion. Das kann man am folgenden Beispiel eines ungültigen Schlusses zeigen:

Alle Menschen sind sterblich.	(1. Prämisse)
Sokrates ist sterblich.	(2. Prämisse)
Sokrates ist ein Mensch.	(Konklusion)

Nehmen wir hier einmal an, daß »Sokrates« der Name eines Hundes ist. Dann sind die beiden Prämissen wahr, und die Konklusion ist falsch. Damit haben wir ein Gegenbeispiel: Der Schluß ist ungültig.

Daher ist das deduktive Schließen, ebenso wie die Idee der Wahrheit, *objektiv* und sogar *absolut.* Objektivität heißt natürlich nicht, daß wir in jedem Falle herausfinden können, ob ein gegebener Satz wahr ist oder nicht. Ebenso können wir auch nicht immer herausfinden, ob ein gegebener Schluß gültig ist. (Falls es uns gelingt, ein Gegenbeispiel zu finden, ist der Schluß sicher ungültig; falls es uns nicht gelingt, so mag er gültig sein; vielleicht aber nicht.)

Wenn wir uns darauf einigen, den Ausdruck »wahr« nur in diesem objektiven Sinne zu verwenden, dann gibt es viele Sätze, deren Wahrheit wir *beweisen* können. *Trotzdem kann es kein allgemeines Kriterium der Wahrheit geben.* Besäßen wir ein solches Kriterium, dann wären wir allwissend, zumindest potentiell. Aber das sind wir eben nicht. Den Arbeiten von Gödel und Tarski zufolge können wir nicht einmal ein allgemeines Kriterium der Wahrheit für arithmetische Sätze besitzen, obwohl wir sogar unendliche Mengen von arithmetischen Sätzen charakterisieren können, die wahr sind. Im gleichen Sinne können wir uns darauf einigen, den Ausdruck »gültiger Schluß« im objektiven Sinne zu verwenden, und in diesem Falle können wir von vielen Schlüssen beweisen, daß sie gültig sind (das heißt, daß sie immer die Wahrheit übertragen). Dennoch kann es kein allgemeines und unfehlbares Kriterium der Gültigkeit geben – nicht einmal dann, wenn wir uns auf rein arithmetische Sätze beschränken. Daher besitzen wir auch kein allgemeines Kriterium, um zu entscheiden, ob ein gegebener arithmetischer Satz gültig aus den Axiomen der Arithmetik folgt oder nicht. Trotzdem können wir unendlich viele Schlußregeln (von verschiedenem Komplexitätsgrad) beschreiben, für die es möglich ist, ihre Gültigkeit zu beweisen, das heißt, die Nichtexistenz eines Gegenbeispiels.

Es ist deshalb falsch, wenn man sagt, daß der deduktive Schluß auf unserer Intuition beruht. Gewiß dürfen wir uns für den Fall, daß die Gültigkeit eines Schlusses nicht festgestellt wurde, von Mutmaßungen – das heißt von der Intuition – leiten lassen: Ohne die Intuition kommt man nicht aus. Aber in vielen Fällen, vielleicht in den meisten Fällen, führt sie uns in die Irre. (Das ist offensichtlich: Aus der Geschichte der Wissenschaft wissen wir, daß immer viel mehr falsche als wahre Theorien vorgeschlagen werden.) Und intuitiv zu denken, ist etwas gänzlich anderes, als sich auf die Intuition zu berufen, als ob das ebenso gut sei wie die Berufung auf ein Argument.

Wie ich oft in Vorträgen gesagt habe, können Intuitionen oder das Gefühl, daß etwas selbstverständlich ist, *vielleicht* zum Teil durch die Tatsache erklärt werden, daß gewisse Sätze wahr sind; aber niemals umgekehrt. Kein Satz ist wahr und kein Schluß gültig, *weil* wir (wie tief auch immer) davon überzeugt sind. Zugegeben, unser Verstand oder unser Denk- oder Urteilsvermögen (oder wie immer wir es nennen wollen) ist so beschaffen, daß wir unter einigermaßen normalen Umständen akzeptieren oder urteilen oder glauben, was wahr ist; vielleicht deshalb, weil uns gewisse Dispositionen angeboren sind, die Dinge kritisch zu überprüfen. Aber optische Täuschungen, um ein relativ einfaches Beispiel zu wählen, zeigen, daß wir uns auf unsere Intuitionen nicht allzusehr verlassen können, selbst dann nicht, wenn sie etwas Zwingendes haben.

Wir können solche zwingenden subjektiven Intuitionen *teilweise* damit erklären, daß ihnen Wahrheit oder Gültigkeit innewohnt und daß sie einige unserer üblichen kritischen Prüfungen bestanden haben. Aber das gestattet uns nicht, die Sache umzudrehen und zu sagen: Dieser Satz ist wahr, oder dieser Schluß ist gültig, weil ich es glaube; oder weil ich mich gezwungen fühle, an ihn zu glauben; oder weil er evident ist; oder weil das Gegenteil unvorstellbar ist. Trotzdem haben subjektivistische Philosophen derartige Redensarten jahrhundertelang als Argumente verwendet.

Es ist noch immer eine weitverbreitete Ansicht, daß wir in der Logik an die Intuition appellieren müssen, weil es für oder gegen die Regeln der deduktiven Logik keine Argumente geben kann, die nicht zirkulär wären: weil alle Argumente notwendigerweise die Logik voraussetzen müssen. Ich bin bereit zuzugeben, daß alle Argumente sich der Logik bedienen und, wenn man so will, sie »voraussetzen«, obwohl gegen diese Art, die Dinge auszudrücken, Einwendungen gemacht werden können. Trotzdem können wir die Gültigkeit gewisser Schlußregeln zeigen, ohne uns ihrer zu bedienen.[225] Kurz, die Deduktion oder die deduktive Gültigkeit von Schlußregeln ist so objektiv wie die objektive Wahrheit. Ein intuitives oder ein überzeugendes oder zwingendes Glaubensgefühl kann vielleicht der Tatsache zuzuschreiben sein, daß gewisse Schlüsse gültig sind; aber die Gültigkeit ist objektiv und weder psychologisch noch behavioristisch oder pragmatistisch zu erklären.

Ich habe diese Einstellung oft durch den Satz ausgedrückt: »Ich bin kein Philosoph des Glaubens oder des Fürwahrhaltens.« Für eine Theorie der Wahrheit, der Deduktion oder der »Erkenntnis« im objektiven Sinne bedeuten Überzeugungserlebnisse oder Glaubenserlebnisse gar nichts. Eine sogenannte »wahre Überzeugung« ist eine Überzeugung von einer

Theorie, die wahr ist; und ob sie wahr ist oder nicht, ist nicht eine Frage der Überzeugung, sondern eine Frage der Tatsachen. Dementsprechend besteht eine »rationale Überzeugung«, wenn man von so etwas überhaupt sprechen kann, darin, jener Theorie den Vorzug zu geben, der im Lichte kritischer Argumente der Vorzug gebührt. So ist auch das wieder nicht eine Frage der Überzeugung, sondern eine Tatsachenfrage – eine Frage der Gültigkeit von Argumenten, eine Frage des objektiven Standes der kritischen Diskussion.[226]

Was die Induktion betrifft (oder die induktive Logik, das induktive Verhalten oder das Lernen durch Induktion, durch Wiederholung, durch »Instruktion«), so behaupte ich mit Hume, daß es so etwas wie einen induktiven Schluß oder eine induktive Logik nicht gibt. Wenn ich recht habe, dann löst das das Problem der Induktion.[227] (Es gibt noch andere Probleme, die man vielleicht gleichfalls als Probleme der Induktion bezeichnen kann; etwa das, ob die Zukunft der Vergangenheit gleichen wird. Aber dieses Problem, das meiner Ansicht nach keineswegs fundamental ist, kann gleichfalls gelöst werden: Die Zukunft wird der Vergangenheit zum Teil ähnlich sein und zum Teil ganz und gar nicht ähnlich.)

Was ist die Antwort auf Hume, die gegenwärtig modern ist? Sie beruht auf der Bemerkung, daß die Induktion natürlich dann nicht »gültig« sein kann, wenn das Wort »gültig« soviel wie »deduktiv gültig« bedeutet. Die Ungültigkeit (im *deduktiven* Sinne) von induktiven Argumenten wirft somit kein Problem auf: es gibt eben ein deduktives und ein induktives Denken. Beide haben viel gemeinsam: Beide bestehen darin, in Übereinstimmung mit wohlerprobten, gewohnheitsmäßigen und ziemlich intuitiven Regeln zu argumentieren. Aber es gibt auch viele Unterschiede zwischen ihnen.[228]

Was die angeblichen Gemeinsamkeiten von Deduktion und Induktion betrifft, so bekommen wir etwa folgendes zu hören: Die Gültigkeit der Deduktion kann nicht gültig bewiesen werden, denn das würde bedeuten, die Logik durch die Logik zu beweisen, und das wäre ein Zirkel. Dennoch, so wird gesagt, kann ein solches zirkuläres Argument tatsächlich unsere Ansichten klären und unser Vertrauen stärken. *Dasselbe gilt nun aber auch für die Induktion.* Die Induktion mag sich vielleicht einer induktiven Rechtfertigung entziehen; dennoch sind induktive Schlüsse über induktive Schlüsse nützlich und hilfreich, wenn auch nicht unerläßlich.[229] Außerdem *kann* man sich sowohl in der Theorie der Deduktion als auch in der Theorie der Induktion auf Dinge wie die Intuition, die Gewohnheit, die Konvention oder den praktischen Erfolg berufen; und gelegentlich *muß* man sich auf sie berufen.

Zur Kritik dieser gegenwärtig modernen Ansicht wiederhole ich, was ich schon in diesem Abschnitt gesagt habe: Ein deduktiver Schluß ist *gültig, wenn kein Gegenbeispiel existiert.* Damit steht uns eine objektive Methode der kritischen Prüfung zur Verfügung: Wir können versuchen, zu jeder vorgeschlagenen Deduktionsregel ein Gegenbeispiel zu konstruieren. Wenn uns das gelingt, dann ist der Schluß oder die Schlußregel ungültig; gleichgültig, ob einige oder sogar alle sie intuitiv für gültig halten. (Brouwer glaubte, daß ihm genau das gelungen sei und daß er ein Gegenbeispiel zu indirekten Beweisen gefunden habe; und er erklärte, daß indirekte Beweise irrtümlich für gültig gehalten werden, weil es nur *unendliche* Gegenbeispiele gebe, so daß also indirekte Beweise in endlichen Fällen gültig sind.) Da wir über objektive Prüfmethoden und in vielen Fällen sogar über objektive Beweise verfügen, so sind psychologische Überlegungen, subjektive Überzeugungen, Gewohnheiten und Konventionen für dieses Problem völlig irrelevant.

Wie sieht nun die Situation hinsichtlich der Induktion aus? Wann ist ein induktiver Schluß *»induktiv suspekt«* (um nicht das Wort »ungültig« zu verwenden)? Die einzige bisher vorgeschlagene Antwort lautet: Wenn er im induktiven Verhalten zu häufigen praktischen Fehlern führt. Ich behaupte aber, daß jede induktive Schlußregel, die jemals von irgend jemandem vorgeschlagen wurde, zu häufigen praktischen Fehlern führen muß – falls sie jemand jemals benützen würde.

Tatsache ist, daß es keine induktive Schlußregel gibt – keine

Regel, von Beobachtungssätzen auf Theorien oder universelle Gesetze zu schließen –, die man auch nur einen Augenblick lang ernst nehmen kann. Carnap scheint dem zuzustimmen, denn er schreibt:

> Übrigens findet Popper es »interessant«, daß ich in meiner Vorlesung ein Beispiel für einen deduktiven Schluß, aber kein Beispiel für einen induktiven Schluß anführe. Da in meiner Konzeption das probabilistische [»induktive«] Denken im wesentlichen darin besteht, nicht Schlüsse zu ziehen, sondern vielmehr Wahrscheinlichkeiten zuzuschreiben, hätte er statt dessen Beispiele für Prinzipien der Wahrscheinlichkeitszuschreibung fordern sollen. Und diese Forderung, die zwar nicht erhoben wurde, die aber vernünftig ist, wurde vorausgesehen und wurde auch erfüllt.[230]

Carnap entwickelte jedoch nur ein System, das sämtlichen universellen Gesetzen die Wahrscheinlichkeit Null zuschreibt[231], und obwohl Jaakko Hintikka und andere seither Systeme entwickelt haben, die universellen Sätzen eine von Null abweichende induktive Wahrscheinlichkeit zuschreiben, so scheinen diese Systeme wesentlich auf sehr begrenzte Sprachen beschränkt zu sein, in denen nicht einmal die Rudimente einer primitiven Naturwissenschaft formuliert werden können. Überdies sind sie auf Fälle eingeschränkt, in denen nur *endlich* viele Theorien jeweils zur Verfügung stehen.[232] (Trotzdem sind diese Systeme furchtbar kompliziert.) Meiner Ansicht nach sollte man solchen Gesetzen – in der Praxis gibt es davon immer unendlich viele – auf jeden Fall die *»Wahrscheinlichkeit«* Null zuschreiben (im Sinne des Wahrscheinlichkeitskalküls), obwohl der *Grad ihrer Bewährung* größer als Null sein mag. Aber selbst wenn wir ein neues System annehmen, eines, das bestimmten Gesetzen eine Wahrscheinlichkeit von, nehmen wir an, 0,7 zuschreibt – was gewinnen wir damit? Sagt es uns vielleicht, ob das Gesetz eine zuverlässige induktive Grundlage hat? Keineswegs; alles, was es uns sagt, ist, daß wir einem weitgehend willkürlichen System zufolge – wessen System, spielt keine Rolle – an das Gesetz mit einem Grad des Fürwahrhaltens von 0,7 *glauben sollten*; vorausgesetzt, wir wünschen, daß unsere Glaubensgefühle oder Überzeugungsgefühle jenem System entsprechen.

Welchen Unterschied eine solche Regel machen würde, ob sie überhaupt einen Unterschied macht, wie sie kritisiert werden soll, was sie ausschließt und warum sie Carnaps und auch meinen Argumenten vorzuziehen ist, die dafür sprechen, universellen Gesetzen Nullwahrscheinlichkeiten zuzuschreiben – alles das ist schwer zu sagen.[233]

Vernünftige induktive Schlußregeln existieren nicht. (Der Induktivist Nelson Goodman scheint das anzuerkennen.[234]) Die beste Regel, die ich aus meiner gesamten Lektüre der induktivistischen Literatur entnehmen kann, lautet ungefähr folgendermaßen: *»Die Zukunft wird wahrscheinlich von der Vergangenheit nicht allzu verschieden sein.«*

Das ist natürlich eine Regel, die in der Praxis jeder akzeptiert; und etwas Ähnliches müssen wir auch in der Theorie akzeptieren, wenn wir Realisten sind (wie wir es, glaube ich, alle sind, was immer auch manche sagen mögen). Diese Regel ist jedoch so unbestimmt, daß sie kaum interessant ist. Und trotz ihrer Unbestimmtheit nimmt die Regel zuviel an; und sicher viel mehr, als wir (und damit jede induktive Regel) *vor* jeder Theoriebildung annehmen sollten; sie nimmt nämlich eine *Theorie der Zeit* an.

Aber das war zu erwarten. Da es keine theoriefreie Beobachtung und keine theoriefreie Sprache geben kann, kann es natürlich keine theoriefreie Regel, kein theoriefreies Prinzip der Induktion geben; also keine Regel, kein Prinzip, auf dem alle Theorien beruhen.

Somit ist die Induktion ein Mythos. Eine »induktive Logik« gibt es nicht. Und obwohl es eine »logische« Interpretation des Wahrscheinlichkeitskalküls gibt, gibt es keinen guten Grund für die Annahme, daß diese »verallgemeinerte Logik« (wie man sie nennen kann) ein System einer »induktiven Logik« ist.[235]

Es ist auch nicht bedauerlich, daß es die Induktion nicht gibt: Wir scheinen ganz gut ohne sie auszukommen – mit Theorien, die kühne Vermutungen sind und die wir kritisieren und so streng wie möglich kritisch überprüfen, wobei wir allen Scharfsinn aufbieten, der uns zu Gebote steht.

Nehmen wir an, daß das beschriebene Verfahren erfolgreich ist. Könnten dann nicht die Induktivisten und Pragmatisten (zum Beispiel Goodman oder der spätere Carnap) sagen, es sei ein »induktiv gültiges« Induktionsverfahren? Natürlich können sie das sagen. Aber im Gegensatz zu ihnen würde ich betonen, daß das Verfahren nicht deshalb ein gutes Verfahren ist, weil es sich als erfolgreich erwiesen hat oder als zuverlässig oder dergleichen, sondern weil es uns darauf hinweist, daß es zu Fehlern führen muß und uns dadurch ständig die Notwendigkeit vor Augen führt, kritisch nach diesen Fehlern Ausschau zu halten und zu versuchen, sie zu eliminieren und so unsere Theorien zu verbessern; das heißt, sie der vielleicht unerreichbaren Wahrheit anzunähern.

33
Metaphysische Forschungsprogramme

Nach dem Erscheinen der *Open Society* im Jahre 1945 wies meine Frau mich darauf hin, daß dieses Buch nicht meine eigentlichen philosophischen Interessen darstelle, denn ich war nicht in erster Linie an der politischen Philosophie interessiert. Ich hatte das auch in der Einleitung festgestellt. Aber meine Frau gab sich weder mit dieser Feststellung zufrieden noch mit der Tatsache, daß ich mich bald nach der Fertigstellung des Manuskripts der *Open Society* wieder meinen früheren Interessen zugewandt hatte, vor allem der Theorie der wissenschaftlichen Erkenntnis. Sie machte mich darauf aufmerksam, daß meine *Logik der Forschung* seit langen Jahren nicht mehr erhältlich und mittlerweile nahezu in Vergessenheit geraten war und daß, da ich die Ergebnisse der *Logik der Forschung* in meinen neueren Schriften voraussetzte, eine Übersetzung ins Englische sehr dringend geworden war. Ich stimmte ihr durchaus zu. Aber wenn sie mich nicht jahrelang beharrlich daran erinnert hätte, hätte ich die Sache auf sich beruhen lassen. Sogar nachdem ich von ihr dazu bekehrt worden war, mich um die englische Übersetzung der *Logik der Forschung* zu bemühen, sollte es noch weitere vierzehn Jahre dauern, bis im Jahre 1959 *The Logic of Scientific Discovery* erschien, und weitere sieben Jahre bis zur zweiten deutschen Ausgabe (1966) der *Logik der Forschung*, die zuerst 1934 erschienen war.

Während dieser Jahre sammelten sich immer mehr Arbeiten an, die ich in einem Begleitband zur *Logic of Scientific Discovery* verwenden wollte; und ungefähr 1952 beschloß ich, diesen Band *Postscript: After Twenty Years* zu nennen, in der Hoffnung, er würde 1954 erscheinen.

Er wurde 1956 gesetzt, zusammen mit dem englischen Manuskript von *The Logic of Scientific Discovery*, und ich erhielt die Korrekturfahnen von beiden Bänden in den ersten Monaten von 1957. Das Korrekturlesen wurde zu einem Alptraum. Ich konnte nur den ersten Band beenden, der 1959 als *The Logic of Scientific Discovery* englisch veröffentlicht wurde, und ich mußte mich anschließend an beiden Augen operieren lassen. Danach konnte ich das Korrekturlesen für längere Zeit nicht wieder aufnehmen, und deshalb ist der *Postscript*-Band noch immer unveröffentlicht, mit Ausnahme von dem einen oder dem anderen seiner Abschnitte.[236] Natürlich haben einige meiner Kollegen und Studenten die Korrekturfahnen gelesen.

In diesem *Postscript* habe ich die wichtigsten Probleme und Lösungen, die in *Logik der Forschung* erörtert wurden, einer kritischen Prüfung unterzogen und weiterentwickelt. Ich hob beispielsweise hervor, daß ich *den Versuch einer Rechtfertigung von Theorien verworfen und die Idee der Rechtfertigung durch die der Kritik ersetzt hatte.*[237] Wir können niemals eine Theorie rechtfertigen. Gelegentlich können wir aber, unter Berücksichtigung des Standes der kritischen Diskussion, unsere *Bevorzugung* einer Theorie gegenüber einer anderen »rechtfertigen« (in einem etwas anderen Sinne dieses Wortes). Denn es kann sein, daß eine der Theorien der Kritik besser standhält als die konkurrierenden Theorien. Dagegen könnte eingewandt werden, daß zumindest der Kritiker immer seine eigene theoretische Position *rechtfertigen* müsse. Darauf antworte ich: Er muß es nicht, denn er kann eine Theorie in durchaus relevanter Weise kritisieren, wenn er zeigen kann, daß entweder innerhalb der Theorie oder zwischen ihr und einer anderen interessanten Theorie ein unerwarteter Widerspruch besteht; obwohl diese letztere Art von Kritik in der Regel natürlich nicht entscheidend sein wird.[238] Früher hatten die meisten Philosophen geglaubt, der Anspruch auf Rationalität sei gleichbedeutend mit einer rationalen *Rechtfertigung* (der eigenen Überzeugungen). Demgegenüber war meine These – zumindest seit meiner *Open Society* –, daß die Rationalität mit Offenheit gegenüber der *Kritik* gleichzusetzen sei (der Kritik der eigenen Theorie und auch der konkurrierenden Theorien). Daher verbindet die traditionelle Philosophie das Ideal der Rationalität mit dem des endgültigen, sicheren, beweisbaren Wissens (das entweder für oder gegen die Religion sprach: Hauptgegenstand der Auseinandersetzung war die Rechtfertigung der Religion), während ich es mit dem *Wachstum des hypothetischen Vermutungswissens* in Verbindung brachte. Dieses wiederum verknüpfte ich mit der Idee einer immer besseren Annäherung an die Wahrheit oder einer *zunehmenden Wahrheitsähnlichkeit (Verisimilitude).*[239] Dieser Ansicht zufolge strebt der Wissenschaftler danach, Theorien zu finden, die immer bessere Annäherungen an die Wahrheit sind. Sein Ziel schließt die Forderung nach *Wachstum des Gehalts unserer Theorien* ein, nach Wachstum unseres Wissens über die Welt.

Außer einer Neuformulierung meiner Erkenntnistheorie war es im *Postscript* eines meiner Ziele zu zeigen, daß der Realismus, implizit in meiner *Logik der Forschung*, eine kritisierbare oder diskutierbare Position ist. Ich betonte, daß die *Logik der Forschung* das Buch eines metaphysischen Realisten ist; daß ich aber seinerzeit nicht gewagt hätte, viel über den Realismus zu sagen. Der Grund war: Mir war damals noch nicht klar, daß eine metaphysische Position, obwohl empirisch nicht überprüfbar, dennoch mit rationalen Argumenten kritisiert oder unterstützt werden kann. So hatte ich mich zum Realismus bekannt, dachte aber, daß das nicht viel mehr sei als ein Glaubensbekenntnis. Über meine eigene realistische Argumentation hatte ich geschrieben: »Aus ihr spricht der metaphysische Glaube an das Bestehen von Gesetzmäßigkeiten in unserer Welt (den auch ich teile und ohne den praktisches Handeln kaum denkbar ist).«[240]

Im Jahre 1958 veröffentlichte ich zwei Vorträge, die teilweise auf dem *Postscript* basierten, unter dem Titel »On the Status of Science and of Metaphysics« (jetzt in *Conjectures and Refuta-*

tions[241]). Im zweiten dieser Vorträge versuchte ich zu zeigen, daß es möglich ist, metaphysische Theorien zu kritisieren und argumentativ zu vertreten, weil sie Versuche sind, *Probleme* zu lösen – Probleme, für die es möglicherweise bessere oder weniger gute Lösungen gibt. Diese Idee wandte ich in dem zweiten Vortrag auf fünf metaphysische Theorien an: auf den Determinismus, den subjektiven Idealismus (Berkeleyscher Prägung), den Irrationalismus, den (Schopenhauerschen) Voluntarismus und den Nihilismus (Heideggers Philosophie des Nichts). Und ich versuchte, Gründe anzugeben, weshalb alle fünf zurückgewiesen werden können als erfolglose Versuche, ihre Probleme zu lösen.

Im letzten Kapitel des *Postscript* führte ich in ähnlicher Weise Argumente an zugunsten des Indeterminismus, des Realismus und des Objektivismus. Ich versuchte zu zeigen, daß diese drei metaphysischen Theorien miteinander vereinbar sind, und um die Vereinbarkeit an einer Art von Modell zu zeigen, schlug ich vor, daß wir hypothetisch *die Realität von Dispositionen* (etwa von Potentialen oder von Feldern) *und besonders von Propensitäten* annehmen sollen. (Das ist eine der Möglichkeiten, zugunsten der Propensitätsinterpretation der Wahrscheinlichkeit zu argumentieren. Andere Gründe werden im nächsten Abschnitt besprochen.)

Einer der wichtigsten Punkte jenes letzten Kapitels war jedoch die Diskussion und Bewertung der Rolle, die *metaphysische Forschungsprogramme* in der Geschichte der Wissenschaften spielen.[242] Ich zeigte anhand einer kurzen historischen Skizze, daß es immer wieder *Änderungen gegeben hat in unseren Ideen darüber, wie eine befriedigende Erklärung aussehen soll.* Diese Ideen änderten sich unter dem Druck der Kritik. Sie waren also kritisierbar, wenn auch nicht empirisch nachprüfbar. Es waren metaphysische Ideen – metaphysische Ideen von größter Bedeutung.

Ich illustrierte das durch einige historische Bemerkungen über die verschiedenen »metaphysischen Forschungsprogramme, die seit der Zeit des Pythagoras die Entwicklung der Physik beeinflußt haben«; und ich schlug eine neue metaphysische Weltanschauung vor und damit ein neues Forschungsprogramm, ausgehend von der Idee der Realität von Dispositionen und von der Propensitätsinterpretation der Wahrscheinlichkeit. (Diese Auffassung kann uns, wie ich jetzt glaube, auch im Zusammenhang mit der Evolutionstheorie nützlich sein.)

Ich habe hier aus zwei Gründen von diesen Dingen berichtet:

(1) Weil der metaphysische Realismus – die Auffassung, daß es eine reale Welt gibt, die wir entdecken können – einige der Probleme löst, die von meiner Lösung des Induktionsproblems offengelassen wurden.

(2) Weil ich die Absicht habe, hier im Abschnitt 37 den Vorschlag zu diskutieren, daß die Theorie der natürlichen Auslese nicht so sehr als eine prüfbare wissenschaftliche Theorie, sondern vielmehr als ein metaphysisches Forschungsprogramm angesehen werden kann. Und wenn auch diese Theorie ohne Zweifel die beste ist, die uns derzeit zur Verfügung steht, so kann sie vielleicht doch ein wenig verbessert werden.

Über Punkt (1) will ich nur soviel sagen: Wenn wir denken, eine Annäherung an die Wahrheit gefunden zu haben, das heißt eine wissenschaftliche Theorie, die der Kritik und den Überprüfungen besser standgehalten hat als ihre Konkurrentinnen, so werden wir, als Realisten, diese Theorie auch als eine Grundlage für unser praktisches Handeln akzeptieren, einfach deshalb, weil wir nichts Besseres haben: keine bessere Annäherung an die Wahrheit. Wir brauchen sie aber nicht als wahr anzuerkennen; wir brauchen nicht an sie zu glauben (was bedeuten würde, an ihre Wahrheit zu glauben[243]).

Über Punkt (2) werde ich mehr sagen, wenn ich in Abschnitt 37 die Evolutionstheorie bespreche.

34
Gegen den Subjektivismus in der Physik: Quantenmechanik und Propensität

Nur wenige Männer haben auf die geistige Entwicklung des 20. Jahrhunderts einen ähnlich großen Einfluß gehabt wie Ernst Mach. Mach beeinflußte die Physik, die Physiologie, die Psychologie, die Wissenschaftslehre und die reine (oder spekulative) Philosophie. Er beeinflußte Albert Einstein, Niels Bohr, Werner Heisenberg, William James, Bertrand Russell – um nur einige Namen zu nennen. Mach war kein großer Physiker, aber er war eine große Persönlichkeit und ein großer Wissenschaftshistoriker und Wissenschaftstheoretiker. Als Physiologe, Psychologe und Wissenschaftstheoretiker vertrat er viele wichtige und originelle Auffassungen, von denen auch ich einige teile. So war er beispielsweise auf den Gebieten der Erkenntnistheorie, der Psychologie und der Physiologie, insbesondere der Sinnesphysiologie, ein Evolutionist. Zur Metaphysik hatte er eine sehr kritische Einstellung; aber er war tolerant genug, zuzugeben und sogar zu betonen, daß der Physiker, selbst der Experimentalphysiker, sich an metaphysischen Ideen orientieren muß. So schrieb er in seinen *Prinzipien der Wärmelehre* über James Prescott Joule:

> In Bezug auf allgemeinere (philosophische) Fragen [Mach nennt diese Fragen auf der vorhergehenden Seite »metaphysisch«] ist Joule recht schweigsam. Wo er spricht, sind jedoch seine Äußerungen jenen Mayer's [Julius Robert Mayer] sehr ähnlich. Man kann übrigens gar nicht zweifeln, daß solche umfassende, im Ziel übereinstimmende Experimentaluntersuchungen nur derjenige ausführen kann, der von einer großen und philosophisch tiefgehenden Naturansicht durchdrungen ist.[244]

Eine Stelle wie diese ist bemerkenswert, um so mehr, als Mach schon früher ein Buch unter dem Titel *Die Analyse der Empfindungen* veröffentlicht hatte, in dem er schrieb, daß »meine Auffassung alle *metaphysischen* Fragen *ausschaltet*« und daß »alles, was wir über die Welt wissen können, sich notwendig in den Sinnesempfindungen ausspricht«[244a].

Leider haben weder Machs biologische Betrachtungsweise noch seine Toleranz das Denken unseres Jahrhunderts beeinflußt. Großen Einfluß, besonders in der Atomphysik, hatte aber seine frühere antimetaphysische Unduldsamkeit, in Verbindung mit seiner positivistischen Theorie der Sinnesempfindungen. Daß Mach auf die junge Generation der Atomphysiker einen so starken Einfluß gewann, gehört zur Ironie der Geschichte. Denn er war ein geradezu leidenschaftlicher Gegner des Atomismus und der »Korpuskulartheorie der Materie«[244b], die er, ganz ähnlich wie Berkeley[245], als metaphysisch betrachtete.

Der Einfluß, den Machs Positivismus auf die Philosophie und die Physik ausübte, wurde zum Teil durch den jungen Einstein vermittelt. Einstein wandte sich jedoch in späteren Jahren vom Machschen Positivismus ab, weil ihm dessen subjektivistische Konsequenzen klarwurden – Konsequenzen, die die nächste Generation von brillanten Physikern, darunter Bohr, Pauli und Heisenberg, nicht nur entdeckte, sondern sich begeistert zu eigen machte. Sie wurden bewußte Subjektivisten. Einsteins Rückzug kam zu spät. Die Atomphysik war ein Bollwerk der subjektivistischen Philosophie geworden, und sie ist es bis heute geblieben.

Hinter dieser Entwicklung standen allerdings zwei ernste Probleme, die mit der Quantenmechanik und der Theorie der Zeit zusammenhängen, sowie ein weiteres Problem, das meiner Ansicht nach nicht ganz so ernst zu nehmen ist: die subjektivistische Theorie der Entropie.

Mit dem Aufstieg der Quantenmechanik kam die Mehrzahl der jüngeren Physiker zu der Überzeugung, daß die Quantenmechanik, im Unterschied zur statistischen Mechanik, keine Theorie von Systemen (ensembles) ist, sondern eine Theorie der

Mechanik der einzelnen Fundamentalteilchen. (Nach einigem Zögern schloß auch ich mich dieser Auffassung an.) Sie waren aber andererseits auch überzeugt, daß die Quantenmechanik eine probabilistische Theorie ist, genauso wie die statistische Mechanik. Als eine mechanische Theorie fundamentaler Teilchen hatte sie einen objektiven Aspekt. Als eine probabilistische Theorie hatte sie (so dachten die Physiker) einen subjektiven Aspekt. Sie stellte somit einen völlig neuen Typus einer fundamentalen Theorie dar, in der objektive und subjektive Aspekte miteinander verknüpft waren. Darin (so dachten die Physiker) lag ihr revolutionärer Charakter.

Einstein vertrat eine davon einigermaßen abweichende Ansicht. Er fand probabilistische Theorien wie etwa die statistisc Mechanik äußerst interessant, wichtig und schön. (Er hatte früh einige entscheidende Beiträge zu ihr geliefert.) Aber sie waren für ihn weder fundamentale physikalische Theorien noch objektiv: Er sah in ihnen vielmehr subjektivistische Theorien, Theorien, die wir *wegen des fragmentarischen Charakters unseres Wissens* einführen müssen. Daraus folgerte er, daß die Quantenmechanik trotz ihrer glänzenden Erfolge keine fundamentale Theorie sein kann, sondern unvollständig ist (weil ihr statistischer Charakter zeigt, daß sie mit unvollständigem Wissen arbeitet), und daß die objektive oder vollständige Theorie, nach der wir suchen müssen, nicht eine probabilistische, sondern eine deterministische Theorie sein wird.

Offensichtlich haben die beiden Auffassungen ein gemeinsames Element: Beide nehmen an, daß eine probabilistische oder statistische Theorie irgendwie von unserem subjektiven Wissen oder von unserem subjektiven Nichtwissen handelt.

Das kann man durchaus verstehen, wenn man sich überlegt, daß die einzige objektivistische Interpretation der Wahrscheinlichkeit, die damals (gegen Ende der zwanziger Jahre) diskutiert wurde, die der Häufigkeitsinterpretation war. (Diese wurde in verschiedenen Versionen von John Venn, von Richard von Mises, von Hans Reichenbach und später auch von mir entwickelt.) Die Vertreter der Häufigkeitstheorie sind der

Ansicht, daß es in bezug auf Massenerscheinungen objektive Fragen gibt und auch entsprechende objektive Antworten. Sie müssen aber zugeben, daß immer, wenn jemand über die Wahrscheinlichkeit eines *einzelnen* Ereignisses spricht – etwa eines Elements einer Massenerscheinung –, die Objektivität problematisch wird; man könnte deshalb durchaus behaupten, daß auch nach ihrer Theorie die Wahrscheinlichkeit eines Einzelereignisses, wie etwa die Emission eines einzelnen Photons, nichts anderes ist als eine Bewertung unserer Unwissenheit. Denn die objektive Wahrscheinlichkeit sagt uns nur, was durchschnittlich geschieht, wenn ein solches Ereignis sich viele Male wiederholt: Über das Einzelereignis selbst sagt die objektive statistische Wahrscheinlichkeit nichts.

Das war der Punkt, an dem der Subjektivismus Eingang in die Quantenmechanik fand, sowohl nach Einsteins Ansicht als auch nach der seiner Gegner. Und an diesem Punkt versuchte ich, den Subjektivismus zu bekämpfen, indem ich die Propensitätsinterpretation der Wahrscheinlichkeit einführte. Das geschah nicht *ad hoc*. Es war vielmehr das Ergebnis einer kritischen Überprüfung der Argumente, die der Häufigkeitsinterpretation der Wahrscheinlichkeit zugrunde liegen.

Der Hauptgedanke war, daß Propensitäten (Verwirklichungstendenzen) als *physikalische Realitäten* aufgefaßt werden können. Sie sind Maße oder Maßzahlen von Dispositionen. Meßbare physikalische Dispositionen (»Potentiale«) waren in die Physik durch die Feldtheorie eingeführt worden. Es gab also einen Präzedenzfall, in dem Dispositionen als physikalisch real aufgefaßt wurden. So war der Vorschlag, Propensitäten als physikalisch real aufzufassen, nicht ganz fremdartig. Und er ließ Raum für den Indeterminismus.

Um zu zeigen, welcher Art das Interpretationsproblem war, das durch die Einführung der Propensitäten gelöst werden sollte, möchte ich einen Brief besprechen, den Einstein 1939 an Schrödinger schrieb.[246] In diesem Brief bezieht sich Einstein auf ein wohlbekanntes Gedankenexperiment, das Schrödinger 1935 veröffentlich hatte.[247] Schrödinger hatte auf die Möglichkeit hingewiesen, daß wir eine kleine Menge einer radioaktiven Substanz so anbringen können, daß ihr Zerfall mit Hilfe eines Geigerzählers eine Bombe zur Explosion bringt. Die Anordnung kann so eingerichtet werden, daß entweder die Bombe innerhalb eines bestimmten Zeitraums explodiert oder der Zünder ausgeschaltet wird. Die Wahrscheinlichkeit einer Explosion kann mit ½ angesetzt werden. Schrödinger nahm an, daß, wenn man eine Katze neben die Bombe setzt, die Wahrscheinlichkeit, daß sie getötet wird, ebenfalls ½ betragen wird. Die ganze Anordnung kann im Formalismus der Quantenmechanik beschrieben werden, und in dieser Beschreibung haben wir eine *Überlagerung von zwei Zuständen* der Katze – ihres lebendigen und ihres toten Zustandes. Die quantenmechanische Beschreibung – die ψ-Funktion – beschreibt also nichts Reales: Die Katze ist ja entweder lebendig oder tot.

In seinem Brief an Schrödinger sagt Einstein, daß das bedeutet, daß die Quantenmechanik subjektiv und unvollständig ist:

> Versucht man, die ψ-Funktion als die vollständige Beschreibung eines Zustandes ... aufzufassen, so bedeutet dies, daß in dem betrachteten Zeitpunkt die Katze weder lebendig noch pulverisiert ist. Der eine oder andere Umstand würde aber durch eine Beobachtung realisiert [werden].
> Wenn man diese Auffassung verwirft, so muß man annehmen, daß die ψ-Funktion keinen wirklichen Sachverhalt, sondern den Inbegriff *unseres [unvollständigen] Wissens in bezug auf einen Sachverhalt* ausdrückt. Dies ist die Bornsche Interpretation, die wohl die meisten Theoretiker heute teilen.[248]

Es ist interessant, daß Einstein hier die Bornsche Häufigkeitsinterpretation als subjektiv interpretiert.

Akzeptiert man jedoch meine Propensitätsinterpretation, so verschwindet Einsteins Dilemma, und die Quantenmechanik, das heißt die ψ-Funktion, *beschreibt* dann tatsächlich einen realen Sachverhalt – eine reale Disposition –, wenn auch einen nicht-deterministischen Sachverhalt. Und obgleich man vielleicht sagen kann, daß die Tatsache, daß der Sachverhalt nicht deterministisch ist, eine Unvollständigkeit anzeigt, so muß diese Unvollständigkeit doch kein Mangel der Theorie – der Beschreibung – sein, sondern es ist durchaus denkbar, daß sich in ihr eine objektive Indeterminiertheit der Realität selbst – des Sachverhalts selbst – widerspiegelt.

Schrödinger war intuitiv überzeugt, daß das Quadrat der Wellenamplitude (der ψ-Funktion) etwas physikalisch *Reales*, etwa eine reale Dichte, beschreiben müsse. Und er war sich auch der Möglichkeit[249] bewußt, daß die Realität selbst indeterminiert sein könnte. Gemäß der Propensitätsinterpretation sind diese beiden Intuitionen vereinbar und richtig.

Ich will hier nicht weiter die Propensitätstheorie der Wahrscheinlichkeit und die Rolle erörtern, die sie bei der Aufklärung der Interpretation der Quantenmechanik spielen kann, weil ich diese Fragen recht ausführlich an anderer Stelle behandelt habe.[250] Ich kann mich erinnern, daß die Theorie anfangs nicht gut aufgenommen wurde, was mich weder überraschte noch bedrückte. Vieles hat sich seit jener Zeit geändert, und manche jener Kritiker (und manche Verteidiger Bohrs), die zunächst meine Theorie verächtlich als unvereinbar mit der Quantenmechanik abtaten, sagen heute, sie sei trivial; oder sie sagen, meine Interpretation sei mit der von Bohr identisch.

Ich sah mich für meine recht erfolglosen Bemühungen von beinahe vierzig Jahren mehr als entschädigt, als ich über meine Arbeit von 1967: »Quantum Mechanics without ›The Observer‹« einen Brief des Mathematikers und Historikers der Quantenmechanik B. L. van der Waerden erhielt, in dem er sagte, er stimme mit allen dreizehn Thesen meiner Arbeit und auch mit meiner Propensitätsinterpretation der Wahrscheinlichkeit überein.[251]

35

Ludwig Boltzmann und die Richtung des Zeitablaufs: Der Pfeil der Zeit

Der Einbruch des Subjektivismus in die Physik – und besonders in die Theorie der Zeit und der Entropie – hatte lange vor dem Aufstieg der Quantenmechanik begonnen. Er stand in engem Zusammenhang mit der Tragödie von Ludwig Boltzmann, einem der großen Physiker des neunzehnten Jahrhunderts, der zugleich ein glühender und geradezu militanter Realist und Objektivist war.

Ludwig Boltzmann und Ernst Mach waren beide Professoren an der Wiener Universität. Boltzmann war dort Professor der Physik, als Mach 1895 auf einen speziell für ihn geschaffenen Lehrstuhl für die Philosophie der Naturwissenschaften berufen wurde. Es muß der erste derartige Lehrstuhl der Welt gewesen sein. Später hatte ihn Moritz Schlick inne und nach ihm Victor Kraft.[252] Als Mach im Jahre 1901 zurücktrat, wurde Boltzmann sein Nachfolger, unter Beibehaltung seines Lehrstuhls für Physik. Mach, der sechs Jahre älter war als Boltzmann, blieb in Wien ungefähr bis zum Tode Boltzmanns im Jahre 1906; und während dieser Zeit und noch viele Jahre danach nahm Machs Einfluß ständig zu. Mach und Boltzmann waren beide Physiker. Als Physiker war Boltzmann der weitaus begabtere und originellere von den beiden[253]; und beide waren Philosophen. Mach wurde als Philosoph nach Wien berufen, und zwar auf Grund der Initiative von zwei Philosophen. (Nachdem Boltzmann als Nachfolger Stefans auf einen Lehrstuhl der Physik berufen worden war – einen Lehrstuhl, auf den Mach sich

Hoffnung gemacht hatte –, kam dem erst einundzwanzigjährigen Heinrich Gomperz die Idee, daß Mach statt dessen auf einen Lehrstuhl der Philosophie berufen werden könnte; eine Idee, die mit Hilfe seines Vaters Theodor Gomperz verwirklicht wurde.[254]) Über die philosophischen Verdienste von Boltzmann und Mach kann ich, ehrlich gesagt, nur einseitig urteilen. Boltzmann ist als Philosoph kaum bekannt; bis vor ganz kurzer Zeit wußte auch ich sehr wenig über seine Philosophie, und ich weiß noch immer viel weniger darüber, als ich eigentlich wissen sollte. Doch mit allem, was ich davon weiß, stimme ich überein; vielleicht mehr als mit irgendeiner anderen Philosophie. Deshalb ziehe ich Boltzmann Mach vor – nicht nur dem Physiker und Philosophen Mach, sondern, ich gestehe, auch dem Menschen. Aber ich finde auch Machs Persönlichkeit sehr anziehend. Und obwohl ich die Philosophie seiner »Analyse der Empfindungen« scharf ablehne, so stimme ich mit seiner biologischen Einstellung zum Problem des (subjektiven) Wissens weitgehend überein.

Boltzmann und Mach hatten beide unter den Physikern einen bedeutenden Anhang, und sie waren in einen beinahe tödlichen Konflikt verwickelt. Es war ein Konflikt über das Forschungsprogramm der Physik und über die »Korpuskularhypothese«; das heißt, über den Atomismus und die molekulare oder kinetische Gastheorie und die Wärmelehre. Boltzmann war ein Atomist, und er verteidigte sowohl den Atomismus als auch Maxwells kinetische Theorie der Gase und der Wärme. Mach bekämpfte diese »metaphysischen« Hypothesen. Er befürwortete eine »phänomenologische Thermodynamik«, von der er alle »erklärenden Hypothesen« (wie die Erklärung der Wärme als Molekularbewegung) auszuschließen hoffte; und er hoffte, die »phänomenologische« oder »rein deskriptive« Methode schließlich auf die gesamte Physik auszudehnen.

In all diesen Streitfragen findet Boltzmann meine ungeteilte Sympathie. Ich muß jedoch zugeben, daß Boltzmann trotz seiner Überlegenheit als Physiker und trotz seiner Überlegenheit als Philosoph die Schlacht verlor. Er unterlag in einer Frage von grundsätzlicher Bedeutung: in seiner kühnen wahrscheinlichkeitstheoretischen Ableitung aus der kinetischen Theorie der Wärme des sogenannten zweiten Hauptsatzes der Thermodynamik, des Satzes von der Zunahme der Entropie (Boltzmanns *H*-Theorem). Er unterlag, wie ich glaube, weil er zu kühn gewesen war.

Seine Ableitung ist intuitiv äußerst überzeugend: Er verknüpft die Entropie mit der Unordnung; er zeigt überzeugend und zutreffend, daß ungeordnete Zustände eines Gases in einem Behälter »wahrscheinlicher« (in einem vollkommen richtigen und objektiven Sinne von »wahrscheinlich«) sind als geordnete Zustände. Und schließlich folgert er (und diese Folgerung erwies sich als ungültig[255]), daß es *ein allgemeines mechanisches Gesetz* gebe, demzufolge abgeschlossene Systeme (eingeschlossene Gase) dazu tendieren, immer wahrscheinlichere Zustände anzunehmen; und das heißt, daß geordnete Systeme dazu neigen, immer ungeordneter zu werden, je älter sie werden; daß also die Entropie eines Gases *dazu tendiert, mit der Zeit zuzunehmen.*

Alles das ist äußerst überzeugend; aber in dieser Form ist es leider falsch. Zunächst interpretierte Boltzmann sein *H*-Theorem als einen Beweis für eine *mit der Zeit einseitig wachsende Unordnung.* Aber wie Ernst Zermelo zeigte[256], hatte Henri Poincaré vorher bewiesen (und Boltzmann stellte diesen Beweis nie in Frage), daß jedes geschlossene System (Gas) nach einer gewissen endlichen Zeit in die unmittelbare Umgebung des Zustandes, in dem es sich zu Anfang befunden hat, zurückkehrt. Somit treten sämtliche Zustände (annähernd) immer wieder ein; und wenn das Gas einmal in einem geordneten Zustand war, wird es nach einer gewissen Zeit wieder zu ihm zurückkehren. Folglich kann es so etwas wie eine bevorzugte Zeitrichtung – einen »Zeitpfeil« –, die mit der Entropiezunahme verknüpft ist, nicht geben.

Zermelos Einwand war, wie ich glaube, entscheidend: Er revolutionierte Boltzmanns eigene Auffassung, und die statistische Mechanik und Thermodynamik wurde, besonders nach 1907 (dem Datum eines Artikels von Paul und Tatiana Ehrenfest[257]), streng symmetrisch in bezug auf die Richtung der Zeit, und bis jetzt ist sie so geblieben. Die Situation sieht nun folgendermaßen aus: Jedes geschlossene System (beispielsweise ein Gas) befindet sich beinahe dauernd in ungeordneten Zuständen (Gleichgewichtszuständen). Es wird aber Schwankungen, Fluktuationen, Abweichungen vom Gleichgewicht geben. Die Häufigkeit des Auftretens einer solchen Schwankung nimmt rasch ab, je größer die Schwankung ist. Wenn wir also feststellen, daß sich ein Gas in einem Zustand der Schwankung befindet (das heißt, einem Zustand größerer *Ordnung*, als es der Gleichgewichtszustand ist), dann können wir den Schluß ziehen, daß diesem Zustand *wahrscheinlich* ein anderer vorausging und *ebenso wahrscheinlich* ein anderer folgen wird, der dem Gleichgewichtszustand (*der Unordnung*) näher kommt. Also können wir, wenn wir seine Zukunft voraussagen wollen, mit hoher Wahrscheinlichkeit einen Entropiezuwachs voraussagen; und eine genau analoge Aussage läßt sich auch über seine Vergangenheit machen. Es ist merkwürdig, daß selten gesehen wird, daß sich mit Zermelo eine Revolution in der Thermodynamik vollzog: Zermelo wird oft wegwerfend erwähnt, oder auch gar nicht.[258]

Leider hat Boltzmann die Tragweite von Zermelos Einwand nicht sofort gesehen: Seine erste Erwiderung war deshalb unbefriedigend, wie Zermelo nachwies. Und mit Boltzmanns zweiter Erwiderung auf Zermelo begann das, was ich als seine Tragödie betrachte: ein Abgleiten Boltzmanns in den Subjektivismus. Denn in dieser zweiten Erwiderung geschah folgendes:

(a) Boltzmann gab seine Theorie eines objektiven Zeitpfeils auf und auch seine Theorie, daß die Entropie eine Tendenz habe, in der Richtung dieses Pfeiles zuzunehmen; er gab also auf, was einer seiner Hauptpunkte gewesen war.

(b) Boltzmann führte *ad hoc* eine bewundernswürdige, aber phantastische kosmologische Hypothese ein.

(c) Boltzmann führte eine subjektivistische Theorie des Zeitpfeils ein und gleichzeitig eine Theorie, die den Entropiesatz auf eine Tautologie reduzierte.

Der Zusammenhang zwischen diesen drei Punkten der

zweiten Erwiderung Boltzmanns läßt sich vielleicht folgendermaßen darstellen.[259]

(a) Nehmen wir zunächst an, daß die Zeit objektiv keinen Pfeil hat – keine einseitige Richtung – und daß sie in dieser Hinsicht genau wie eine Raumkoordinate ist; und nehmen wir zunächst an, daß das objektive *»Universum«* bezüglich der beiden möglichen Richtungen der Zeit vollkommen symmetrisch ist.

(b) Nehmen wir weiter an, das gesamte Universum sei ein System (gleichsam ein Gas) in thermischem Gleichgewicht: in maximaler *Unordnung*. In einem solchen Universum wird es Schwankungen, Fluktuationen der Entropie geben; also raumzeitliche Gebiete, in denen eine *Ordnung* besteht. Diese Gebiete niedriger Entropie werden sehr selten sein – um so seltener, je tiefer die Entropiekurve ist; und nach unserer Symmetrieannahme wird die Kurve nach beiden Zeitrichtungen in ähnlicher Weise ansteigen und sich zur maximalen Entropie hin abflachen. Nehmen wir jetzt zusätzlich an, Leben sei nur an den beiden *Abhängen* einer tief eingeschnittenen Entropiekurve möglich; und nennen wir diese Gebiete stark veränderlicher Entropie »Welten« oder »Einzelwelten«.

(c) Nun braucht nur noch angenommen zu werden, daß wir (und vermutlich alle Tiere) die Zeitkoordinate subjektiv in der Weise *erleben*, als habe sie eine Richtung, als habe sie einen Pfeil, der in die Richtung der Entropiezunahme zeigt. Das heißt, daß uns die Zeitkoordinate sukzessiv oder seriell zum Bewußtsein kommt in jener Anordnung, in der in der »Welt« (dem Gebiet, in dem wir leben) die Entropie wächst.

Wenn (a) und (c) gelten, dann wird die Entropie offensichtlich immer mit zunehmender Zeit zuzunehmen *scheinen*; genauer, mit der zunehmenden Zeit unseres Bewußtseins. Wenn wir nun noch die biologische Hypothese aufstellen, daß die Zeit nur innerhalb der subjektiven Erfahrung von Tieren einen Pfeil hat und nur in der Richtung, in der die Entropie zunimmt, so wird das Gesetz der Entropiezunahme zu einem notwendigen, aber nur subjektiv gültigen Gesetz.

Das folgende Diagramm veranschaulicht das (siehe Abb. 1).

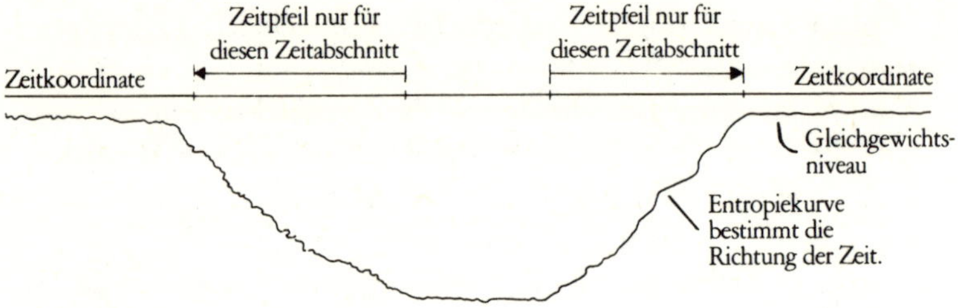

Abb. 1.

Die obere Linie (eine horizontale Gerade) ist die (symmetrische) Zeitkoordinate; die untere Linie deutet eine Fluktuation der Entropie an. Die beiden Pfeile zeigen die »Welten« an, in denen Leben vorkommen kann und in denen die Zeit erlebt wird, als habe sie die von den Pfeilen angedeutete Richtung.

Boltzmann – und auch Schrödinger – schlagen vor, daß man die Richtung der Zeit zur »Zukunft« hin durch eine *Definition* festlegen soll, wie das folgende Zitat aus Boltzmanns zweiter Erwiderung auf Zermelo zeigt:

> Man hat ... die Wahl zwischen zweierlei Vorstellungen. Man kann annehmen, daß sich das gesamte Universum gegenwärtig in einem sehr unwahrscheinlichen Zustand befindet. Man kann sich aber auch die Äonen, innerhalb deren wieder unwahrscheinliche Zustände eintreten, winzig gegen die Dauer, die Siriusfernen winzig gegen die Dimensionen des Universums denken. Es müssen dann im Universum, das sonst überall im Wärmegleichgewicht, also tot ist, hier und da solche verhältnismäßig kleine Bezirke von der Ausdehnung unseres Sternenraums (nennen wir sie Einzelwelten) vorkommen, die während der verhältnismäßig kurzen Zeit von Äonen erheblich vom Wärmegleichgewicht abweichen, und zwar ebenso häufig solche, in denen die Zustandswahrscheinlichkeit [und daher die Entropie] ... zu[-nimmt wie solche, in denen sie] abnimmt. Für das Universum sind also beide Richtungen der Zeit ununterscheidbar, wie es im Raum kein oben oder unten gibt. Aber wie wir an einer bestimmten Stelle der Erdoberfläche die Richtung gegen den Erdmittelpunkt als nach unten bezeichnen, so wird ein Lebewesen, das sich in einer bestimmten Zeitphase einer solchen Einzelwelt befindet, die Zeitrichtung gegen die unwahrscheinlicheren Zustände anders als die entgegengesetzte (erstere als die Vergangenheit, den Anfang, letztere als die Zukunft, das Ende) bezeichnen und vermöge dieser Benen-

> nung [sic] werden sich ... [dieselben] kleine[n] Gebiete, die es aus dem Universum isoliert, »anfangs« immer in einem unwahrscheinlichen Zustande befinden. Diese Methode scheint mir die einzige, wonach man den 2. Hauptsatz, den Wärmetod jeder Einzelwelt [,] ohne eine einseitige Änderung des ganzen Universums von einem bestimmten Anfangs- gegen einen schließlichen Endzustand denken kann.[260]

Ich finde Boltzmanns Idee in ihrer Kühnheit und Schönheit atemberaubend. Ich finde aber auch, daß sie vollkommen unhaltbar ist, zumindest für einen Realisten. Sie macht aus der in nur einer Richtung verlaufenden Veränderung eine Illusion. Das macht aber aus der Katastrophe von Hiroshima eine Illusion. Es macht aus unserer Welt eine Illusion, und damit auch aus *allen unseren Bemühungen, mehr über unsere Welt herauszufinden.* Diese Idee hebt sich daher (wie jeder Idealismus) selber auf. Boltzmanns idealistische Ad-hoc-Hypothese steht im Widerspruch zu seiner eigenen realistischen und geradezu leidenschaftlich verfochtenen anti-idealistischen Philosophie und zu seinem leidenschaftlichen Wunsch, das Wachstum unseres Wissens zu fördern.

Boltzmanns Ad-hoc-Hypothese zerstört aber zugleich einen beträchtlichen Teil der physikalischen Theorie, die sie retten sollte. Denn sein großartiger und kühner Versuch, das Gesetz der Entropiezunahme ($dS/dt \geq 0$) – sein *H*-Theorem – aus mechanischen und statistischen Annahmen abzuleiten, wird durch die neue Idee zerstört. Der Versuch scheitert an der nunmehr richtungslosen objektiven Zeit, da ja in dieser die Entropie nach beiden Zeitrichtungen hin objektiv ebenso häufig zunimmt wie abnimmt.[261] Und er scheitert an der subjektiven Zeit (der Zeit mit dem subjektiven Pfeil), weil hier *nur eine Definition* oder eine Illusion den Entropiezuwachs bewirkt und es daher kein mechanisches Theorem geben kann, das den Entropiezuwachs aussprechen kann (oder von dem man das fordern könnte). Damit zerstört dieser Versuch die physikalische Theorie – die kinetische Theorie der Entropie –, die Boltzmann gegen Zermelo zu verteidigen suchte. Das Opfer seiner realistischen Philosophie, das er brachte, um sein *H*-Theorem zu retten, war also vergeblich.

Ich glaube, das alles muß Boltzmann mit der Zeit klargeworden sein, und mit dieser Einsicht mag seine Depression und sein Selbstmord im Jahre 1906 zusammenhängen.

Obwohl ich die Schönheit und die intellektuelle Kühnheit der idealistischen Ad-hoc-Hypothese Boltzmanns bewundere, stellt sich nun doch heraus, daß sie nicht »kühn« im Sinne meiner Methodologie war: Sie fügte unserem Wissen nichts hinzu, sie vermehrte nicht den Gehalt des Wissens. Im Gegenteil, sie zerstörte jeglichen Gehalt. (Die Theorie des Gleichgewichts und der Fluktuationen blieb aber unberührt.)

Deshalb empfand ich kein Bedauern (obwohl ich über Boltzmanns Schicksal trauerte), als mir klarwurde, daß mein Beispiel für einen nicht-entropischen physikalischen Prozeß, der einen Zeitpfeil besaß[262], Boltzmanns idealistische Ad-hoc-Hypothese zerstörte. Ich gebe zu, daß dieses Beispiel etwas Bemerkenswertes zerstörte – ein Argument zugunsten des Idealismus, das der reinen Physik anzugehören schien. Doch im Gegensatz zu Schrödinger war ich nicht geneigt, nach solchen Argumenten zu suchen; und da ich, wie Schrödinger, dagegen war, die Quantentheorie für den Subjektivismus in Anspruch zu nehmen, freute ich mich, daß es mir gelungen war, ein noch älteres Bollwerk des Subjektivismus in der Physik zu erschüttern.[263] Und ich hoffte, daß Boltzmann selbst diesem Versuch (wenn auch vielleicht nicht dessen Ergebnissen) zugestimmt hätte.

Die Geschichte des Streits zwischen Mach und Boltzmann und die Geschichte von Machs langdauerndem Einfluß auf die Philosophie der größten Physiker unseres Jahrhunderts gehört zu den merkwürdigsten Episoden in der Geschichte der Wissenschaft. An ihr wird die Macht von Modeströmungen sichtbar – die Macht des »Zeitgeists«. Aber die Mode, zumindest die philosophische Mode – der »Zeitgeist« – ist gewöhnlich dumm und blind. Und das gilt auch für den historizistischen Glauben, daß die Geschichte unsere Richterin ist.[263a]

Im Licht der Geschichte – oder vielleicht im Zwielicht der Geschichte – war Boltzmann allen anerkannten Maßstäben nach geschlagen, auch wenn jedermann einräumt, daß er ein großer Physiker gewesen ist. Denn es gelang ihm nie, den Status seines *H*-Theorems zu klären, und er gab auch keine Erklärung für den Entropiezuwachs. (Statt dessen schuf er ein neues Problem – oder, wie ich glaube, ein Scheinproblem: Ist der Zeitpfeil eine Konsequenz der Entropiezunahme?) Auch als Philosoph war er geschlagen. Während seiner letzten Lebensjahre wurden Machs Positivismus und Wilhelm Ostwalds »Energetik«, beides antiatomistische Lehren, derart einflußreich, daß Boltzmann den Mut verlor (wie seine *Vorlesungen über Gastheorie* zeigen). Unter dem Druck der Mode verlor er den Glauben an sich selbst und an die Realität der Atome: Er deutete an, daß die von ihm vertretene Korpuskularhypothese vielleicht nur ein heuristischer Kunstgriff sei (und nicht eine Hypothese über die physikalische Wirklichkeit); eine Andeutung, auf die Mach mit der Bemerkung reagierte, das sei »ein nicht ganz ritterlicher polemischer [Schach-]Zug«[264] in Boltzmanns Auseinandersetzung mit ihm.

Boltzmanns Realismus und Objektivismus sind trotz Einsteins etwas verspäteter Absage an den erkenntnistheoretischen Machismus bis heute nicht von der Wissenschaftsgeschichte gerechtfertigt worden. (Um so schlimmer für die Wissenschaftsgeschichte.) Denn obwohl der Atomismus seinen ersten großen Sieg mit Hilfe von Boltzmanns Idee der statistischen Fluktuationen errang (ich spiele hier auf Einsteins Aufsatz über die Brownsche Bewegung aus dem Jahre 1905 an), war es die positivistische Philosophie Machs – die Philosophie des Erzgegners des Atomismus –, die der junge Einstein und, vermutlich durch ihn, die Begründer der Quantenmechanik zu ihrem anerkannten Glaubensbekenntnis machten. Natürlich leugnete niemand Boltzmanns überragende Größe als Physiker und besonders als einer der Begründer der statistischen Mechanik. Aber soweit von einer Renaissance seiner Ideen die Rede sein kann, scheint es dabei entweder um seine subjektivistische

Theorie des Zeitpfeils (Schrödinger, Reichenbach, Grünbaum) oder um eine subjektivistische Interpretation seiner Statistik und seines *H*-Theorems (Born, Jaynes) zu gehen. Die Göttin Geschichte, unsere verehrte Richterin, treibt weiter ihren Scherz mit uns.

Was ich hier erzählt habe, wirft vielleicht ein gewisses Licht auf die idealistische Theorie, daß der Zeitpfeil eine subjektive Illusion ist. Der Kampf gegen diese Theorie hat mich in den vergangenen Jahren stark beschäftigt.

36
Die subjektivistische Theorie der Entropie

Was ich hier mit der subjektivistischen Theorie der Entropie[265] meine, ist nicht Boltzmanns Theorie, in der der Zeitpfeil subjektiv, die Entropie dagegen objektiv ist. Ich meine vielmehr eine Theorie, die ursprünglich auf Leo Szilard[266] zurückgeht, derzufolge die Entropie eines Systems immer dann zunimmt, wenn unsere Information über dieses System abnimmt und umgekehrt. Nach Szilards Theorie muß jeder Gewinn an Information oder Wissen als eine Abnahme der Entropie interpretiert werden; und diese Abnahme muß, nach dem zweiten Hauptsatz, auf irgendeine Weise durch eine mindestens gleich große Zunahme an Entropie kompensiert werden.[267]

Ich gestehe, daß diese These etwas intuitiv Befriedigendes hat – besonders natürlich für einen Subjektivisten. Zweifellos kann die Information (oder der »informative Gehalt«) durch die Unwahrscheinlichkeit gemessen werden, eine Tatsache, auf die ich schon 1934 in meiner *Logik der Forschung* hingewiesen habe.[268] Andererseits kann man die Entropie mit der *Wahrscheinlichkeit* des Zustandes des betreffenden Systems gleichsetzen. Folglich *scheinen* die folgenden Gleichungen gültig zu sein:

Information = Negentropie;
Entropie = fehlende Information = Nichtwissen.

Diese Gleichungen müssen aber mit größter Vorsicht behandelt werden. Es wurde ja nicht mehr gezeigt, als daß Entropie und fehlende Information durch Wahrscheinlichkeiten gemessen oder durch Wahrscheinlichkeiten interpretiert werden können. Es wurde nicht gezeigt, daß sie Wahrscheinlichkeiten derselben Attribute desselben Systems sind.

Betrachten wir einen der einfachsten möglichen Fälle der Entropiezunahme, die Ausdehnung des Gases, das einen Kolben antreibt. Denken wir uns einen Zylinder, in dessen Mitte sich ein

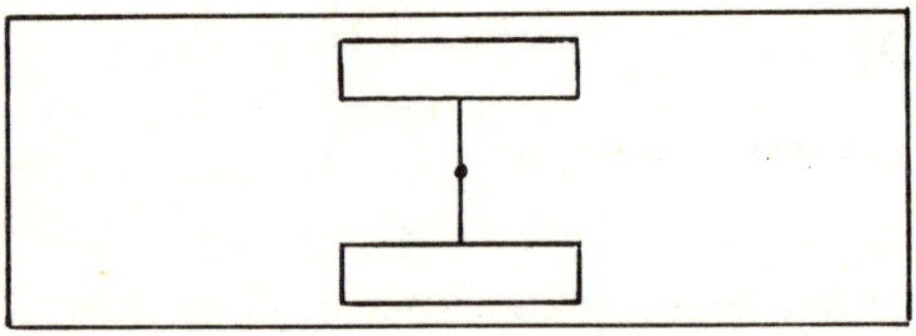

Abb. 2.

Kolben befindet (siehe Abb. 2). Der Zylinder wird durch ein Wärmebad konstant auf einer hohen Temperatur gehalten, so daß jeder Wärmeverlust sofort ersetzt wird. Wenn sich links ein Gas befindet, welches den Kolben nach rechts treibt und uns dadurch Arbeit (zum Heben einer Last) liefert, so zahlen wir dafür mit einer Zunahme der Entropie des Gases.

Nehmen wir zunächst der Einfachheit halber an, das Gas bestehe nur aus einem einzigen Molekül, dem Molekül *M*. (Das ist die Annahme meines Gegners, Leo Szilard, so daß es für mich zulässig[269] ist, sie zu machen; sie wird jedoch hier später kritisch diskutiert werden.) Dann können wir sagen, daß die Zunahme der Entropie einem Verlust an Information entspricht. Denn vor der Ausdehnung des Gases wußten wir von dem Gas (das heißt, von unserem Molekül *M*), daß es in der linken Hälfte des Zylinders war. Nach der Ausdehnung und wenn es seine Arbeit getan hat, wissen wir nicht, ob es in der linken oder in der rechten Hälfte des Zylinders ist, weil ja der Kolben jetzt weit rechts im Zylinder steht: Der informative Gehalt unseres Wissens über die Position von *M* ist offenbar stark reduziert.[270]

Ich bin natürlich bereit, das alles zuzugeben. Was ich *nicht* zuzugeben bereit bin, ist Szilards allgemeineres Argument, mit dem er versucht, das Theorem zu begründen, daß das Wissen oder die Information über die Lage des Moleküls *M* in Negentropie umgewandelt werden kann und umgekehrt. Dieses angebliche Theorem betrachte ich, so leid es mir tut, als blanken subjektivistischen Unsinn – als eine Folge der subjektivistischen Interpretation der Wahrscheinlichkeitstheorie.

Szilards Argument besteht in einem idealisierten Gedankenexperiment; man kann es – ein wenig verbessert, wie ich glaube – folgendermaßen formulieren:[271]

Angenommen, wir *wissen* im Augenblick t_0, daß das Gas – das heißt hier, das eine Molekül *M* – in der linken Hälfte unseres Zylinders ist. Dann können wir in diesem Augenblick einen Kolben in die Mitte des Zylinders hineinschieben (beispielsweise durch einen Spalt in der Wand des Zylinders[272]) und warten, bis die Ausdehnung des Gases – also der Impuls von *M* – den Kolben nach rechts geschoben und dadurch eine Last gehoben hat. Die benötigte Energie wurde offenkundig durch das Wärmebad geliefert. Die benötigte und verlorengegangene Negentropie wurde durch unser Wissen geliefert; das Wissen ging verloren, als die Negentropie verbraucht wurde, also in dem Prozeß der Ausdehnung des Gases und während der Bewegung des Kolbens nach rechts; wenn der Kolben das rechte Ende des Zylinders erreicht, haben wir unser genaues Wissen über die Position von *M* (oder über den Teil des Zylinders, in dem sich *M* befindet) verloren. Wenn wir das Verfahren umkehren, indem wir den Kolben *zurückbewegen*, so wird der gleiche Energiebetrag dazu nötig sein (und dem Wärmebad hinzugefügt), und der gleiche Betrag an Negentropie muß irgendwo herkommen; denn am Ende der Bewegung haben wir die Situation, von der wir ausgingen, einschließlich des Wissens, daß das Gas – oder *M* – sich in der linken Hälfte des Zylinders befindet.

Folglich, so deutet Szilard an, können Wissen und Negentropie ineinander umgewandelt werden. Er stützt dies auf eine – meiner Ansicht nach ungültige – Analyse einer direkten Messung der Lage von *M*; doch da er lediglich andeutet, aber nicht behauptet, daß diese Analyse allgemein gültig sei, will ich nichts dagegen sagen. Im übrigen hoffe ich, daß die hier angegebene

Darstellung Szilards Position in einem gewissen Maße stärkt: Sie macht sie, wie ich hoffe, plausibler.

Ich komme jetzt zu meiner Kritik. Es ist für Szilards Zwecke wesentlich, daß er mit einem einzelnen Molekül *M* operiert statt mit einem Gas, das aus vielen Molekülen besteht.[273] Wenn wir es mit einem Gas zu tun haben, das aus mehreren Molekülen besteht, so hilft uns unser Wissen über die Lage dieser Moleküle nicht im geringsten (unser Wissen ist somit *nicht hinreichend);* es sei denn, das Gas befindet sich zufällig wirklich in einem objektiv sehr negentropischen Zustand; etwa in einem Zustand, in dem die meisten Moleküle auf der linken Seite sind. Dann aber *ist es offensichtlich dieser objektive negentropische Zustand* (und nicht unser subjektives Wissen von ihm), den wir uns zunutze machen können; und sollten wir, ohne ihn zu kennen, den Kolben im richtigen Augenblick hineinschieben, dann ist es wieder dieser objektive Zustand, den wir ausnutzen können. (Unser Wissen ist somit *weder notwendig noch hinreichend.)*

Arbeiten wir also zunächst, wie Szilard vorschlägt, mit *einem einzigen* Molekül, *M*. In diesem Fall aber, so behaupte ich, *brauchen wir kein Wissen über die Lage* von *M*. Wir brauchen nur unseren Kolben in den Zylinder hineinzuschieben. Wenn *M* sich zufällig auf der linken Seite befindet, wird der Kolben nach rechts getrieben, und wir können eine Last heben. Und wenn *M* sich zufällig auf der rechten Seite befindet, wird der Kolben nach links getrieben, und wir können ebenfalls eine Last heben: Nichts ist einfacher, als den Apparat mit einem Getriebe auszustatten, das ihm erlaubt, *in beiden Fällen* eine Last zu heben, ohne daß wir vorher wissen müßten, in welche der beiden möglichen Richtungen sich der Kolben bewegen wird.

Somit ist hier kein Wissen nötig, um den Entropiezuwachs auszugleichen; und Szilards Analyse erweist sich als ein Irrtum: Für das Eindringen des Wissens in die Physik hat er kein gültiges Argument vorgebracht.

Es scheint mir aber nötig zu sein, ein wenig mehr über Szilards Gedankenexperiment und auch über das meine zu sagen. Denn es erhebt sich die Frage: *Läßt sich mit meinem Experiment der* zweite Hauptsatz der Thermodynamik widerlegen (das Gesetz der Entropiezunahme)?

Ich glaube nicht; obwohl ich in der Tat der Ansicht bin, daß gewisse Formulierungen des zweiten Hauptsatzes durch die Brownsche Bewegung widerlegt sind.[274]

Der Grund ist folgender: Die Annahme eines Gases, das durch *ein* Molekül *M* repräsentiert ist, ist nicht nur eine Idealisierung (darauf kommt es in diesem Zusammenhang nicht an), sondern sie läuft auf die Annahme hinaus, daß sich das Gas *objektiv* ständig in einem Zustand minimaler Entropie befindet. Es handelt sich, wie wir annehmen müssen, um ein Gas, das selbst dann, wenn es sich ausgedehnt hat, keinen nennenswerten Teil des Zylinderinhalts einnimmt: Man wird es deshalb *immer nur auf einer Seite* des Kolbens finden. Zum Beispiel können wir den Kolben mit einer Klappe versehen, die wir (siehe Abb. 3)

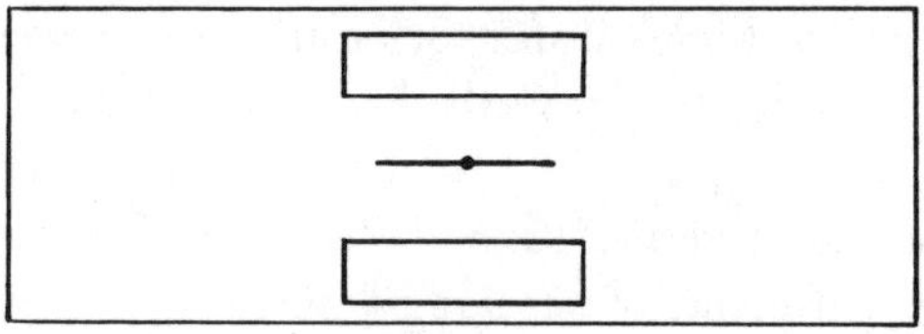

Abb. 3

in eine waagerechte Lage drehen, so daß der Kolben, ohne auf Widerstand zu stoßen, in die Mitte zurückgedrückt werden kann, worauf die Klappe wieder geschlossen wird; tun wir das, so können wir ganz sicher sein, daß das gesamte Gas – das ganze *M* – sich ausschließlich auf *einer* Seite des Kolbens befindet, und daher wird es den Kolben antreiben. Aber angenommen, das Gas besteht tatsächlich aus *zwei* Molekülen; diese können sich dann auf verschiedenen Seiten befinden, und in diesem Fall wird dann der Kolben nicht angetrieben werden. Das zeigt, daß *die Verwendung von nur einem Molekül M* in meiner Entgegnung auf Szilard (genau wie zuvor in Szilards Argument) eine wesentliche Rolle spielt, und es zeigt ebenfalls, daß ein aus einem mächtigen Molekül *M* bestehendes Gas, *falls* es uns zur

Verfügung stünde, tatsächlich den zweiten Hauptsatz verletzen würde. Das ist jedoch nicht überraschend, da der zweite Hauptsatz einen wesentlich statistischen Effekt beschreibt: eine Zunahme der Unordnung.

Gehen wir näher auf dieses zweite Gedankenexperiment ein, auf das Beispiel von *zwei Molekülen.* Die Information, daß sich beide in der linken Hälfte des Zylinders befinden, würde uns in der Tat erlauben, die Klappe zu schließen und dadurch den Kolben arbeitsfähig zu machen. Was aber den Kolben nach rechts treibt, ist nicht unser Wissen von der Tatsache, daß beide Moleküle sich links befinden. Es sind vielmehr die Impulse der zwei Moleküle – oder, wenn man will, die objektive Tatsache, daß das Gas sich in einem Zustand geringer Entropie befindet.

Aus meinen hier vorgeführten Gedankenexperimenten geht also *nicht* hervor, daß ein Perpetuum mobile zweiter Ordnung möglich ist[275]; da aber, wie wir gesehen haben, die Verwendung von nur *einem* Molekül für Szilards Gedankenexperiment wesentlich ist, zeigen meine Gedankenexperimente, daß Szilards Argument ungültig ist, und damit auch der Versuch, die subjektivistische Interpretation des zweiten Hauptsatzes auf Gedankenexperimente dieser Art zu stützen.

Das Gebäude, das auf Szilards (nach meiner Meinung ungültigem) Argument und auf ähnlichen Argumenten anderer aufgebaut wurde, wird, so fürchte ich, weiterhin wachsen; und wir werden weiterhin hören, daß »die Entropie – wie die Wahrscheinlichkeit – das Fehlen von Information mißt« und daß Maschinen, wie Szilards Maschine, durch Wissen angetrieben werden können. Heiße Luft (hot air = Unsinn) und Entropie werden, fürchte ich, auch weiterhin produziert werden, solange es noch Subjektivisten gibt, die bereit sind, einen äquivalenten Betrag von Nichtwissen zur Verfügung zu stellen.

37

Der Darwinismus als ein metaphysisches Forschungsprogramm

Ich habe mich schon immer sehr für die Evolutionstheorie interessiert, und ich war bereit, die Evolution als eine Tatsache zu betrachten. Ich fand Darwin und den Darwinismus faszinierend; aber die meisten Philosophen der Evolution machten auf mich keinen sehr großen Eindruck; mit einer wichtigen Ausnahme: Samuel Butler.[276]

Meine *Logik der Forschung* enthielt eine Theorie des Wachstums des Wissens durch Versuch und Irrtum – genauer, durch die Elimination von Irrtümern. Das heißt aber, durch Darwinsche *Selektion,* durch Auswahl, statt durch Lamarcksche *Instruktion,* durch Unterweisung. Diese Parallele, die ich in jenem Buch andeutete, erhöhte natürlich mein Interesse an der Evolutionstheorie. Einige Fragen, über die ich im gegenwärtigen Abschnitt sprechen möchte, entspringen dem Versuch, mit Hilfe meiner Methodologie und deren Ähnlichkeit mit dem Darwinismus etwas Licht auf Darwins Evolutionstheorie zu werfen.

Das Elend des Historizismus[277] enthält einen ersten kurzen Versuch, einige mit der Evolutionstheorie zusammenhängende erkenntnistheoretische Fragen zu behandeln. Ich beschäftigte mich weiterhin mit diesen Problemen, und es war für mich eine große Ermutigung, als ich später fand, daß ich zu Ergebnissen gelangt war, die einigen Ergebnissen Schrödingers recht ähnlich sind.[278]

Im Jahre 1961 wurde ich eingeladen, in Oxford die jährliche Gedächtnisvorlesung für Herbert Spencer zu halten. Ich gab ihr den Titel »Die Evolution und der Baum der Erkenntnis«[279]. In dieser Vorlesung ging ich, wie ich glaube, ein wenig über Schrödingers Ideen hinaus, und seitdem habe ich diese Ideen, die vielleicht eine sehr kleine Verbesserung der Darwinschen Theorie enthalten, weiterentwickelt.[280] Dabei blieb ich aber durchweg innerhalb der Grenzen des Darwinismus, im Gegensatz zum Lamarckismus; das heißt, innerhalb der Selektionstheorie, der Theorie der natürlichen Auslese, im Gegensatz zur Theorie der Instruktion durch Umwelteinflüsse und Wünsche.

Einige weitere hierher gehörende Fragen versuchte ich in meiner Gedächtnisvorlesung für Arthur Holly Compton (St. Louis, 1966[280a]) zu behandeln, zum Beispiel die Frage des *Wissenschaftscharakters* des Darwinismus. Der Darwinismus steht, wie mir scheint, zum Lamarckismus in derselben Beziehung wie:

der Deduktivismus	zum Induktivismus,
die Selektion (Auslese)	zur Instruktion (Unterweisung durch Wiederholung),
die kritische Fehlerelimination	zur positiven Rechtfertigung.

Die logische Unhaltbarkeit der Ideen auf der rechten Seite dieser Tabelle kann als eine Art von logischem Kommentar zum Darwinismus (also zur linken Seite) betrachtet werden. Man könnte die Ideen auf der linken Seite als »fast tautologisch« beschreiben oder auch als angewandte Logik; jedenfalls als angewandte *Situationslogik*.

Unter diesem Gesichtspunkt wird die Frage des Wissenschaftscharakters der Darwinschen Theorie und im weitesten Sinne der Theorie von Versuch und Fehlerelimination interessant. Ich bin zu dem Schluß gelangt, daß der Darwinismus keine prüfbare wissenschaftliche Theorie ist, sondern ein *metaphysisches Forschungsprogramm* – ein möglicher Rahmen für empirisch prüfbare wissenschaftliche Theorien.[281, 281a] (Die Theorie der Gene ist offenkundig eine empirisch prüfbare Theorie. Meine These hinsichtlich des Darwinismus geht davon aus, daß der Darwinismus die Theorie der Gene nicht einschließt.)

Aber dazu ist noch mehr zu sagen; denn ich betrachte den Darwinismus auch als eine Anwendung dessen, was ich »Situationslogik« nenne. Der Darwinismus als Situationslogik kann folgendermaßen verstanden werden:

Denken wir uns eine Welt, ein System von begrenzter Konstanz, in dem es Wesen von begrenzter Variabilität gibt. Dann ist denkbar, daß ein Teil der durch Variation entstandenen Wesen (diejenigen, die in die Bedingungen des Systems »passen«) »überlebt«, während ein anderer Teil (diejenigen, die nicht in die Bedingungen passen) eliminiert wird.

Nehmen wir weiterhin an, daß es einen speziellen Rahmen gibt – eine Reihe von möglicherweise seltenen und sehr speziellen Bedingungen, unter denen die Existenz von Leben oder, genauer gesagt, von sich selbst reproduzierenden, aber wandlungsfähigen Organismen möglich ist. Dann haben wir eine Situation, in der die Idee von Versuch und Fehlerelimination, anders gesagt, die Idee des Darwinismus, nicht bloß anwendbar, sondern fast logisch notwendig wird. Damit ist nicht gemeint, daß entweder die Existenz des Rahmens oder die Entstehung des Lebens notwendig ist. Es mag einen Rahmen geben, in dem Leben möglich wäre, in dem es aber zu dem Versuch, der zum Leben führt, nicht kam, oder in dem alle Versuche, die zum Leben führten, eliminiert wurden. (Das letztere ist nicht bloß eine Möglichkeit, sondern kann in jedem Augenblick Wirklichkeit werden: Es gibt mehr als einen Weg, auf dem alles Leben auf der Erde zerstört werden könnte.) Aber wenn eine das Leben ermöglichende Situation eintritt und wenn Leben entsteht, dann wird aufgrund dieser Gesamtsituation die Darwinsche Theorie zu einer Theorie der Situationslogik.

Um jedes Mißverständnis zu vermeiden: Eine erfolgreiche Anwendung der Darwinschen Theorie ist nicht in jeder denkbaren Situation möglich, sondern nur in einer sehr speziellen, vielleicht sogar nur in einer einmaligen Situation. Aber selbst in einer Situation, in der es kein Leben gibt, läßt sich die Idee der Darwinschen Auslese in einem gewissen Umfang anwenden: Atomkerne, die (in der betreffenden Situation) relativ stabil sind, werden häufiger vorkommen als instabile Kerne; und ähnliches gilt auch für chemische Verbindungen.

Ich glaube nicht, daß der Darwinismus die Entstehung des Lebens erklären kann. Ich halte es für durchaus möglich, daß die Entstehung des Lebens so extrem unwahrscheinlich ist, daß man nicht »erklären« kann, wie es entstand; denn eine statistische Erklärung muß, *letzten Endes*, mit hohen Wahrscheinlichkeiten arbeiten. Wenn aber unsere hohen Wahrscheinlichkeiten im Grunde nichts anderes sind als niedrige Wahrscheinlichkeiten, die nur aufgrund des unermeßlichen zur Verfügung stehenden Zeitraums zu hohen Wahrscheinlichkeiten wurden (wie in Boltzmanns »Erklärung«; siehe Text zu Anmerkung 260 in Abschnitt 35), dann dürfen wir nicht übersehen, daß sich auf diese Weise alles »erklären« ließe.[282] Aber sogar dann haben wir wenig Grund zu der Vermutung, daß sich die Entstehung des Lebens auf diese Weise erklären läßt. Das berührt jedoch nicht die Auffassung vom Darwinismus als Situationslogik, sobald man einmal annimmt, daß das Leben und sein Rahmen unsere »Situation« konstituieren.

Ich denke, daß man weit mehr zugunsten des Darwinismus sagen kann, als daß er ein metaphysisches Forschungsprogramm neben anderen ist. In der Tat, seine große Ähnlichkeit mit der Idee der Situationslogik kann vielleicht den großen Erfolg des Darwinismus erklären, trotz des fast tautologischen Charakters seiner Formulierung durch Darwin; und vielleicht auch die Tatsache, daß bisher kein ernst zu nehmender Konkurrent aufgetreten ist.

Sollte die Auffassung der Darwinschen Theorie als einer Situationslogik annehmbar sein, so könnten wir die merkwürdige Ähnlichkeit zwischen meiner Theorie des Wachstums des Wissens und dem Darwinismus erklären; denn beide wären eben Fälle von Situationslogik. Das Neue und Besondere an der *bewußten, wissenschaftlichen Haltung zum Wissen* – die bewußte Kritik von vorläufigen Vermutungen und das bewußte Ausüben eines Selektionsdruckes auf diese Vermutungen durch deren Kritik – wäre eine Konsequenz des Auftretens einer darstellenden und argumentativen Sprache; das heißt einer darstellenden Sprache, deren Beschreibungen kritisiert werden können.

Das Auftreten einer solchen Sprache würde uns hier erneut vor eine äußerst unwahrscheinliche und möglicherweise einmalige Situation stellen, vielleicht so unwahrscheinlich wie das Auftreten des Lebens selbst. Sobald aber diese Situation gegeben ist, wird die Theorie des Wachstums des exosomatischen Wissens durch eine bewußte Methode von Vermutung und Widerlegung zu einer »fast« logischen Folge: Sie wird zu einem Bestandteil sowohl der Situation als auch des Darwinismus.

Was die Darwinsche Theorie selbst betrifft, so muß ich jetzt erklären, daß ich den Ausdruck »Darwinismus« für jene moderne Form dieser Theorie verwende, die manchmal als »Neodarwinismus« bezeichnet wird oder (von Julian Huxley) als »Die moderne Synthese«. Sie besteht im wesentlichen aus einer Synthese von Darwinschen und Mendelschen Ideen, insbesondere aus den folgenden Annahmen oder Vermutungen, auf die ich mich später beziehen werde:

(1) Die große Vielfalt der Formen des Lebens auf der Erde geht auf sehr wenige Formen zurück, vielleicht sogar auf einen einzigen Organismus: es gibt einen Stammbaum der Evolution, eine Evolutionsgeschichte.

(2) Es gibt eine Evolutionstheorie, die die Evolution erklärt. Sie besteht hauptsächlich aus den folgenden Hypothesen.

(a) Vererbung: Die Nachkommenschaft ist eine ziemlich getreue Reproduktion der Elternorganismen.

(b) Variation: Es gibt (möglicherweise neben anderen) »kleine« Variationen. Die wichtigsten darunter sind die »zufälligen« und erblichen Mutationen.

(c) Natürliche Auslese: Es gibt verschiedene Mechanismen, durch die nicht nur die Variationen, sondern das gesamte Erbmaterial mittels Elimination kontrolliert werden. Darunter sind Mechanismen, welche nur »kleinen« Mutationen gestatten, sich auszubreiten; »große« Mutationen (»hoffnungsvolle Monster«) sind in der Regel letal und werden deshalb eliminiert.

(d) Variabilität: Zwar sind offenbar die *Variationen* in einem gewissen Sinne – nämlich als Vorhandensein von unterschiedlichen Konkurrenten – vor der Auslese da, doch es kann sein, daß die *Variabilität* – die Variationsbreite – durch die natürliche Auslese entsteht und durch sie gesteuert wird; zum Beispiel hinsichtlich der Häufigkeit und des Umfangs der Variationen. Eine Gen-Theorie der Vererbung und der Variation mag sogar spezielle Gene annehmen, welche die Variabilität anderer Gene steuern. So gelangen wir vielleicht zu einer Gen-Hierarchie oder vielleicht zu noch komplizierteren Wechselwirkungsstrukturen. (Wir dürfen uns vor Komplikationen nicht fürchten; denn daß es Komplikationen gibt, weiß man. Zum Beispiel muß man vom Standpunkt der Auslese annehmen, daß die Methode, die Vererbung durch den genetischen Code zu programmieren, ihrerseits ein frühes Produkt der Auslese ist, und zwar ein äußerst kompliziertes Produkt.)

Die Annahmen (1) und (2) sind, wie ich glaube, für den Darwinismus wesentlich (zusammen mit einigen Annahmen über eine sich ändernde Umwelt, die gewisse Regelmäßigkeiten aufweist). Der folgende Punkt (3) ist eine Überlegung, die ich zu Punkt (2) angestellt habe.

(3) Man kann sehen, daß eine enge Analogie besteht zwischen den mehr »konservativen« Prinzipien (a) und (d) und dem, was ich dogmatisches Denken genannt habe, und ebenso zwischen (b) und (c) und dem, was ich kritisches Denken genannt habe.

Ich möchte nun einige Gründe nennen, warum ich den Darwinismus als metaphysisch und als ein Forschungsprogramm betrachte.

Er ist metaphysisch, weil er nicht prüfbar ist. Man könnte denken, daß er es sei. Er scheint die Behauptung zu enthalten: Sollten wir jemals auf einem Planeten Leben entdecken, das den Bedingungen (a) und (b) genügt, dann wird (c) ins Spiel kommen und mit der Zeit zu einer großen Vielfalt an unterschiedlichen Formen führen. Aber der Darwinismus enthält keine so starke Behauptung. Denn angenommen, wir entdecken auf dem Mars Leben in Gestalt von genau drei Arten von Bakterien, deren genetische Struktur der von drei irdischen Arten ähnlich ist. Ist damit der Darwinismus widerlegt? Keineswegs. Wir werden sagen, diese drei Arten seien unter den zahlreichen Mutanten die einzigen Formen, die hinreichend gut angepaßt waren, um zu überleben. Und wir werden dasselbe sagen, wenn es dort nur *eine* solche Art gibt (oder gar keine). Der Darwinismus macht also im Grunde keine *Vorhersage* über den Reichtum von Formen der Evolution. Er kann sie deshalb im Grunde auch nicht erklären. Er kann bestenfalls die Evolution einer Vielfalt von Formen unter »günstigen Bedingungen« vorhersagen. Es ist jedoch kaum möglich, generell zu beschreiben, was günstige Bedingungen sind – es sei denn, man sagt, daß bei ihrem Vorhandensein eine Vielfalt von Formen entstehen wird.

Und dabei glaube ich noch, die Theorie vorteilhaft dargestellt zu haben – in einer Form, in der sie noch am ehesten prüfbar ist. Man könnte sagen, daß sie eine große Vielfalt von Lebensformen »fast voraussagt«[283]. Und auf anderen Gebieten ist ihre Voraussage- oder Erklärungskraft noch enttäuschender. Nehmen wir die »Anpassung«. Auf den ersten Blick scheint die natürliche Auslese die Anpassung zu erklären, und in einem gewissen Sinne tut sie es auch; aber kaum in einem wissenschaftlichen Sinne. Zu sagen, daß eine jetzt lebende Art an ihre Umwelt angepaßt ist, ist in der Tat fast eine Tautologie. Die Darwinsche Theorie verwendet ja die Ausdrücke »Anpassung« und »Auslese« so, daß wir sagen können: Wäre die Art nicht angepaßt, dann hätte die natürliche Auslese sie eliminiert. Und entsprechend: Wenn eine Art ausgestorben ist, dann muß sie an die Bedingungen schlecht angepaßt gewesen sein. Die Anpassung oder die Tauglichkeit (fitness) wird von den modernen Evolutionstheoretikern durch die Wahrscheinlichkeit des Überlebens *definiert* und kann an dem tatsächlichen Überlebenserfolg gemessen werden. Es besteht kaum eine Möglichkeit, eine Theorie empirisch zu überprüfen, die so schwach ist, die so wenig vorhersagende Kraft hat.[284]

Und dennoch ist die Theorie unschätzbar: Ich glaube nicht, daß ohne sie unser Wissen hätte so wachsen können, wie es das seit Darwin getan hat. Wenn wir versuchen, Experimente mit Bakterien zu erklären, die sich zum Beispiel an Penicillin angepaßt haben, dann ist die Theorie der natürlichen Auslese dabei eine große Hilfe. Obwohl sie metaphysisch ist, kann sie sehr konkrete und sehr praktische Forschungen weitgehend erhellen. Sie gestattet uns, die Anpassung an eine neue Umwelt (wie etwa eine penicillinverseuchte Umwelt) auf eine rationale Weise zu erforschen: Sie legt die Existenz eines Anpassungsmechanismus nahe, und sie gestattet uns vielleicht, die Funktionsweise des Mechanismus bis in seine Einzelheiten zu untersuchen. Und bisher ist sie die einzige Theorie, die so etwas leistet.

Das ist natürlich auch der Grund, warum der Darwinismus nahezu allgemein akzeptiert wurde. Darwins Theorie der Anpassung war die erste nicht-theistische Theorie, die überzeugte; und der Theismus war schlimmer als das offene Eingeständnis des Unwissens, denn er ließ den Eindruck entstehen, man habe eine letzte Erklärung gefunden.

Soweit nun der Darwinismus denselben Eindruck hervorruft, ist er nicht viel besser als die theistische Theorie der Anpassung. Deshalb ist es wichtig darauf hinzuweisen, daß der Darwinismus nicht eine wissenschaftliche, sondern eine metaphysische Theorie ist. Doch als ein metaphysisches Forschungsprogramm ist er für die Wissenschaft von großem Wert, besonders dann, wenn man einräumt, daß er kritisiert und verbessert werden kann. Betrachten wir nun ein wenig näher das Forschungsprogramm des Darwinismus, wie es oben unter den Punkten (1) und (2) formuliert wurde.

Zunächst: Obwohl (2), also Darwins Theorie der Evolution, keine ausreichende Erklärungskraft besitzt, um die irdische Evolution der Vielfältigkeit von Lebensformen zu *erklären*, so deutet sie doch darauf hin und macht darauf aufmerksam. Und sie macht sicherlich die *Vorhersage*, daß, *sofern* eine solche Evolution stattfindet, es eine *allmähliche* sein wird.

Die nicht-triviale *Vorhersage der Allmählichkeit* der Entwicklung – der Kleinheit der Schritte – ist wichtig, und sie folgt unmittelbar aus (2) (a) bis (2) (c). Und (a) und (b) sowie mindestens der von (c) vorhergesagte Umstand, daß die meisten Mutationen klein sind, ist nicht nur gut durch Experimente belegt, sondern ist uns in vielen Einzelheiten bekannt.

Die Allmählichkeit, »die kleinen Schritte« sind somit, logisch gesehen, die zentrale Vorhersage der Theorie. (Wie mir scheint, ist es ihre einzige prüfbare Vorhersage.) Außerdem werden Veränderungen in der genetischen Struktur der Lebensformen, solange sie allmählichen Charakter haben, von der Theorie – zumindest »im Prinzip« – erklärt; denn die Theorie sagt ja das Auftreten kleiner, jeweils auf Mutation beruhender Veränderungen voraus. Allerdings ist eine solche »Erklärung im Prinzip«[285] etwas ganz anderes als eine Erklärung, wie wir sie in der Physik erwarten und verlangen. Während wir eine bestimmte Sonnenfinsternis erklären können, indem wir sie vorhersagen, können wir eine bestimmte evolutionäre Veränderung (vielleicht mit Ausnahme gewisser Veränderungen im Genbestand – in der Genhäufigkeit – *innerhalb* einer Art) nicht vorhersagen oder erklären; wenn es sich nicht um eine geringfügige Veränderung handelt, können wir nur sagen, daß es irgendwelche Zwischenstufen gegeben haben muß – ein wichtiger Hinweis für die Forschung, ein Forschungsprogramm.

Außerdem sagt die Theorie *zufällige* Mutationen und damit *zufällige* Veränderungen voraus. (Wenn die Theorie überhaupt eine »Richtung« angibt, sagt sie, daß atavistische Mutationen verhältnismäßig häufig sein werden.) Wir müssen folglich mit evolutionären Abläufen von der Art eines zufallsartigen Weges rechnen. (Ein zufallsartiger Weg – »random walk« – ist beispielsweise der Weg, den ein Mann zurücklegt, der bei jedem Schritt ein Roulett konsultiert, um die Richtung seines nächsten Schrittes zu bestimmen.)

Hier taucht eine wichtige Frage auf. Wie kommt es, daß zufallsartige Wege im evolutionären Stammbaum anscheinend keine wichtige Rolle spielen? Die Frage wäre beantwortet, wenn der Darwinismus die »orthogenetischen Entwicklungstendenzen«, wie sie manchmal genannt werden, erklären könnte; also Abfolgen von evolutionären Veränderungen, die in die gleiche

»Richtung« zielen (zielgerichtete Wege). Verschiedene Denker wie etwa Schrödinger und Waddington und insbesondere Sir Alister Hardy haben versucht, das Auftreten von genetischen Entwicklungstendenzen innerhalb der Darwinschen Theorie zu erklären, und auch ich habe das versucht, beispielsweise in meiner ersten Spencer-Vorlesung.[285a]

Meine Vorschläge für eine Bereicherung des Darwinismus, welche die Orthogenese erklären könnten, sind, kurz gesagt, folgende:

(A) Ich unterscheide zwischen äußerem oder umweltbedingtem Selektionsdruck und innerem Selektionsdruck. Der innere Selektionsdruck kommt aus dem Organismus selbst und, wie ich vermute, letzten Endes aus seinen *Präferenzen* (oder Zielsetzungen), obwohl diese natürlich ihrerseits durch Anpassung an die Umgebung entstehen können.

(B) Ich nehme an, daß es verschiedene Klassen von Genen gibt: solche, die vorwiegend den Aufbau der *Anatomie* steuern, und die ich *A*-Gene nenne; solche, die vorwiegend das *Verhalten* steuern, und die ich *V*-Gene nenne. Intermediäre Gene und solche mit gemischten Funktionen will ich hier außer acht lassen (obwohl es den Anschein hat, daß es sie gibt). Die *V*-Gene können wiederum ähnlich aufgeteilt werden in *P*-Gene, die die *Präferenzen* oder Zielsetzungen steuern, und *G*-Gene, die die *Geschicklichkeit* steuern.

Ich nehme ferner an, daß einige Organismen unter äußerem Selektionsdruck Gene entwickelt haben, und vor allem *V*-Gene, die dem Organismus eine gewisse Variabilität des Verhaltens erlauben. Die *Breite* der Verhaltensvariationen wird irgendwie von der genetischen *V*-Struktur gesteuert. Da aber die äußeren Umstände sich verändern, kann eine nicht sehr starre Determination des Verhaltens durch die *V*-Struktur sich als ebenso erfolgreich erweisen wie eine nicht sehr starre genetische Determination der Vererbung, also der Breite der Gen-Variabilität. (Siehe (2) (d) oben.) Demnach können wir von »rein verhaltensmäßigen« Veränderungen oder Variationen des Verhaltens sprechen, worunter nichterbliche Veränderungen innerhalb der genetisch festgelegten Breite oder des *Repertoires der Verhaltensweisen* zu verstehen sind; und diesem können wir die genetisch festgelegten oder determinierten Verhaltensveränderungen gegenüberstellen.

Nun kann man sagen, daß eventuell gewisse Umweltveränderungen zu neuen Problemen und damit zu neuen Präferenzen oder Zielsetzungen führen (beispielsweise, weil gewisse Arten von Nahrung verschwunden sind). Die neuen Präferenzen oder Zielsetzungen mögen zunächst in Gestalt neuer, versuchsweise angenommener Verhaltensweisen auftreten (die von den *V*-Genen zugelassen, aber nicht vorgeschrieben sind). Auf diese Weise kann sich das Tier ohne genetische Veränderung versuchsweise an die neue Situation anpassen. Diese *rein verhaltensmäßige* und versuchsweise angenommene Veränderung läuft aber, wenn sie erfolgreich ist, auf die Wahl oder die Übernahme oder die Entdeckung einer neuen ökologischen Nische hinaus. Sie wird also zu neuen Selektionsdrucken führen, und sie wird Individuen begünstigen, in deren *genetischer P*-Struktur (das heißt, in deren instinktiven Präferenzen oder »Zielsetzungen«) die neue verhaltensmäßige Präferenzstruktur mehr oder weniger antizipiert oder vorgebildet ist. Dieser Schritt wird sich als ausschlaggebend erweisen; denn nun werden diejenigen Veränderungen in der Geschicklichkeitsstruktur (*G*-Struktur) begünstigt, die den neuen Präferenzen entsprechen: Veränderungen etwa in der Geschicklichkeit, die bevorzugte Nahrung zu erlangen.

Ich vermute nun, daß im allgemeinen *erst nach der Veränderung der G-Struktur sich gewisse Veränderungen in der A-Struktur als günstig herausstellen werden, also solche Veränderungen in der anatomischen Struktur, welche die neuen Ziele und die neuen Geschicklichkeiten begünstigen.* Der innere Selektionsdruck wird in diesen Fällen »gerichtet« sein und somit zu einer Art von Orthogenese führen.

Ich schlage vor, diesen inneren Auslesemechanismus durch das folgende Schema anzudeuten:

$$P \rightarrow G \rightarrow A.$$

Das heißt, die Präferenzstruktur und ihre Variationen steuern die Auslese der Geschicklichkeitsstruktur und deren Variationen, und diese wiederum steuern die Auslese der rein anatomischen Struktur und deren Variationen.

Diese Sequenz kann jedoch auch *zyklisch* werden: Die veränderte Anatomie kann ihrerseits Veränderungen der Präferenz begünstigen und so weiter.

Was Darwin »geschlechtliche Zuchtwahl« nannte, wäre von dem hier dargelegten Standpunkt aus ein Sonderfall dessen, was ich den inneren Selektionsdruck genannt habe; also der Fall eines Zyklus, der von neuen *Präferenzen* ausgeht. Es ist charakteristisch, daß der innere Selektionsdruck zu einer vergleichsweise schlechten Anpassung an die Umwelt führen kann. Seit Darwin ist das oft bemerkt worden, und die Hoffnung, gewisse auffällige Fehlanpassungen (Fehlanpassungen vom Standpunkt des Überlebens aus, wie etwa die prunkhafte Entfaltung des Pfauenschwanzes) zu erklären, war bei Darwin eines der Hauptmotive, seine Theorie der »geschlechtlichen Zuchtwahl« einzuführen. Es kann sein, daß die ursprüngliche Präferenz wohlangepaßt war, daß aber der innnere Selektionsdruck und die Rückkoppelungswirkung von der veränderten Anatomie auf veränderte Präferenzen (von *A* auf *P*) zu übertriebenen Formen führte, und zwar sowohl zu übertriebenen Verhaltensformen (Ritualen) als auch zu übertriebenen anatomischen Formen.

Als Beispiel der nichtgeschlechtlichen Auslese möchte ich den Specht anführen. Es scheint eine vernünftige Annahme zu sein, daß die hier vorliegende Spezialisierung von einer *Veränderung des Geschmacks* (der Präferenzen) zugunsten neuer Nahrungsarten ausging, die zu genetischen Verhaltensveränderungen führte und dann zu neuen Geschicklichkeiten, nach dem Schema

$$P \rightarrow G;$$

und daß die anatomischen Veränderungen zuletzt kamen.[286] Man kann damit rechnen, daß ein Vogel, dessen Schnabel und Zunge sich anatomisch verändern, ohne daß sein Geschmack und seine Fertigkeiten sich verändern, rasch durch die natürliche

Auslese ausgemerzt wird, *aber nicht umgekehrt.* (Entsprechend kann man sagen – und das ist nicht weniger offenkundig: Ein Vogel, der eine neue Geschicklichkeit, nicht aber neue Präferenzen besäße, denen die neue Geschicklichkeit dienen könnte, würde keine Vorteile von seiner neuen Geschicklichkeit haben.)

Natürlich wird es auf jeder Stufe ein beträchtliches Maß von Rückkoppelungen geben: $P \rightarrow G$ wird zu einer Rückwirkung führen (das heißt: *G* wird weitere Veränderungen einschließlich genetischer Veränderungen in der gleichen Richtung wie das geänderte *P* begünstigen), und genauso wird, wie schon angedeutet, *A* sowohl auf *G* als auch auf *P* zurückwirken. Man kann vermuten, daß für gewisse übertriebenere Formen und Rituale vor allem diese Rückkoppelung verantwortlich ist.[287]

Nehmen wir an, um die Sache an einem anderen Beispiel zu erläutern, daß in einer bestimmten Situation der äußere Selektionsdruck körperliche Größe begünstigt. Dieser Druck kann dann zugleich die geschlechtliche *Präferenz* für Größe begünstigen: Präferenzen können, wie im Falle der Nahrung, das Ergebnis äußeren Drucks sein. Sobald aber neue *P*-Gene da sind, wird ein ganz neuer Zyklus entstehen; denn nun sind es die *P*-Mutationen, welche die Orthogenese auslösen.

Das führt zu einem allgemeinen Prinzip der wechselseitigen Verstärkung: Einerseits haben wir in der Präferenz- oder Zielsetzungsstruktur eine primäre *hierarchische Kontrolle* über die Geschicklichkeitsstruktur und darüber hinaus über die anatomische Struktur; andererseits haben wir aber auch eine Art von sekundärer Wechselwirkung oder Rückkoppelung zwischen diesen Strukturen. Ich nehme an, daß dieses hierarchische System der wechselseitigen Verstärkung in der Weise wirkt, daß es in den meisten Fällen die in der Präferenz- oder Zielstruktur liegende Steuerung ist, die die hierarchisch niedrigeren Steuerungen der gesamten Hierarchie weitgehend dominiert.[288]

Diese zweifache Wechselwirkung kann durch Beispiele verdeutlicht werden. Wenn wir bei den genetischen Veränderungen (Mutationen) unterscheiden zwischen den Veränderungen der »Präferenzstruktur« oder »Zielsetzungsstruktur«, der »Geschicklichkeitsstruktur« und der »anatomischen Struktur«, dann bestehen hinsichtlich der Wechselwirkung zwischen der Zielsetzungsstruktur und der anatomischen Struktur die folgenden Möglichkeiten:

(a) Wirkung von Mutationen der Zielsetzungsstruktur auf die anatomische Struktur: Wenn, wie im Falle des Spechts, eine Veränderung des Geschmacks stattfindet, kann die anatomische Struktur, die für den Nahrungserwerb relevant ist, unverändert bleiben, und in diesem Fall wird die Art höchstwahrscheinlich durch die natürliche Auslese ausgemerzt (es sei denn, sie bedient sich außergewöhnlicher Fertigkeiten); oder die Art paßt sich an, indem sie eine neue anatomische Spezialisierung entwickelt; etwa ein Organ wie die Zunge; oder vielleicht wie das Auge: Ein stärkeres Interesse am Sehen (Zielsetzungsstruktur) kann zum Überleben einer Mutation führen, welche eine Verbesserung der Anatomie des Auges begünstigt.

(b) Rückwirkung von Mutationen der anatomischen Struktur auf die Zielsetzungsstruktur: Wenn die für den Nahrungserwerb relevante Anatomie sich verändert hat, dann besteht die Gefahr, daß die Zielsetzungsstruktur bezüglich der Nahrung durch die natürliche Auslese fixiert oder starr wird; und das kann wiederum zu einer weiteren anatomischen Spezialisierung führen. Ähnlich ist es im Falle des Auges: Eine Mutation, die eine Verbesserung der Anatomie begünstigt, wird die Stärke des Interesses am Sehen fördern (ähnlich wie bei entgegengesetztem Effekt).

Die hier skizzierte Theorie enthält zumindest Andeutungen für eine Lösung des Problems, in welcher Weise die Evolution zu den sogenannten »höheren« Formen des Lebens führen könnte. In seiner gewöhnlichen Interpretation vermag der Darwinismus eine solche Erklärung nicht zu geben. Er kann bestenfalls so etwas wie eine Verbesserung des Anpassungsgrades erklären. Aber die Bakterien müssen mindestens so gut angepaßt sein wie die Menschen. Jedenfalls existieren sie schon länger; und es ist zu befürchten, daß sie die Menschen überleben werden. Aber vielleicht lassen sich die höheren Formen des Lebens durch ein reicheres Repertoire des Verhaltens und insbesondere durch eine reichere Präferenzstruktur kennzeichnen, eine Struktur von größerer Breite; und wenn die Präferenzstruktur etwa die führende Rolle spielen sollte, die ich ihr zuschreibe, dann könnte wohl die Evolution zu höheren Formen verständlich werden.[289] Meine Theorie läßt sich auch folgendermaßen formulieren: Höhere Formen entstehen aufgrund der primären Hierarchie $P \rightarrow G \rightarrow A$, also immer dann und so lange, wie die Präferenzstruktur führend ist. Stagnation und Rückbildung – und auch die Überspezialisierung – sind das Ergebnis einer auf Rückkoppelung beruhenden Umkehrung innerhalb dieser primären Hierarchie.

Die Theorie enthält außerdem eine mögliche Lösung, vielleicht eine unter vielen, für das Problem der räumlichen Separation und damit der Entstehung (Aufspaltung) der Arten. Das Problem ist dieses: Man kann annehmen, daß Mutationen allein lediglich zu einer Veränderung in der Häufigkeit der Gene innerhalb der Art (»Genetische Drift«), aber nicht zu einer neuen Art führen. Deshalb muß man die räumliche Trennung oder Isolierung heranziehen, um das Auftreten neuer Arten zu erklären. Gewöhnlich denkt man dabei an die geographische Isolierung.[290] Ich vermute aber, daß die geographische Isolierung nur ein Sonderfall der Isolierung durch die Entwicklung einer neuen Verhaltensweise und daher einer neuen ökologischen Nische ist: Wenn die *Präferenz* für eine ökologische Nische – einen bestimmten *Typus* des Lebensraumes – erblich wird, so kann das zu einer räumlichen Trennung führen, die ausreicht, um weitere Kreuzungen zu verhindern, auch dann, wenn sie physiologisch noch immer möglich sind. Auf diese Weise könnten zwei getrennte Arten entstehen, die gleichzeitig dieselbe geographische Region bewohnen – selbst dann, wenn diese Region nur den Umfang eines Mangrovenbaumes hat, wie es bei gewissen afrikanischen Mollusken der Fall zu sein scheint. Die geschlechtliche Auslese mag zu ähnlichen Konsequenzen führen.

Die oben angedeutete Darstellung der genetischen Mechanismen, die möglicherweise hinter den orthogenetischen Entwicklungstendenzen verborgen sind, ist eine typische Situationsanalyse. Mit anderen Worten: Nur dann, wenn die entwickelten Strukturen die Methoden der Situationslogik simulieren können, werden sie für das Überleben des Organismus von Wert sein.

Ein weiterer Vorschlag zur Evolutionstheorie, der vielleicht erwähnenswert ist, hängt mit der Idee »wertvoll für das Überleben« und zugleich mit der Teleologie zusammen. Ich glaube, diese Ideen können sehr viel klarer gemacht werden, wenn man sie im Sinne *des Lösens von Problemen* darstellt.

Jeder Organismus und jede Art ist ständig von Vernichtung bedroht; aber diese Bedrohung nimmt die Form von konkreten Problemen an, welche der Organismus oder die Art zu lösen hat. Viele dieser konkreten Probleme sind keine eigentlichen Überlebensprobleme. Das Problem, einen guten Nistplatz zu finden, kann für ein Vogelpaar ein konkretes Problem sein, ohne für diese Vögel ein Überlebensproblem werden zu müssen, obgleich es für ihre Nachkommenschaft eines werden kann; und ob gerade diese Vögel das Problem hier und jetzt erfolgreich lösen, mag für die Art von recht geringer Bedeutung sein. Ich vermute deshalb, daß die meisten Probleme nicht so sehr durch das Überleben aufgeworfen werden, sondern durch *Präferenzen*, insbesondere *instinktive Präferenzen;* und wenn sich auch die fraglichen Instinkte (*P*-Gene) vielleicht unter äußerem Selektionsdruck entwickelt haben, so sind doch die Probleme, die sie aufwerfen, in der Regel keine Überlebensprobleme.

Aus solchen Gründen halte ich es für etwas besser, Organismen als Problemlöser anzusehen und nicht als Zweckverfolger: Wie ich in »Über Wolken und Uhren«[291] zu zeigen versuchte, können wir auf diese Weise eine rationale Erklärung, natürlich nur eine »Erklärung im Prinzip«, der *emergenten Evolution* (der unvorhersehbaren Entwicklung) geben.

Ich vermute, daß die Entstehung des *Lebens* mit der Entstehung von *Problemen* zusammenfällt. Dies ist nicht unerheblich für die Frage, ob wir davon ausgehen können, daß die Biologie sich einmal auf Chemie und darüber hinaus auf Physik reduzieren lassen wird. Ich halte es nicht nur für möglich, sondern für nicht ganz unwahrscheinlich, daß wir eines Tages imstande sein werden, belebte Dinge aus unbelebten herzustellen. So aufregend das natürlich an sich wäre [292] (insbesondere für einen Reduktionisten), so würde es doch nicht *beweisen*, daß sich die Biologie auf Physik oder Chemie »reduzieren« läßt. Denn es würde nicht beweisen, daß sich die Emergenz von Problemen (das Auftauchen von Problemen) physikalisch erklären läßt – genausowenig, wie unsere Fähigkeit, chemische Verbindungen mit physikalischen Mitteln herzustellen, die Existenz einer physikalischen Theorie der neuen Eigenschaften der chemischen Verbindungen beweist.

Meine Stellungnahme läßt sich demnach als eine Theorie beschreiben, die die *Nichtreduzierbarkeit und die Emergenz* vertritt, und sie läßt sich vielleicht am besten folgendermaßen zusammenfassen:

(1) Ich vermute, daß es keinen biologischen Vorgang gibt, den man nicht als einen in allen Einzelheiten einem physikalischen Prozeß zugeordneten Vorgang betrachten kann oder der sich nicht immer weiter fortschreitend mit physikochemischen Begriffen analysieren läßt. Aber keine physikochemische Theorie kann das Auftreten eines neuen *Problems* erklären, und kein physikochemischer Prozeß kann als solcher ein *Problem* lösen. (Variationstheoretische Prinzipien in der Physik wie das Prinzip der geringsten Wirkung oder das Fermatsche Prinzip haben vielleicht eine gewisse Ähnlichkeit mit Problemlösungen, aber sie sind keine Problemlösungen. Einsteins theistische Methode versucht für ähnliche Zwecke Gott zu benützen.)

(2) Falls diese Vermutung haltbar ist, führt sie zu einer Reihe von Unterscheidungen. Wir müssen voneinander unterscheiden:
- ein physikalisches Problem = ein Problem des Physikers;
- ein biologisches Problem = ein Problem des Biologen;
- ein Problem des Organismus = ein Problem von der Art:

Wie soll ich überleben? Wie soll ich mich fortpflanzen? Wie

soll ich mich verändern? Wie soll ich mich anpassen?

- ein von Menschen geschaffenes Problem = ein Problem von der Art: Wie können wir die Verschmutzung der Umwelt kontrollieren?

Von diesen Unterscheidungen gelangen wir zu der folgenden These: *Die Probleme von Organismen sind nicht physikalischer Natur: Sie sind weder physikalische Dinge noch physikalische Gesetze oder physikalische Tatsachen. Sie sind spezifisch biologische Realitäten; sie sind »real« in dem Sinne, daß ihre Existenz die Ursache von biologischen Wirkungen sein kann.*

(3) Nehmen wir an, bestimmte physikalische Körper hätten das Problem ihrer Reproduktion »gelöst«: entweder exakt oder in der Art von Kristallen, mit geringfügigen Fehlern, die chemisch (oder sogar funktional) *unwesentlich* sein können. Dennoch wird man sie nicht als »lebendig« (im vollen Sinne) betrachten, wenn sie sich nicht anpassen können: Um das zu erreichen, müssen sie reproduktionsfähig sein *und* echte Variabilität aufweisen.

(4) Ein charakteristisches Kennzeichen des Lebendigen ist, wie ich vorschlage, das *Problemlösen.* (Wir sollten jedoch nicht vom »Wesen« sprechen, und wenn der Ausdruck hier verwendet wird, so ist das nicht ernst gemeint.) Das Leben, so wie wir es kennen, besteht aus physikalischen »Körpern« (besser, aus Prozessen und Strukturen), die Probleme lösen. Das haben die verschiedenen Arten durch die natürliche Auslese »gelernt«, das heißt, durch die Methode von Reproduktion plus Variation; eine Methode, die ihrerseits nach der gleichen Methode erlernt wurde. Dieser Regreß muß nicht unbedingt unendlich sein; es ist durchaus möglich, daß er bis zu einem ganz bestimmten Augenblick in der emergenten Entwicklung zurückreicht.

Männer wie Butler und Bergson waren daher, auch wenn sie, wie ich vermute, in ihren Theorien sehr in die Irre gingen, intuitiv auf dem rechten Weg. Natürlich gibt es die Lebenskraft (Butlers »cunning« oder »Schlauheit«, Bergsons »élan vital«), aber sie ist ihrerseits ein Produkt des Lebens, der *Auslese*, und nicht so etwas wie das »Wesen des Lebens«. Tatsächlich sind es die Präferenzen, die den Weg bestimmen. Aber es ist kein lamarckistischer, sondern ein darwinistischer Weg.

Diese Betonung der *Präferenzen* (die als Dispositionen nicht allzuweit von den Propensitäten entfernt sind) in meiner Theorie ist eine rein »objektive« Angelegenheit: Wir brauchen *nicht* anzunehmen, daß diese Präferenzen bewußt sind. Aber sie *können* bewußt werden; zunächst, so vermute ich, in der Form von Zuständen des Wohlergehens und des Leidens (Lust und Schmerz).

Mein Ansatz führt folglich geradezu notwendig zu einem Forschungsprogramm, das nach einer objektiven biologischen Erklärung für das Auftreten von Bewußtseinszuständen fragt.

Wenn ich diesen Abschnitt nach sechs Jahren erneut lese [292a], halte ich eine weitere Zusammenfassung für angebracht, in der einfacher und deutlicher gesagt wird, wie eine rein selektionistische Theorie (die Theorie der sogenannten »organischen Selektion« von J. M. Baldwin und C. Lloyd Morgan) benutzt werden kann, um gewisse intuitive Aspekte der Evolution zu begründen, die von Lamarck oder Butler oder Bergson betont wurden, ohne daß aber dabei irgendeine Konzession an die Lamarcksche Lehre von der Vererbung erworbener Eigenschaften gemacht wird. (Über die Geschichte dieser »organischen Selektion« berichtet Sir Alister Hardy in seinem hervorragenden Buch *The Living Stream*.[292b])

Auf den ersten Blick scheint der Darwinismus (im Gegensatz zum Lamarckismus) den adaptiven Verhaltensinnovationen (den Präferenzen, Wünschen, Wahlakten) des Einzelorganismus keinen evolutionären Effekt zuzuschreiben. Dieser Eindruck ist jedoch oberflächlich. Jede Verhaltensinnovation des Einzelorganismus verändert die Beziehung zwischen diesem Organismus und seiner Umwelt: Sie läuft darauf hinaus, daß der Organismus eine neue ökologische Nische wählt oder sie sogar schafft. Eine neue ökologische Nische bedeutet aber eine Klasse von neuen Selektionsdrucken, die für Anpassungen an die gewählte Nische auslesen. Durch sein Handeln und seine Präferenzen *wählt* also der Organismus teilweise *den Selektionsdruck aus,* der auf ihn und seine Nachkommen einwirken wird. Er kann folglich durch sein gewähltes Verhalten den Verlauf, den die Evolution nehmen wird, aktiv beeinflussen, wenn auch wohl ohne zu planen und vielleicht ganz unbewußt. Die Wahl einer neuen Handlungsweise, auch einer neuen Erwartung oder einer neuen »Theorie«, ist also gleichbedeutend mit der Eröffnung eines neuen Evolutionsweges. Und der Unterschied zwischen dem Darwinismus und dem Lamarckismus ist nicht, wie Samuel Butler andeutete, ein Unterschied zwischen Zufall und Geschicklichkeit oder Schlauheit: Wir brauchen die Geschicklichkeit und die Schlauheit nicht zu verwerfen, wenn wir uns für Darwin und die natürliche Auslese entscheiden. Unsere Präferenzen, unsere Wünsche, unsere Ziele können auch innerhalb einer Darwinschen Welt eine ähnliche Rolle spielen wie in einer Lamarckschen Welt.

38
Die Welt 3

In seiner *Wissenschaftslehre* spricht Bernard Bolzano von »Wahrheiten an sich« und, allgemeiner, von »Sätzen an sich«; im Gegensatz zu jenen (subjektiven) *Denkprozessen*, durch die ein Mensch Wahrheiten denkt und begreift oder, allgemeiner, durch die er Sätze denkt und begreift, mögen sie nun wahr sein oder falsch.

Bolzanos Unterscheidung zwischen Sätzen an sich und subjektiven Denkprozessen erschien mir immer von der größten Wichtigkeit. Sätze an sich können in logischen Beziehungen zueinander stehen: Ein Satz kann aus einem anderen logisch folgen; und Sätze können logisch vereinbar sein oder unvereinbar. Subjektive Denkprozesse dagegen können zueinander nur in psychologischen Beziehungen stehen. Ein Denkprozeß kann uns beunruhigen und der nächste beruhigen. Denkprozesse können uns an Erfahrungen erinnern oder uns Erwartungen nahelegen; sie können uns zu einer Handlung veranlassen oder dazu, eine geplante Handlung zu unterlassen.

Die beiden Arten von Beziehungen – logische und psychologische Beziehungen – sind weitgehend verschieden. Die Denk*prozesse* eines Menschen können weder denen eines anderen widersprechen noch seinen eigenen Denkprozessen zu einem anderen Zeitpunkt. Aber die Denk*inhalte* – das heißt, die Sätze an sich – können natürlich den Denkinhalten eines anderen Menschen widersprechen und auch den Inhalten seiner eigenen Gedanken. Dagegen können Inhalte – oder Sätze an sich – nicht in psychologischen Beziehungen zueinander stehen: *Gedanken im Sinne von Inhalten oder Sätze an sich und Gedanken im Sinne von Denkprozessen* gehören zu zwei völlig verschiedenen Bereichen oder »Welten«.

Wir können die Welt der »Dinge« – der physikalischen Objekte – die Welt 1 und die Welt der subjektiven Erfahrungen (wie etwa Denkprozesse) die Welt 2 nennen, und die Welt der Sätze an sich die Welt 3. (Ich ziehe es vor[293], diese drei Bereiche »Welt 1«, »Welt 2« und »Welt 3« zu nennen; Gottlob Frege nannte den letzteren manchmal das »Dritte Reich«.)

Was immer man über den Charakter dieser drei Welten denken mag – mir schweben Fragen vor wie die, ob sie »wirklich existieren« oder nicht, und ob Welt 3 in irgendeinem Sinne auf Welt 2, und Welt 2 vielleicht auf Welt 1 »zurückgeführt« werden können –, von größter Wichtigkeit scheint mir vor allem zu sein, daß wir zunächst so scharf und deutlich wie möglich zwischen ihnen unterscheiden. (Wenn unsere Unterscheidungen zu weit gehen, so kann das ja nachher durch die Kritik herausgebracht werden.)

Im Augenblick soll der Unterschied zwischen Welt 2 und Welt 3 klargemacht werden. In diesem Zusammenhang werden wir auf Einwände gegen die Unterscheidung stoßen, wie die folgenden, zu denen wir Stellung nehmen müssen:

Wenn ich an ein Gemälde denke, das ich gut kenne, so muß ich vielleicht eine Anstrengung machen, um es mir zu vergegenwärtigen, um »es mir geistig vor Augen zu bringen«. Ich kann unterscheiden zwischen (a) dem wirklichen Bild, (b) dem Prozeß des Vorstellens, der eine Anstrengung erfordert, und (c) dem mehr oder weniger erfolgreichen Ergebnis, das heißt, dem *vorgestellten* Bild. Es ist klar, daß das vorgestellte Bild (c) ebenso wie (b) zu Welt 2 gehört und nicht zu Welt 3. Aber ich kann über (c) Dinge sagen, die den logischen Beziehungen zwischen Sätzen ganz analog sind. Ich kann zum Beispiel sagen, daß meine Vorstellung von dem Bild zum Zeitpunkt t_1 *unvereinbar* ist mit meiner Vorstellung zum Zeitpunkt t_2; und vielleicht ist sie sogar unvereinbar mit einem *Satz*, wie etwa: »Auf dem Bild sind nur der Kopf und die Schultern des dargestellten Mannes sichtbar.« Außerdem kann man von dem vorgestellten Bild (c) sagen, es sei der Inhalt des Prozesses des Vorstellens. Das ist analog dem Denkinhalt und dem Prozeß des Denkens. Aber niemand wird bestreiten, daß meine Vorstellung zu Welt 2 gehört; daß sie sich im Geist abspielt; und daß sie ein Teil des *Prozesses* des Vorstellens ist.

Dieses Argument scheint mir richtig und wichtig zu sein: Ich gebe zu, daß man innerhalb des Denkprozesses Teile unterscheiden kann, die man vielleicht seinen Inhalt (oder den Gedanken, also das drittweltliche Objekt) nennen kann, nämlich den *erfaßten Gedanken*. Aber gerade aus diesem Grunde finde ich es wichtig, zwischen dem *geistigen Prozeß* einerseits und andererseits dem *Denkinhalt* (wie Frege ihn nannte) *in seinem logischen oder drittweltlichen Sinne* zu unterscheiden.

Ich persönlich habe nur vage visuelle Vorstellungen; gewöhnlich kann ich mir nur mit einiger Schwierigkeit ein klares, detailliertes und lebhaftes Bild ins Gedächtnis rufen. (Anders ist es bei mir mit der Musik.) Ich denke eher in Schemata, in Dispositionen, die einer gewissen »Richtung« des Denkens folgen, und sehr oft denke ich in Worten; besonders dann, wenn ich dabei bin, gewisse Ideen niederzuschreiben. Und oft stelle ich fest, daß ich mich getäuscht habe, wenn ich glaube, daß ich einen Gedanken klar erfaßt habe: Bei dem Versuch, ihn niederzuschreiben, merke ich oft, daß ich ihn noch nicht klar erfaßt hatte. Dieser Gedanke, dieses Etwas, das ich vielleicht noch nicht klar erfaßt habe und von dem ich nicht ganz sicher sein kann, daß ich es wirklich erfaßt habe, bevor ich es aufgeschrieben oder jedenfalls sprachlich so formuliert habe, *daß ich es kritisch von verschiedenen Seiten betrachten kann* – dieses Etwas ist eben der Gedanke im objektiven Sinne, das drittweltliche Objekt, das ich zu erfassen suche.

Die entscheidende Überlegung scheint mir hier zu sein, daß wir objektive Gedanken – also vor allem Theorien – konfrontieren können, daß wir sie kritisieren und über sie argumentieren können. Um das tun zu können, müssen wir sie in eine mehr oder weniger dauerhafte Form (vorzugsweise in eine sprachliche Form) bringen. Geschriebenes ist dem Gesprochenen vorzuziehen, und Gedrucktes ist noch besser. Und es ist bezeichnend, daß wir unterscheiden können zwischen der Kritik an der bloßen *Formulierung* eines Gedankens – ein Gedanke kann einigermaßen gut oder auch nicht so gut formuliert sein – und den logischen Aspekten des Gedankens an sich: seiner Wahrheit, seiner Wahrheitsähnlichkeit im Vergleich zu konkurrierenden Gedanken; oder seiner Vereinbarkeit mit gewissen anderen Theorien. Weiterhin fand ich, daß ich meine Welt 3 außer mit Sätzen auch noch mit anderen Bewohnern bevölkern mußte: außer mit Sätzen oder Theorien auch noch mit Problemen und Argumenten, insbesondere mit kritischen Argumenten. Denn Theorien sollten immer im Hinblick auf die *Probleme* beurteilt werden, die sie vielleicht lösen können.

Bücher und Zeitschriften können als typische drittweltliche Objekte angesehen werden, besonders dann, wenn sie Theorien entwickeln und diskutieren. Die physische Gestalt des Buches ist natürlich bedeutungslos, und sogar die physische Nichtexistenz braucht nicht die Existenz im Sinne der Welt 3 zu vernichten. Man denke an all die verlorengegangenen Schriften (des Aristoteles zum Beispiel), an ihren Einfluß und an die Tatsache, daß nach ihnen gesucht wird und daß manche sogar gefunden wurden (»Das Staatswesen der Athener« zum Beispiel). Und manchmal kommt es sogar auf die Formulierung eines Arguments nicht sonderlich an. Worauf es ankommt, das sind eben die *Inhalte,* im logischen oder drittweltlichen Sinne.

Es ist klar, daß jeder, der an der Wissenschaft interessiert ist, an den Gegenständen der Welt 3 interessiert sein muß. Ein Physiker mag zunächst vor allem an den Gegenständen der Welt 1 interessiert sein – etwa an Kristallen und Röntgenstrahlen. Aber es wird ihm bald klarwerden, wie viel von unserer *Interpretation* der Tatsachen abhängt; das heißt aber, von unseren Theorien, und somit von den Gegenständen der Welt 3. Auch ein Wissenschaftshistoriker oder ein wissenschaftlich interessierter Philosoph wird vorwiegend Gegenstände der

Welt 3 studieren. Zugegeben, er mag außerdem auch an den Beziehungen zwischen Theorien (Welt 3) und Denkprozessen (Welt 2) interessiert sein; aber die letzteren werden ihn fast nur in ihrer Beziehung zu Theorien, also zu Gegenständen der Welt 3, interessieren.

Welchen ontologischen Status haben diese Gegenstände der Welt 3? Oder, um eine etwas bescheidenere Ausdrucksweise zu verwenden: Sind Probleme, Theorien und Argumente so »real«, so »wirklich« wie Tische und Sessel? Als Heinrich Gomperz mir, ungefähr im Jahre 1925, warnend erklärte, daß ich potentiell ein Realist sei, nicht nur in dem Sinn, daß ich an die Realität von Tischen und Sesseln glaube, sondern auch im Sinne Platons, der an die Realität von Formen und Ideen glaubte – an die Realität von Begriffen und ihrer Bedeutung oder ihres Wesens –, da gefiel mir diese Warnung nicht; und auch heute zähle ich die linke Seite der Tafel der Ideen (siehe oben Abschnitt 7) noch immer nicht zu den Bewohnern der Welt 3, wie ich diese Welt verstehe. Aber ich bin ein Realist geworden im Hinblick auf die Welt 3 der *Probleme; der Theorien; und der kritischen Argumente.*

Bolzano war, glaube ich, unsicher hinsichtlich des ontologischen Status seiner »Sätze an sich«, und Frege war, wie es scheint, ein Idealist oder beinahe ein Idealist. Auch ich war längere Zeit unsicher, ebenso wie Bolzano, und ich habe deshalb über die Welt 3 nichts veröffentlicht, bis ich schließlich zu dem Schluß kam, daß ihre Bewohner real, daß sie wirklich sind – etwa so real, so wirklich wie physische Tische und Sessel.

Niemand wird das bezweifeln, soweit es um Bücher geht und um sonstige geschriebene Dinge. Sie werden ebenso wie Tische und Sessel von uns gemacht, wenn auch nicht, damit man sich auf sie setzt, sondern damit man sie liest.

Das scheint recht einfach zu sein; wie aber ist es mit den Theorien an sich? Ich gebe zu, daß ihre Realität nicht ganz so offenkundig ist wie die der Tische und Sessel. Ich schlage vor, von einem materialistischen Ausgangspunkt auszugehen, demzufolge *in erster Linie* nur physische Dinge wie Tische und Sessel, Steine und Orangen »wirklich« oder »real« genannt werden sollen. Aber das ist nur ein Ausgangspunkt. Denn wir sind geradezu gezwungen, den Umfang des Ausdrucks »wirklich« radikal zu erweitern: Gase und elektrische Ströme können uns umbringen; sollten wir sie also nicht »wirklich« nennen? Das Feld eines Magneten kann durch Eisenspäne sichtbar gemacht werden. Und wer wird heute, da das Fernsehen so weit verbreitet ist, bezweifeln können, daß man den Hertzschen (oder Maxwellschen) Wellen eine gewisse Realität zuschreiben muß?

Sollten wir die Bilder, die wir im Fernsehen sehen, »wirklich« nennen? Ich meine, ja; denn wir können mit verschiedenen Kameras Fotos von ihnen machen, und diese stimmen überein: Sie sind unabhängige Zeugen.[294] Aber Fernsehbilder sind das Ergebnis eines *Prozesses*, bei dem das Gerät hochkomplizierte und »abstrakte« Botschaften entschlüsselt, die durch Wellen übertragen wurden; und deshalb sollten wir, wie ich meine, auch diese »abstrakten« verschlüsselten Botschaften »wirklich« nennen. Sie können entschlüsselt werden, und das Resultat der Entschlüsselung ist »wirklich«.

Wir sind jetzt vielleicht nicht mehr ganz so weit von der *Theorie an sich* entfernt – der abstrakten Botschaft, die etwa in einem Buch verschlüsselt ist und von uns entschlüsselt wird, wenn wir das Buch lesen. Vielleicht ist hier aber ein mehr allgemeines Argument am Platz.

Alle die angeführten Beispiele haben eines gemeinsam. Wir scheinen bereit zu sein, etwas »wirklich« zu nennen, wenn es *auf physische Dinge* wie etwa auf Tische und Sessel (und, wie wir hinzufügen können, auf fotografische Filme) *einwirken* kann; und auch etwas, auf das man durch physische Dinge *einwirken* kann.[295] Und in der Tat, unsere Welt der physischen Dinge wurde stark durch den Inhalt von Theorien wie jene von Maxwell und Hertz verändert; also durch Gegenstände der Welt 3. Folglich sollte man diese Gegenstände auch »wirklich« nennen.

Hier sind zwei Einwände zu besprechen. (1) Unsere physische

Welt wurde nicht durch die Theorien an sich verändert, sondern vielmehr durch deren physische Verkörperung in Gestalt von Büchern und anderen Dingen; und Bücher gehören zu Welt 1. (2) Sie wurde nicht durch die Theorien an sich verändert, sondern durch unser Verstehen, durch unser Begreifen dieser Theorien, das heißt, durch psychische Zustände, durch Gegenstände der Welt 2.

Ich lasse beide Einwände gelten, aber ich erwidere auf (1), daß die Veränderung nicht durch die *physischen* Aspekte der Bücher bewirkt wurde, sondern allein durch die Tatsache, daß sie die Träger einer Botschaft, eines informativen Gehalts, einer Theorie an sich waren. In Erwiderung auf den Einwand (2), welchen ich als einen weit wichtigeren Einwand betrachte, gebe ich sogar zu, *daß anscheinend nur dann, wenn die Welt 2 als Vermittler zwischen Welt 3 und Welt 1 auftritt, die Welt 3 und die Welt 1 aufeinander einwirken können.*

Das ist besonders wichtig, wie man sehen wird, wenn ich zum Leib-Seele-Problem komme. Es bedeutet, daß Welt 1 und Welt 2 aufeinander einwirken können, und ebenso Welt 2 und Welt 3; aber Welt 1 und Welt 3 können *nicht direkt* aufeinander einwirken, sondern nur durch die vermittelnde Wechselwirkung der Welt 2. Während also die Welt 2 unmittelbar auf die Welt 1 einwirken kann, kann die Welt 3 indirekt auf Welt 1 einwirken, dank ihrer Wirkung auf die Welt 2.

Sogar die »Inkarnation«, die »Verkörperung« einer Theorie in einem Buch – und damit in einem physischen Gegenstand, in einem physischen Objekt – ist ein Beispiel dafür. Wenn das Buch gelesen werden soll, so muß ein menschliches Bewußtsein intervenieren, also ein Welt-2-Objekt. Es enthält aber auch die Theorie an sich. Ich kann ja die Theorie mißverstehen: Vielleicht erfaßt mein Bewußtsein die Theorie nicht richtig. Aber die Theorie an sich bleibt davon unberührt; und vielleicht wird jemand anderer sie besser erfassen und mich korrigieren. Es braucht dabei durchaus nicht bloß um eine Meinungsverschiedenheit zu gehen, sondern es kann sich um einen wirklichen Fehler handeln, ein wirkliches Mißverständnis der Theorie an sich; und das kann sogar dem Urheber der Theorie passieren. (Es ist mehr als einem passiert, sogar Einstein.[296])

Ich habe hier eine Seite berührt, die ich in einigen meiner Aufsätze zu diesen und ähnlichen Themen als die (partielle) *Autonomie der Welt 3* beschrieben habe[297] oder als die partielle Unabhängigkeit der Welt 3 von der Welt 2.

Damit meine ich, daß, obwohl wir eine Theorie erfinden, es aber immer *unbeabsichtigte und unvorhergesehene Konsequenzen* dieser Theorie geben kann (und im Fall einer interessanten Theorie auch immer geben wird). So mögen zum Beispiel die natürlichen Zahlen oder etwa die Methode, in der Folge der natürlichen Zahlen endlos fortzuschreiten, menschliche Erfindungen sein. Aber die Existenz von Primzahlen (und die Gültigkeit von Euklids Theorem, daß es keine größte Primzahl gibt) ist etwas, was wir *entdecken*. Es ist da, und wir können es nicht ändern. Es ist eine unbeabsichtigte und unerwartete Konsequenz jener von uns gemachten Erfindung der natürlichen Zahlen. Und es ist eine notwendige Konsequenz; wir kommen um sie nicht herum. Dinge wie Primzahlen oder Quadratzahlen und viele andere werden also von Welt 3 selbst – also autonom – »produziert«, ohne daß wir dabei weiter mitwirken. So weit kann sie als autonom oder als von uns (teilweise) unabhängig bezeichnet werden.

Ein wenig verwandt mit dem Problem der Autonomie, aber, wie ich glaube, weit weniger wichtig, ist das Problem der Zeitlosigkeit von Welt 3. Wenn ein eindeutig formulierter Satz jetzt wahr ist, dann ist er für alle Zeit wahr und immer schon wahr gewesen: Die Wahrheit ist zeitlos (und die Falschheit auch). Logische Beziehungen wie Vereinbarkeit oder Unvereinbarkeit sind gleichfalls – und sogar noch offensichtlicher – zeitlos.

Aus diesem Grunde wäre es leicht, die ganze Welt 3 als zeitlos zu betrachten, wie es Platon von seiner Welt der Formen oder Ideen getan hat. Wir brauchen nur anzunehmen, daß wir eine Theorie nie erfinden, sondern immer entdecken. Damit hätten wir eine zeitlose Welt 3, die schon existierte, bevor das Leben entstand, und noch existieren wird, nachdem jegliches Leben verschwunden sein wird; eine Welt, von der die Menschen hier und da einige kleine Stückchen entdecken.

Das ist eine mögliche Auffassung, aber es ist nicht meine Auffassung. Nicht nur, daß sie das Problem des ontologischen Status von Welt 3 nicht löst, sie machte es auch zu einem auf rationale Weise unlösbaren Problem. Denn sie gestattet uns zwar, Gegenstände der Welt 3 zu »entdecken«, aber sie kann nicht erklären, daß wir, wenn wir diese Gegenstände entdecken, mit ihnen in Wechselwirkung treten; es sieht aus, als würden sie lediglich auf uns einwirken; und es bleibt unerklärlich, wie sie auf uns einwirken können – besonders, da wir nicht auf sie einwirken können. Diese Auffassung führt, wie ich glaube, zu einem platonischen oder neo-platonischen Intuitionismus, und zu einer Unmenge von Schwierigkeiten. Denn sie beruht, wie ich glaube, auf dem Mißverständnis, daß der Charakter, der Status der *logischen Beziehungen zwischen den Gegenständen der Welt 3* (diese Beziehungen sind in der Tat zeitlos) diesen Gegenständen selbst zugesprochen werden soll.

Ich schlage eine andere Auffassung vor – eine, die, wie ich gefunden habe, überraschend fruchtbar ist. *Ich fasse Welt 3 im wesentlichen als ein Produkt des menschlichen Geistes auf.* Wir sind es, die die Gegenstände der Welt 3 erschaffen. Daß diese Gegenstände ihre eigenen, autonomen Gesetze haben, die unbeabsichtigte und nicht vorhersehbare Konsequenzen erzeugen, ist nur ein (wenn auch ein sehr interessantes) Beispiel einer allgemeineren Regel; der Regel nämlich, daß all unsere Handlungen unbeabsichtigte und nicht vorhersehbare Konsequenzen haben.

Ich sehe also in Welt 3 ein Produkt menschlicher Tätigkeit, und zwar eines, dessen Rückwirkungen auf uns ebenso stark sind wie (oder noch stärker als) die unserer physikalischen Umwelt. Alle menschlichen Tätigkeiten enthalten eine Art von Rückkoppelung: Wenn wir etwas tun, wirken wir immer indirekt auf uns selber ein.

Genauer gesagt, ich betrachte die Welt 3 der Probleme,

Theorien und kritischen Argumente als eine auf der Evolution der menschlichen Sprache beruhende und auf diese Evolution und auf uns selbst zurückwirkende Welt.

Das ist durchaus vereinbar mit der Zeitlosigkeit der Wahrheit und der logischen Beziehungen; und es macht die Realität der Welt 3 verständlich. Sie ist so wirklich wie andere menschliche Produkte; so wirklich wie ein Schlüsselsystem – eine Sprache; so wirklich wie (oder vielleicht sogar wirklicher als) eine soziale Institution, etwa eine Universität oder die Polizei.

Und die Welt 3 hat eine Geschichte – im Gegensatz zur Platonschen Welt der Ideen. Es ist die Geschichte *unserer* Ideen; nicht nur eine Geschichte ihrer Entdeckung, sondern auch eine Geschichte ihrer Erfindung: wie wir sie geschaffen haben, wie sie auf uns zurückgewirkt haben (und auch, wie wir selbst auf diese von uns geschaffenen Produkte reagiert haben).

Wenn wir die Welt 3 in diesem Sinne betrachten, so können wir sie mit der Evolutionstheorie in Verbindung bringen, die den Menschen als ein Tier auffaßt. Es gibt tierische Produkte (wie etwa Spinnweben oder Nestbauten), die wir als Vorläufer der menschlichen Welt 3 betrachten können.

Und schließlich legt uns diese Betrachtungsweise eine Verallgemeinerung in einer anderen Richtung nahe. Wir können die Welt der Probleme, der Theorien und der kritischen Argumente als einen Sonderfall betrachten, als eine Welt 3 im engeren Sinne, als die sprachliche oder logische oder intellektuelle Provinz der Welt 3; und zur Welt 3 im umfassenderen Sinne können wir alle Produkte des menschlichen Geistes rechnen wie etwa die Werkzeuge, die sozialen Institutionen und vor allem die Kunstwerke.

39

Das Leib-Seele-Problem und die Welt 3

Ich glaube, daß ich immer mehr oder weniger ein Dualist im Sinne des Descartes war (wenn ich auch der Ansicht war, daß wir nicht von »Substanzen« sprechen sollten[298]). Und soweit ich nicht geradezu ein Dualist war, so neigte ich doch viel eher zum Pluralismus als zum Monismus. Ich finde es töricht oder zumindest anmaßend, die Existenz von geistigen Erlebnissen oder geistigen Zuständen oder Bewußtseinszuständen zu leugnen; oder zu leugnen, daß geistige Zustände in der Regel eng mit Zuständen des Körpers verknüpft sind, insbesondere mit physischen Zuständen unseres Gehirns. Es scheint auch klar zu sein, daß geistige Zustände Produkte der biologischen Evolution sind und daß man wenig gewinnt, wenn man sie statt mit der Biologie mit der Physik zusammenbringt.[299]

Meine ersten Begegnungen mit dem Leib-Seele-Problem hinterließen in mir für viele Jahre den Eindruck, es sei ein hoffnungsloses Problem. Die Psychologie *qua* Wissenschaft vom Ich und seinen Erlebnissen existiert kaum – trotz Freud. Watsons Behaviorismus war eine sehr verständliche Reaktion auf diese Situation, und er hatte gewisse methodologische Vorteile – wie so manche andere Theorie, für die das, was sie nicht erklären kann, nicht existiert.[299a] Als philosophische These war der Behaviorismus offenbar falsch, wenn auch unwiderlegbar. Daß wir Freude und Trauer erfahren, Hoffnung und Furcht, von Zahnschmerzen nicht zu reden; daß wir denken, in Worten wie auch in Schemata; daß wir uns eine Melodie in der Phantasie vorspielen können; daß wir ein Buch mit mehr oder weniger Interesse und Aufmerksamkeit lesen – all das schien mir offensichtlich wahr zu sein, wenn auch leicht abzuleugnen. Und es schien mir überaus wichtig, wenn auch offensichtlich unbeweisbar. Es schien mir auch klar, daß der Mensch die Verkörperung eines Ichs, eines Selbst, eines Geistes oder einer Seele ist. *Aber kann man die Beziehung zwischen dem Leib (dem physischen Zustand) und der Seele (dem geistigen Zustand) verstehen?* Diese Frage schien das Leib-Seele-Problem zu formulieren; und soweit ich sehen konnte, bestand keine Aussicht, etwas zu tun, was es einer Lösung näherbringen konnte.

In Schlicks *Erkenntnislehre* fand ich eine Diskussion des Leib-Seele-Problems: Es war die erste, die mich seit den Theorien von Spinoza und von Leibniz faszinierte. Sie war überaus klar, und sie war bis ins einzelne ausgearbeitet. Herbert Feigl hat sie in glänzender Weise diskutiert und weiterentwikkelt. Doch obwohl ich diese Theorie faszinierend fand, befriedigte sie mich nicht. Ich glaubte weiterhin viele Jahre hindurch, daß man diesem Problem durch nichts beikommen könne, außer vielleicht ein wenig durch Kritik. Zum Beispiel konnte ich die damals weitverbreitete Ansicht kritisieren, daß das ganze Problem auf »*Unklarheiten der Sprache*« zurückzuführen sei.[300] (Zweifellos erzeugen wir manche Probleme selbst, manchmal vielleicht dadurch, daß wir uns über die Welt unklar aussprechen; aber warum sollte nicht die Welt selbst einige wirklich schwierige Geheimnisse verbergen, vielleicht sogar unlösbare? Es *kann* große Rätsel geben[301]; und ich glaube, daß es sie gibt.)

Allerdings war auch ich der Ansicht, daß die Sprache hier eine Rolle spielt: daß man zwar vermuten kann, daß das *Bewußtsein* vorsprachlich ist, daß aber das, was ich das *volle Selbstbewußtsein* nenne, etwas spezifisch Menschliches ist, das von der Sprache abhängt. Diese Idee erschien mir jedoch von wenig Bedeutung zu sein, bis ich, wie im vorigen Abschnitt beschrieben, gewisse Ansichten Bolzanos (und, wie ich später herausfand, Freges) zu einer Theorie dessen entwickelt hatte, was ich die »dritte Welt« oder »Welt 3« nannte. Erst da dämmerte mir, daß vielleicht das Leib-Seele-Problem ein wenig umgeformt werden könnte, wenn wir die Theorie der Welt 3 zu Hilfe nehmen.[302] Denn sie kann uns helfen, zumindest die Ansätze einer *objektiven Theorie* – einer biologischen Theorie – nicht nur von subjektiven Bewußtseinszuständen, sondern auch vom Selbst zu entwickeln.

Daher hängt alles, was ich zum Leib-Seele-Problem zu sagen habe, mit meinen Ansichten über Welt 3 zusammen.

Anscheinend wird das Leib-Seele-Problem in der Regel noch immer im Sinne der verschiedenen möglichen Beziehungen (Identität, Parallelität, Wechselwirkung) zwischen Bewußtseinszuständen und körperlichen Zuständen aufgefaßt und diskutiert. Da ich selbst ein Anhänger der Wechselwirkung bin, glaube auch ich, daß sich das Problem vielleicht teilweise in diesem Sinne diskutieren läßt; aber ich habe noch immer Zweifel, ob diese Diskussion sich lohnt. Statt dessen schlage ich vor, mit einem biologischen und sogar evolutionistischen Ansatz an das Problem heranzugehen.

Wie ich in Abschnitt 37 ausführte, halte ich nicht allzuviel von der theoretischen Erklärungskraft der Evolutionstheorie. Ich glaube aber, daß eine evolutionistische Betrachtungsweise bei biologischen Problemen unausweichlich ist und daß wir in einer so wenig aussichtsreichen Problemsituation dankbar auch nach einem Strohhalm greifen müssen. Deshalb schlage ich als erstes vor, daß wir die menschliche Seele ganz naiv so betrachten, als wäre sie ein hochentwickeltes körperliches Organ, und daß wir uns fragen, ähnlich wie wir es vielleicht im Hinblick auf ein Sinnesorgan tun würden, was sie zum Haushalt des Organismus beiträgt.

Auf diese Frage gibt es eine typische Antwort, die ich abzulehnen vorschlage. Sie lautet: Unser Bewußtsein gestattet uns, Dinge zu sehen oder wahrzunehmen. Ich lehne diese Antwort ab, weil wir für solche Zwecke Augen und andere Sinnesorgane haben. Es ist, wie ich glaube, der Überschätzung der Beobachtung für die Erkenntnis zuzuschreiben, daß das

Bewußtsein so weitgehend mit dem Sehen oder Wahrnehmen identifiziert wird.

Ich schlage statt dessen vor, die menschliche Seele vor allem als *ein Organ aufzufassen, das Gegenstände der menschlichen Welt 3* (im umfassenden Sinne) *produziert* und mit ihnen in Wechselwirkung tritt. Ich schlage also vor, die menschliche Seele oder den menschlichen Geist im wesentlichen als den Erfinder und Erzeuger der menschlichen Sprache aufzufassen, deren grundlegende Fähigkeiten (wie ich bereits erklärt habe [303]) uns angeboren sind; und als den Erfinder oder Erzeuger von Theorien (insbesondere Theorien über die Welt 1); von kritischen Argumenten und von vielen anderen Dingen, wie Irrtümern und Witzworten; Mythen und Geschichten; Werkzeugen und Kunstwerken.

Es wird vielleicht schwierig sein, Ordnung in dieses Durcheinander zu bringen, und vielleicht lohnt es nicht unsere Mühe, das zu versuchen. Es ist aber nicht schwierig, eine Vermutung darüber anzustellen, was von diesen Dingen der Welt 3 zuerst da war. Ich schlage vor, daß es die Sprache war und daß die Sprache nahezu das einzige exosomatische Werkzeug ist, dessen Gebrauch angeboren oder, besser, im Menschen genetisch verankert ist.

Obwohl diese Vermutung natürlich nicht leicht zu prüfen ist, so scheint sie mir doch eine gewisse Erklärungskraft zu besitzen. Ich behaupte, daß das Entstehen einer darstellenden oder beschreibenden Sprache der Entwicklung der menschlichen Einbildungskraft und der menschlichen Erfindungskraft und damit der Entstehung und Entwicklung der Welt 3 zugrunde liegt. Denn wir können annehmen, daß die erste (und beinahe schon menschliche) Funktion der *darstellenden* Sprache darin bestand, ausschließlich *wahre* Darstellungen, *wahre* Berichte mitzuteilen. Aber dann kam der Augenblick, in dem die Sprache auch für Unwahrheiten, zum Geschichtenerzählen, verwendet wurde. Dies scheint mir der entscheidende Schritt zu sein, der Schritt, der die Sprache wirklich deskriptiv und wirklich menschlich machte. Er führte, wie ich vermute, zum Erzählen von Geschichten erklärender Art, zur Mythenbildung; und später, zur kritischen Überprüfung von Berichten und Beschreibungen und damit zur Wissenschaft, zur phantasievollen Fiktion und, wie ich annehme, zur Kunst: zu dem Erzählen von Geschichten mit Hilfe von Bildern.

Wie dem auch sei, die physiologische Grundlage des menschlichen Geistes wird man, wenn ich mich nicht täusche, im Sprachzentrum suchen können; und es ist vielleicht kein Zufall, daß es nur in *einer* der beiden Hemisphären des Gehirns (bei den meisten Menschen in der linken Hemisphäre) Kontrollzentren der Sprachsteuerung zu geben scheint: Es ist vielleicht das höchste in der Hierarchie der Kontrollzentren.[304] (Ich versuche hier bewußt, das alte cartesianische Problem vom Sitz des Bewußtseins wiederzubeleben und teilweise sogar das Argument, das ihn zu der zweifellos falschen Vermutung führte, es müsse die Zirbeldrüse sein. Diese Theorie könnte vielleicht in Experimenten mit dem gespaltenen Gehirn prüfbar werden.[305])

Ich schlage vor, zwischen den Bereichen der »Bewußtseinszustände« im allgemeinen und jenen hochorganisierten Zuständen zu unterscheiden, die für den menschlichen Geist, für die menschliche Welt 2, für das menschliche Ich charakteristisch zu sein scheinen. Ich vermute, daß Tiere Bewußtsein haben. (Diese Vermutung könnte wohl prüfbar werden, wenn wir mit Hilfe des Elektroenzephalographen sowohl bei Tieren als auch beim Menschen typische Traumzustände im Schlaf feststellen können.) Zugleich vermute ich aber, daß Tiere kein Ich haben. Für das »volle Ich-Bewußtsein«, wie man es nennen könnte, möchte ich folgende grundlegende Deutung vorschlagen: So wie Welt 3 ein Produkt von Welt 2 ist, so ist die spezifisch menschliche Welt 2 – das »volle Ich-Bewußtsein« – ein Rückkoppelungsprodukt der Welt 3 und besonders des *Aufstellens von Theorien.*

Bewußtsein als solches (in seinen niederen Formen) scheint vor der deskriptiven Sprache aufzutreten und sich zu organisieren. Jedenfalls gibt es unter den Tieren Persönlichkeiten und eine Art von Erkenntnis oder Verständnis anderer Persönlichkeiten, besonders bei einigen sozial lebenden höheren Tieren.

(Hunde scheinen sogar ein intuitives Verständnis für menschliche Persönlichkeiten entwickeln zu können.) Das volle Ich-Bewußtsein aber kann, vermute ich, erst durch die Sprache auftreten: erst nachdem sich unsere Erkenntnis von anderen Personen entwickelt hat und erst nachdem wir uns der räumlichen und vor allem der zeitlichen Ausdehnung unseres Körpers bewußt geworden sind; erst wenn uns die regelmäßigen Unterbrechungen unseres Bewußtseins im Schlaf abstrakt klargeworden sind und wenn wir eine *Theorie* entwickelt haben von der Kontinuität unseres Körpers – und damit unseres Ichs – während des Schlafes.

Somit zerfällt das Leib-Seele-Problem in mindestens zwei ganz verschiedene Probleme: das Problem der überaus engen Beziehung zwischen physiologischen Zuständen und gewissen Bewußtseinszuständen; und das ganz andere Problem des Auftauchens des Ichs und dessen Beziehung zu seinem Körper. Das Problem des Auftauchens und der Entwicklung des Ichs kann, wie ich glaube, nur gelöst werden, wenn man die Sprache und die Gegenstände der Welt 3 sowie die Abhängigkeit des Ichs von ihnen berücksichtigt. Das Ich-Bewußtsein enthält unter anderem eine Unterscheidung zwischen belebten und unbelebten Körpern, wie vage sie auch immer sein mag, und damit eine zumindest rudimentäre Theorie der Hauptmerkmale des Lebens; außerdem setzt es irgendwie eine Unterscheidung zwischen Körpern voraus, die mit Bewußtsein begabt sind, und anderen, die es nicht sind. Es setzt auch eine Projektion des Ichs in die Zukunft voraus: die mehr oder weniger bewußte Erwartung des Kindes, mit der Zeit zu einem Erwachsenen zu werden; und das Bewußtsein, eine gewisse Zeit lang in der Vergangenheit existiert zu haben. Es enthält also Probleme, die das Vorhandensein einer Theorie der Geburt und vielleicht auch des Todes voraussetzen.

Alles das wird erst möglich durch eine hochentwickelte beschreibende Sprache – eine Sprache, die nicht nur zur Erzeugung der Welt 3 geführt hat, sondern die auch durch Rückwirkungen aus der Welt 3 verändert wurde.

Aber das Leib-Seele-Problem scheint mir durch diese zwei Teilprobleme, das Problem der Bewußtseinszustände und das Problem des Ichs oder des Selbst, nicht erschöpft zu sein. Obwohl das volle Ich-Bewußtsein *der Anlage nach* bei Erwachsenen immer vorhanden ist, so werden diese Anlagen nicht immer aktiviert. Im Gegenteil, wir befinden uns oft in einem sehr aktiven Geisteszustand, in dem wir auch uns selbst vollständig vergessen können, obwohl wir jederzeit fähig sind, uns an uns selbst zu erinnern.

Dieser Zustand intensiver geistiger Aktivität, der sich seiner selbst nicht bewußt ist, wird besonders bei intellektueller oder künstlerischer Tätigkeit erreicht: wenn man versucht, ein Problem oder eine Theorie zu verstehen; oder wenn man von einem Roman gefesselt ist; oder vielleicht, wenn man Klavier spielt oder Schach.[305a]

In solchen Zuständen können wir vergessen, wo wir uns befinden – immer ein Anzeichen dafür, daß wir uns selbst vergessen haben. Dabei bemüht sich unser Geist mit äußerster Konzentration, einen Gegenstand von Welt 3 zu erfassen oder zu produzieren.

Ich glaube, daß das ein weit interessanterer und charakteristischerer Geisteszustand ist als die Wahrnehmung einer Orange. Und ich halte es für wichtig, daß wir, obwohl nur der menschliche Geist ihn ganz erreicht, einen ähnlichen Zustand der Konzentration zum Beispiel bei einem jagenden Tier antreffen können oder bei einem Tier, das einer Gefahr zu entrinnen sucht. Es drängt sich die Vermutung auf, daß sowohl der tierische als auch der menschliche Geist gerade in diesem Zustand größter Konzentration auf eine Aufgabe oder auf ein Problem ihren biologischen Zwecken am besten dienen. In mehr entspannten Momenten kann es durchaus sein, daß unser geistiges Organ untätig ist, ruht, sich erholt, oder mit einem Wort, sich vorbereitet, sich auflädt für die nächste Konzentrationsphase. (Kein Wunder, daß wir uns bei der Selbstbeobachtung nur allzuoft in Untätigkeit ertappen statt etwa in intensivem Nachdenken.)

Es scheint mir klar zu sein, daß die Leistungen des Geistes gerade ein solches Organ verlangen, eben ein Organ mit jener eigentümlichen Fähigkeit, sich auf ein Problem zu konzentrieren, mit seinem Sprachvermögen, seiner Erwartungs-, Erfindungs- und Einbildungskraft; und mit seiner Fähigkeit, etwas versuchsweise zu akzeptieren oder zu verwerfen. Es scheint kein physisches Organ zu geben, das alles das zu leisten vermag: Es scheint, daß etwas anderes, etwas wie Bewußtsein nötig war und als ein Bestandteil des Baumaterials für den Geist verwendet werden mußte. Zweifellos nur als ein Bestandteil: Viele geistige Tätigkeiten sind unbewußt; viel davon ist Anlage, und viel ist physiologischer Natur. Aber viel von dem, was zu einem bestimmten Zeitpunkt physiologisch und (etwa beim Klavierspielen oder beim Autofahren) »automatisch« ist, haben wir *vorher* mit jener bewußten Konzentration betrieben, die so charakteristisch ist für den entdeckenden Geist – den Geist, der vor einem schwierigen Problem steht. Es spricht also alles dafür, daß der Geist, das Bewußtsein, im Haushalt der höheren Organismen unerläßlich ist, und für die Notwendigkeit, gelöste Probleme und »erlernte« Situationen in die Physis, in den Körper zurücksinken zu lassen – vermutlich, um den Geist, das Bewußtsein, für neue Aufgaben frei zu machen.

Eine Theorie wie diese ist eine Theorie der Wechselwirkung: Wechselwirkungen bestehen sowohl zwischen den verschiedenen Organen des Körpers (Welt 1) wie auch zwischen diesen Organen und den Zuständen der Seele (Welt 2). Darüber hinaus glaube ich aber, daß die Wechselwirkung mit der Welt 3 immer einen spezifischen Zustand des Geistes erfordert – obwohl, wie das Beispiel des Sprechen-, Lesen- und Schreibenlernens zeigt, ein großer Teil der mehr mechanischen Verschlüsselungs- und Entschlüsselungstätigkeit vom physiologischen System übernommen werden kann, das im Falle der Sinnesorgane ähnliche Funktionen verrichtet.

Der hier skizzierte objektivistische und biologische Ansatz läßt uns, wie mir scheint, das Leib-Seele-Problem in einem neuen Licht erkennen. Er scheint sich außerdem mit einigen neueren Arbeiten auf dem Gebiet der Tierpsychologie, besonders mit der Arbeit von Konrad Lorenz, gut vereinbaren zu lassen. Und es besteht auch, wie mir scheint, eine enge Verwandtschaft mit gewissen Ideen von Donald T. Campbell zur evolutionären Erkenntnistheorie und mit einigen Ideen von Schrödinger.

40

Werte in einer Welt der Tatsachen

Der Titel dieses Abschnitts schließt sich sehr eng an den eines Buches an, das von einem großen Psychologen und einem großen Mann, Wolfgang Köhler, geschrieben wurde: *The Place of Value in a World of Fact*[306]. Einige der Formulierungen im ersten Kapitel dieses Buches fand ich bewundernswert und ergreifend; und ich glaube, daß es nicht nur diejenigen ergreifen wird, die sich an die Zeiten erinnern, in denen das Buch geschrieben wurde.[307] Dennoch war ich enttäuscht von Köhlers Lösung seines zentralen Problems – der Frage: Welche Stellung nehmen die Werte in der Welt der Tatsachen ein, und wie konnten sie zu dieser Welt der Tatsachen Zugang finden? Köhlers These, daß die *Gestaltpsychologie* einen wichtigen Beitrag zur Lösung dieses Problems leisten könne, hat mich nicht überzeugt.

Köhler erklärt sehr einleuchtend, warum nur wenige Wissenschaftler bereit sind, über Werte zu schreiben, und nur wenige Philosophen mit einer wissenschaftlichen Ausbildung. Der Grund ist einfach der, daß viel von dem, was über Werte geschrieben wird, nur leere Worte sind. Viele von uns fürchten, ebenfalls nur leere Worte produzieren zu können, oder etwas, was von leeren Worten nur schwer zu unterscheiden ist. Diese Befürchtungen scheinen mir wohl begründet zu sein, trotz Köhlers Bemühungen, uns davon zu überzeugen, daß wir uns kühn dieser Gefahr aussetzen sollten. Zumindest auf dem Gebiet der ethischen *Theorie* (die Bergpredigt zähle ich nicht zur

Theorie) mit ihrer fast unabsehbaren Literatur kann ich mich nicht erinnern, irgend etwas Gutes und Überzeugendes gelesen zu haben, abgesehen von Platons *Verteidigungsrede des Sokrates* (in der die ethische Theorie eine untergeordnete Rolle spielt), einigen Werken Kants, besonders seiner *Grundlegung zur Metaphysik der Sitten* (die leider nicht ganz erfolgreich ist) und den beiden Xenien von Friedrich Schiller, die den Rigorismus Kants witzig und geistvoll kritisieren.[308] Vielleicht sollte ich dieser Liste noch *Die beiden Grundprobleme der Ethik* von Schopenhauer hinzufügen. Außer Platons *Verteidigungsrede des Sokrates* und Schillers genialer *reductio ad adsurdum* von Kant kommt keines dieser Werke seinem Ziel sehr nahe.

Ich will deshalb nur sagen, daß die Werte zusammen mit den Problemen auftauchen; daß Werte nicht ohne Probleme existieren können; und daß weder Werte noch Probleme aus Tatsachen abgeleitet oder sonstwie aus ihnen gewonnen werden können, obwohl sie sich oft auf Tatsachen beziehen oder mit Tatsachen eng zusammenhängen. Was das Problem anlangt, so können wir von einer Person (oder einem Tier oder einer Pflanze, also von einem Organismus) vermuten, daß diese Person (oder dieser Organismus) versucht, ein bestimmtes Problem zu lösen; auch dann, wenn diese Person (oder dieser Organismus) von dem Problem vielleicht gar nichts weiß. Anderenfalls kann ein Problem, beispielsweise in seinen Beziehungen zu einem anderen Problem oder zu bestimmten Lösungsversuchen, kritisch oder objektiv beschrieben und entdeckt werden. Im ersten Fall gehört nur unsere historische Vermutung über das Problem zur Welt 3; im zweiten Fall kann das Problem selbst als ein Mitglied der Welt 3 betrachtet werden. Mit den Werten verhält es sich genauso. Man kann vermuten, daß ein Ding, eine Idee, eine Theorie oder eine Betrachtungsweise objektiv wertvoll ist, als Hilfe zur Lösung eines Problems oder als die Lösung selbst; unabhängig davon, ob dieser Wert von denen, die sich um die Lösung des Problems bemühen, bewußt anerkannt wird oder nicht. Und wird diese Vermutung formuliert und der Diskussion ausgesetzt, dann gehört sie zur Welt 3. Auch kann ein (auf ein bestimmtes Problem bezüglicher) Wert geschaffen oder entdeckt und in seinen Beziehungen zu anderen Werten und zu anderen Problemen diskutiert werden. Auch in diesem Fall kann er zu einem Bewohner der Welt 3 werden.

Wenn wir uns nicht in der Annahme täuschen, daß es für eine lange Zeit eine physikalische Welt gegeben hat, die ohne Leben war, dann muß es nach meiner Ansicht eine Welt ohne Probleme und damit ohne Werte gewesen sein. Man hat vielfach behauptet, daß erst mit dem Bewußtsein die Werte in die Welt eingetreten sind. Ich bin nicht dieser Ansicht. Ich glaube, daß die Werte zusammen mit dem Leben in die Welt eintreten. Und wenn es ein Leben ohne Bewußtsein gibt (was ich durchaus für möglich halte, selbst bei Tieren und Menschen, denn es scheint so etwas wie einen traumlosen Schlaf zu geben), dann, denke ich, gibt es auch objektive Werte ohne Bewußtsein.

Es gibt also zweierlei Arten von Werten: Werte, die durch das Leben, durch unbewußte Probleme geschaffen werden, und Werte, die in dem Bemühen, mehr oder weniger gut verstandene Probleme auf der Grundlage früherer Lösungen zu lösen, vom menschlichen Bewußtsein geschaffen werden.

Das ist der Platz, den ich den Werten in einer Welt der Tatsachen einräume. Die Werte zweiter Art gehören zur Welt 3 der historisch entstehenden Probleme und Traditionen, und sie gehören daher zur Welt der Tatsachen – wenn auch nicht zu den Tatsachen der physikalischen Welt 1, sondern zu jenen Tatsachen, die wenigstens zum Teil durch das menschliche Bewußtsein geschaffen werden. Die Welt der Werte transzendiert also die wertfreie physikalische Welt 1 der Tatsachen – die Welt der nackten Tatsachen, wenn man so sagen darf.

Der innerste Kern der Welt 3, wie ich sie sehe, ist die Welt der Probleme, der Theorien und der Kritik. Obwohl also die Werte nicht zu diesem Kern gehören, so wird er doch von Werten beherrscht: von den Werten der *objektiven Wahrheit und des Wachstums unseres objektiven Wissens.*[309] In einem gewissen Sinne können wir sagen, daß in dieser ganzen menschlich-intellektuellen Welt 3 die Wahrheit der höchste der Werte bleibt, obwohl auch andere Werte Anspruch haben, in unsere Welt 3 hineingelassen zu werden. Denn mit jedem vorgeschlagenen Wert entsteht das Problem: Ist es *wahr,* daß das ein Wert ist? Und ist es *wahr,* daß er seinen angemessenen Platz in der Hierarchie der Werte hat: Ist es *wahr,* daß Güte ein höherer Wert ist als Gerechtigkeit oder daß sie mit der Gerechtigkeit auch nur vergleichbar ist? (Ich bin also nicht der Ansicht derer, die die Wahrheit fürchten – die glauben, es sei eine Sünde gewesen, vom Baum der Erkenntnis zu essen.)

Wir haben die Idee einer menschlichen Welt 3 so verallgemeinert, daß diese Welt 3 im weiteren Sinne nicht nur die Produkte unseres Intellekts umfaßt und die unbeabsichtigten Folgen, die aus ihnen entstehen, sondern auch Produkte unseres Geistes in einem viel weiteren Sinne; zum Beispiel die Produkte unserer Phantasie. Selbst Theorien – Produkte unseres Intellekts – resultieren aus der Kritik von Mythen, die Produkte unserer Phantasie sind: Sie wären nicht möglich ohne Mythen; und auch die Kritik wäre nicht möglich ohne die Entdeckung des Unterschieds zwischen Tatsache und Fiktion oder Wahrheit und Falschheit. Deshalb sollten Mythen und Fiktionen nicht von der Welt 3 ausgeschlossen werden. So gelangen wir dahin, zur Welt 3 auch die Kunst zu rechnen und sogar alle jene Produkte des menschlichen Geistes, in die etwas von unseren Ideen eingegangen ist und die von *Kritik* (in einem weiteren Sinne als bloß intellektueller Kritik) beeinflußt sind. Wir können uns auch selbst hinzurechnen, da wir die Ideen unserer Vorgänger übernehmen oder kritisieren und da wir versuchen, uns selbst zu formen; und auch unsere Kinder und Schüler, unsere Traditionen und Institutionen, unsere Lebensauffassungen, unsere Absichten und unsere Ziele.

Es ist einer der ernsten Irrtümer der zeitgenössischen Philosophie, daß sie nicht sieht, daß diese Dinge – unsere Werke – auch ihre objektive Seite haben, obwohl sie Produkte unseres Geistes sind und obwohl sie mit unseren subjektiven Erlebnissen zusammenhängen. Sogar eine Lebensweise kann mit einer anderen fast in dem gleichen Sinne unvereinbar sein, wie eine Theorie mit einer anderen logisch unvereinbar ist. Diese Unvereinbarkeiten bestehen objektiv, auch wenn wir uns ihrer nicht bewußt sind. Und ebenso können unsere Absichten und unsere Ziele genauso wie unsere Theorien miteinander konkurrieren und kritisch verglichen und diskutiert werden.

Doch die subjektive Betrachtungsweise, insbesondere die subjektive Erkenntnistheorie, behandelt Gegenstände der Welt 3 – selbst die der Welt 3 im engeren Sinne, wie etwa Probleme, Theorien und kritische Argumente –, als wären sie nichts als Ausdruck des erkennenden Subjekts. Diese Betrachtungsweise ist mit der expressionistischen Theorie der Kunst eng verwandt. Sie besteht darin, daß sie im allgemeinen das Werk eines Menschen ausschließlich oder überwiegend als einen Ausdruck seiner Persönlichkeit oder seines inneren Zustands ansieht: Der Expressionismus betrachtet den Selbstausdruck als ein Ziel, als einen Wert.

Diese Auffassung von der Beziehung des Menschen zu seinem Werk versuche ich durch eine ganz andere zu ersetzen. Ich gebe zu, daß die Welt 3 durch uns entsteht, aber ich betone ihre weitgehende Autonomie und die unermeßlichen Rückwirkungen, die sie auf uns hat. Unser Ich, unser Selbst kann ohne sie nicht existieren; es ist in der Welt 3 verankert. Der Wechselwirkung mit der Welt 3 verdanken wir unsere Vernunft, unser kritisches und selbstkritisches Denken und Handeln. Wir verdanken ihr unser geistiges Wachstum. Und wir verdanken ihr unsere enge Beziehung zu unserer Aufgabe, zu unserer Arbeit, und auch deren Rückwirkungen auf uns.

Die expressionistische Auffassung sagt, daß es von unseren Talenten, unseren Begabungen und vielleicht von unserer Erziehung abhängt – und daher von »unserer Gesamtpersönlichkeit« –, was wir tun. Das Ergebnis ist gut oder schlecht, je nachdem, ob wir begabte und interessante Persönlichkeiten sind oder nicht.

Im Gegensatz dazu behaupte ich, daß alles von der Wechselwirkung zwischen uns und unserer Aufgabe, unserem Werk, unseren Problemen, unserer Welt 3 abhängt; von den Rückwirkungen dieser Welt auf uns; von der Rückkoppelung, die verstärkt werden kann durch unsere Kritik dessen, was wir getan haben. Durch das Bemühen, die Arbeit, die wir geleistet haben, objektiv – das heißt kritisch – zu sehen und sie besser zu machen, und ferner durch die Wechselwirkung zwischen uns, unseren Handlungen und deren objektiven Resultaten, unseren Werken, können wir über unsere Anlagen und über uns selbst hinauswachsen.

Wie es mit unseren Kindern geht, so geht es auch mit unseren Theorien und letztlich mit allem, was wir tun: Unsere Werke werden schließlich weitgehend unabhängig von uns, von ihren Erzeugern. So können wir von unseren Kindern und von unseren Theorien mehr Wissen erlangen, als wir ihnen je mitgegeben haben. Auf diese Weise können wir uns selbst an unserem Zopf aus dem Sumpf unserer Unwissenheit herausziehen. Und auf diese Weise können wir alle zur Welt 3 beitragen.

Wenn ich recht habe mit der Vermutung, daß wir nur durch die Wechselwirkung mit der Welt 3 wachsen und zu einem Selbst werden, dann ist der Gedanke tröstlich, daß wir alle zu dieser Welt beitragen können, wenn auch vielleicht nur wenig. Er ist besonders tröstlich für jemanden, der glaubt, im Kampf mit Ideen und im Kampf um Ideen sein Glück gefunden zu haben.

Anmerkungen

Die in diesen Anmerkungen benützten Abkürzungen wie etwa *Replies* oder *O. G.* oder [1945(c)] verweisen auf die Liste der wichtigsten Publikationen und auf die ausgewählte Bibliographie auf Seite 335-346.

1 Diese Anspielung bezieht sich auf Kierkegaards Unterhaltung mit Christian VIII., in der ihn der König über seine Ansicht befragte, wie sich ein König benehmen sollte. Kierkegaard sagte Dinge wie: »Zunächst wäre es gut für einen König, wenn er häßlich wäre« (Christian VIII. sah sehr gut aus). »Dann sollte er taub und blind sein, oder wenigstens so tun, als ob er es wäre, denn dadurch lassen sich viele Schwierigkeiten beheben ... Sodann sollte er nicht viel reden, vielmehr nur eine kleine Rede haben, die bei jeder Gelegenheit zu gebrauchen ist, also eine Rede, die nichts sagt.« (Franz Joseph pflegte zu sagen: »Es war sehr schön, es hat mich sehr gefreut.«) Vergleiche dazu: Sören Kierkegaard, *Buch des Richters*, seine Tagebücher 1833–1855, aus dem Dänischen von Hermann Gottsched (Jena und Leipzig: Eugen Diederichs, 1905), S. 12 ff.; oder seine *Gesammelten Werke: Die Tagebücher*, aus dem Dänischen von Hayo Gerdes, Band 3 (Düsseldorf–Köln: Eugen Diederichs, 1968), S. 164 f.

2 Dieser Fall trug sich bei meiner Arbeit mit Kindern zu. Ein Junge, für den ich verantwortlich war, war vom Klettergerüst gefallen und hatte einen Schädelbruch erlitten. Ich wurde freigesprochen, weil ich nachweisen konnte, daß ich schon seit Monaten verlangt hatte, die Verantwortlichen sollten dieses Klettergerüst, das ich für gefährlich hielt, entfernen. (Dennoch versuchten die maßgeblichen Leute, mir die Schuld zuzuschieben – ein Vorgehen, für das der Richter harte Worte fand.)

2a Das alte Eckhaus steht noch. Der Eingang war bis etwa 1920 Freisingergasse 4; später Bauernmarkt 1.

3 Siehe Otto Weininger, *Geschlecht und Charakter* (Wien: Braumüller, 1903), S. 176: »Von Baco bis Fritz Mauthner sind alle Flachköpfe Sprachkritiker gewesen.« (Weininger fügt hinzu, er säume nicht, »die Manen Bacos für *diese* Zusammenstellung um Verzeihung zu bitten«. Vergleiche dazu Wittgensteins *Tractatus*, 4.0031.

4 Siehe auch Anm. 57 zu Kap. 12 in *O.S.*, [1945(c)], S. 297; deutsch *O.G.* [1958(i)], Bd. 2, Anm. 57 zu Kap. 2, S. 396.

5 Roger Martin du Gard, *L'Été 1914;* deutsch, *Sommer 1914 und Epilog*, 2 Bde, 1951.

6 Das Problem hat vor einigen Jahren durch Abraham Robinsons revolutionäre Arbeit über das unendlich Kleine neue Bedeutung gewonnen; siehe Abraham Robinson, *Non-Standard Analysis* (Amsterdam: North-Holland Publ. Comp., 1966).

7 Der Ausdruck »Essentialismus« (jetzt in weiten Kreisen verwendet), und vor allem seine Anwendung auf *Definitionen* (»essentialistische Definitionen«), ist meines Wissens erstmals in Abschnitt 10 von *The Poverty* [1944(a)] eingeführt worden; siehe besonders S. 94–97; [1957(g)] und spätere Ausgaben, S. 27–30 (deutsch, *Das Elend* [1965(g)], S. 21–24); sowie in *O.S.*, Bd. 1 [1945(b)], S. 24–27; und Bd. 2 [1945(c)], S. 8–20, 274–286; deutsch *O.G.*, Bd. 1 [1957(k)], S. 57–61; Bd. 2 [1958(i)], S. 14–30, 358–380. Richard Robinson, *Definition* (Oxford: Oxford University Press, 1950), S. 202, bezieht sich auf die Ausgabe 1945 meiner *O.S.* [1945(c)], Bd. 2, S. 9–20. Was er beispielsweise auf S. 153–157 (Kap. »utterances«, »Ausdrücke« auf S. 158) und ebenfalls auf S. 162–165 sagt, ist in vieler Hinsicht dem sehr ähnlich, was ich auf den Seiten meines Buches sage, auf das er sich bezieht (obgleich seine Bemerkung über Einstein und die Gleichzeitigkeit nicht mit dem übereinstimmt, was ich sage in [1945(c)], S. 18 f., 108 f.; deutsch [1958(i)], Bd. 2, S. 28 f., 271). Vergl. auch Paul Edwards, Hg., *The Encyclopedia of Philosophy* (New York: Macmillan Company and Free Press, 1967; London: Collier-Macmillan, 1967), Bd. II, S. 314–317. Der »Essentialismus« wird dort ausführlich unter dem Hauptartikel »Definition« erörtert. (In der Bibliographie findet sich ein Hinweis auf Robinson.) Der Ausdruck »Essentialismus« kann am besten durch »Wesensphilosophie« übersetzt werden.

7a (Zusatz bei der Korrektur.) Auf Anregung von Sir John Eccles habe ich vor einiger Zeit meine Terminologie etwas geändert: Ich spreche jetzt statt von der Ersten, Zweiten und Dritten Welt von Welt 1, Welt 2 und Welt 3. Zu meiner früheren Terminologie siehe [1968(r)] und [1968(s)], zur terminologischen Anregung von Sir John Eccles siehe sein *Facing Reality* (New York, Heidelberg und Berlin: Springer-Verlag 1970) (deutsch: *Wahrheit und Wirklichkeit – Mensch und Wissenschaft*, Berlin, Heidelberg und New York: Springer-Verlag 1975). Die Anregung kam zu spät, um noch in den ursprünglichen Text des vorliegenden Buches eingearbeitet zu werden, außer an einer oder zwei Stellen. (Zusatz 1975: Ich habe das mittlerweile in einem gewissen Umfang geändert.) Siehe Anm. 293 unten. (Zusatz 1978: Siehe jetzt auch: Karl R. Popper und John C. Eccles, *The Self and Its Brain – An Argument for Interactionism;* Berlin, Heidelberg, London, New York: Springer International, 1977, insbesondere Kap. P2

»The Worlds 1, 2 and 3«. Deutsche Ausgabe, *Das Ich und sein Gehirn*, in Vorbereitung.)

8 Annual Philosophical Lecture, British Academy, 1960 [1960(d)], [1961(f)]; deutsch [1975(v)]; wiederveröffentlicht in *C. & R.* [1963(a)]; siehe besonders S. 19 f. (deutsch [1975(v)], S. 34–36) und auch S. 349 meiner »Epistemology Without a Knowing Subject« [1968(s)], jetzt Kapitel 3 meiner [1972(a)]; deutsch [1973(i)], S. 191. (Die hier im Text wiedergegebene Tafel ist gegenüber der ursprünglichen leicht abgeändert.)

9 Vgl. die 3. Aufl. von *C. & R.* [1969(h)], S. 28, den neu eingefügten Punkt 9. (Punkt 9 der früheren Auflagen ist jetzt 10.) Deutsch [1975(v)], S. 50.

10 Nicht einmal Gottlob Frege formuliert sie explizit, obwohl diese Lehre sicherlich implizit in seinem »Sinn und Bedeutung« enthalten ist, wo er sogar Argumente zu ihrer Unterstützung vorträgt. Siehe Gottlob Frege, »Über Sinn und Bedeutung«, *Zeitschrift für Philosophie und philosophische Kritik*, 100 (1892), S. 25–50; ebenso Gottlob Frege, *Kleine Schriften*, hg. von Ignacio Angelelli (Hildesheim: Georg Olms Verlagsbuchhandlung, 1967), S. 143–162.

11 Vgl. meinen Artikel »Quantum Mechanics without ›The Observer‹« [1967(k)]; siehe insbesondere S. 11–15, wo das vorliegende Problem diskutiert wird. (Dort wird, nebenbei gesagt, diese spezielle Äquivalenz in Frage gezogen.)

12 In einer Prosa-Übersetzung könnte man kaum über den Mond schreiben (Parmenides, Fragmente 14–15, Diels-Kranz):

Leuchtend des Nachts mit entliehenem Licht irrt er rund um die Erde;
Immer voll Sehnsucht spähet den Strahlen der Sonne er nach.

12a Siehe Benjamin Lee Whorf, *Language, Thought and Reality* (Cambridge, Mass.: The M. I. T. Press, 1956); deutsch: *Sprache – Denken – Wirklichkeit, Beiträge zur Metalinguistik und Sprachphilosophie, hg. und übersetzt von Peter Kraussser (Reinbek bei Hamburg: Rowohlt Taschenbuch Verlag, 1963)*.

13 Gottlob Frege behauptet – zu Unrecht, wie ich meine – in »Der Gedanke«, *Beiträge zur Philosophie des deutschen Idealismus*, 1 (1918–19), 58–77 (vgl. Gottlob Frege, *Kleine Schriften*, S. 342–362; siehe Anm. 10 oben), daß allein von den emotionalen Aspekten der Sprache eine »vollkommene Übersetzung fast immer unmöglich« sei (S. 63; S. 347 von *Kleine Schriften*), und: »Je strenger wissenschaftlich eine Darstellung ist . . . desto leichter wird sie sich übersetzen lassen.« *(Ibid.)* Ironischerweise sagt Frege anschließend ganz richtig, daß es für einen Denkinhalt keinen Unterschied macht, welches der vier deutschen Synonyme für »Pferd« (*Pferd, Roß, Gaul, Mähre* – sie unterscheiden sich nur in ihrem emotionalen Gehalt; insbesondere *Mähre muß nicht* in jedem Zusammenhang eine Stute sein) in einer Formulierung verwendet wird. Dabei ist dieser ganz einfache und unemotionale Gedanke Freges offenbar nicht in die englische Sprache

übersetzbar, da das Englische anscheinend nicht drei gebräuchliche Synonyme für »Pferd« besitzt. Der Übersetzer muß deshalb hier zu einem Kommentator werden und ein geläufiges englisches Wort finden, das drei gebräuchliche Synonyme besitzt – vorzugsweise solche mit auffällig verschiedenen emotionalen oder poetischen Assoziationen. (Auch wenn sich im Englischen drei solche Synonyme für »Pferd« finden sollten, so ändert das nichts an dem Argument, daß der verschiedene Reichtum der Sprachen eine Rolle spielen kann.)

14 Vgl. zum Beispiel Abschnitt 37 meiner *L. d. F.* [1934(b)], [1966(e)] und spätere Ausgaben. Das Beispiel, das mir dabei vorschwebte, war die gravitationsbedingte Einsteinsche Rotverschiebung.

15 Wegen dieser Idee und des Zitats siehe Abschnitt 6 meiner *L. d. F.* [1934(b)], S. 13; [1966(e)], S. 15; »Sie sagen um so mehr, je mehr sie verbieten.« Die Idee wurde aufgegriffen von Rudolf Carnap in § 23 seiner *Introduction to Semantics* (Cambridge, Mass: Harvard University Press, 1942); siehe insbesondere S. 151. Dort schreibt Carnap die Idee Wittgenstein zu, »aufgrund eines Gedächtnisfehlers«, wie er später in Abschnitt 73 seiner *Logical Foundations of Probability* (Chicago: University of Chicago Press, 1950), S. 406 sagt, wo er sie mir zuschreibt. Carnap schreibt dort: »Die Behauptungskraft eines Satzes besteht darin, daß er bestimmte mögliche Fälle ausschließt«.
Ich möchte hier betonen, daß es sich bei diesen »Fällen« in der Wissenschaft um *Theorien (Hypothesen) von höherem oder niedrigerem Grad der Universalität* handelt. (Sogar das, was ich in *L. d. F.* »Basissätze« nannte, sind, wie ich dort betonte, *Hypothesen*, wenn auch von niedrigem Grad der Universalität.)

16 Die Teilmenge des informativen Gehalts, die aus Basissätzen (empirischen Sätzen) besteht, nannte ich in *L. d. F.* die Klasse der »Falsifikationsmöglichkeiten« der Theorie oder ihren »empirischen Gehalt«.

17 Denn *non-a* gehört zum informativen Gehalt von *a*, und *a* zum informativen Gehalt von *non-a*, aber *a* gehört nicht zu seinem eigenen informativen Gehalt (außer es ist eine Kontradiktion).

18 Der Beweis (der mir in der hier wiedergegebenen Form von David Miller vorgeführt wurde) ist ganz einfach. Denn der Satz *»b oder t oder beide«* folgt aus *»a oder t oder beide«* dann und nur dann, wenn er aus *a* folgt; also dann und nur dann, wenn die Theorie *t* aus *»a und non-b«* folgt. Aber weil *a* und *b* einander (laut Annahme) widersprechen, sagt dieser letzte Satz dasselbe wie *a*. Somit folgt *»b oder t oder beide«* aus *»a oder t oder beide«* dann und nur dann, wenn *t* aus *a* folgt; und das tut es laut Annahme nicht.

19 J. W. N. Watkins, *Hobbes's System of Ideas – A Study in the Political Significance of Philosophical Theories* (London: Hutchinson, 1965), S. 22 ff., 2. Aufl. 1973, S. 8 ff.

20 (Diese Anmerkung war ursprünglich ein Teil des Texts.) Das alles kann

leicht festgestellt werden, sogar wenn wir uns auf nur eine der beiden so weit diskutierten Ideen des Gehalts beschränken. Es wird vielleicht noch klarer in der Denkweise, die eine dritte Idee des Gehalts verwendet, die Idee des *Problemgehaltes* einer Theorie.

Einem Gedanken Freges folgend, können wir den Begriff eines Ja-oder-Nein-Problems oder, kurz, eines *y*-Problems einführen: Wenn ein beliebiger Satz *a* gegeben ist (zum Beispiel »Gras ist grün«), dann kann das korrespondierende *y*-Problem (»Ist Gras grün?«) durch »$y(a)$« ausgedrückt werden. Man sieht sofort, daß $y(a) = y(\textit{nicht-a})$: das Problem, ob Gras grün ist, als Problem identisch mit dem Problem, ob Gras nicht grün ist, auch wenn die beiden Fragen verschieden formuliert sind, und auch wenn die Antwort »Ja« auf die eine soviel wie »Nein« auf die andere bedeutet.

Wir können dann das, was ich den Problemgehalt einer Theorie *t* nenne, auf eine von zwei gleichwertigen Weisen beschreiben: (1) Der Problemgehalt von *t* ist die Gesamtheit aller jener $y(a)$, für die *a* ein Element des logischen Gehaltes von *t* ist; (2) er ist die Gesamtheit aller jener $y(a)$, für die *a* ein Bestandteil des informativen Gehaltes von *t* ist. Es besteht also der Problemgehalt in derselben Beziehung zu den beiden anderen Gehalten.

In unserem vorigen Beispiel von *N* (Newtons Theorie) und *E* (Einsteins), gehört $y(E)$ dem Problemgehalt von *N* und $y(N)$ demjenigen von *E* an. Wenn wir mit $K (= K_1 \,\&\, K_2 \,\&\, K_3)$ den Satz bezeichnen, der die drei Keplerschen Gesetze (eingeschränkt auf das Zwei-Körper-Problem) formuliert, dann folgen K_1 und K_2 aus *N*, aber sie widersprechen *E*; während K_3 und damit *K* sowohl *N* als auch *E* widersprechen. (Siehe meine Veröffentlichung [1957(i)], [1969(k)], jetzt Kap. 5 von [1972(a)]; sowie [1963(a)], p. 62, n. 28.) Dennoch gehören $y(K)$ und $y(K_1)$, $y(K_2)$, $y(K_3)$ alle dem Problemgehalt sowohl von *N* als auch von *E* an, und $y(N)$ und $y(E)$ gehören beide den Problemgehalten von *K*, von K_1, von K_2 und von K_3 an.

Daß $y(E)$, das Problem der Richtigkeit oder Falschheit von Einsteins Theorie dem Problemgehalt von *K* und demjenigen von *N* angehört, erklärt es, warum es hier keine Transitivität geben kann. Denn das Problem, ob die Theorie des optischen Dopplereffektes richtig ist – das heißt, $y(D)$ – gehört dem Problemgehalt von *E*, doch nicht demjenigen von *N* oder demjenigen von *K* an.

Obwohl die Zugehörigkeit zum Problemgehalt nicht transitiv ist, so gibt es doch eine »Verknüpfung«: die Problemgehalte von *a* und von *b* können als durch $y(c)$ »verknüpft« angenommen werden, wenn $y(c)$ demjenigen von *a* und auch demjenigen von *b* angehört. Offensichtlich können die Problemgehalte eines beliebigen *a* und *b* immer verknüpft werden, indem man ein geeignetes *c* wählt (etwa $c = a \vee b$, das heißt $c = a$ *oder* b); somit ist es trivial, daß ein beliebiges *a* und ein beliebiges *b* verknüpft sind; aber daß ein *a* und ein *b* durch ein bestimmtes Problem $y(c)$

verknüpft sind (das uns aus dem einen oder anderen Grund interessiert), ist oft nicht trivial und kann die Bedeutung von *a*, von *b* und von *c* weiter erhellen. Die meisten Verknüpfungen sind natürlich zu einer beliebig gegebenen Zeit unbekannt.

21 Gottlob Frege, *Grundgesetze der Arithmetik, Bd. 2* (Jena: H. Pohle, 1903), Abs. 56.

22 Clifford A. Truesdell, »Foundations of Continuum Mechanics«, in *Delaware Seminar in the Foundations of Physics*, hg. von Mario Bunge (Berlin, Heidelberg, New York: Springer-Verlag, 1967), S. 35–48; siehe insbesondere S. 37.

23 Gottlob Frege, »Über Begriff und Gegenstand«, *Vierteljahrsschrift für wissenschaftliche Philosophie*, **16** (1892), 192–205. Vgl. auch Gottlob Frege, *Kleine Schriften*, S. 167–187 (siehe Anm. 10 oben).

24 Siehe Anm. 1 zu Abschnitt 4; [1966(e)] und spätere Auflagen S. 9 und auch meine Vorworte.

25 Die hier behandelten Probleme werden (wenn auch vielleicht nicht ausführlich genug) in den verschiedenen Vorworten zu *L. d. F.* und *L. Sc. D.* diskutiert. Es ist vielleicht von gewissem Interesse, daß die Tatsache, daß ich dort einigermaßen detailliert die ganze Betrachtungsweise der Sprachanalyse kritisierte, nicht einmal erwähnt wurde, als dieses Buch im *Mind* rezensiert wurde (siehe auch meine Erwiderung auf diese Rezension in Anm. 243 zu Abschnitt 33 unten), obwohl diese Zeitschrift das gegebene Forum war, um eine solche Kritik zu erwähnen und zu beantworten. Auch an anderer Stelle scheint die Kritik nicht erwähnt worden zu sein. Wegen weiterer Diskussionen der mit dem Thema dieses Exkurses zusammenhängenden Probleme siehe die Hinweise in Anm. 7 im vorangegangenen Abschnitt 6 und meine verschiedenen Erörterungen der deskriptiven und argumentativen Funktion der Sprache in *C. & R.*, [1963(a)] und spätere Auflagen; und außerdem [1966(f)], [1967(k)], [1968(r)] und [1968(s)] (davon bildet das erste jetzt Kap. 6 und die beiden letzten Kap. 3 und 4 von [1972(a)]; deutsch [1973(i)].

Ein interessantes Beispiel für ein entscheidendes Wort (*ephexēs* in Platons *Timaios 55* A), welches man falsch interpretierte (als »am nächsten in der Größenordnung«, statt als »am nächsten in der zeitlichen Ordnung« oder vielleicht »benachbart«), weil man Platons *Theorie* nicht verstand und das Wort in zwei verschiedenen Bedeutungen interpretiert werden kann (»anschließend« in der Zeit oder »benachbart« im Hinblick auf ebene Winkel), ohne daß Platons *Theorie* davon berührt wird, findet man in meinem Aufsatz »Plato, *Timaeus* 54 E–55 A« [1970(d)]. Wegen ähnlicher Beispiele siehe die 3. Aufl. von *C. & R.* [1969(h)], besonders S. 165 und 408–412. Kurz, man kann nicht übersetzen, ohne sich ständig die Problemsituation vor Augen zu halten.

26 Siehe Abschn. IV, Kap. 19 von *O.S.* [1945(c)]; deutsch *O.G.* [1958(i)],

Bd. 2, Abschn. IV, Kap. 9, zur Zweideutigkeit des Ausdrucks »Gewalt«, und auch S. 185–190, 438 f.

26a Siehe [1963(a)], Kap. 1.

27 Zur Erläuterung dieser Fragen siehe: *The Poverty* [1944(a) und (b)], sowie [1945(a)] und [1957(g)]; deutsch *Das Elend* [1965(g)]; vor allem Kap. 17 bis 20 von *O.S.* [1945(c)], [1966(a)]; deutsch *O.G.* [1958(i)], Bd. 2, Kap. 7 bis 10. Die Bemerkungen über die Wiener Arbeiter, die hier im Text folgen, geben im wesentlichen wieder, was ich in *O.G.* [1958(i)], Anm. 18 bis 22 zu Kap. 8 und Anm. 39 zu Kap. 9, gesagt habe. Siehe auch die hier vorhergehende Anm. 26.

28 G. E. R. Gedye, *Fallen Bastions* (London: Victor Gollancz, 1939).

29 [1957(a)], wiederabgedr. als Kap. 1 von *C. & R.* [1963(a)] und spätere Ausgaben.

30 Ernst Mach, *Die Mechanik in ihrer Entwicklung*, 1883, 1921, 1963; Kap. 2, Abschn. 6, Abtl. 9.

31 Die Formulierung, die hier im Text kursiv gedruckt ist, wurde zuerst vorgeschlagen und ihre Bedeutung erörtert in [1949(d)]; siehe jetzt den Anhang zu [1973(i)]; siehe auch [1957(j)], jetzt Kap. 5 von [1973(i)].

32 Albert Einstein, *Über die spezielle und die allgemeine Relativitätstheorie* (Braunschweig: Vieweg, 1917); siehe besonders Kap. 22. Das Zitat im Text findet sich auf S. 52 der zehnten erweiterten Auflage, 1920. Zu bemerken ist, daß die Theorie Newtons fortbesteht als Grenzfall der Einsteinschen Gravitationstheorie. (Das wird besonders deutlich, wenn die Theorie Newtons als »allgemein relativistisch« oder »kovariant« formuliert und dabei die Lichtgeschwindigkeit als unendlich gesetzt wird ($c = \infty$). Das zeigt Peter Havas in: »Four-Dimensional Formulations of Newtonian Mechanics and Their Relation to the Special and the General Theory of Relativity«, *Reviews of Modern Physics*, **36** (1964), S. 938–965.)

33 Albert Einstein, *Über die spezielle und die allgemeine Relativitätstheorie*, zehnte erweiterte Auflage, 1920, S. 91.

34 *L. d. F.* [1934(b)], S. 13; [1966(e)] und spätere Auflagen, S. 15; und *L. Sc. D.*, [1959(a)] und spätere Auflagen, S. 41; siehe Anm. 15 in Abschnitt 7 oben.

35 Vgl. Hans Albert, *Marktsoziologie und Entscheidungslogik* (Neuwied und Berlin: Hermann Luchterhand Verlag, 1967); siehe insbesondere S. 149, 227 f., 309, 341 f. Mein sehr umständlicher Ausdruck, den Albert durch »Immunisierung gegen Kritik« ersetzte, war »conventionalist stratagem«. (Zusatz bei der Korrektur.) Inzwischen wies mich David Miller hin auf die Anm. 1 auf S. 560 von Arthur Pap, »Reduction Sentences and Disposition Concepts«, in *The Philosophy of Rudolf Carnap*, hg. von Paul Arthur Schilpp (La Salle, Ill.: Open Court Publishing Co., 1963), S. 559–597, wo diese Verwendung von »Immunisierung« vorweggenommen ist.

36 Vgl. Kap. 1 meiner *C. & R.*, [1963(a)] und spätere Auflagen.

37 Eine weit ausführlichere Diskussion findet sich in den Abschnitten 2, 3 und 5 meiner *Replies*.

38 Siehe *C. & R.*, [1963(a)] und spätere Auflagen, Kap. 10, bes. den Anhang S. 248–250; Kap. 11, S. 275–277; Kap. 8, S. 193–200 (deutsch [1958(g)]); und Kap. 17, S. 346 (deutsch [1965(m)], S. 124 f.). Das Problem wurde erstmals von mir diskutiert in Abschn. 15 der *L. d. F.* [1934(b)], S. 33 f.; [1966(e)] und spätere Auflagen, S. 39–41; *L. Sc. D.*, [1959(a)] und spätere Auflagen, S. 69 ff. Eine recht ausführliche Diskussion bestimmter metaphysischer Theorien (vor allem des metaphysischen Determinismus und Indeterminismus) findet man in meinem Aufsatz »Indeterminism in Quantum Physics and in Classical Physics« [1950(b)]; siehe bes. S. 121–123.

39 Siehe S. 37 ff. von *C. & R.*, [1963(a)] und spätere Auflagen.

40 Siehe [1945(c)], S. 101 ff., deutsch [1958(i)] und spätere Auflagen, Bd. 2, S. 135 ff.

41 Siehe Imre Lakatos, »Changes in the Problem of Inductive Logic«, in *The Problem of Inductive Logic*, hg. von Imre Lakatos (Amsterdam: North-Holland Publishing Co., 1968), S. 315–417, bes. S. 317.

42 Eine systematische Zeitabhängigkeit, wie etwa beim Lernen von sinnlosen Silben, scheint nicht zu bestehen.

43 Vgl. C. Lloyd Morgan, *Introduction to Comparative Psychology* (London: Scott, 1894), und H. S. Jennings, *The Behaviour of the Lower Organisms* (New York: Columbia University Press, 1906); deutsch: *Das Verhalten der niedrigeren Organismen* (Leipzig: B. G. Teubner, 1910).

44 Meine Ansicht über die Gewohnheitsbildung kann illustriert werden durch einen Bericht über die Graugans Martina in Konrad Lorenz, *Das sogenannte Böse* (Wien: Borotha-Schoeler Verlag, 1963). Martina erwarb die Gewohnheit, einen bestimmten Umweg zu einem Fenster hin zu machen, bevor sie die Treppe zum oberen Stockwerk des Lorenzschen Hauses hinaufstieg. Diese Gewohnheit entstand (*ibid.*, S. 110 f.) aus einer typischen Fluchtreaktion zum Licht (zum Fenster) hin. Zwar »wiederholte sich« die erste Reaktion, doch »der gewohnheitsmäßige Umweg ... wurde immer kürzer«. Es war also nicht die Wiederholung, die diese Gewohnheit schuf; und in diesem Fall tendierte die Wiederholung sogar dazu, die Gewohnheit allmählich verschwinden zu lassen. (Möglicherweise lag hier so etwas wie ein Ansatz zu einer kritischen Phase vor.) Nebenbei bemerkt, scheinen viele beiläufige Äußerungen von Lorenz meine Auffassung zu stützen, daß Wissenschaftler sich der kritischen Methode bedienen – der Methode von Vermutungen und versuchten Widerlegungen. Er schreibt zum Beispiel (*ibid.*, S. 19): »Überhaupt ist es für den Forscher ein guter Morgensport, täglich vor dem Frühstück eine Lieblingshypothese einzustampfen ...« Doch trotz dieser Einsicht scheint er noch immer vom Induktivismus beeinflußt zu sein (siehe zum

Beispiel *ibid.*, S. 119): »Vielleicht aber ist eine Reihe unzähliger Wiederholungen ... nötig gewesen«; wegen einer weiteren Passage mit eindeutig methodologischer Absicht siehe Konrad Lorenz, *Über tierisches und menschliches Verhalten* [München: R. Piper & Co., 1965], Bd. I, S. 388.) Er scheint sich nicht immer im klaren darüber zu sein, daß in der Wissenschaft »Wiederholungen« von Beobachtungen nicht induktive Bestätigungen, sondern kritische Versuche sind, sich selbst zu überprüfen – sich bei einem Fehler zu ertappen. Siehe auch unten, Anm. 95 zu Abschnitt 15, und Text.

45 Nach *The Oxford English Dictionary* entstammt die Wendung »rule of trial and error« (Regel von Versuch und Irrtum) der Arithmetik (siehe TRIAL 4). Man beachte, daß weder Lloyd Morgan noch Jennings den Ausdruck im Sinne von zufälligen Versuchen verwendeten. (Der Gebrauch im letzteren Sinne scheint auf Edward Thorndike zurückzugehen.)

46 Das blinde Entnehmen von Kugeln aus einer Urne gewährleistet noch keine Regellosigkeit oder Zufall, wenn die Kugeln in der Urne nicht gut gemischt sind. Und Blindheit hinsichtlich der Lösung muß von Blindheit hinsichtlich des Problems unterschieden werden: Wir können uns wohl bewußt sein, daß unser Problem darin besteht, ein Spiel dadurch zu gewinnen, daß wir eine weiße Kugel ziehen.

47 David Katz, *Mensch und Tier* (Zürich: Morgarten-Verlag, 1948), S. 177.

47a Eine Ausnahme ist die Schule des Psychologen Otto Selz (der ein Opfer der Nationalsozialisten wurde) und seines bedeutenden Schülers Adriaan D. De Groot. (Siehe Anm. 305a.)

48 Jane Austen, *Emma* (London: John Murray, 1816), Bd. 3, Ende von Kap. 3 (bei einigen späteren Ausgaben Kap. 39). Vgl. S. 336 von R. W. Chapman, Hg., *The Novels of Jane Austen*, 3. Aufl. (Oxford: Oxford University Press, 1933), Bd. 4.

49 Zur Entwicklung von Spielen siehe Jean Piaget, *Le jugement moral chez l'enfant* (Paris: Alcan, 1932); deutsch: *Das moralische Urteil beim Kinde* (Frankfurt a. M.: Suhrkamp, 2. Aufl. 1976, stw 27), bes. S. 22 ff. zu den ersten zwei dogmatischen Stadien und S. 66 ff. zum kritischen »dritten Stadium«. Siehe ferner Jean Piaget, *La formation du symbole chez l'enfant* (Neuchâtel: Delachaux, 3. Aufl., 1964); deutsch: *Nachahmung, Spiel und Traum – Die Entwicklung der Symbolfunktion beim Kinde* (Stuttgart: Klett 1969). Ein Spiel, das auf der Schwierigkeit des Lernens durch Beobachtung basiert, ist (in Österreich) »Lirum-Larum Löffelstiel«.

50 Eine ähnliche Auffassung findet man bei Sören Kierkegaard, *Gesammelte Werke*, 5. und 6. Abteilung, *Die Wiederholung* (Düsseldorf: Eugen Diederichs Verlag, 1955), vgl. zum Beispiel S. 48 f. Siehe *L. d. F.* [1969(e)], neuer Anhang *X.

51 Joseph Church, *Language and the Discovery of Reality* (New York: Random House, 1961), S. 36.

52 *Ibidem.*

53 Dies scheint die nächstliegende Erklärung für den tragischen Fall eines angeblichen Plagiats zu sein, der sich ereignete, als Helen Keller noch ein Kind war, ein Fall, der sie sehr beeindruckte und ihr möglicherweise geholfen hat, zwischen den verschiedenen Arten von Mitteilung zu unterscheiden, die in ein und demselben Code zu ihr gelangten.

54 W. H. Thorpe schreibt in einer Passage (auf die Arne Petersen mich hingewiesen hat) seines interessanten Buches *Learning and Instinct in Animals* (London: Methuen & Co., 1956), S. 122 (2., verb. Aufl., 1963, S. 135): »*Unter echter Nachahmung verstehe ich das Kopieren einer neuen oder sonst unwahrscheinlichen Handlung oder Äußerung oder einer Handlung, die offenbar auf keiner Instinktneigung beruht.*« (Im Original hervorgehoben.) *Aber Nachahmung ist nicht möglich ohne komplizierte Instinktneigungen zum Kopieren im allgemeinen und sogar zu der spezifischen Nachahmungshandlung im besonderen.* Ein Tonbandgerät kann nicht funktionieren ohne seine eingebaute (gleichsam angeborene) Fähigkeit, durch Nachahmung (Nachahmung von Schwingungen) zu lernen, und wenn wir ihm keinen Ersatz für das fehlende Bedürfnis oder den fehlenden Trieb, seine Fähigkeiten zu nutzen, verschaffen (etwa in Gestalt eines menschlichen Benutzers, der *wünscht*, daß das Gerät etwas aufnimmt *und* wiedergibt), dann wird es nicht nachahmen. Dies scheint also selbst für die *passivsten* Formen des Lernens durch Nachahmung zu gelten, die ich mir denken kann. Es ist natürlich vollkommen richtig, daß wir von Nachahmung nur dann sprechen sollten, wenn die nachzuahmende Handlung nicht schon aufgrund des Instinktes von Tier *A* ausgeführt wird, sondern erst dann, wenn sie zuvor von einem anderen Tier *B* in Gegenwart von *A* ausgeführt wurde. Es wird jedoch Fälle geben, in denen wir Anlaß zu der Vermutung haben, daß *A* die Handlung – vielleicht in einem etwas späteren Stadium – produziert haben *könnte*, ohne *B* nachzuahmen. Und sollten wir nicht von echter Nachahmung sprechen, wenn die Handlung von *B* bewirkte, daß das Tier *A* die Handlung (viel) früher ausführte, als es das andernfalls getan hätte?

55 *C. & R.* [1963(a)] und spätere Aufl., Kap. 1, bes. S. 42–52. Ich beziehe mich dort, auf S. 50, Anm. 16, auf einen Aufsatz, »Gewohnheit und Gesetzerlebnis«, den ich (in einem unvollendeten Zustand) 1927 vorlegte und in dem ich gegen Humes Idee argumentierte, daß die Gewohnheit lediglich das (passive) Ergebnis einer repetitiven Verknüpfung sei.

56 Hier besteht eine gewisse Ähnlichkeit mit Platons Erkenntnistheorie in *Menon* 80 D – 86 C, aber natürlich auch Verschiedenheit.

57 Ich glaube, dies ist der geeignete Ort, um für die Hilfe zu danken, die ich bei diesem ganzen Essay von meinen Freunden Ernst Gombrich und Bryan Magee erfahren habe. Für Ernst Gombrich war es wohl nicht so schwer, denn obwohl er nicht mit allem, was ich über Musik sage,

übereinstimmt, sympathisiert er doch zumindest mit meiner Einstellung. Bryan Magee ist aber ein leidenschaftlicher Gegner dieser Einstellung. Er ist ein Bewunderer Wagners, über den er ein glänzendes Buch geschrieben hat: *Aspects of Wagner* [London: Alan Ross, 1968; New York: Stein & Day, 1969]. Er und ich vertreten in diesem Punkt deshalb Auffassungen, die so entgegengesetzt wie nur möglich sind. Daß nach seiner Ansicht meine Abschnitte 13 und 14 weitverbreitete Fehlurteile enthalten und einige der Auffassungen, die ich angreife, Strohpuppen sind, ist hier von untergeordneter Bedeutung. Natürlich stimme ich dem nicht völlig zu; ich möchte hier aber hervorheben, daß unsere Meinungsverschiedenheit ihn nicht davon abgehalten hat, mir viel zu helfen, nicht nur bei dem restlichen Teil dieser autobiographischen Skizze, sondern auch bei diesen beiden Abschnitten, die Auffassungen enthalten, über die unsere Ansichten seit vielen Jahren ernstlich auseinandergehen.

58 Es ist lange her, seit ich diese Studien aufgab, und ich kann mich jetzt nicht mehr an die Einzelheiten erinnern. Es erscheint mir aber mehr als wahrscheinlich, daß auf der *Organum*-Stufe machmal in Parallelen gesungen wurde, und zwar in Quinten *und* Terzen (vom Baß aus gerechnet). Ich vermute, daß dies dem *Fauxbourdon*-Singen vorausging.

59 Siehe D. Perkin Walker, »Kepler's Celestial Music«, *Journal of the Warburg and Courtauld Institutes*, 30 (1967), 228–250. Ich bin Dr. Walker sehr zu Dank verpflichtet dafür, daß er mich auf die im Text zitierte Stelle aufmerksam gemacht hat. Sie stammt aus Kepler, *Gesammelte Werke*, hg. von Max Caspar (München 1940), Bd. 6, S. 328. Walker, »Kepler's Celestial Music«, S. 249 ff., zitiert die Stelle lateinisch und gibt auch eine englische Übersetzung. Die hier wiedergegebene freie Übersetzung stammt von mir. (Ich übersetze: *ut mirum amplius non sit* = kein Wunder ist schöner und erhabener; *ut luderet* = [daß er (auf der Bühne) spielt] = daß er spielend ein Bild hervorzaubert; *ut quadamtenus degusterat* = so daß er beinahe [schmeckt oder] kostet.) Im übrigen kann ich nicht der Auffassung zustimmen, daß Platons Harmonie der Sphären monodisch war und »nur aus Tonleitern (scales)« bestand (vgl. Walker, »Kepler's Celestial Music«, Anm. 3 und Text). Im Gegenteil, Platon legt größten Wert darauf, diese Interpretation seiner Worte zu vermeiden. (Siehe zum Beispiel Platons *Politeia* 617 B, wo jede der acht Sirenen eine einzige Melodie singt, derart, daß von allen acht zusammen »*ein* Wohllaut zusammenklang«. *Timaios* 35 B–36 B und 90 D müssen im Lichte dieser Stelle interpretiert werden. Relevant ist außerdem Aristoteles, *De sensu* VII, 448a 20 ff., wo die Ansichten von »Schriftstellern, die über Harmonie schreiben«, untersucht werden, die »sagen, daß die Klänge nicht gleichzeitig ankommen, sondern nur gleichzeitig anzukommen *scheinen*«.) Über das Singen in Oktaven siehe auch Aristoteles' *Probleme* 918 b 40, 919 b 33–35 (»Mischung«; »Konsonanz«) und 921 a 8–31. (Siehe insbesondere

921 a 27 f.; und vergleiche auch die Harmonie der Sphären in *De caelo* 290 b 12–24 und in Platons *Politeia* 617 B.)

60 Auf diese Geschichte habe ich angespielt in Kap. 1 von *C. & R.*, [1963(a)] und spätere Auflagen, Ende von Abschnitt vi, S. 50.

61 Erst Jahre später begriff ich, daß Kant bei der Frage »Wie ist Wissenschaft möglich?« an Newtons Theorie dachte (erweitert durch seine eigene interessante Form des Atomismus, die dem Atomismus von Boscovich ähnelte); vgl. *C. & R.*, Kap 2, 7 (deutsch [1957(k)], S. 9–19) und 8 (deutsch [1958(g)]), sowie meinen Aufsatz »Philosophy and Physics« [1961(h)].

62 Für diese Unterscheidung (und auch einer noch feineren) siehe *C. & R.* [1963(a)], Kap. 1, Abschnitt v, S. 47 ff.

63 Albert Schweitzer, *J. S. Bach* (Leipzig: Breitkopf und Härtel, 1908); erstmals auf französisch veröffentlicht 1905; 7. Aufl., 1929; Bd. 1, S. 1. Schweitzer verwendet den Ausdruck »objektiv« für Bach und »subjektiv« für Wagner. Ich würde ihm zustimmen, daß Wagner noch weit »subjektiver« ist als Beethoven. Doch sollte ich hier vielleicht sagen, daß ich, obwohl ich Schweitzers Buch (besonders seine exzellenten Bemerkungen über die Phrasierung von Bachs Themen) sehr bewundere, ganz und gar nicht seiner Auffassung zustimmen kann, daß der Unterschied zwischen »objektiven« und »subjektiven« Komponisten durch das Verhältnis des jeweiligen Komponisten zu seiner »Zeit« oder seinem Zeitalter begründet ist. Es scheint mir fast sicher zu sein, daß Schweitzer hierin von Hegel beeinflußt ist, dessen Wertschätzung für Bach ihn beeindruckte. (Siehe *ibid.*, S. 225 f. und Anm. 56 auf S. 230. Auf S. 225 berichtet Schweitzer über einen Hegel betreffenden Vorfall aus den Erinnerungen von Therese Devrient, der für diesen nicht sonderlich schmeichelhaft ist.)

64 Die erste Arbeit [1968(s)] war ein Vortrag, der 1967 gehalten und in *Logic, Methodology and Philosophy of Science*, Bd. **3**, S. 333–373, zuerst veröffentlicht wurde; die zweite [1968(r)] wurde zuerst veröffentlicht in *Akten des XIV. Internationalen Kongresses für Philosophie*, Wien: 2. bis 9. September 1968, Bd. **1**, S. 25–53. Diese beiden Arbeiten finden sich auch in Kap. 3 und 4 von [1972(a)]; deutsch [1973(i)]. Die dritte, im Text zitierte Arbeit [1967(k)] ist enthalten in *Quantum Theory and Reality*. Siehe auch meine *L. d. F.*, Abschnitte 29 und 30 [1934(b)], S. 60–67; [1966(e)] und spätere Auflagen, S. 69–76; meine *C. & R.* [1963(a)], bes. S. 224–231; und meine Abhandlung »A Realist View of Logic, Physics, and History« [1970(1)] in *Physics, Logic and History*, jetzt Kap. 8 von [1872(a)]; deutsch [1973(i)].

65 Siehe meine *O. S.*, Bd. I [1945(b)], S. 26, 96; Bd. II [1945(c)], S. 12 f.; deutsch: *O. G.*, Bd. 1 [1957(k)], S. 60 f., Bd. 2 [1958(i)], S. 20–31.

65a (Zusatz 1975.) Das gilt auch für expressionistische oder emotive Theorien der Moral und der moralischen Urteile.

66 Siehe auch den letzten Abschnitt meiner Abhandlung »Epistemology

Without a Knowing Subject« [1968(s)], S. 369–371; [1972(a)], S. 146–150; deutsch [1973(i)], S. 166–169.

67 Zitiert von Schweitzer, *J. S. Bach*, S. 153.

68 Arthur Schopenhauer, *Die Welt als Wille und Vorstellung*, Bd. II (1844), Kap. 39; das zweite Zitat stammt aus Bd. I (1818 [1819]), § 52. Man beachte, daß das deutsche Wort »Vorstellung« nichts als eine deutsche Übersetzung von »idea« im Sinne von John Locke ist.

69 Schweitzer, *J. S. Bach*, S. 304.

70 Platon, *Ion*; vgl. bes. 533 D–536 D.

71 *Ibid.*, 534 E.

72 Platon, *Ion* 535 E; vgl. auch 535 C.

73 Siehe auch meine Abhandlung »Self-Reference and Meaning in Ordinary Language« [1954(c)], die jetzt Kap. 14 von *C. & R.* [1963(a)] bildet; und den Text zu Anm. 163 meiner *Replies* in P. A. Schilpp, Hg., *The Philosophy of Karl Popper* (La Salle: Open Court, 1974). Argumente, aus denen angeblich hervorgeht, daß Scherze unmöglich seien, die sich auf sich selbst beziehen, findet man bei Gilbert Ryle, *The Concept of Mind* (London: Hutchinson, 1949), z. B. auf S. 193–196 (deutsch: *Der Begriff des Geistes*, Stuttgart 1969, S. 260–266). Ions Bemerkung ist (oder impliziert) nach meiner Ansicht »eine Kritik ihrer selbst«, die nach Ryle, S. 196 (deutsch: S. 265) nicht möglich sein sollte.

74 Platon, *Ion* 541 E – 542 B.

75 Siehe meine *O. S.*, [1945(b) und (c)], deutsch *O. G.* [1957(k)] und [1958(i)] und spätere Auflagen, Anm. 40 und 41 zu Kap. 4 von Bd. 1 und Text.

76 Ernst Gombrich verwies mich auf »Willst du mich zum Weinen bringen, mußt leiden du lernen, vor allen Dingen.« (Horaz, *Ad Pisones*, 103 f.). Es ist aber durchaus möglich, daß Horaz nicht eine expressionistische Auffassung formulieren wollte, sondern die Auffassung, daß nur der Künstler, der zuvor gelitten hat, imstande ist, die Wirkung seines Tuns kritisch zu beurteilen. Ich halte es für wahrscheinlich, daß Horaz sich des Unterschieds zwischen diesen beiden Interpretationen nicht bewußt war.

77 Platon, *Ion* 541 E f.

78 Für einen großen Teil dieses Absatzes und kritische Hinweise zu den vorhergehenden Absätzen bin ich meinem Freund Ernst Gombrich zu Dank verpflichtet.

Man wird erkennen, daß die säkularisierten Platonischen Theorien (vom Kunstwerk als subjektivem Ausdruck, als Kommunikation und als objektive Beschreibung) Karl Bühlers drei Funktionen der Sprache entsprechen; vgl. mein [1963(a)], S. 134 f. und 295, sowie Abschnitt 15.

79 Siehe E. H. Gombrich, *Art and Illusion* (London: Phaidon Press; New York: Pantheon Books, 1960; letzte Aufl. 1972), *passim.*

80 Man wird in meiner Haltung zur Musik eine gewisse Ähnlichkeit zu den Theorien von Eduard Hanslick feststellen, einem einflußreichen Wiener

Musikkritiker (von Wagner als Beckmesser karikiert), der ein Buch gegen Wagner schrieb (*Vom Musikalisch-Schönen* [Leipzig: R. Weigel, 1854]). Aber ich teile nicht Hanslicks ablehnendes Urteil über Bruckner, der, obwohl er Wagner verehrte, auf seine Weise ein ebenso aufrichtiger Komponist war wie Beethoven (den man jetzt manchmal zu Unrecht der Unredlichkeit beschuldigt). Eine amüsante Tatsache ist, daß Wagner stark von Schopenhauer – von *Die Welt als Wille und Vorstellung* – beeindruckt war und daß Schopenhauer in den *Parerga*, Bd. II, § 220 (zuerst veröffentlicht 1851, als Wagner an der Musik zum *Ring* zu arbeiten begann), schrieb: »Ja, man kann sagen, die Oper sei zu einem Verderb der Musik geworden.« (Er meinte natürlich die neuere Oper, obwohl seine Argumente sehr allgemein klingen – tatsächlich viel zu allgemein.)

80a Siehe den Text zwischen den Anmerkungen 47 und 48 in Abschnitt 10.

81 Friedrich Nietzsche, *Der Fall Wagner* (Leipzig: C. G. Naumann, 1888) und *Nietzsche contra Wagner* (Leipzig: C. G. Naumann, 1889).

82 Arthur Schopenhauer, *Parerga*, Bd. II, § 220.

83 Karl Bühler, *Die geistige Entwicklung des Kindes* (Jena: Fischer, 1918; 3. Aufl., 1922). Zu den Funktionen der Sprache siehe auch seine *Sprachtheorie* (Jena: Fischer, 1934), bes. S. 24–33.

84 Vielleicht ist hier ein Wort über Aristoteles' hygienische Theorie der Kunst angebracht. Gewiß hat die Kunst eine biologische oder psychologische Funktion wie die Katharsis; ich leugne nicht, daß große Musik in einem gewissen Sinne unseren Geist läutern kann. Aber läßt sich die Größe eines Kunstwerks in der Tatsache zusammenfassen, daß sie uns gründlicher reinigt als ein geringeres Werk? Ich glaube, das hätte nicht einmal Aristoteles gesagt.

85 Vgl. *C. & R.*, S. 134 f., 295; *Of Clouds and Clocks* [1966(f)], jetzt Kap. 6 von [1972(a)], deutsch [1973(i)], Abschnitt 14–17 und Anm. 47; »Epistemology Without a Knowing Subject« [1968(s)], bes. Abschnitt 4, S. 345 ff. ([1972(a)], Kap. 3, S. 119–122; deutsch [1973(i)], S. 137–140). Siehe auch oben, Anm. 78.

86 Leonard Nelson war eine hervorragende Persönlichkeit, einer aus der kleinen Gruppe der Kantianer in Deutschland, die gegen den Ersten Weltkrieg Stellung genommen hatten und die die kantianische Tradition der Rationalität hochhielten.

87 Siehe meinen Aufsatz »Julius Kraft« [1962(g)].

88 Siehe Leonard Nelson, »Die Unmöglichkeit der Erkenntnistheorie«, *Proceedings of the IVth International Congress of Philosophy, Bologna: 5th to 11th April 1911* (Genua: Formiggini, 1912), Bd. 1, S. 255–275; siehe auch L. Nelson, *Über das sogenannte Erkenntnisproblem* (Göttingen: Vandenhoeck & Ruprecht, 1908).

89 Siehe Heinrich Gomperz, *Weltanschauungslehre* (Jena und Leipzig: Diederichs, 1905 und 1908), Bd. I und Bd. II, Teil 1. Gomperz erzählte

mir, er habe den zweiten Teil des zweiten Bandes beendet, habe aber beschlossen, ihn nicht zu veröffentlichen und seine Pläne für die weiteren Bände aufzugeben. Die beiden veröffentlichten Bände waren in Planung und Durchführung von außerordentlicher Größe, und ich kenne den Grund nicht, warum Gomperz die Arbeit daran einstellte, ungefähr achtzehn Jahre, bevor ich ihm begegnete. Es muß offensichtlich ein tragisches Erlebnis gewesen sein. In einem seiner späteren Bücher, *Über Sinn und Sinngebilde – Verstehen und Erklären* (Tübingen: Mohr, 1929), verweist er auf seine frühere Theorie der Gefühle, bes. auf S. 206 f. Zu seiner psychologistischen Betrachtungsweise – die er »Pathempirismus« nannte und die die Rolle der Gefühle in der Erkenntnis betonte – siehe insbesondere *Weltanschauungslehre*, Abschnitt 55–59 (Bd. II, S. 220–293). Vgl. auch die Abschnitte 36–39 (Bd. I, S. 305–394).

90 Karl Bühler, »Tatsachen und Probleme zu einer Psychologie der Denkvorgänge«, *Archiv für die gesamte Psychologie*, **9** (1907), 297–365; **12** (1908), 1–23, 24–92, 93–123.

91 Otto Selz, *Über die Gesetze des geordneten Denkverlaufs* (Stuttgart: W. Spemann, 1913), Bd. I; (Bonn: F. Cohen, 1922), Bd. II.

92 Oswald Külpe, *Vorlesungen über Logik*, hg. von Otto Selz (Leipzig: S. Hirzel, 1923).

93 Einen ähnlichen Fehler kann man sogar in *Principia Mathematica* finden, da Russell manchmal nicht zwischen einem Schluß (logische Implikation) und einem Konditionalsatz (materiale Implikation) unterschied. Das hat mich jahrelang verwirrt. Doch der springende Punkt – daß ein Schluß eine geordnete Menge von Sätzen sei – war mir 1928 so weit klar, daß ich ihn gegenüber Bühler in meiner (öffentlichen) Doktorprüfung erwähnte. Bühler war so liebenswürdig zuzugeben, daß er diesen Punkt nicht beachtet habe.

94 Siehe *C. & R.* [1963(a)], S. 134 f.

95 Ich finde jetzt ein ähnliches Argument bei Konrad Lorenz: »... Veränderbarkeit kommt ... nur an jenen ... Stellen vor, wo angeborene Lernmechanismen phylogenetisch programmiert sind, gerade diese Funktion zu erfüllen.« (Siehe Konrad Lorenz, *Evolution and Modification of Behaviour* [London: Methuen & Co., 1966], S. 47.) Er scheint daraus aber nicht den Schluß zu ziehen, daß die Theorien der Reflexologie und des bedingten Reflexes ungültig sind: siehe insbesondere *ibid.*, S. 66. Siehe auch Abschnitt 10 oben, bes. Anm. 44. Man kann den Hauptunterschied zwischen der Assoziationspsychologie oder der Theorie des bedingten Reflexes auf der einen und dem Erkennen durch Versuch und Irrtum auf der anderen Seite derart formulieren, daß man sagt, die erstere sei im wesentlichen lamarckistisch (oder »instruktiv«) und die letztere darwinistisch (oder »selektiv«). Siehe jetzt z. B. die Untersuchungen von Melvin Cohn, »Reflections on a Discussion with Karl Popper: The Molecular

Biology of Expectation«, *Bulletin of the All-India Institute of Medical Sciences*, **1** (1967), 8–16, und spätere Arbeiten dieses Autors. Zum Darwinismus siehe Abschnitt 37.

96 W. von Bechterew, *Objektive Psychologie oder Psychoreflexologie* (ursprünglich veröffentlicht 1907–1912), Leipzig und Berlin: Teubner, 1913, und *Allgemeine Grundlagen der Reflexologie des Menschen* (ursprünglich veröffentlicht 1917), Leipzig und Wien: F. Deuticke, 1926.

97 Der Titel meiner (unveröffentlichten) Dissertation war »Zur Methodenfrage der Denkpsychologie« [1928(a)].

97a Im Jahre 1978, also 50 Jahre nach meiner Promotion, erneuerte die Universität Wien mein Doktorat der Philosophie; sie verlieh mir außerdem ein Ehrendoktorat (Doctor rerum naturalium h. c.).

98 Vgl. mit diesem Absatz einige meiner Bemerkungen gegen Reichenbach auf einer Konferenz im Jahre 1934 ([1935(a)] wieder abgedruckt in [1966(e)], [1969(e)], S. 257): »Wissenschaftliche Hypothesen können niemals ›gerechtfertigt‹ [oder] ›verifiziert‹ werden. Dennoch kann eine Hypothese *A* . . . mehr leisten als eine Hypothese *B* . . . Was wir von einer Hypothese im besten Fall sagen können, ist, daß sie (zwar grundsätzlich niemals gerechtfertigt, verifiziert oder auch nur als wahrscheinlich erwiesen werden kann, jedoch) . . . bis heute . . . mehr leistet als andere vorliegende Hypothesen.« Siehe auch das Ende von Abschnitt 20 (Text zu Anm. 156–158), und Anm. 243 in Abschnitt 33 unten.

99 Rudolf Carnap, *Der logische Aufbau der Welt*, und *Scheinprobleme in der Philosophie – Das Fremdpsychische und der Realismusstreit*, beide zuerst veröffentlicht in Berlin: Weltkreis-Verlag, 1928; Neuauflage (beide Bücher in einem Band) Hamburg: Felix Meiner, 1961.

100 Victor Kraft, *Die Grundformen der wissenschaftlichen Methoden* (Wien: Akademie der Wissenschaften, 1925; 2., neubearb. Auflage 1973).

101 Siehe S. 641 von Herbert Feigls reizvollem und sehr informativem Essay »The Wiener Kreis in America«, in *Perspectives in American History* (The Charles Warren Center for Studies in American History, Harvard University, 1968), Bd. **2**, S. 630–673, und ferner Anm. 106 unten. [Auf Befragen deutet Feigl an, daß Zilsel vielleicht ein Mitglied wurde, nachdem er – Feigl – in die Vereinigten Staaten ausgewandert war.]

102 Herbert Feigl sagt (*ibid.*, S. 642), es müsse 1929 gewesen sein, und sicher hat er recht.

103 Bis zu meiner Begegnung mit Feigl – und noch vier weitere Jahre danach – erschienen von mir nur Aufsätze über Erziehungsfragen. Mit Ausnahme des ersten [1925(a)] (veröffentlicht in der pädogogischen Zeitschrift *Schulreform*), entstanden sie alle [1927(a)], [1931(a)], [1932(a)] auf Veranlassung von Dr. Eduard Burger, dem Herausgeber der pädagogischen Zeitschrift *Die Quelle*.

104 Feigl erwähnt die Begegnung in »The Wiener Kreis in America«. Den

Eröffnungszug unserer Diskussion habe ich kurz geschildert in *C. & R.* [1963(a)], S. 262 f.; siehe Anm. 27 auf S. 263. Siehe auch »A Theorem on Truth-Content« [1966(g)], meinen Beitrag zur Feigl-*Festschrift*.

105 Während jenes ersten langen Gesprächs war Feigl gegen meinen Realismus. (Er war damals für einen sogenannten »neutralen Monismus«, den ich als einen Berkeleyschen Idealismus betrachtete; das ist noch immer meine Ansicht.) Ich bin froh bei dem Gedanken, daß auch Feigl ein Realist wurde.

106 Feigl schreibt, »The Wiener Kreis in America«, S. 641, daß sowohl Edgar Zilsel als auch ich uns bemüht hätten, unsere Unabhängigkeit zu wahren, »indem sie sich außerhalb des Kreises hielten«. Tatsache ist aber, daß ich mich sehr geehrt gefühlt hätte, wenn man mich eingeladen hätte, und es wäre mir nie in den Sinn gekommen, daß die Mitgliedschaft in Schlicks Seminar meine Unabhängigkeit auch nur im geringsten gefährden könnte. (Mir war übrigens, bevor ich diese Stelle bei Feigl las, nicht klar, daß Zilsel kein Mitglied des Kreises war; Victor Kraft erwähnt ihn als Mitglied in seinem Buch *Der Wiener Kreis* [Wien: Springer-Verlag, 1950], S. 2. Siehe auch Anm. 101 oben.)

107 Siehe meine auf S. 44 des Aufsatzes »Quantum Mechanics Without ›The Observer‹« [1967(k)] aufgeführten Veröffentlichungen.

108 Das Manuskript des ersten Bandes und Teile des Manuskripts jener Fassung von *L. d. F.*, die von meinem Onkel gekürzt wurde, existieren noch. Das Manuskript des zweiten Bandes, mit der möglichen Ausnahme von ein paar Abschnitten, scheint verlorengegangen zu sein. (Zusatz 1976:) Das Manuskript, soweit es noch existiert, wird von Troels Eggers Hansen unter dem Titel *Die beiden Grundprobleme der Erkenntnistheorie* bei J. C. B. Mohr in Tübingen herausgegeben.

109 Siehe insbesondere jetzt [1971(i)], mit geringfügigen Veränderungen wieder abgedruckt als Kap. 1 von [1972(a)] (deutsch [1973(i)]), und außerdem Abschnitt 13 meiner *Replies*.

109a Siehe Abschnitte 13 und 14 meiner *Replies*.

110 Siehe John Passmores Artikel »Logical Positivism« in *Encyclopedia of Philosophy*, hg. von Paul Edwards, Bd. V, S. 56 (siehe Anm. 7 oben).

111 Dieser Brief [1933(a)] wurde zuerst veröffentlicht in *Erkenntnis*, **3**, (1932/33), 426 f. Er ist wiederveröffentlicht in Übersetzung in meiner *L. Sc. D.*, [1959(a)] und spätere Auflagen, S. 312–314, und in seiner Originalsprache in der zweiten und in späteren Auflagen von *L. d. F.* [1966(e)], [1969(e)] etc., S. 254–256.

112 J. R. Weinberg, *An Examination of Logical Positivism* (London: Kegan Paul, Trench, Trubner & Co., 1936).

113 Wegen einer weit ausführlicheren Diskussion dieser Legende siehe die Abschnitte 2 und 3 meiner *Replies*.

113a (Zusatz 1975). Ich vermute, daß diese Bemerkung ein Echo war auf John

Laird, *Recent Philosophy* (London: Thornton Butterworth, 1936), der mich als »ein Kritiker, obwohl zugleich ein Verbündeter« des Wiener Kreises bezeichnet (siehe S. 187, ferner S. 187–190).

114 Vgl. Arne Naess, *Moderne filosofer* (Stockholm: Almqvist & Wiksell/Gebers Förlag AB, 1965); englische Übersetzung als *Four Modern Philosophers* (Chicago und London: University of Chicago Press, 1968). Naess schreibt in Anm. 13 auf S. 13 f. der Übersetzung: »Ich habe ganz ähnliche Erfahrungen gemacht wie Popper . . . Die Polemik [in einem unveröffentlichten Buch von Naess] . . . verfaßt . . . zwischen 1937 und 1939, *sollte* sich gegen *fundamentale* Thesen und Tendenzen im Kreis richten, wurde aber von Neurath als ein Vorschlag aufgefaßt, Änderungen vorzunehmen, die im Prinzip schon akzeptiert waren und in bevorstehenden Veröffentlichungen bekanntgemacht werden sollten. Nachdem man mir das versichert hatte, gab ich meine Absichten, das Werk zu publizieren, auf.«

114a Zu den Auswirkungen all dieser Diskussionen siehe Anm. 115–120.

114b Ich kann mich nicht mehr erinnern, von wem ich eine Einladung zur »Prager Vorkonferenz für die Einheit der Wissenschaft« (1934) erhielt, die vom Kreis um die Zeitschrift *Erkenntnis* – also hauptsächlich vom Wiener Kreis – organisiert war. Vielleicht war es Philipp Frank. Woran ich mich vor allem erinnere, ist der Vortrag Tarskis über Definierbarkeit (*Erkenntnis* **5**, S. 80–100; später englisch als Chapter X in seinem Sammelband *Logic, Semantics, Metamathematics*, Oxford University Press, 1956 erschienen). Tarski sprach mich an (in welchem Zusammenhang kann ich mich nicht mehr erinnern), und ich zeigte ihm den Umbruch der *Logik der Forschung*. Als er hörte, daß es ein Buch gegen die Induktion war, machte er mich mit Janina Hosiasson-Lindenbaum bekannt, die den Umbruch meines Buches näher ansah und mit der ich einige längere Gespräche hatte. Sie konnte kaum glauben, daß jemand ernstlich gegen die Induktion argumentierte. Mit Reichenbach, der mich schon früher in *Erkenntnis* **3**, 1932/33, S. 427 f., angegriffen hatte, kam es zu einem richtigen Zusammenstoß. (Siehe *Erkenntnis*, **5**, 1935, S. 170 ff.) Von Tarskis Wahrheitsbegriff hörte ich damals nichts; den erklärte mir Tarski erst später in Wien. (Siehe Abschnitt 20, unten.) Die *Logik der Forschung* kam etwa acht Wochen nach der Prager Vorkonferenz heraus.

114c Siehe Rudolf Carnap, *Der logische Aufbau der Welt*, Berlin-Schlachtensee: Weltkreis Verlag, 1928; 2. und 3. Auflage Hamburg: Meiner, 1961 und 1966. Die drei letzten Absätze des Vorworts zur ersten Auflage finden sich in der 1. Auflage auf den Seiten IV und V, in der 2. und 3. Auflage auf Seite XIX. Die hier im Text weiter unten zitierten Stellen sind alle in diesen drei letzten Absätzen des Vorworts zur 1. Auflage zu finden.

115 Vgl. *C. & R.* [1963(a)], S. 253 f.

116 Rudolf Carnap, »Über Protokollsätze«, *Erkenntnis*, **3** (1932/33), 215–228, siehe bes. 223–228.

117 Vgl. Rudolf Carnap, *Philosophy and Logical Syntax*, Psyche Miniatures (London: Kegan Paul, 1935), S. 10–13. Das entspricht: *Erkenntnis*, **3** (1932/33), 224 ff. Carnap spricht hier (1935) des öfteren von »Verifikation«, während er vorher (in *Erkenntnis*, **3**) zutreffend berichtete, daß ich von »Nachprüfung« gesprochen habe.

118 Vgl. C. G. Hempel, *Erkenntnis*, **5** (1935), bes. 249–254, wo Hempel (unter Verweis auf Carnaps Artikel »Über Protokollsätze«) mein Verfahren in ganz ähnlicher Weise wie zuvor Carnap beschreibt.

119 Rudolf Carnap, *Erkenntnis*, **5** (1935), 290–294 (mit einer Erwiderung auf Reichenbachs Kritik an *L. d. F.*). C. G. Hempel, *Deutsche Literaturzeitung*, **58** (1937), 309–314. (Es erschien außerdem eine weitere Rezension von Hempel.) Ich erwähne hier nur die wichtigeren Rezensionen und Kritiken von Mitgliedern des Kreises.

120 Hans Reichenbach, *Erkenntnis*, **5** (1935), 267–284 (mit einer Erwiderung auf Carnaps Rezension der *L. d. F.*, auf die Carnap seinerseits kurz antwortete). Otto Neurath, *Erkenntnis*, **5** (1935), 353–365.

121 Werner Heisenberg, »Über quantentheoretische Umdeutung kinematischer und mechanischer Beziehungen«, *Zeitschrift für Physik*, **33** (1925), 879–893; Max Born und Pascual Jordan, »Zur Quantenmechanik«, *ibid.*, **34** (1925), 858–888; Max Born, Werner Heisenberg und Pascual Jordan, »Zur Quantenmechanik II«, *ibid.*, **35** (1926), 557–615.

122 Wegen eines Berichts über die Auseinandersetzungen siehe Niels Bohr, »Discussion with Einstein on Epistemological Problems in Atomic Physics«, in *Albert Einstein: Philosopher-Scientist*, hg. von Paul Arthur Schilpp (Evanston, Ill.: Library of Living Philosophers, Inc., 1949); 3. Aufl. (La Salle, Ill.: Open Court Publishing Co., 1970), S. 201–241 (deutsch: *Albert Einstein als Philosoph und Naturforscher*, Stuttgart: Kohlhammer, 1955, S. 115–150). Siehe meine Kritik an Bohrs Thesen in dieser Auseinandersetzung in *L. Sc. D.* [1959(a)], neuer Anhang *XI, S. 444–456, *L. d. F.* [1966(e)] und [1969(e)], S. 399–411, und [1967(k)].

122a Siehe L. E. Ballentine, *Rev. mod. Phys.*, **42** (1970), 358–382, und K. V. Roberts, *Proc. R. Soc. Lond.*, A, **360** (1978), 135–160.

123 James L. Park und Henry Margenau, »Simultaneous Measurability in Quantum Theory«, *International Journal of Theoretical Physics*, **1** (1968), 211–283.

124 Siehe [1957(e)] und [1959(e)].

125 Siehe [1934(b)], S. 171 f., [1959(a)], S. 235 f., [1966(e)], S. 184 f.; [1967(k)], S. 34–38.

126 *Albert Einstein: Philosopher-Scientist*, S. 201–241 (Siehe Anm. 122 oben).

127 Siehe bes. [1957(i)], deutsch [1957(j)], jetzt Kap. 5 von *O. Kn.* [1972(a)]; deutsch [1973(i)]; [1967(k)]; und [1968(s)], jetzt Kap. 3 von [1972(a)], deutsch [1973(i)]. Dort ist auch – als Kap. 4 – [1968(r)] abgedruckt, wo dieses Thema ausführlicher behandelt wird.

128 Arthur March, *Die Grundlagen der Quantenmechanik* (Leipzig: Barth, 1931); vgl. das Register von [1934(b)], [1959(a)] oder [1966(e)].

129 Die hier aufgezählten Resultate sind teils späteren, teils früheren Datums. Bezüglich meiner jüngsten Auffassungen siehe meinen Beitrag zur Landé-*Festschrift*, »Particle Annihilation and the Argument of Einstein, Podolsky, and Rosen« [1971(n)].

130 Vgl. John von Neumann, *Mathematische Grundlagen der Quantenmechanik* (Berlin: Springer-Verlag, 1932), S. 170. Selbst wenn also von Neumanns Argument gültig wäre, würde es den Determinismus nicht widerlegen. Darüber hinaus stehen die von ihm angenommenen »Gesetzmäßigkeiten« (I und II auf S. 167; vgl. S. 118) im Widerspruch zu den Vertauschungsrelationen, wie zuerst gezeigt wurde von G. Temple, »The Fundamental Paradox of the Quantum Theory«, *Nature*, **135** (1935), 957. (Daß von Neumanns Gesetzmäßigkeiten im Widerspruch zur Quantenmechanik stehen, wurde zuerst von R. E. Peierls gezeigt, in: »The Fundamental Paradox of the Quantum Theory«, *Nature*, **136** (1935), 395. Siehe auch Park und Margenau, »Simultaneous Measurability in Quantum Theory« [siehe Anm. 123 oben]. John S. Bell's Aufsatz trägt den Titel »On the Problem of Hidden Variables in Quantum Mechanics«, *Reviews of Modern Physics*, **38** (1966), 447–452. Für die spätere Literatur siehe z. B. F. Selleri und G. Tarozzi in *Epistemological Letters*, October 1978, S. 1–21.

131 C. S. Peirce, *Collected Papers of Charles Sanders Peirce*, hg. von Charles Hartshorne und Paul Weiss (Cambridge, Mass.: Harvard University Press, 1935), Bd. 6, siehe Paragraph 6.47 (erstmals veröffentlicht 1892), S. 37.

132 Schrödinger zufolge machte Franz Exner den Vorschlag im Jahre 1918: siehe Erwin Schrödinger, *Science, Theory and Man* (New York: Dover Publications, 1957), S. 71, 133, 142 f. (ursprünglich veröffentlicht als *Science and the Human Temperament* [London: Allen und Unwin, 1935]; siehe S. 57 f., 107, 114); und *Die Naturwissenschaften*, **17** (1929), 732.

133 J. von Neumann, *Mathematische Grundlagen der Quantenmechanik*, S. 172: ». . . denn die scheinbare kausale Ordnung der Welt im großen (d. h. für mit freiem Auge wahrnehmbare Objekte) hat gewiß keine andere Ursache, als das ›Gesetz der großen Zahlen‹ – *ganz unabhängig davon, ob die die Elementarprozesse regelnden (d. h. die wirklichen) Naturgesetze kausal sind oder nicht*«. (Hervorhebung von mir; von Neumann bezieht sich auf Schrödinger.) Diese Situation steht selbstverständlich in keinem direkten Zusammenhang mit der Quantenmechanik.

134 Siehe auch mein [1934(b)], [1959(a)] und spätere Auflagen, Abschnitt 78 (und außerdem 67–70); [1950(b)] und (c)]; [1957(g)], Vorwort; [1957(e)], [1959(e)]; [1966(f)], bes. Abschnitt IV [1972(a)] (deutsch [1973(i)], Kap. 6); [1967(k)].

135 Diese Ansicht habe ich konsequent vertreten. Man kann sie, glaube ich, bei Richard von Mises finden.

136 Alfred Landé, »Determinism versus Continuity in Modern Science«, *Mind*, IV. S. **67** (1958), 174–181, und *From Dualism to Unity in Quantum Physics* (Cambridge: Cambridge University Press, 1960), S. 5–8. (Ich habe dieses Argument »Landés Klinge« genannt.) Zusatz 1978: Siehe jetzt auch die Abhandlung von John Watkins, »The Unity of Popper's Thought«, in *The Philosophy of Karl Popper*, hg. von Paul Arthur Schilpp, S. 371–412; deutsche Übersetzung von Gretl Albert in *Grundprobleme der großen Philosophen, Philosophie der Gegenwart* I, UTB, 1972; wiederabgedruckt in John W. N. Watkins, *Freiheit und Entscheidung* (Tübingen: J. C. B. Mohr, 1978), Kapitel IV.

137 Vgl. [1957(e)], [1959(e)] und [1967(k)].

138 Warum sollten Teilchen nicht Teilchen sein, zumindest in einer ersten Annäherung, die man vielleicht durch eine Feldtheorie erklären könnte? Der einzige mir bekannte Einwand hängt von der »Schmier«-Interpretation der Heisenbergschen Unbestimmtheitsformeln ab: Wenn die »Teilchen« immer »verschmiert« sind, sind sie keine realen Teilchen. Aber dieser Einwand ist wenig überzeugend; denn es gibt eine statistische Interpretation der Quantenmechanik.
(Nach dem obigen schrieb ich einen Beitrag zur Landé-Festschrift [1971(n)], auf den oben in Anm. 129 hingewiesen wurde. Und seitdem habe ich zwei hervorragende Schriften gelesen, die die statistische Interpretation der Quantenmechanik verteidigen: Edward Nelson, *Dynamical Theories of Brownian Motion* [Princeton: Princeton University Press, 1967], und L. E. Ballentine, »The Statistical Interpretation of Quantum Mechanics«, *Reviews of Modern Physics*, **42** [1970], 358–381. Es ist sehr ermutigend, wenn man nach einem einsamen Kampf von siebenunddreißig Jahren Unterstützung findet.)

139 Siehe bes. [1967(k)].

139a Dieser Satz wurde 1975 hinzugefügt.

140 W. Duane, »The Transfer in Quanta of Radiation Momentum to Matter«, *Proceedings of the National Academy of Sciences* (Washington), **9** (1923), 158–164. Die Regel kann folgendermaßen geschrieben werden:

$$\Delta p_x = nh/\Delta x \text{ (} n \text{ eine ganze Zahl).}$$

Siehe Werner Heisenberg, *The Physical Principles of the Quantum Theory* (New York: Dover, 1930), S. 77.

141 Landé, *Dualism to Unity in Quantum Physics*, S. 69, 102 (siehe Anm. 136 oben), und *New Foundations of Quantum Mechanics* (Cambridge: Cambridge University Press, 1965), S. 5–9.

142 Siehe bes. [1959(a)], [1966(e)], Neuer Anhang *XI; und [1967(k)].

143 Albert Einstein, »Zur Elektrodynamik bewegter Körper«, *Annalen der Physik*, 4. Folge, **17**, (1905), 891–921.

144 Einstein, *Über die spezielle und die allgemeine Relativitätstheorie* (Braunschweig: Vieweg & Sohn, 1916). (Siehe Anm. 32 und 33 oben.)

144a (Zusatz 1975). Diese positivistische und operationalistische Interpretation von Einsteins Definition der Gleichzeitigkeit wurde von mir zurückgewiesen in meiner *O. S.* [1945(c)], S. 18, und nachdrücklicher in [1957(h)] und spätere Aufl., S. 20. Vgl. *O. G.* [1958(i)], S. 28 f.

145 Siehe Einsteins Abhandlung von 1905, § 1 (siehe Anm. 143 oben).

146 Wenn man das sehr intuitive Transitivitätsprinzip *(Tr)* fälschlich auf Ereignisse anwendet, die sich nicht im gleichen Inertialsystem befinden, kann man leicht beweisen, daß zwei *beliebige* Ereignisse gleichzeitig sind. Dies widerspricht aber der axiomatischen Annahme, daß innerhalb eines Inertialsystems eine zeitliche Ordnung besteht; das heißt, daß für beliebige zwei Ereignisse innerhalb eines Inertialsystems *eine und nur eine* der drei folgenden Beziehungen gilt: *a* und *b* sind gleichzeitig; *a* kommt vor *b; b* kommt vor *a*. Dies wurde übersehen in einem Artikel von C. W. Rietdijk, »A Rigorous Proof of Determinism Derived from the Special Theory of Relativity«, *Philosophy of Science*, **33** (1966), 341–344.

147 Vgl. Marja Kokoszyńska, »Über den absoluten Wahrheitsbegriff und einige andere semantische Begriffe«, *Erkenntnis*, **6** (1936), 143–165; vgl. Carnap, *Introduction to Semantics*, S. 240, 255 (siehe Anm. 15 oben).

148 [1934(b)], Abschnitt 84, »Wahrheit und Bewährung«; vgl. Rudolf Carnap, »Wahrheit und Bewährung«, *Proceedings of the IVth International Congress for Scientific Philosophy*, Paris 1935 (Paris: Hermann, 1936), Bd. **4**, S. 18–23; eine Überarbeitung erschien englisch als »Truth and Confirmation«, in *Readings in Philosophical Analysis*, hg. von Herbert Feigl und Wilfrid Sellars (New York: Appleton-Century-Crofts, Inc., 1949), S. 119–127.

149 Viele Mitglieder des Kreises lehnten es zunächst ab, mit dem Wahrheitsbegriff zu arbeiten: vgl. Kokoszyńska, »Über den absoluten Wahrheitsbegriff« (siehe Anm. 147 oben).

149a (Zusatz 1975.) Siehe insbes. *L. Sc. D.* [1959(a)] und spätere Aufl., Punkte 4 bis 6 auf S. 396 ff. (= *L. d. F.* [1966(e)], Punkte 4 bis 6 auf S. 349 f.) Siehe auch den Text, weiter unten im gegenwärtigen Abschnitt 20, zu den Anmerkungen 156 bis 159.

150 Vgl. Anhang IV von [1934(b)] und [1966(e)]. Ein Beweis für die Gültigkeit dieser Konstruktion wurde nach dem Kriege von L. R. B. Elton und mir geliefert. (Es ist, fürchte ich, meine Schuld, daß unser Aufsatz nie veröffentlicht wurde.) In seiner Rezension von *L. Sc. D.* (*Mathematical Reviews* **21** [1960], Rezension 6318) erwähnt I. J. Good seinen Aufsatz »Normal Recurring Decimals«, *Journal of the London Mathematical Society*, **21** (1946), 167–169. Daß meine Konstruktion gültig ist, folgt unschwer – wie David Miller mir gezeigt hat – aus den Überlegungen dieses Aufsatzes.

151 Karl Menger, »The Formative Years of Abraham Wald and his Work in Geometry«, *The Annals of Mathematical Statistics*, **23** (1952), 14–20; siehe bes. S. 18.

152 Karl Menger, *ibid.*, S. 19.

153 Abraham Wald, »Die Widerspruchsfreiheit des Kollektivbegriffes der Wahrscheinlichkeitsrechnung«, *Ergebnisse eines mathematischen Kolloquiums*, **8** (1937), 38–72.

154 Jean Ville, der ungefähr zur selben Zeit wie Wald einen Vortrag in Mengers Kolloquium hielt, entwickelte jedoch eine Lösung, die meiner »idealen Zufallsfolge« ähnlich war: Er konstruierte eine mathematische Folge, die sich von Anfang an nach dem Bernoullischen Theorem, das heißt zufallsartig verhielt. (Es war eine etwas »längere« Folge als meine; mit anderen Worten, sie wurde nicht so rasch unempfindlich gegenüber der Vorgängeraussonderung wie meine.) Vgl. Jean A. Ville, *Étude critique de la notion de collectif, Monographies des probabilités; calcul des probabilités et ses applications*, hg. von Emile Borel (Paris: Gauthier-Villars, 1939).

155 Wegen der verschiedenen Interpretationen der Wahrscheinlichkeit siehe besonders [1934(b)], [1959(a)] und [1966(e)], Abschnitt 48; und [1967(k)], S. 28–34.

156 Siehe die Einführung vor Abschnitt 79 von [1934(b)], [1959(a)], [1966(e)].

157 Vgl. dies alles mit Anm. 243 zu Abschnitt 33 unten, und Text; siehe auch Abschnitt 16, Text zu Anm. 98.

158 Siehe [1959(a)], S. 401, Anm. 7; [1966(e)], S. 354.

159 Einiges von dieser Arbeit findet sich jetzt in den neuen Anhängen zu *L. Sc. D.*, [1959(a)]; *L. d. F.* [1966(e)] und spätere Auflagen.

160 Über das Leben im Ghetto habe ich nur zwei oder drei (sehr interessante) Bücher gelesen, bes. Leopold Infeld, *Quest. The Evolution of a Scientist* (London: Victor Gollancz, 1941).

161 Vgl. [1958(i)] und spätere Aufl., Kap. 8, Anm. 22; Kap. 9, Anm. 35–40 und Text, Kap. 10, Anm. 44 und Text.

162 Siehe John R. Gregg und F. T. C. Harris, Hg., *Form and Strategy in Science. Studies Dedicated to Joseph Henry Woodger* (Dordrecht: D. Reidel, 1964), S. 4.

163 Viele Jahre später erzählte mir Hayek, es sei Gottfried von Haberler (später in Harvard) gewesen, der ihn 1935 auf *L. d. F.* aufmerksam gemacht habe.

164 Vgl. Bertrand Russell, »The Limits of Empiricism«, *Proceedings of the Aristotelian Society*, **36** (1935/36), 131–150. Meine Bemerkungen hier spielen vor allem auf S. 146 ff. an.

165 Auf dem Kopenhagener Kongreß – einem Kongreß für wissenschaftliche Philosophie – zeigte ein charmanter Herr aus den USA großes Interesse an mir. Er sagte, er sei der Repräsentant der Rockefeller Foundation, und

überreichte mir seine Karte: »Warren Weaver, The European of the Rockefeller Foundation« (*sic*). Das sagte mir nichts; ich hatte von den Stiftungen und deren Tätigkeit nie etwas gehört. (Offenbar war ich sehr naiv.) Erst Jahre später wurde mir klar, daß diese Begegnung, wenn ich ihre Bedeutung verstanden hätte, dazu hätte führen können, daß ich nach Amerika statt nach Neuseeland gegangen wäre.

166 Meine Einleitung zu meinem ersten Seminar in Neuseeland wurde später veröffentlicht im *Mind* [1940(a)] und ist jetzt Kap. 15 von *C. & R.* [1963(a)] und spätere Aufl.; deutsch [1975(h)].

167 Vgl. [1938(a)]; [1966(e)], Anhang *II.

168 Vgl. H. von Halban, Jr., F. Joliot und L. Kowarski, »Liberation of Neutrons in the Nuclear Explosion of Uranium«, *Nature*, **143** [1939], 470 f.

169 Karl K. Darrow, »Nuclear Fission«, *Annual Report of the Board of Regents of the Smithsonian Institution* (Washington, D. C.: Government Printing Office, 1941), S. 155–159.

170 Siehe die historische Anmerkung in *The Poverty of Historicism* [1957(g)], S. IV; deutsche Ausgabe [1965(g)] und spätere Aufl., Vorwort, S. VII.

171 Dieser Zusammenhang wird kurz dargestellt in meinem Vortrag vor der British Academy [1960(d)], jetzt die Einleitung zu *C. & R.* [1963(a)]; deutsch [1975(v)]; siehe Abschnitte II und III.

172 Siehe *L. d. F.* [1934(b)], S. 227 f.; [1959(a)], S. 55, Anm. 3 zu Abschnitt 11; [1966(e)], S. 27; siehe ferner [1940(a)], S. 404, deutsch [1975(h)], S. 168 f., wo die Methode der Überprüfung als eine im wesentlichen kritische, das heißt nach Fehlern suchende Methode dargestellt wird.

173 Vollkommen unnötig verwendete ich des öfteren das häßliche Wort »rationalistisch« (wie in »rationalistische Einstellung«), wo »rational« besser und klarer gewesen wäre. Der (unzureichende) Grund dafür war, wie ich annehme, daß ich mit meinen Argumenten den »(kritischen) Rationalismus« verteidigen wollte.

174 Siehe *O. S.*, Bd. 2, [1945(c)] und spätere Aufl., Kap. 24 (Kap. 14 der deutschen Ausgabe [1958(i)]).

175 Adrienne Koch wählte den Titel »Kritischer Rationalismus« für eine Zusammenstellung von Exzerpten aus *O. S.* für ihr Buch *Philosophy for a Time of Crisis, An Interpretation with Key Writings by Fifteen Great Modern Thinkers* (New York: Dutton & Co., 1959) [1959(k)].

176 Hans Albert, »Der kritische Rationalismus Karl Raimund Poppers«, *Archiv für Rechts- und Sozialphilosophie*, **46** [1960], 391–415. Hans Albert, *Traktat über kritische Vernunft* (Tübingen: Mohr, 1968; und spätere Auflagen).

177 In der 4. Auflage von *O. S.* [1962(c)], [1963(l) und (m)] und in späteren Auflagen gibt es ein wichtiges *Addendum* zum 2. Bd.: »Facts, Standards, and Truth: A Further Criticism of Relativism« (S. 369–396) das, soweit

mir bekannt ist, allgemein übersehen wurde.

178 Mittlerweile betrachte ich die Analyse der kausalen Erklärung in Abschnitt 12 von *L. d. F.* (und deshalb auch die Bemerkungen in *Das Elend* und an anderen Stellen) als überholt durch eine Analyse, die auf meiner Propensitätsinterpretation der Wahrscheinlichkeit basiert [1957(e)], [1959(e)], [1967(k)]. Diese Interpretation, die meine Axiomatisierung des Wahrscheinlichkeitskalküls voraussetzt (siehe z. B. [1959(e)], S. 40; [1959(a)], [1966(e)], Anhänge *IV und *V), gestattet uns, die formale Redeweise fallenzulassen und die Dinge realistischer auszudrücken. Wir interpretieren

(1) $p(a, b) = r$

als: »Die Propensität des Sachverhalts *b* (oder der Bedingungen *b*) *a* hervorzubringen, ist gleich r.« (*r* ist eine reelle Zahl.) Ein Satz wie (1) kann eine Vermutung oder aus einer Vermutung ableitbar sein; z. B. eine Vermutung über Naturgesetze.

Danach können wir *a* als bedingt durch das Vorhandensein von *b* kausal erklären (in einem allgemeineren und schwächeren Sinn von »erklären«), auch wenn *r* nicht gleich 1 ist. Daß *b* eine klassische oder vollständige oder deterministische Ursache von *a* ist, läßt sich ausdrücken durch eine Vermutung wie

(2) für jedes x, $p(a, bx) = 1$

wobei »*x*« eine Variable ist, deren Bereich *alle* möglichen Sachverhalte umfaßt, einschließlich solcher, die mit *a* oder *b* unvereinbar sind. (Wir brauchen nicht einmal »unmögliche« Sachverhalte auszuschließen.) Dies macht die Vorteile einer Axiomatisierung wie der meinen deutlich, in der beide Argumente widerspruchsvoll sein dürfen.

Diese Behandlung des Problems ist offensichtlich eine Verallgemeinerung meiner Analyse der kausalen Erklärung. Sie gestattet uns außerdem, »*nomische Konditionalsätze*« verschiedener Typen – von Typ (1) mit $r < 1$, von Typ (1) mit $r = 1$ und von Typ (2) – zu formulieren. (Sie bietet somit eine Lösung für das sogenannte Problem der subjunktiven Konditionalsätze.) Sie gibt uns die Möglichkeit, Kneales Problem (siehe [1959(a)], [1966(e)], Anhang *X) der Unterscheidung zwischen *zufälligerweise* universalen Sätzen und naturnotwendigen oder physisch *notwendigen* Zusammenhängen, wie sie durch (2) ausgedrückt werden, zu lösen. Man beachte jedoch, daß es physisch nicht notwendige Zusammenhänge geben kann, die gleichwohl nicht zufällig sind, wie etwa (1) mit einem *r*, das nicht weit von eins entfernt ist. Siehe auch die Erwiderung auf Suppes in meinen *Replies*.

179 Siehe auch *The Poverty* [1957(g)], S. 125; deutsch, *Das Elend* [1965(g)], S. 95 f. Ich verweise hier auf J. S. Mill, *A System of Logic*, 8. Aufl., Buch 3, Kap. 12, Abschnitt 1.

180 Siehe Karl Hilferding, »Le fondement empirique de la science«, *Revue des*

questions scientifiques, **110** (1936), 85–116. In diesem Aufsatz erläutert Hilferding (der Physikochemiker war) recht ausführlich meine Ansichten, von denen er insofern abweicht, als er induktive Wahrscheinlichkeiten im Sinne Reichenbachs zuläßt.

181 Siehe auch Hilferding, »Le fondement empirique de la science«, S. 111, mit einem Hinweis auf S. 27 (das heißt Abschnitt 12) der ersten Auflage von *L. d. F.* [1934(b)].

182 Siehe *The Poverty* [1957(g)], S. 140 f. und 149 f., deutsch *Das Elend* [1965(g)], S. 110 f. und 116–118; weiterentwickelt in Kap. 4 von *O. G.*, Bd. 2, [1958(i)]; [1966(i)]; [1967(d)]; [1968(r)] (jetzt [1972(a)] und [1973(i)], Kap. 4); [1969(j)]; und in vielen unveröffentlichten Vorlesungen, die ich an der London School of Economics und an anderen Orten gehalten habe.

183 Siehe [1965(g)], Abschnitt 31 und 32, bes. S. 116 f. und 120 f.

184 Siehe Bd. 2 von [1962(c)], [1963(l) und (m)], S. 93–99 und bes. S. 97 f. Vgl. [1958(i)], S. 117–125 und bes. 122–124.

185 Siehe [1950(a)], S. 170 f., [1952(a)], Bd. 1, S. 174–176. Vgl. [1957(k)], S. 235–237.

186 Siehe [1965(g)], Abschnitt 30–32; [1962(c)]; vgl. deutsch [1957(k)], [1958(i)], und später [1968(r)], ([1972(a)] – deutsch [1973(i)] – Kap. 4) und [1969(j)].

187 Diese Situation war 1945 Anlaß für die Veröffentlichung eines Pamphlets *Research and the University* [1945(e)], das von mir in Zusammenarbeit mit Robin S. Allan und Hugh Parton entworfen und nach einigen geringfügigen Änderungen von Henry Forder und anderen unterzeichnet wurde. Die Situation in Neuseeland änderte sich recht bald, aber inzwischen war ich nach England gegangen. (Zusatz 1975: Über die Geschichte dieses Pamphlets berichtet E. T. Beardsley in *A History of the University of Canterbury*, 1873–1973, hg. von W. J. Gardner, E. T. Beardsley und T. E. Carter [Christchurch, N. Z.: University of Canterbury, 1973]; ein Buch, das meiner Tätigkeit in Neuseeland mehr als Gerechtigkeit widerfahren läßt.)

188 Siehe bes. [1947(a)] und [1947(b)]. Anlaß zu dieser Arbeit waren teilweise Probleme der Wahrscheinlichkeitstheorie: Die Regeln der »natürlichen Deduktion« sind sehr eng verwandt mit den gewöhnlichen Definitionen in der Booleschen Algebra. Siehe auch Alfred Tarskis Aufsätze von 1935 und 1936, jetzt Kap. 11 und 12 seines Buches *Logic, Semantics, Metamathematics*, übersetzt von J. H. Woodger (London und New York: Oxford University Press, 1956).

189 [1950(b) und (c)].

190 [1946(b)]; Kap. 9 von [1963(a)] und spätere Auflagen.

191 Das Sitzungsprotokoll ist nicht ganz zuverlässig. Als Titel meines Vortrages wird dort und (ebenfalls in der gedruckten Liste der Sitzungen) »Methods in Philosophy« angegeben, statt »Are there Philosophical

Problems?«; aber das war der Titel, für den ich mich letztlich entschieden hatte. Außerdem glaubte der Sekretär, ich hätte mich darüber beschwert, daß er mich zu einem *kurzen* Vortrag als Einleitung für eine *Diskussion* eingeladen hatte – was mir in der Tat sehr gelegen kam. Er verstand überhaupt nicht, um was es mir ging: Vexierfragen (puzzles) im Gegensatz zu ernsten Problemen.

192 Siehe *C. & R.* [1963(a)], S. 55.

193 Siehe S. 167 von Ryles Rezension von *O. S.* in *Mind*, **56** (1947), 167–172.

194 In einem sehr frühen Stadium der Veranstaltung formulierte er die metasprachliche Regel des *indirekten Beweises* und zeigte deren Gültigkeit:

Wenn *a* logisch aus non-*a* folgt, dann ist *a* beweisbar.

195 Jetzt in Tarski, *Logic, Semantics, Metamathematics*, S. 409–420 (siehe Anm. 188 oben).

196 *Ibid.*, S. 419 f.

197 Siehe [1947(a)], [1947(b)], [1947(c)], [1948(b)], [1948(c)], [1948(e)], [1948(f)]. Das Thema ist inzwischen von Czeslaw Lejewski weiterentwikkelt worden. Siehe seinen Aufsatz »Popper's Theory of Formal or Deductive Inference«, in *The Philosophy of Karl Popper*, hg. von Paul Arthur Schilpp, S. 632–670.

198 Der Fehler hing zusammen mit den Regeln der Substitution oder Ersetzung von Ausdrücken: Ich hatte es irrtümlich für ausreichend gehalten, diese Regeln im Sinne der *wechselseitigen Ableitbarkeit* zu formulieren, während in Wirklichkeit auch die *Identität* (der Ausdrücke) erforderlich war. Um diese Bemerkung zu erläutern: Ich postulierte zum Beispiel, daß, wenn in einem Satz *a* zwei Teilausdrücke *x* und *y* überall dort, wo sie vorkommen, durch einen Ausdruck *z* ersetzt werden, daß dann der resultierende Ausdruck (vorausgesetzt, es ist ein Satz) *wechselseitig deduzierbar* ist mit jenem Ausdruck, der entsteht, wenn zunächst *x* überall dort, wo es vorkommt, durch *y* und dann *y* überall dort, wo es vorkommt, durch z ersetzt wird. Ich hätte aber postulieren sollen, daß das erste Ergebnis mit dem zweiten Ergebnis *identisch* ist. Ich erkannte, daß dies stärker war, glaubte aber fälschlich, die schwächere Regel würde genügen. Die interessante (und bisher unveröffentlichte) Schlußfolgerung, zu der ich später durch die Ausschaltung dieses Fehlers gelangte, war die, daß es einen wesentlichen Unterschied zwischen der Aussagen- und der funktionalen Logik gab: Während man die Aussagenlogik auffassen kann als eine Theorie von Satzmengen, deren Elemente teilweise durch die Ableitbarkeitsbeziehung geordnet sind, bedarf die funktionale Logik zusätzlich einer spezifisch morphologischen Methode, da sie etwas über den Teilausdruck eines Ausdrucks sagen und dazu einen Begriff wie *Identität* (bezüglich der Ausdrücke) verwenden muß. Mehr als die Ideen der Identität und des Teilausdrucks ist jedoch nicht erforderlich;

insbesondere keine weitergehende Beschreibung der Form der Ausdrücke.

199 [1950(d)].

200 [1950(b) und (c)].

201 Siehe Kurt Gödel, »A Remark About the Relationship Between Relativity Theory and Idealistic Philosophy«, in *Albert Einstein: Philosopher-Scientist*, S. 555–562 (S. 406–412 der deutschen Ausgabe; siehe Anm. 122 oben). Gödels Argumente waren (a) philosophischer Natur, (b) sie basierten auf der speziellen Theorie (siehe bes. seine Anm. 5) und (c); sie basierten auf seinen neuen kosmologischen Lösungen für Einsteins Feldgleichungen, also auf der Möglichkeit von geschlossenen vierdimensionalen Bahnen in einem (rotierenden) Gödelschen Universum, wie er sie beschrieben hat in »An Example of a New Type of Cosmological Solutions of Einstein's Field Equations of Gravitation«, *Reviews of Modern Physics*, **21** (1949), 447–450. (Die Ergebnisse (c) wurden in Frage gestellt von S. Chandrasekhar und James P. Wright, »The Geodesics in Gödel's Universe«, *Proceedings of the National Academy of Sciences*, **47** [1961], 341–347. Man beachte jedoch, daß selbst dann, wenn Gödels geschlossene Bahnen keine geodetischen Bahnen sind, dies allein noch keine Widerlegung von Gödels Ansicht darstellt; denn eine Gödelsche Bahn war niemals als eine rein ballistische Bahn gedacht: selbst die Bahn einer Mondrakete ist das nur zum Teil.)

202 Vgl. Schilpp, Hg., *Albert Einstein: Philosopher-Scientist*, S. 688 ([S. 511 der deutschen Ausgabe]. Siehe Anm. 122 oben). Ich stimme nicht nur mit Einstein überein, sondern würde sogar so weit gehen, folgendes zu sagen: Wäre die Existenz (im physikalischen Sinne) der Gödelschen Bahnen eine *Konsequenz* aus Einsteins Theorie (was sie nicht ist), dann würde diese Tatsache gegen die Theorie sprechen. Sie wäre sicherlich kein endgültiges Argument gegen die Theorie, denn so etwas gibt es nicht; und wir werden vielleicht Gödels Bahnen akzeptieren müssen. In einem solchen Fall sollten wir jedoch, wie ich meine, nach einer Alternative Ausschau halten.

203 Harald Høffding schrieb (in *Den menneskelige Tanke* [Kopenhagen: Nordisk Forlag, 1910], S. 303; in der deutschen Übersetzung *Der menschliche Gedanke* [Leipzig: O. R. Reisland, 1911]. S. 333: »Die Erkenntnis, die uns das Dasein darstellen und erklären soll, ist selbst immer ein Teil des Daseins; daher können ihr immer neue Erlebnisse und folglich neue Objektivitäten entstehen. Wir haben kein über die Erfahrung hinausreichendes Wissen, aber auch kein Recht, die Erfahrung auf irgendeinem Punkte als abgeschlossen zu betrachten. Die Erkenntnis gewährt uns selbst da, wo sie am höchsten steht, nur einen Ausschnitt des Daseins. Eine jede von uns gefundene Wirklichkeit ist immer selbst wieder Teil einer größeren Wirklichkeit.« (Den Hinweis auf diese Stelle verdanke ich Arne Petersen.) Die beste intuitive Idee von dieser Unvollständigkeit

vermittelt ein Plan, der den Tisch zeigt, auf dem der Plan gezeichnet wird, und den darauf liegenden Plan, während er gezeichnet wird. (Siehe auch die Erwiderung auf Watkins in meinen *Replies.*)

204 Siehe meinen Aufsatz [1948(d)], jetzt [1963(a)], Kap. 16, deutsch [1965(m)]; sowie – ausführlicher – [1957(j)], jetzt [1973(i)] Kap. 5.

204a (Zusatz 1975: siehe jetzt mein [1974(z_2)].)

205 Es gibt einen interessanten und eindrucksvollen Artikel von William Kneale, »Scientific Revolution for Ever?«, *The British Journal for the Philosophy of Science*, **19** (1968/69), 27–42, in dem er etwas von der oben skizzierten Position zu erfassen und zu kritisieren scheint. In vielen Details versteht er mich allerdings falsch, zum Beispiel auf Seite 36: »Denn wenn es keine Wahrheit gibt, kann es keine Annäherung an die Wahrheit geben . . .« Das ist wahr. Aber wo habe ich je gesagt, daß es keine Wahrheit gibt? Es mag sein, daß die Menge aller wahren theoretischen Sätze der Physik nicht (finit) axiomatisierbar ist; angesichts von Gödels Theorem ist das fast sicher. Es kann aber sein, daß die Folge unserer stets erneuerten Versuche, immer bessere Axiomatisierungen zu schaffen, eine revolutionäre Folge ist, in der wir ständig neue theoretische und mathematische Mittel schaffen, um diesem unerreichbaren Ziel näher zu kommen.

206 Siehe *C. & R.* [1963(a)], S. 114 (Anm. 30 zu Kap. 3 und Text) und den dritten Absatz von Abschnitt 19 des vorliegenden Buches.

207 In einem Brief an mich vom 15. Juni 1935 billigte Einstein meine Ansichten über die »Falsifizierbarkeit als entscheidende Eigenschaft einer (Wirklichkeits-)Theorie«.

208 Siehe *Albert Einstein: Philosopher-Scientist*, S. 674 (siehe Anm. 122 oben); relevant ist ferner Einsteins Brief auf S. 29 von Schrödinger und andere, *Briefe zur Wellenmechanik*, hg. von K. Przibram (Wien: Springer-Verlag, 1963).
(Zusatz 1979.) Nichts ist leichter zu verstehen, als daß man das »Wellenbild« und das »Teilchenbild« eines Elektrons oder eines Photons als »komplementär« bezeichen kann. Aber im Gegensatz zur Bohrs Erklärung von »komplementär« schließen sich diese beiden Bilder *nicht* aus. Im Gegenteil: Im Zweispaltenexperiment erklären wir die Interferenzstreifen, die durch *Wellen* zustande kommen, gleichzeitig durch die wechselnde Dichte der Einschläge von *Teilchen*. (Siehe meine *Logik der Forschung*, 2. und spätere Auflagen, S. 410, 2. und 3. Absatz.)

209 Siehe meinen Aufsatz »What is Dialectic?«, jetzt Kap. 15 von *C. & R.* [1963(a)] (deutsch [1975(h)]). Das ist eine stilistisch überarbeitete Form von [1940(a)] mit einer Reihe zusätzlicher Fußnoten. Die hier im Text zusammengefaßte Stelle stammt aus *C. & R.*, S. 313, erster neuer Absatz; [1975(h)] S. 168 f. Wie aus Anm. 3 dieses Kap. (Anm. 1 von [1940(a)], Anm. 3 von [1975(h)]), hervorgeht, faßte ich diese Darstellung (in der ich betonte, daß die Prüfung einer Theorie ein Teil ihrer Kritik, also von *FE*

ist) als eine Zusammenfassung des in *L. d. F.* dargestellten wissenschaftlichen Verfahrens auf.

210 Vgl. hiermit die auf S. 47 von *C. & R.* [1963(a)] erörterten Probleme: »Was kommt zuerst, die Henne *(H)* oder das Ei *(O)*?« und »Was kommt zuerst, die Hypothese *(H)* oder die Beobachtung, die Observation *(O)*?« Siehe auch [1949(d)], jetzt als Anhang von [1972(a)], bes. S. 345 f; deutsch [1973(i)], S. 374 f.

211 Siehe zum Beispiel [1968(r)], bes. S. 36–39; [1972(a)], S. 170–178; deutsch [1973(i)], S. 192–199.

212 Schrödinger verteidigt diese Auffassung als eine Form des Idealismus oder Panpsychismus in seinem posthum erschienenen Buch *Meine Weltansicht* (Wien und Hamburg: Zsolnay, 1961), Teil B, erstes Kap., S. 105–114.

213 Ich spiele an auf Winston Churchill, *My Early Life* (London, 1930). Die Argumente findet man in Kap. IX (»Education at Bangalore«), genauer gesagt, auf S. 131 f. der Keystone-Library-Ausgabe (1934) oder der Macmillan-Ausgabe (1944). Ich habe aus dieser Stelle ausführlich zitiert in Abschnitt 5 von Kap. 2 von [1972(a)], siehe S. 42 f.; deutsch [1973(i)], S. 55 f.

214 Ich zitiere nicht aus dem Gedächtnis, sondern nach dem ersten Absatz von Kapitel 6 von Erwin Schrödinger, *Mind and Matter* (Cambridge: Cambridge University Press, 1958), S. 88; und von Erwin Schrödinger, *What is Life? & Mind and Matter* (Cambridge: Cambridge University Press, 1967; beide Bücher in einem Paperback-Bd.), S. 166; in der deutschen Ausgabe, *Geist und Materie* (Braunschweig: Friedr. Vieweg & Sohn, 1959), S. 66. Die Ansicht, die Schrödinger in unseren Gesprächen vertrat, war sehr ähnlich.

215 [1956(b)].

216 Im übrigen würde die Ersetzung von »unmöglich« durch »unendlich unwahrscheinlich« an dieser Stelle (eine wohl zweifelhafte Ersetzung) den Hauptpunkt dieser Überlegungen nicht berühren; denn obwohl die Entropie mit der Wahrscheinlichkeit zusammenhängt, bringt nicht jede Bezugnahme auf die Wahrscheinlichkeit die Entropie ins Spiel.

217 Siehe *Mind and Matter*, S. 86; oder *What is Life & Mind and Matter*, S. 164; in der deutschen Ausgabe *Geist und Materie*, S. 65.

218 Siehe *Mind and Matter* oder *What is Life & Mind and Matter*, a.a.O. Er sprach ausdrücklich von der »Methodologie des Physikers«, vermutlich, um sich von einer Methodologie der Physik, die von einem Philosophen stammte, zu distanzieren.

219 *What is Life?*, S. 74 f; in der deutschen Ausgabe, *Was ist Leben? Die lebende Zelle mit den Augen des Physikers betrachtet* (München: Leo Lehnen Verlag, 2. Aufl. 1951), S. 99.

220 *Ibid.*, S. 78; in der deutschen Ausgabe, S. 103 f.

221 *Ibid.*, S. 79; in der deutschen Ausgabe, S. 104.

222 Siehe mein [1967(b) und (h)].

222a (Zusatz 1979.) Das wurde 1969 geschrieben.

223 Siehe zum Beispiel »Quantum Mechanics without ›The Observer‹« [1967(k)]; »Of Clouds and Clocks« [1966(f)] ([1972(a)], Kap. 6; deutsch [1973(i)], Kap. 6); »Is there an Epistemological Problem of Perception?« [1968(e)]; »On the Theory of the Objective Mind« [1968(r)], »Epistemology Without a Knowing Subject« [1968(s)] (Kap. 4 bzw. 3 von *O. Kn.* [1972(a)]), deutsch [1973(i)], und »A Pluralist Approach to the Philosophy of History« [1969(j)].

224 Tarski ist oft dafür kritisiert worden, daß er *Sätzen* Wahrheit zuschreibt: Ein Satz, so heißt es, sei eine bloße Aneinanderreihung von Wörtern ohne Sinn; folglich könne er nicht wahr sein. Aber Tarski spricht von »*sinnvollen* Sätzen«, und deshalb ist diese Kritik, wie es bei philosophischer Kritik so oft der Fall ist, nicht nur ungültig, sondern einfach unverantwortlich. Siehe *Logic, Semantics, Metamathematics*, S. 178 (Definition 12) und S. 156, Anm. 1 (siehe Anm. 188 oben); und siehe dazu mein [1955(d)] (jetzt ein Addendum zu Kap. 9 meines [1972(a)], deutsch [1973(i)] und [1959(a)], [1966(a)] und spätere Aufl., Anm. *1 zu Abschnitt 84).

225 Dies gilt sogar für die Gültigkeit einiger sehr einfacher Regeln, deren Gültigkeit aus intuitiven Gründen von gewissen Philosophen (bes. G. E. Moore) bestritten wurde; die einfachste all dieser Regeln lautet: Aus einem Satz *a* können wir gültig *a* selbst deduzieren. Hier läßt sich die Unmöglichkeit, ein Gegenbeispiel zu konstruieren, sehr leicht zeigen. Ob jemand dieses Argument akzeptiert oder nicht, ist seine Privatangelegenheit. Tut er es nicht, so ist er einfach im Irrtum. Siehe auch mein [1947(a)].

226 Ich habe derartige Bemerkungen seit [1934(b)], Abschnitte 27 und 29, und [1947(a)] viele Male gemacht – siehe z. B. [1968(s)], [1972(a)], Kap. 3, deutsch [1973(i)], Kap. 3; und ich habe gesagt, daß das, was ich den »Grad der Bewährung einer Hypothese *h* aufgrund der Prüfungen oder des Tatsachenmaterials *e*« genannt habe, interpretiert werden kann als ein zusammenfassender Bericht über die vergangenen kritischen Diskussionen der Hypothese *h* aufgrund der Prüfungen *e*. (Vgl. Anm. 156–158 zu Abschnitt 20 oben und den Text.) So schrieb ich zum Beispiel in *L. d. F.* [1966(e)], S. 368: ». . . *C(h,e)* kann nur dann adäquat als Grad der Bewährung von *h* – oder der Rationalität unseres Fürwahrhaltens von *h* auf Grund von Prüfungen – interpretiert werden, wenn *e* aus Berichten über das Ergebnis ernstgemeinter Widerlegungsversuche an *h* besteht . . .« Mit anderen Worten: Man kann nur von einem Bericht über eine Diskussion, die ernsthaft kritisch ist, sagen, daß er, wenn auch nur partiell, den *Grad der Rationalität* (unseres Fürwahrhaltens von *h*) bestimmt. In der zitierten Passage benutze ich (im Unterschied zu der hier im Text verwendeten Terminologie) die Worte »Grad der Rationalität unseres

Fürwahrhaltens«, was noch klarer sein sollte als »rationale Überzeugung«; siehe auch *ibid.*, S. 361, wo ich dies erläutere und meine objektivistische Einstellung, wie ich glaube, hinreichend klarmache (wie ich es *ad nauseam* andernorts getan habe). Gleichwohl ist die zitierte Stelle (von Prof. Lakatos, »*Changes in the Problem of Inductive Logic*«, in *The Problem of Inductive Logic*, hg. von Lakatos, Anm. 6 auf S. 412 f. [siehe Anm. 41 oben] gedeutet worden als ein Symptom der Gebrechlichkeit meines Objektivismus und als ein Anzeichen meiner Tendenz zu subjektivistischen Fehltritten. Ich glaube, es ist unmöglich, alle Mißverständnisse auszuschließen. Ich frage mich nun, wie man meine gegenwärtigen Bemerkungen über die Bedeutungslosigkeit der subjektiven Überzeugung auslegen wird.

227 Siehe bes. mein [1971(i)], jetzt Kap. 1 von [1972(a)]; deutsch [1973(i)].

228 Was ich als »gegenwärtig modernste Antwort« bezeichnet habe, läßt sich bis zu I. S. Mill zurückverfolgen. Für moderne Formulierungen siehe P. F. Strawson, *Introduction to Logical Theory* (London: Methuen & Co., 1952; New York: John Wiley & Sons, 1952), S. 249 f.; Nelson Goodman, *Fact, Fiction, and Forecast* (Cambridge, Mass.: Harvard University Press, 1955), S. 63–66; und Rudolf Carnap, »Inductive Logic and Inductive Intuition«, in *The Problem of Inductive Logic*, hg. v. Lakatos, S. 258–267, insbes. S. 265. (Siehe hier Anm. 41, oben.)

229 Dies scheint mir eine vorsichtigere Ausdrucksweise für eines der Argumente Carnaps zu sein; siehe Carnap, »Inductive Logic and Inductive Intuition«, S. 265, wo die Passage mit den Worten beginnt: »Ich glaube, daß es nicht nur legitim ist, sich bei der Verteidigung des induktiven Schließens auf das induktive Schließen zu berufen, sondern daß es unerläßlich ist.«

230 *Ibid.*, S. 311.

231 Zu Carnaps »Fallbestätigung« (»instance confirmation«) vgl. meine *C. & R.* [1963(a)], S. 282 f. Was Carnap die »Fallbestätigung« eines Gesetzes (einer universellen Hypothese) nennt, ist im Grunde gleich dem Grad der Bestätigung (oder der Wahrscheinlichkeit) des nächsten Falles des Gesetzes; und dieser erreicht 1/2 oder 0,99, wenn die relative Häufigkeit der beobachteten günstigen Fälle 1/2 bzw. 0,99 erreicht. Folglich hat ein Gesetz, das durch jeden zweiten Fall (oder durch jeden hundertsten Fall) widerlegt ist, eine Fallbestätigung, die 1/2 (oder 0,99) nahekommt, und das ist absurd. Ich erklärte dies zuerst in [1934(b)], S. 191, das entspricht [1966(e)], S. 203 f., also 25 Jahre bevor Carnap an die Fallbestätigung dachte, in einer Diskussion über verschiedene Möglichkeiten, einer Hypothese »Wahrscheinlichkeit« zuzuschreiben; und ich sagte dann, diese Konsequenz sei für diese Auffassung der Wahrscheinlichkeit »verheerend«. Aus dem, was Carnap darauf in Lakatos, Hg., *The Problem of Inductive Logic*, S. 309 f. (siehe Anm. 41 oben) erwidert, werde

ich nicht klug. Carnap sagt dort über die Fallbestätigung, ihr numerischer Wert »ist ... ein wichtiges Merkmal des Gesetzes. In Poppers Beispiel hat das Gesetz, das durchschnittlich von einer Hälfte der Fälle erfüllt wird, gemäß meiner Definition nicht die Wahrscheinlichkeit 1/2, wie Popper irrtümlich glaubt, sondern 0.« Aber wenn es auch die »Wahrscheinlichkeit 0« hat, wie Carnap (und ich) sie nennen, so hat es doch außerdem das, was Carnap, die »Fallbestätigung (Instance Confirmation) 1/2« nennt; und das war der Punkt, um den es in der Diskussion ging (auch wenn ich 1934 in meiner Kritik an der Funktion, die Carnap sehr viel später »Fallbestätigung« nannte, den Ausdruck »Wahrscheinlichkeit« benützte).

232 Ich bin David Miller dankbar, daß er mich auf dieses Charakteristikum der Systeme Hintikkas aufmerksam gemacht hat. Jaakko Hintikkas erste Abhandlung zu dem Thema hieß »Towards a Theory of Inductive Generalization«, in *Logic, Methodology and Philosophy of Science,* hg. von Yehoshua Bar-Hillel (Amsterdam: North-Holland Publishing Co., 1965), Bd. **2**, S. 274–288. Ausführliche Hinweise findet man in Risto Hilpinen, »Rules of Acceptance and Inductive Logic«, *Acta Philosophica Fennica,* **22** (1968).

233 Nach der Position, die Carnap ungefähr von 1949 bis (mindestens) 1956 vertrat, ist die induktive Logik analytisch wahr. Wenn dem aber so ist, dann sehe ich nicht, wie der vermeintlich rationale Grad des Fürwahrhaltens (Glaubens) so radikale Veränderungen durchmachen kann, daß er von 0 (stärkster Unglaube) bis 0,7 (mäßiger Glaube) reicht. Carnaps jüngsten Theorien zufolge fungiert als Berufungsgericht die »induktive Intuition«. Ich habe Gründe genannt, aus denen hervorgeht, wie unverantwortlich und tendenziös dieses Berufungsgericht ist; siehe mein [1968(i)], bes. S. 297–303.

234 Vgl. *Fact, Fiction, and Forecast,* S. 65 (siehe Anm. 228 oben).

235 Siehe [1968(i)]. Zu meiner positiven Theorie der Bewährung siehe den Schluß von Abschnitt 20 oben und ferner den Schluß von Abschnitt 33, bes. Anm. 243 und Text.

236 Siehe [1957(j)], jetzt wieder abgedruckt als Kap. 5 von [1973(i)], und [1957(l)].

237 Siehe [1959(a)] bzw. [1966(e)], Ende von Abschnitt 29 sowie Anhang *I, 2., S. 256–258, oder [1963(a)], Einleitung, deutsch [1975(v)]; siehe ferner unter Anm. 243 und Text.

238 Über dieses spezielle Problem – die ungerechtfertigte Kritik – hielt ich 1964 eine Reihe von Vorträgen am Wiener Institut für fortgeschrittene Studien.

239 Siehe bes. [1957(j)], jetzt Kap. 5 von [1973(i)],; Kap. 10 von [1963(a)]; und Kap. 2 von [1972(a)], deutsch [1973(i)]. Siehe Anm. 165a zu meinen *Replies.*

240 Siehe [1934(b)], S. 186; [1966(e)], S. 199 (Abschn. 179).

241 Vgl. [1958(c)], [1958(g)], jetzt Kap. 8 von [1963(a)].

242 Der Ausdruck »metaphysisches Forschungsprogramm« wurde in meinen Vorlesungen seit 1949, wenn nicht schon früher, verwendet; gedruckt erschien er jedoch erst 1958, obwohl er das Hauptthema des letzten Kapitels des *Postscript* ist (das in Korrekturfahnen seit 1957 vorliegt). Ich machte das *Postscript* meinen Kollegen zugänglich, und Prof. Lakatos gibt zu, daß die »wissenschaftlichen Forschungsprogramme«, wie er sie nennt, in der Tradition dessen stehen, was ich als »metaphysische Forschungsprogramme« bezeichnete (»metaphysisch«, weil nicht falsifizierbar). Siehe S. 183 seiner Abhandlung »Falsification and the Methodology of Scientific Research Programmes«, in *Criticism and the Growth of Knowledge*, hg. von Imre Lakatos und Alan Musgrave (Cambridge: Cambridge University Press 1970).

243 Im übrigen glauben Realisten natürlich an die Wahrheit (und diejenigen, die an die Wahrheit glauben, glauben an die Realität; siehe [1963(a)], S. 116) – sie wissen sogar, daß es »ebenso viele« wahre Sätze gibt wie falsche. (Zu dem hier folgenden siehe auch das Ende von Abschnitt 20, oben.) Da es der Zweck dieses Bandes ist, die Diskussion zwischen meinen Kritikern und mir zu fördern, darf ich hier vielleicht kurz auf G. J. Warnocks Rezension meiner *L. Sc. D.* in *Mind*, **69** (1960), 99–101 (siehe auch Anm. 25 zu Abschnitt 7 oben) eingehen. Wir lesen dort auf S. 100 über meine Ansichten zum Induktionsproblem: »Nun sagt Popper nachdrücklich, dieses ehrwürdige Problem sei unlösbar ...« Ich bin sicher, so etwas nie gesagt zu haben, am allerwenigsten nachdrücklich, denn ich habe mir immer eingebildet, ich hätte dieses Problem in dem rezensierten Buch tatsächlich gelöst. Anschließend lesen wir auf derselben Seite: »[Popper] möchte für seine eigenen Ansichten in Anspruch nehmen, nicht, daß sie eine Lösung für Humes Problem bieten, sondern daß sie nicht zulassen, daß es entsteht.« Dies steht im Widerspruch zu der vorher zitierten Stelle und zu der Bemerkung am Beginn meines Buches (insbes. Abschnitte 1 und 4), daß das, was ich Humes Induktionsproblem nannte, eines der beiden Grundprobleme der Erkenntnistheorie ist. Anschließend wird uns in einer durchaus annehmbaren Version mitgeteilt, wie ich jenes Problem formulierte: »Wie ... läßt es sich rechtfertigen, daß wir die allgemeinen Sätze ... einer wissenschaftlichen Theorie als wahr oder auch nur als wahrscheinlich wahr betrachten«. Meine klare Antwort auf diese Frage war: *Es läßt sich nicht rechtfertigen.* (Aber gelegentlich läßt es sich rechtfertigen, wenn wir eine konkurrierende Theorie einer anderen *vorziehen*; siehe den zu dieser Anm. gehörigen Text.) Doch in der Rezension heißt es weiter: »Popper meint, es bestehe keine Hoffnung, diese Frage zu beantworten, da sie voraussetzt, daß wir das unlösbare Problem der Induktion lösen. Es sei aber, so sagt er, zwecklos und irreführend, diese Frage überhaupt zu stellen.« Keine der von mir zitierten

Stellen ist *kritisch* gemeint; sie wollen vielmehr von dem *berichten*, was ich »nachdrücklich sage«, »in Anspruch nehmen möchte«, »meine« und »sage«. Ein wenig weiter in der Rezension beginnt die Kritik mit den Worten: »Beseitigt dies nun das ›unlösbare‹ Problem der Induktion?«. Da ich gerade dabei bin, darf ich vielleicht auch erwähnen, daß dieser Rezensent seine Kritik an meinem Buch in der folgenden These zusammenfaßt, die ich hier kursiv wiedergebe (S. 101; die Worte »sich verlassen« bedeuten hier, wie aus dem Zusammenhang hervorgeht, »sich für die Zukunft verlassen«): »Popper nimmt offenbar an, was natürlich auch seine Sprache impliziert, daß *wir uns* [für die Zukunft] *auf eine wohlbewährte Theorie verlassen dürfen*«. Aber ich habe nie etwas Derartiges angenommen. Was ich behaupte, ist, daß eine wohlbewährte Theorie (die kritisch diskutiert und mit ihren Konkurrentinnen verglichen worden ist und die *bisher* »überlebt« hat) rational einer weniger wohlbewährten Theorie *vorzuziehen* ist; und daß uns (es sei denn, wir schlagen eine neue konkurrierende Theorie vor) keine bessere Möglichkeit offensteht, als sie vorzuziehen und nach ihr zu handeln, *auch wenn wir sehr wohl wissen, daß sie uns in künftigen Fällen vielleicht arg im Stich lassen wird.* Ich muß also die Kritik des Rezensenten zurückweisen; sie beruht darauf, daß er meinen Text völlig mißverstanden hat, weil er sein eigenes Induktionsproblem (das traditionelle Problem) mit meinem (das ein ganz anderes ist) verwechselte. Siehe jetzt auch [1971(i)], wieder abgedruckt als Kap. 1 von [1972(a)], deutsch [1973(i)].

244 Siehe Ernst Mach, *Die Prinzipien der Wärmelehre* (Leipzig: Barth, 1896), S. 240; auf S. 239 wird der Ausdruck »allgemein philosophisch« gleichgesetzt mit »metaphysisch«; und Mach deutet an, daß Robert Mayer (den er sehr bewunderte) von »metaphysischen« Intuitionen inspiriert war.

244a Siehe Ernst Mach, *Die Analyse der Empfindungen und das Verhältnis des Physischen zum Psychischen.* Dritte Auflage. (Jena: Gustav Fischer, 1902.) S. 279.

244b (Zusatz 1977) Siehe dazu jetzt die ausgezeichnete Biographie: John T. Blackmore, *Ernst Mach: His Work, Life, and Influence* (Berkeley: University of California Press, 1972), besonders S. 319–323.

245 Siehe »A Note on Berkeley as Precursor of Mach« [1953(d)]; jetzt Kap. 6 von [1963(a)].

246 Siehe Schrödinger und andere, *Briefe zur Wellenmechanik*, S. 32 (siehe Anm. 208 oben). Einsteins Brief ist datiert vom 9. August 1939.

247 Vgl. Erwin Schrödinger, »Die gegenwärtige Situation in der Quantenmechanik«, *Die Naturwissenschaften*, **23** (1935), 807–812, 823–828, 844–849.

248 (Hervorhebung von mir.) Siehe Einsteins oben in Anm. 246 erwähnten Brief und auch seinen sehr ähnlich lautenden Brief vom 22. Dezember 1950, im selben Buch, S. 36 f. (Man beachte, daß Einstein es für

selbstverständlich ansieht, daß eine probabilistische Theorie subjektiv interpretiert werden müsse, wenn sie sich auf einen Einzelfall bezieht; dies ist eine Frage, über die er und ich seit 1935 unterschiedlicher Meinung waren. Siehe [1966(e)], S. 414, und meine Fußnote.)

249 Siehe insbes. die Hinweise auf Franz Exners Auffassungen in Schrödinger, *Science, Theory and Man*, S. 71, 133, 142 f. (siehe Anm. 132 oben).

250 Vgl. meinen Aufsatz »Quantum Mechanics without ›The Observer‹« [1967(k)], wo man Hinweise auf meine weiteren Schriften zu diesem Thema finden wird (bes. [1957(e)] und [1959(e)]).

251 Van der Waerdens Brief ist datiert vom 19. Oktober 1968. (In diesem Brief kritisiert er mich außerdem wegen einer falschen historischen Bezugnahme auf Jacob Bernoulli, auf S. 29 von [1967(k)].)

252 Da dies eine Autobiographie ist, darf ich vielleicht erwähnen, daß ich 1947 oder 1948 einen Brief von Victor Kraft erhielt, der im Namen der Philosophischen Fakultät der Universität Wien anfragte, ob ich bereit sei, Schlicks Lehrstuhl zu übernehmen. Ich antwortete darauf, daß ich nicht aus England fortginge.

253 Max Planck bezweifelte Machs Kompetenz als Physiker sogar auf Machs bevorzugtem Gebiet, der phänomenologischen Wärmetheorie. Siehe Max Planck, »Zur Machschen Theorie der physikalischen Erkenntnis«, *Physikalische Zeitschrift*, **11** (1910), 1186–1190. Siehe auch Plancks voraufgegangenen Aufsatz »Die Einheit des physikalischen Weltbildes«, *Physikalische Zeitschrift*, **10** (1909), 62–75, und Machs Entgegnung »Die Leitgedanken meiner wissenschaftlichen Erkenntnislehre und ihre Aufnahme durch die Zeitgenossen«, *Physikalische Zeitschrift*, **11** (1910), 599–606.

254 Siehe Josef Mayerhöfer, »Ernst Machs Berufung an die Wiener Universität 1895« in *Symposium aus Anlass des 50. Todestages von Ernst Mach* (Ernst-Mach-Institut, Freiburg im Breisgau, 1966), S. 12–25. Eine ausgezeichnete kurze Biographie Boltzmanns gibt E. Broda, *Ludwig Boltzmann* (Wien: Franz Deuticke, 1955).

255 Siehe Anm. 256 und 261 unten.

256 Siehe E. Zermelo, »Über einen Satz der Dynamik und die mechanische Wärmetheorie«, *Wiedemannsche Annalen (Annalen der Physik)*, **57** (1896), 485–494. Zwanzig Jahre vor Zermelo hatte Boltzmanns Freund Loschmidt darauf hingewiesen, daß man durch Umkehrung aller Geschwindigkeiten in einem Gas die Moleküle veranlassen könne, sich zurückzubewegen, und so zu dem geordneten Zustand zurückzukehren, aus dem es angeblich in die Unordnung verfallen ist. Diesen Einwand von Loschmidt nennt man den »Umkehreinwand«, während der von Zermelo als »Wiederkehreinwand« bezeichnet wird.

257 Paul und Tatjana Ehrenfest, »Über zwei bekannte Einwände gegen das Boltzmannsche *H*-Theorem«, *Physikalische Zeitschrift*, **8** (1907), 311–314.

258 Siehe zum Beispiel Max Born, *Natural Philosophy of Cause and Chance*

(Oxford: Oxford University Press, 1949), der auf S. 58 schreibt: »Zermelo, ein deutscher Mathematiker, der sich mit abstrakten Problemen wie der Theorie von Cantors Mengen und transfiniten Zahlen befaßte, wagte sich auf das Gebiet der Physik, indem er Gibbs' Werk über statistische Mechanik ins Deutsche übersetzte.« Man beachte jedoch die Daten: Zermelo kritisierte Boltzmann im Jahre 1896; 1905 veröffentlichte er die Übersetzung von Gibbs, den er sehr bewunderte; er schrieb seinen ersten Aufsatz über Mengentheorie 1904 und seinen zweiten erst 1908. Er war folglich ein Physiker, bevor er zu einem »abstrakten« Mathematiker wurde.

259 Vgl. Erwin Schrödinger, »Irreversibility«, *Proceedings of the Royal Irish Academy*, **53A** (1950), 189–195.

260 Siehe Ludwig Boltzmann, »Zu Hrn. Zermelo's Abhandlung: ›Über die mechanische Erklärung irreversibler Vorgänge‹«, *Wiedemannsche Annalen (Annalen der Physik)*, **60** (1897), 392–98. Das Zitat ist auf Seite 396. (Die Rechtschreibung ist hier modernisiert.) Der Kern dieses Zitats wurde wiederholt in Boltzmanns *Vorlesungen über Gastheorie* (Leipzig: J. A. Barth, 1898), Bd. 2, S. 257 f.

261 Boltzmanns bester Beweis für $dS/dt \geqslant 0$ stützte sich auf sein sogenanntes Kollisionsintegral. Es stellt die *durchschnittliche* Wirkung *des Systems aller übrigen Moleküle des Gases* auf ein einzelnes Molekül dar. Ich behaupte nun, daß (a) es nicht die Kollisionen sind, die zu Boltzmanns Resultaten führen, sondern die *Bildung des Durchschnitts* als solche; die Zeitkoordinate spielt eine Rolle, weil es vor der Kollision keine Durchschnittsbildung gab, und so *scheint* die Entropiezunahme das Ergebnis physischer Kollisionen zu sein. Ich behaupte ferner, daß, ganz abgesehen von Boltzmanns Ableitung, (b) Kollisionen *zwischen den Molekülen des Gases* nicht ausschlaggebend sind für eine Entropiezunahme, wohl aber die Annahme der molekularen Unordnung (die durch die Bildung des Durchschnitts hineinkommt). Denn angenommen, ein Gas nimmt zu einem Zeitpunkt nur eine Hälfte eines Behälters ein: Es wird rasch den gesamten Behälter »ausfüllen« – selbst wenn es so dünn ist, daß (praktisch) *nur Kollisionen mit den Wänden* stattfinden. (Die Wände sind wesentlich; siehe Punkt (3) von [1956(g)].) Ich behaupte ferner, daß (c) wir Boltzmanns Ableitung in dem Sinne interpretieren können, daß ein geordnetes System X fast mit Sicherheit (das heißt mit der Wahrscheinlichkeit 1) zu einem ungeordneten wird, nachdem es mit einem System Y (etwa den Wänden) *kollidiert ist*, welches sich in einem zufällig gewählten Zustand befindet oder, genauer gesagt, in einem Zustand, der nicht in allen Einzelheiten dem Zustand von X entspricht. In dieser Interpretation ist das Theorem natürlich gültig. Denn der »Umkehreinwand« (siehe Anm. 256 oben) besagt nur, daß es für Systeme wie X in seinem ungeordneten Zustand *zumindest ein* anderes (»entsprechendes«) System Y gibt, welches

durch (umgekehrte) Kollision des System *X* in seinen geordneten Zustand zurückführt. Die bloß mathematische Existenz (und sogar die Existenz im Sinne von Konstruktivität) eines solchen Systems *Y*, das *X* »entspricht«, wirft keine Schwierigkeiten auf, da die Wahrscheinlichkeit, daß *X* mit einem ihm entsprechenden System kollidiert, gleich Null sein wird. Folglich gilt das *H*-Theorem *dS/dt* ⩾ 0 *fast mit Sicherheit für alle kollidierenden Systeme.* (Dies erklärt, warum der zweite Hauptsatz für alle *geschlossenen* Systeme gilt.) Der »Wiederkehreinwand« (siehe Anm. 256 oben) ist gültig, aber er bedeutet nicht, daß für ein System von beliebigem Komplexitätsgrad die Wahrscheinlichkeit einer Wiederkehr – derart, daß das System einen Zustand einnimmt, in dem es sich zuvor befunden hat – nennenswert größer sein wird als Null. Trotzdem gibt es noch offene Probleme. (Siehe die Reihe meiner Bemerkungen in *Nature,* [1956(b)], [1956(g)], [1957(d)], [1958(b)], [1965(f)], [1967(b) und (h)] sowie meine Bemerkung [1957(f)] in *The British Journal for the Philosophy of Science.)*

262 Siehe [1956(b)] und Abschnitt 30 (über Schrödinger) oben, bes. den Text zu Anm. 215 und 216.

263 Siehe oben Abschnitt 30. Ich hielt am 20. Oktober 1967 einen Vortrag über diese Fragen vor der Oxford University Science Society. Dieser Vortrag enthielt auch eine kurze Kritik an Schrödingers einflußreichem Aufsatz »Irreversibility« (siehe Anm. 259 oben); er schreibt dort auf S. 191: »Ich möchte die Gesetze der . . . Irreversibilität . . . in der Weise umformulieren, daß der logische Widerspruch, [den] *jede* Ableitung dieser Gesetze aus reversiblen Modellen zu enthalten scheint, ein für allemal beseitigt ist.« Schrödingers Umformulierung besteht in einer ingeniösen Weise (einer Methode, die man später die »Methode der verzweigten Systeme« genannt hat), Boltzmannsche Zeitpfeile durch eine Art von operationaler Definition einzuführen; das Ergebnis ist Boltzmanns Theorem. Und die Methode ist, genau wie die Boltzmanns, zu stark: Sie rettet nicht (wie Schrödinger glaubt) Boltzmanns Ableitung – das heißt, seine physikalische Erklärung des *H*-Theorems; sie stellt vielmehr eine (tautologische) Definition dar, aus der der zweite Hauptsatz unmittelbar folgt. Damit macht sie eine physikalische Erklärung des zweiten Hauptsatzes überflüssig.

264 *Die Prinzipien der Wärmelehre,* S. 363 (s. Anm. 264 oben). Boltzmann wird dort nicht namentlich genannt (sein Name wird mit einer gewissen Anerkennung auf der folgenden Seite erwähnt), aber die Beschreibung des »Zuges« ist unmißverständlich: Sie beschreibt wirklich Boltzmanns unsicher gewordene Haltung. Mach greift in diesem Kapitel (»Der Gegensatz zwischen der mechanischen und der phänomenologischen Physik«) Boltzmann heftig an, sofern man zwischen den Zeilen liest; und er gibt gleichzeitig zu verstehen, daß er sich selbst beglückwünscht und daß er zuversichtlich glaubt, das Urteil der Geschichte werde für ihn

sprechen; und das hat es ja leider getan.

265 Dieser Abschnitt wurde hier eingefügt, weil er, wie ich glaube, wichtig ist für das Verständnis meiner intellektuellen Entwicklung oder, genauer gesagt, für den Kampf, den ich in den letzten Jahren gegen den Subjektivismus in der Physik geführt habe.

266 Siehe Leo Szilard »Über die Ausdehnung der phänomenologischen Thermodynamik auf die Schwankungserscheinungen«, *Zeitschrift für Physik*, **32** (1925), 753–788, und »Über die Entropieverminderung in einem thermodynamischen System bei Eingriffen intelligenter Wesen«, *ibid.*, **53** (1929), 840–856. Szilards Auffassungen wurden noch klarer formuliert von L. Brillouin, *Scientific Uncertainty and Information* (New York: Academic Press, 1964). All diese Auffassungen wurden aber, wie ich glaube, klar und entscheidend kritisiert von J. D. Fast, *Entropy*, verbesserte und erweiterte Neuauflage der 2. Aufl. (London: Macmillan, 1970), Anhang 5. Diesen Hinweis verdanke ich Troels Eggers Hansen.

267 Norbert Wiener, *Cybernetics: Or Control and Communication in the Animal and the Machine* (Cambridge, Mass.: M. I. T. Press, 1948), S. 44 f., versuchte, diese Theorie mit Boltzmanns Theorie in Einklang zu bringen; ich glaube aber nicht, daß die beiden Theorien sich tatsächlich im logischen Raum getroffen haben – nicht einmal in dem des Wienerschen Buches, wo sie auf ganz verschiedene Zusammenhänge beschränkt bleiben. (Sie könnten einander treffen, wenn man postuliert, daß das, was man Bewußtsein nennt, *im wesentlichen* Wachstum des Wissens ist, das heißt Informationszuwachs; aber ich möchte die idealistische Spekulation wirklich nicht ermutigen, und ich fürchte die Früchte einer solchen Verbindung.) Die subjektive Theorie der Entropie hängt allerdings eng zusammen mit Maxwells berühmtem Dämon und mit Boltzmanns *H*-Theorem. Max Born beispielsweise, der an die ursprüngliche Interpretation des *H*-Theorems glaubt, schreibt ihm eine (partielle?) subjektive Bedeutung zu, indem er das Kollisionsintegral und die »Durchschnittsbildung« (beides wird diskutiert in Anm. 261 in Abschnitt 35, siehe oben) als eine »Vermischung von mechanischem Wissen mit Unwissenheit im Detail« interpretiert; diese Mischung von Wissen und Unwissenheit, so sagt er, »führt zur Irreversibilität«. Vgl. Born, *Natural Philosophy of Cause and Chance*, S. 59 (siehe Anm. 258 oben).

268 Siehe zum Beispiel die Abschnitte 34–39 und 43 von *L. d. F.* [1934(b)], [1966(e)], sowie von *L. Sc. D.* [1959(a)].

269 Siehe bes. [1959(a)], neuer Anhang *XI (2), S. 444; [1966(e)], S. 399.

270 Zur Messung und ihrer gehaltsteigernden (oder informationsteigernden) Funktion siehe Abschn. 34 von [1934(b)] und [1966(e)].

271 Wegen einer allgemeinen Kritik von Gedankenexperimenten siehe den neuen Anhang *XI meiner *L d. F.* [1966(e)], bes. S. 398 f.

272 Meine Gegner arbeiten in ihren Beweisen für die Umwandelbarkeit von

Wissen und Negentropie ohne Zögern mit der Annahme, daß das Gas aus *einem* Molekül *M* besteht, sowie mit der Annahme, daß wir ohne Verausgabung von Energie oder Negentropie einen Kolben seitwärts in den Zylinder hineinschieben können. An dieser Stelle ist das harmlos (und im Grunde ist die Annahme überflüssig: siehe Anm. 275 unten).

273 David Bohm, *Quantum Theory* (New York: Prentice-Hall, 1951), S. 608, bezieht sich auf Szilard, arbeitet aber mit vielen Molekülen. Er stützt sich jedoch nicht auf Szilards Argument, sondern vielmehr auf die allgemeine Idee, daß Maxwells Dämon unvereinbar ist mit dem Gesetz der Entropiezunahme.

274 Siehe meinen Aufsatz »Irreversibility; or Entropy since 1905« [1957(f)], einen Aufsatz, in dem ich mich speziell auf Einsteins berühmte Abhandlung von 1905 über die Brownsche Bewegung bezog. In diesem Aufsatz kritisierte ich unter anderen auch Szilard, wenn auch nicht mit Hilfe des hier verwendeten Gedankenexperiments. Ich hatte dieses Gedankenexperiment zum ersten Mal einige Zeit vor 1957 entwickelt, und ich hielt darüber, im selben Sinne wie hier im Text, 1962 auf Einladung von Prof. E. L. Hill einen Vortrag am Department für Physik der University of Minnesota. (P. K. Feyerabend war einer meiner Zuhörer.)

275 Siehe P. K. Feyerabend, »On the Possibility of a Perpetuum Mobile of the Second Kind«, in *Mind, Matter, and Method, Essays in Philosophy and Science in Honor of Herbert Feigl*, hg. von P. K. Feyerabend und G. Maxwell (Minneapolis: University of Minnesota Press, 1966), S. 409–412. Ich sollte erwähnen, daß die Idee, eine Klappe in den Kolben einzubauen (siehe Abb. 3 oben), um die Umständlichkeit zu vermeiden, ihn seitwärts hineinschieben zu müssen, eine Verbesserung meiner ursprünglichen Analyse von Szilards Gedankenexperiment darstellt, die auf Feyerabend zurückgeht.

276 Samuel Butler wurde von seiten der Evolutionisten viel Unrecht zugefügt, darunter auch schweres Unrecht von Charles Darwin selbst, der, obwohl es ihm sehr leid tat, die Sache nie in Ordnung brachte. Sie wurde, soweit es möglich war, von seinem Sohn Francis in Ordnung gebracht, nachdem Butler gestorben war. Die ein wenig verwickelte Geschichte sollte nicht in Vergessenheit geraten. Siehe S. 167–219 von Nora Barlow, Hg., *The Autobiography of Charles Darwin* (London: Collins, 1958), bes. S. 219, wo man Hinweise auf den größten Teil der einschlägigen Literatur findet.

277 Siehe [1945(a)], Abschn. 27; vgl. [1957(g)] und spätere Aufl., bes. S. 106–108; deutsch [1965(g)], S. 84–86.

278 Ich spiele an auf Schrödingers Bemerkungen über die Evolutionstheorie in *Mind and Matter*, insbes. diejenigen, die durch seine Wortprägung »Schein-Lamarckismus« gekennzeichnet sind; siehe *Mind and Matter*, S. 26, und S. 118 der in Anm. 214 zitierten kombinierten Neuauflage; in der deutschen Ausgabe, *Geist und Materie*, S. 18 f.

279 Die Vorlesung [1961(j)] wurde am 31. Okt. 1961 gehalten, und am selben Tag wurde das Manuskript in der Bodleian Library hinterlegt. Es erscheint jetzt in einer überarbeiteten Fassung zusammen mit einem Addendum als Kap. 7 meines [1972(a)], deutsch [1972(i)]. Siehe auch meine zweite Herbert-Spencer-Vorlesung [1975(p)].

280 Siehe [1966(f)]; jetzt Kap. 6 von [1972(a)], deutsch [1973(i)].

280a Siehe [1966(f)].

281 Siehe Abschn. 33 oben, bes. Anm. 242.

281a (Zusatz 1977.) Siehe dagegen meine Gedächtnisvorlesung für Darwin (The First Darwin Memorial Lecture, Cambridge 1977), »Natural Selection and the Emergence of Mind«.

282 Siehe *L. d. F.*, Abschn. 67.

283 Zum Problem der »Grade der Vorhersage« siehe F. A. von Hayek, »Degrees of Explanation«, zuerst 1955 veröffentlicht und jetzt Kap. 1 seiner *Studies in Philosophy, Politics and Economics* (London: Routledge & Kegan Paul, 1967). Siehe bes. Anm. 4 auf S. 9. Zum Darwinismus und zur Hervorbringung »einer großen Vielfalt von Strukturen« sowie zu dessen Unwiderlegbarkeit siehe dort S. 32.

284 Darwins Theorie der geschlechtlichen Zuchtwahl ist teilweise ein Versuch, Beispiele zu erklären, die die Theorie der natürlichen Auslese falsifizieren; etwa solche Dinge wie den Pfauenschwanz oder das Hirschgeweih. Siehe den Text vor Anm. 286.

285 Zum Problem der »Erklärung im Prinzip« (oder »des Prinzips«) im Gegensatz zur »Erklärung im Detail« siehe von Hayek, *Philosophy, Politics and Economics,* Kap. 1, bes. Abschn. VI, S. 11–14.

285a Siehe Anm. 279, oben.

286 Diese Feststellung trifft David Lack in seinem faszinierenden Buch *Darwin's Finches* (Cambridge: Cambridge University Press, 1947), S. 72: ». . . Bei den Darwinfinken können alle wesentlichen Unterschiede der Schnabelform zwischen den Arten als Anpassungen an Unterschiede in der Ernährung aufgefaßt werden.« (Die hier in den Anmerkungen enthaltenen Hinweise auf das Verhalten von Vögeln verdanke ich Arne Petersen.)

287 Wie Lack, *ibid.*, S. 58 f., so eindringlich beschreibt, hindert das *Fehlen* einer langen Zunge im Schnabel eine spechtähnliche Art von Darwinfinken nicht daran, Stämme und Äste auf der Suche nach Insekten auszuhöhlen, und das heißt, daß er seinem Geschmack treu bleibt; allerdings hat er aufgrund seines eigentümlichen anatomischen Nachteils eine Fertigkeit entwickelt, um mit dieser Schwierigkeit fertig zu werden: »Nachdem er ein Loch gemacht hat, nimmt er einen Kakteendorn oder einen Zweig von 3 bis 5 cm Länge, hält ihn längs im Schnabel, schiebt ihn in das Loch und läßt ihn los, um das Insekt zu schnappen, sobald es auftaucht.« Diese auffällige Verhaltenstendenz kann eine nichtgenetische

»Tradition« sein, die sich bei dieser Art aufgrund von Lernvorgängen (oder ohne sie) entwickelt hat; sie kann auch ein genetisch verankertes Verhaltensmuster sein. Das heißt, daß die Erfindung eines neuen Verhaltens eine anatomische Veränderung ersetzen kann. Wie dem aber auch sein mag, dieses Beispiel zeigt, wie das Verhalten von Organismen eine »Speerspitze« der Evolution sein kann: eine Art von biologischem Problemlösen, das zum Auftreten neuer Formen und Arten führen kann.

288 Siehe jetzt mein Addendum von 1971 zu meiner Spencer-Vorlesung, »Das vielversprechende Verhaltensmonstrum«, Kap. 7 von [1972(a)], deutsch [1973(i)], und Alister Hardy, *The Living Stream: A Restatement of Evolution Theory and Its Relation to the Spirit of Man* (London: Collins, 1965), Vorlesung VI.

289 Dies ist eine der Hauptideen meiner Spencer-Vorlesung, jetzt Kap. 7 von [1972(a)], deutsch [1973(i)].

290 Die Theorie der geographischen Trennung oder der geographischen Speziation wurde zuerst entwickelt von Moritz Wagner in *Die Darwin'sche Theorie und das Migrationsgesetz der Organismen* (Leipzig: Duncker und Humblot, 1868). Siehe auch Theodosius Dobzhansky, *Die genetischen Grundlagen der Artbildung* (Jena: G. Fischer 1939), S. 162–183.

291 Siehe [1966(f)], S. 20–26, bes. S. 24 f., Punkt (11). Jetzt [1972(a)], S. 244; deutsch [1973(i)], S. 254 f.

292 Siehe [1970(1)], bes. S. 5–10; [1972(a)], S. 289–295; deutsch [1973(i)], S. 317–323.

292a Dieser und der folgende Absatz des Textes und die Anmerkung 292b wurden 1975 eingefügt.

292b Siehe Sir Alister Hardy, *The Living Stream* (vgl. Anm. 288 oben), bes. Vorlesung VI und VII. Siehe auch W. H. Thorpe, »The Evolutionary Significance of Habitat Selection«, *The Journal of Animal Ecology,* **14** (1945), 67–70.

293 Nachdem ich 1969 die englische Fassung dieser *Autobiographie* abgeschlossen hatte, nahm ich Sir John Eccles' Vorschlag an und nannte das, was ich vorher »die dritte Welt« genannt hatte, nun »Welt 3«. Siehe J. C. Eccles, *Facing Reality* (New York, Heidelberg und Berlin: Springer-Verlag [1970]); (deutsche Ausgabe: *Wahrheit und Wirklichkeit: Mensch und Wissenschaft* [Berlin, Heidelberg und New York: Springer-Verlag, 1975]). Siehe auch Anm. 7a oben.

294 Dieses Argument zugunsten der Realität gewisser Dinge – daß wir »Kontrollpeilungen« vornehmen können, deren Ergebnisse übereinstimmen – ist, wie ich glaube, Winston Churchill zuzuschreiben. Siehe S. 43 von Kap. 2 meiner *O. Kn.* [1972(a)]; deutsch *O. E.* [1973(i)], S. 55 f.

295 Vgl. S. 15 von [1967(k)]: ». . . im großen und ganzen finde ich Landés Vorschlag hervorragend, dasjenige physikalisch real zu nennen, was man stoßen kann, und was fähig ist, zurückzustoßen, wenn es gestoßen wird).«

296 Als Beispiel kann Einsteins Mißverständnis seiner eigenen Kovarianzforderung dienen (zuerst in Frage gestellt von Kretschmann), das eine lange Geschichte hatte, bevor es endlich aufgeklärt wurde, hauptsächlich (wie ich glaube) durch die Bemühungen von Fock und Peter Havas. Die einschlägigen Aufsätze sind: Erich Kretschmann, »Über den physikalischen Sinn der Relativitätstheorie«, *Annalen der Physik*, 4. F., **53** (1917), 575–614, und Einsteins Erwiderung, »Prinzipielles zur allgemeinen Relativitätstheorie«, *ibid.*, **55** (1918), 241–244. Siehe auch V. A. Fock, *The Theory of Space, Time and Gravitation* (London: Pergamon Press, 1959; 2., verb. Aufl., Oxford, 1964); und Havas, »Four-Dimensional Formulations of Newtonian Mechanics and Their Relation to Relativity« (siehe Anm. 32 oben). Ein anderes Beispiel ist, daß Einstein, seinen Gleichungen mißtrauend, ad hoc eine kosmologische Konstante einführte. Er beraubte sich damit des Erfolgs, die Expansion des Universums theoretisch vorausgesagt zu haben.

297 Siehe [1968(r)], [1968(s)]; siehe auch »A Realist View of Logic, Physics, and History« [1970(1)], und [1966(f)]. (Diese Aufsätze sind jetzt die Kap. 4, 3, 8 bzw. 6 von [1972(a)] und [1973(i)].)

298 Das Gerede von »Substanzen« entsteht aus dem Problem der Veränderung (»Was bleibt konstant bei der Veränderung?«) und aus dem Versuch, *Was-ist?*-Fragen zu beantworten. Das Wortspiel, mit dem Bertrand Russells Großmutter ihren Enkel plagte – »What is mind? No matter! What is matter? Never mind!« (Wörtlich übersetzt: »Was ist Geist? Keine Materie! Was ist Materie? Niemals Geist!«, gleichzeitig aber auch: »Was ist Geist? Spielt keine Rolle! Was ist Materie? Kümmere dich nicht darum!«) –, scheint mir die Sache zu treffen. Besser fragt man: »Was tut der Geist?«.

299 Die beiden letzten Sätze kann man so auffassen, daß sie ein Argument gegen den Panpsychismus enthalten. Das Argument ist natürlich ohne Beweiskraft (da der Panpsychismus unwiderlegbar ist) und bleibt es auch, selbst wenn wir es durch die folgende Beobachtung unterstützen: Selbst wenn wir (beispielsweise) allen Atomen Bewußtseinszustände zuschreiben, so bleibt das Problem, wie man die Bewußtseinszustände (etwa die Erinnerung oder die Erwartung) bei höheren Tieren erklärt, ebenso schwierig wie ohne diese Zuschreibung.

299a Der Behaviourismus, ähnlich wie Christian Morgensterns Palmström, erklärt, daß »das Erlebnis« nicht existiert: »Weil, so schließt er messerscharf, nicht sein kann, was nicht sein darf«.

300 Siehe meine Aufsätze, »Language and the Body-Mind Problem« [1953(a)] und »A Note on the Body-Mind Problem« [1955(c)]; jetzt Kap. 12 und 13 von [1963(a)].

301 Wittgenstein übertrieb die Kluft zwischen der Welt der beschreibbaren (»sagbaren«) Tatsachen und der Welt des Tiefen und Unaussprechlichen

(»Das Rätel gibt es nicht«: *Tractatus, 6.5*). Es gibt Abstufungen; außerdem fehlt es der Welt des Sagbaren nicht immer an Tiefe. Und wenn wir an die Tiefe denken, so besteht eine Kluft innerhalb dessen, was gesagt werden kann – zwischen einem Kochbuch und Kopernikus' *De revolutionibus*; und es besteht eine Kluft innerhalb des Unaussprechlichen – zwischen einer künstlerischen Geschmacklosigkeit und einem Porträt von Holbein; und diese Klüfte können weit tiefer sein als die Kluft zwischen manchem, das man aussprechen, und anderem, das man nicht aussprechen kann. Es ist diese etwas zu leichte Lösung des Problems der Tiefe – die These »Das Tiefe ist das Unaussprechliche« –, die Wittgenstein, den Positivisten, mit Wittgenstein, dem Mystiker, verbindet. Diese These war, nebenbei bemerkt, längst geläufig, insbesondere in Wien, und nicht nur unter Philosophen. Siehe das Zitat von Robert Reininger in *L. d. F.*, Anm. 4 zu Abschn. 30. Viele Positivisten stimmten dem zu, zum Beispiel Richard von Mises, der ein großer Kenner und Bewunderer des mystischen Dichters Rilke war.

302 David Miller meint, ich hätte Welt 3 hinzugezogen, um das Gleichgewicht zwischen Welt 1 und Welt 2 wiederherzustellen.

303 Siehe Abschnitte 10 und 15 oben.

304 Nachdem ich das geschrieben hatte, lernte ich den zweiten Band der gesammelten Abhandlungen von Konrad Lorenz kennen (*Über tierisches und menschliches Verhalten*, Gesammelte Abhandlungen [München: R. Piper & Co. Verlag, 1967], Bd. 2; siehe bes. S. 361 f.). In diesen Abhandlungen kritisiert Lorenz unter Hinweis auf Erich von Holst die Auffassung, daß die Abgrenzung zwischen dem Geistigen und dem Physischen auch eine zwischen den höheren und niedrigeren Steuerungsfunktionen sei: Manche vergleichsweise primitive Prozesse (wie etwa ein schlimmer Zahnschmerz) sind uns stark bewußt, während andere, hochgradig gesteuerte Prozesse (wie etwa die komplizierte Interpretation der Sinnesreize) uns unbewußt sind, so daß deren Ergebnis – die Wahrnehmung – uns (fälschlich) als einfach »gegeben« erscheint. Dies scheint mir eine wichtige Erkenntnis zu sein, die man in keiner Theorie des Leib-Seele-Problems übersehen darf. (Andererseits kann ich mir nicht vorstellen, daß der alles andere verdrängende Charakter eines durch einen absterbenden Nerv hervorgerufenen schlimmen Zahnschmerzes irgendeinen biologischen Wert als Steuerungsfunktion hat; und uns geht es hier um den hierarchischen Charakter der *Steuerung*.)

305 R. W. Sperry (»The Great Cerebral Commissure«, *Scientific American*, **210** [1964], 42–52; und »Brain Bisection and Mechanisms of Consciousness«, in *Brain and Conscious Experience*, hg. von J. C. Eccles [Berlin, Heidelberg und New York: Springer-Verlag 1966], S. 298–313) weist uns warnend darauf hin, daß wir nicht glauben dürfen, die Trennung sei total: Es gibt weiterhin eine gewisse Übertragung zur anderen Gehirnhälfte.

Und er schreibt in dem zweiten oben genannten Aufsatz, S. 300: »Die gleiche Art von geistiger Trennung zwischen linker und rechter Hälfte [wie sie von Patienten berichtet wird, die mit Gegenständen manipulieren] wird bei Versuchen mit dem Sehen beobachtet. Man erinnere sich, daß die rechte Hälfte des Gesichtsfeldes zusammen mit der rechten Hand in der linken Hemisphäre repräsentiert ist und umgekehrt. Visuelle Reize wie etwa Bilder, Wörter, Zahlen und geometrische Formen, die man auf einen direkt vor der Versuchsperson befindlichen Schirm projiziert, und zwar rechts von einem zentralen Fixierungspunkt, so daß sie auf die dominanten Sprachhemisphären projiziert werden, werden sämtlich ohne besondere Schwierigkeit korrekt beschrieben und wiedergegeben. Entsprechendes Material, das auf die linke Hälfte des Gesichtsfeldes und somit in die untergeordnete Hemisphäre projiziert wird, entzieht sich dagegen völlig der Sprachhemisphäre. Reize, die auf eine Hälfte des Gesichtsfeldes projiziert werden, scheinen in den bisherigen Versuchen nicht den geringsten Einfluß auf die Wahrnehmung und Interpretation von Reizen zu haben, die in der anderen Hälfte präsentiert werden.«

305a (Zusatz 1975.) Siehe das höchst interessante Buch von A. D. De Groot, *Thought and Choice in Chess* (Den Haag: Mouton, 1965; New York: Basic Books, 1966).

306 Wolfgang Köhler, *The Place of Value in a World of Fact* (New York: Liveright, 1938). Ich habe »Value« und »Fact« durch »Values« und »Facts« ersetzt, um anzudeuten, daß ich ein Pluralist bin. (Dem Pluralismus trägt auch der Titel der deutschen Ausgabe Rechnung: *Werte und Tatsachen* [Berlin, Heidelberg und New York: Springer Verlag, 1968].)

307 Siehe hierzu das Ende meiner Antwort auf Ernst Gombrich, in meinen *Replies*.

308 Bei Schiller heißt es in den *Xenien* über die Philosophen:

Gewissensskrupel

Gerne dien ich den Freunden, nur tu ich es leider mit Neigung,
Und so wurmt es mir oft, daß ich nicht tugendhaft bin.

Entscheidung

Da ist kein anderer Rat, du mußt suchen, sie zu verachten,
Und mit Abscheu alsdann, tun wie die Pflicht dir gebeut.

309 Siehe das Addendum »Facts, Standards, and Truth« in O. S., 4. [1962(c)] und spätere Aufl., Bd. 2.

Abkürzungen der wichtigsten Titel

In den *Anmerkungen* wurden die folgenden Abkürzungen verwendet als Hinweise auf die wichtigsten Veröffentlichungen des Autors. Die Hinweise in eckigen Klammern beziehen sich auf die *Bibliographie*, Seite 335–346

L. d. F. = *Logik der Forschung* 1934; 2. Auflage 1966. (Diese Auflage enthält das neue Material aus *L.Sc.D.*, 1959.) 6. Auflage 1976. Vgl. [1934(b)], [1966(e)], [1976(a)]. Siehe auch weiter unten, unter *L.Sc.D.*

O. G. = *Die offene Gesellschaft und ihre Feinde*, Band 1: *Der Zauber Platons*; Band 2: *Falsche Propheten: Hegel, Marx und die Folgen*, 1957, 1958; 5. Auflage 1977. (Deutsche Übersetzung von *O.S.*; siehe unten.) Vgl. [1957(k)], [1958(i)], [1977(z_3)].

Das Elend = *Das Elend des Historizismus* 1965; 4. Auflage 1974. (Deutsche Übersetzung von *The Poverty*; siehe unten.) Vgl. [1965(g)], [1979(d)].

O. E. = *Objektive Erkenntnis: Ein evolutionärer Entwurf* 1973; 2. Auflage 1974. (Deutsche Übersetzung von *Obj. Kn.*; siehe unten.) Vgl. [1973(i)], [1974(e)].

L. Sc. D. = *The Logic of Scientific Discovery* 1959; 9. Auflage 1977. (Dieses Buch enthält die englische Übersetzung von *L.d.F.* [1934(b)].) Vgl. [1959(a)], [1977(r)]. Übersetzungen (außer *L.d.F.* [1966(e)]): französich, italienisch, japanisch, polnisch, portugiesisch, serbokroatisch, spanisch; in Vorbereitung: rumänisch, arabisch.

O. S. = *The Open Society and Its Enemies*, Vol. 1, *The Spell of Plato*; Vol. 2, *The High Tide of Prophecy: Hegel, Marx, and the Aftermath* 1945; 12. Auflage 1977. Vgl. [1945(b), (c)], [1950(a)], [1977(y)]. Übersetzungen (außer *O.G.*): finnisch, französisch, holländisch, italienisch, japanisch, portugiesisch, spanisch, türkisch; in Vorbereitung: griechisch, schwedisch.

The Poverty = *The Poverty of Historicism* 1944/45; 1957; 9. Auflage 1976. Vgl. [1944(a), (b)], [1945(a)], [1957(g)], [1976(s)]. Übersetzungen (außer *Das Elend*): arabisch, französich, holländisch, italienisch, japanisch, norwegisch, spanisch; in Vorbereitung: portugiesisch.

C. & R. = *Conjectures and Refutations: The Growth of Scientific Knowledge* 1963; 7. Auflage 1978. Vgl. [1963(a)], [1978(t)]. Übersetzungen: holländisch, italienisch, japanisch, spanisch; in Vorbereitung: deutsch, portugiesisch.

Obj. Kn. = *Objective Knowledge: An Evolutionary Approach* 1972; 5. Auflage 1979. Vgl. [1972(a)], [1979(a)]. Übersetzungen (außer *O.E.*): französisch, italienisch, japanisch, portugiesisch, spanisch.

Replies = Replies to my Critics, in Paul A. Schilpp (hg.), *The Philosophy of Karl Popper*, Bde 14/I und 14/II, in *The Library of Living Philosophers* 1974, Bd. 14/II, S. 961–1197. Vgl. [1974(c)].

U. Q. = *Unended Quest: An Intellectual Autobiography* 1976; 4. Auflage 1978. Vgl. [1976(g)], [1978(g)]. Übersetzungen (außer *Ausgangspunkte*): holländisch, italienisch, japanisch, portugiesisch, spanisch.

The Self = *The Self and Its Brain*, mit John C. Eccles, 1977. Vgl. [1977(u)]. Deutsche Übersetzung in Vorbereitung; auch italienisch, japanisch.

Grundprobleme = *Die beiden Grundprobleme der Erkenntnistheorie*. In Vorbereitung: englisch, italienisch.

Postscript = *Postscript to the Logic of Scientific Discovery*. (In Vorbereitung.)

Ausgewählte Bibliographie der Schriften Karl Poppers

Die Auswahl der Schriften beruht auf der von Troels Eggers Hansen herausgegebenen Bibliographie in Bd. 14/II, S. 1202 bis 1287, der *Library of Living Philosophers,* herausgegeben von Paul Arthur Schilpp. Die Auswahl enthält nur einige der Eintragungen jener Bibliographie; sie wurde aber durch neue Eintragungen ergänzt.

1925(a) »Über die Stellung des Lehrers zu Schule und Schüler. Gesellschaftliche oder individualistische Erziehung?«, *Schulreform* (Wien), **4**, S. 204–208.

1927(a) »Zur Philosophie des Heimatgedankens«, *Die Quelle* (Wien), **77**, S. 899–908.

(b) *»Gewohnheit« und »Gesetzerlebnis« in der Erziehung* (nicht veröffentlicht). Eine Hausarbeit für die Abschlußprüfung am Pädagogischen Institut der Stadt Wien. (Unvollendet.)

1928(a) *Zur Methodenfrage der Denkpsychologie* (nicht veröffentlicht). Dissertation zur Erlangung des Doktorates an der Philosophischen Fakultät der Universität Wien.

1931(a) »Die Gedächtnispflege unter dem Gesichtspunkt der Selbsttätigkeit«, *Die Quelle* (Wien), **81**, S. 607–619.

1932(a) »Pädagogische Zeitschriftenschau«, *Die Quelle* (Wien), **82**, S. 301–303; 580–582; 646–647; 712–713; 778–781; 846–849; 930–931.

1933(a) »Ein Kriterium des empirischen Charakters theoretischer Systeme«, Brief an die Herausgeber der Zeitschrift *Erkenntnis*, **3**, S. 426–427. (Wiederabgedruckt in [1966(e)] und späteren Auflagen.)

1934(a) »Zur Kritik der Ungenauigkeitsrelationen«, *Die Naturwissenschaften*, **22**, Heft 48, S. 807–808.

(b) *Logik der Forschung*, Verlag von Julius Springer, Wien (mit der Jahreszahl »1935«).

1935(a) »›Induktionslogik‹ und ›Hypothesenwahrscheinlichkeit‹«, *Erkenntnis*, **5**, S. 170–172. (Wiederabgedruckt in [1966(e)] und späteren Auflagen.)

1938(a) »A Set of Independent Axioms for Probability«, *Mind*, **47**, S. 275–277.

1940(a) »What is Dialectic?«, *Mind*, **49**, S. 403–426. (Deutsch [1965(n)], [1975(h)].)

1944(a) »The Poverty of Historicism, I«, *Economica*, **11**, S. 86–103. (Deutsch [1965(g)].)

(b) »The Poverty of Historicism, II.«, *Economica*, **11**, S. 119–137. (Deutsch [1965(g)].)

1945(a) »The Poverty of Historicism, III«, *Economica*, **12**, S. 69–89. (Deutsch [1965(g)].)

(b) *The Open Society and Its Enemies*, Volume I, *The Spell of Plato*, George Routledge & Sons Ltd., London. (Deutsch [1957(k)].)

(c) *The Open Society and Its Enemies*, Volume II, *The High Tide of Prophecy: Hegel, Marx, and The Aftermath*, George Routledge & Sons Ltd., London. (Deutsch [1958(i)].)

(e) »Research and the University: A Statement by a Group of Teachers in the University of New Zealand«, *The Caxton Press* (Christchurch, New Zealand); geschrieben in Zusammenarbeit mit R. S. Allan, J. C. Eccles, H. G. Forder, J. Packer und H. N. Parton.

1946(b) »Why are the Calculuses of Logic and Arithmetic Applicable to Reality?«, *Aristotelian Society, Supplementary Volume XX: Logic and Reality*, Harrison and Sons Ltd., London, S. 40–60.

1947(a) »New Foundations for Logic«, *Mind*, **56**, S. 193–235.

(b) »Logic Without Assumptions«, *Proceedings of the Aristotelian Society*, **47**, S. 251–292.

(c) »Functional Logic without Axioms or Primitive Rules of Inference«, *Koninklijke Nederlandsche Akademie van Wetenschappen, Proceedings of the Section of Sciences* (Amsterdam), **50**, S. 1214–1224, und *Indagationes Mathematicae*, **9**, S. 561–571.

1948(a) »Utopia and Violence«, *The Hibbert Journal*, **46**, Heft 2, Januar 1948, S. 109–116. (Deutsch [1968(x)], [1975(i)], [1977(z)].)

(b) »On the Theory of Deduction, Part I, Derivation and its Generalizations«, *Koninklijke Nederlandsche Akademie van Wetenschappen, Proceedings of the Section of Sciences* (Amsterdam), **51**, S. 173–183, und *Indagationes Mathematicae*, **10**, S. 44–54.

(c) »On the Theory of Deduction, Part II. The Definitions of Classical and Intuitionist Negation«, *Koninklijke Nederlandsche Akademie van Wetenschappen, Proceedings of the Section of Sciences* (Amsterdam), **51**, S. 322–331, und *Indagationes Mathematicae*, **10**, S. 111–120.

(d) »Prediction and Prophecy and their Significance for Social Theory«, *Library of the Tenth International Congress of Philosophy*, **1**: *Proceedings of the Tenth International Congress of Philosophy*, hg. von E. W. Beth, H. J. Pos und J. H. A. Hollak, North-Holland

Publishing Company, Amsterdam, S. 82–91. (Deutsch [1965(m)].)
(e) »The Trivialization of Mathematical Logic«, ebendort S. 722–727.
(f) »What can Logic do for Philosophy?« *Aristotelian Society, Supplementary Volume XXII: Logical Positivism and Ethics*, Harrison and Sons Ltd., London, S. 141–154.
1949(d) »Naturgesetze und theoretische Systeme«, in *Gesetz und Wirklichkeit*, hg. von Simon Moser, Tyrolia Verlag, Innsbruck und Wien, S. 43–60. (Siehe auch [1964(e)].)
1950(a) *The Open Society and Its Enemies*, Princeton University Press, Princeton, N.J.
(b) »Indeterminism in Quantum Physics and in Classical Physics, Part I«, *The British Journal for the Philosophy of Science*, **1**, S. 117–133.
(c) »Indeterminism in Quantum Physics and in Classical Physics, Part II«, *The British Journal for the Philosophy of Science*, **1**, S. 173–195.
(d) *De Vrije Samenleving en Haar Vijanden*, F. G. Kroonder, Bussum, Holland.
1952(a) *The Open Society and Its Enemies*, zweite englische Auflage, verbessert und vermehrt, Routledge & Kegan Paul, London.
1953(a) »Language and the Body-Mind Problem«, *Proceedings of the XIth International Congress of Philosophy*, **7**, North-Holland Publishing Company, Amsterdam, S. 101–107.
(d) »A Note on Berkeley as Precursor of Mach«, *The British Journal for the Philosophy of Science*, **4**, S. 26–36.
1954(b) Immanuel Kant. Zu seinem 150. Todestag, *Englische Rundschau*, Köln, **4**, 19. März 1954, S. 166–167 und 171. (Auch in [1957(k)].)
(c) »Self-Reference and Meaning in Ordinary Language«, *Mind*, **63**, S. 162–169.
1955(c) »A Note on the Body-Mind Problem. Reply to Professor Wilfred Sellars«, *Analysis*, **15**, S. 131–135.
(d) »A Note on Tarski's Definition of Truth«, *Mind*, **64**, S. 388–391. (Auch in [1972(a)]; Deutsch [1973(i)].)
1956(b) »The Arrow of Time«, *Nature*, **177**, S. 538.
(e) »Die öffentliche Meinung im Lichte der Grundsätze des Liberalismus«, *Ordo*, **8**, Helmut Küpper Verlag, Düsseldorf und München, S. 7–17.
(g) »Irreversibility and Mechanics«, *Nature*, **178**, S. 382.
1957(a) »Philosophy of Science: A Personal Report«, in *British Philosophy in the Mid-Century: A Cambridge Symposium*, hg. von C. A. Mace, George Allen and Unwin, London, S. 155–191.
(d) »Irreversible Processes in Physical Theory«, *Nature*, **179**, S. 1297.
(e) »The Propensity Interpretation of the Calculus of Probability, and

the Quantum Theory«, *Observation and Interpretation: A Symposium of Philosophers and Physicists: Proceedings of the Ninth Symposium of the Colston Research Society Held in the University of Bristol, April 1st-April 4th, 1957*, hg. von S. Körner in Zusammenarbeit mit M. H. L. Pryce, Butterworths Scientific Publications, London, S. 65–70, 88–89.

(f) »Irreversibility; or Entropy since 1905«, *The British Journal for the* Philosophy of Science, **8**, S. 151–155.

(g) *The Poverty of Historicism*, Routledge & Kegan Paul, London, und The Beacon Press, Boston, Mass.

(h) *The Open Society and Its Enemies*, dritte Auflage, Routledge & Kegan Paul, London.

(i) »The Aim of Science«, *Ratio* (Oxford), **1**, S. 24–35. (Deutsch [1957(j)].)

(j) »Über die Zielsetzung der Erfahrungswissenschaft«, *Ratio* (Frankfurt a. M.), **1**, S. 21–31. (Auch in [1973(i).])

(k) *Die offene Gesellschaft und ihre Feinde*, Band I, *Der Zauber Platons*, Francke Verlag, Bern.

(l) »Probability Magic or Knowledge out of Ignorance«, *Dialectica*, **11**, S. 354–372.

1958(b) »Irreversible Processes in Physical Theory«, *Nature*, **181**, S. 402–403.

(c) »Das Problem der Nichtwiderlegbarkeit von Philosophien«, *Deutsche Universitätszeitung* (Göttingen), **13**, S. 7–13.

(f) »On the Status of Science and of Metaphysics. Two Radio Talks: (i) Kant and the Logic of Experience. (ii) The Problem of the Irrefutability of Philosophical Theories«, *Ratio* (Oxford), **1**, S. 97–115.

(g) »Über die Möglichkeit der Erfahrungswissenschaft und der Metaphysik, Zwei Rundfunkvorträge: (i) Kant und die Möglichkeit der Erfahrungswissenschaft. (ii) Über die Nichtwiderlegbarkeit philosophischer Theorien«, *Ratio* (Frankfurt a. M.), **2**, S. 1–16. (Siehe auch [1959(d)].)

(i) *Die offene Gesellschaft und ihre Feinde*, Band II, *Falsche Propheten: Hegel, Marx und die Folgen*, Francke Verlag, Bern.

1959(a) *The Logic of Scientific Discovery*, Hutchinson & Co., London; Basic Books Inc., New York.

(d) »Über die Unwiderlegbarkeit philosophischer Theorien«, *Forum*, **6**, Heft 61, Januar 1959, Wien, S. 15–18. (Wiederabgedruckt als [1963(k)], [1969(t)].)

(e) »The Propensity Interpretation of Probability«, *The British Journal for the Philosophy of Science*, **10**, S. 25–42.

(g) »Woran glaubt der Westen?«, in *Erziehung zur Freiheit*, hg. von Albert Hunold, Eugen Rentsch Verlag, Stuttgart, S. 237–262.

(k) »Critical Rationalism«, in *Philosophy for a Time of Crisis: An Interpretation with Key Writings by Fifteen Great Modern Thinkers*, hg. von Adrienne Koch, Dutton & Co., New York, S. 262–275.

1960(d) »On the Sources of Knowledge and of Ignorance«, *Proceedings of The British Academy*, **46**, S. 39–71. (Deutsch [1975(v)].)

1961(d) »Selbstbefreiung durch das Wissen«, in *Der Sinn der Geschichte*, hg. von Leonhard Reinisch, C. H. Beck Verlag, München, S. 100–116. (Fünfte Auflage [1974(i)].)

(f) *On the Sources of Knowledge and of Ignorance*, Annual Philosophical Lecture, Henriette Hertz Trust, British Academy, Oxford University Press, London. (Deutsch [1975(v)].)

(h) »Philosophy and Physics«, *Atti del XII Congresso Internazionale di Filosofia*, **2**, G. C. Sansoni Editore, Firenze, S. 367–374.

(j) *Evolution and the Tree of Knowledge*, Herbert Spencer Vorlesung, gehalten am 30. Oktober 1961 in Oxford. (Wiederabgedruckt als Kap. 7 von [1972(a)]; deutsch [1973(i)].)

1962(c) *The Open Society and Its Enemies*, vierte englische Auflage, Routledge & Kegan Paul, London.

(d) *The Open Society and Its Enemies*, Routledge Paperbacks, Routledge & Kegan Paul, London.

(f) »Julius Kraft 1898–1960«, *Ratio* (Oxford), **4**, S. 2–12.

(g) »Julius Kraft«, *Ratio* (Frankfurt a.M.), **4**, Heft 1, S. 2–10.

(i) »Über Geschichtsschreibung und über den Sinn der Geschichte«, in *Geist und Gesicht der Gegenwart*, hg. von Otto Molden, Europa Verlag, Zürich, S. 111–142. (Umarbeitung von Teilen des Kapitels 15 im 2. Band von [1958(i)].)

(k) »Die Logik der Sozialwissenschaften«, *Kölner Zeitschrift für Soziologie und Sozialpsychologie*, Heft **2**, S. 233–248. (Siehe auch [1969(m)] und [1976(b)].)

1963(a) *Conjectures and Refutations: The Growth of Scientific Knowledge*, Routledge & Kegan Paul, London; Basic Books Inc., New York.

(h) »Science: Problems, Aims, Responsibilities«, *Federation Proceedings* (Baltimore), **22**, S. 961–972.

(k) »Über die Unwiderlegbarkeit philosophischer Theorien«, in *Club Voltaire*, **1**, hg. von Gerhard Szczesny, Szczesny Verlag, München, S. 271–279. (Wiederabgedruckt als [1969(t)].)

(l) *The Open Society and Its Enemies*, Princeton University Press, Princeton, N.J.

(m) *The Open Society and Its Enemies*, The Academy Library, Harper & Row, New York and Evanston.

1964(a) *The Poverty of Historicism*, The Academy Library, Harper & Row, New York and Evanston.

(d) »Die Zielsetzung der Erfahrungswissenschaft«, in *Theorie und*

Realität, hg. von Hans Albert, J. C. B. Mohr (Paul Siebeck), Tübingen, S. 73–86. (Wiederabgedruckt [1972(i)], [1975(g)]; auch in [1973(i)].)

(e) »Naturgesetze und theoretische Systeme«, ebendort, S. 87–102. (Wiederabgedruckt [1972(j)]; auch in [1973(i)].)

1965(f) »Time's Arrow and Entropy«, *Nature*, **207**, S. 233–234.

(g) *Das Elend des Historizismus*, J. C. B. Mohr (Paul Siebeck), Tübingen.

(m) »Prognose und Prophetie in den Sozialwissenschaften«, in *Logik der Sozialwissenschaften*, hg. von Ernst Topitsch, Kiepenheuer & Witsch, Köln-Berlin, erste und zweite Auflage, S. 113–125.

(n) »Was ist Dialektik?«, ebendort, S. 262–290. (Siehe auch [1975(h)].)

1966(a) *The Open Society and Its Enemies*, fünfte englische Auflage, Routledge Paperbacks, Routledge & Kegan Paul, London.

(e) *Logik der Forschung*, zweite, erweiterte Auflage, J. C. B. Mohr (Paul Siebeck), Tübingen.

(f) *Of Clouds and Clocks: An Approach to the Problem of Rationality and the Freedom of Man*, Washington University Press, St. Louis, Missouri. (Auch in [1972(a)]; deutsch [1973(i)].)

(g) »A Theorem on Truth-Content«, in *Mind, Matter and Method: Essays in Philosophy and Science in Honor of Herbert Feigl*, hg. von Paul K. Feyerabend und Grover Maxwell, University of Minnesota Press, Minneapolis, Minnesota, S. 343–353.

(i) »Historical Explanation: An Interview with Sir Karl Popper«, *University of Denver Magazine*, **3**, S. 4–7.

1967(b) »Time's Arrow and Feeding on Negentropy«, *Nature*, **213**, S. 320.

(d) »La rationalité et le statut du principe de rationalité«, in *Les Fondements philosophiques des systèmes économiques: Textes de Jaques Rueff et essais rédigés en son honneur, 23 août 1966*, hg. von Emil M. Classen, Payot, Paris, S. 142–150.

(e) »Zum Thema Freiheit«, in *Die Philosophie und die Wissenschaften: Simon Moser zum 65. Geburtstag*, hg. von Ernst Oldemeyer, Anton Hain, Meisenheim am Glan, S. 1–12.

(h) »Structural Information and the Arrow of Time«, *Nature*, **214**, S. 322.

(k) »Quantum Mechanics without ›The Observer‹«, in *Quantum Theory and Reality*, hg. von Mario Bunge, Springer-Verlag, Berlin, Heidelberg, New York, S. 7–44.

(t) »Einstein's Influence on My View of Science: An Interview«, in *Einstein: The Man and His Achievement*, hg. von G. J. Whitrow, B.B.C., London, S. 23–28.

1968(e) »Is there an Epistemological Problem of Perception?«, *Proceedings of the International Colloquium in the Philosophy of Science*, **3**: *Problems in the Philosophy of Science*, hg. von Imre Lakatos und Alan Musgrave, North-Holland Publishing Company, Amsterdam, S. 163–164.

(i) »Theories, Experience, and Probabilistic Intuitions«, *Proceedings of the International Colloquium in the Philosophy of Science*, **2**: *The Problem of Inductive Logic,* hg. von Imre Lakatos, North-Holland Publishing Company, Amsterdam, S. 285–303.

(r) »On the Theory of the Objective Mind«, *Akten des XIV. Internationalen Kongresses für Philosophie,* **1**, Universität Wien, Verlag Herder, Wien, S. 25–53. (Auch in [1972(a)]; deutsch [1973(i)].)

(s) »Epistemology Without a Knowing Subject«, *Proceedings of the Third International Congress for Logic, Methodology and Philosophy of Science* **3**, hg. von B. van Rootselaar und J. F. Staal, North-Holland Publishing Company, Amsterdam, S. 333–373. (Auch in [1972(a)]; deutsch [1973(i)].)

(t) »Emancipation through Knowledge«, in *The Humanist Outlook,* hg. von A. J. Ayer, Pemberton Publishing Company, London, S. 281 bis 296.

(x) »Utopie und Gewalt«, in *Utopie* – Begriff und Phänomen des Utopischen, hg. von Arnhelm Neusüss, Soziologische Texte 44, Hermann Luchterhand Verlag, Neuwied und Berlin, S. 313–326. (Siehe auch [1975(i)], [1977(w)].)

1969(e) *Logik der Forschung*, dritte, vermehrte Auflage, J. C. B. Mohr (Paul Siebeck), Tübingen.

(h) *Conjectures and Refutations, The Growth of Scientific Knowledge,* dritte Auflage, Routledge & Kegan Paul, London.

(j) »A Pluralist Approach to the Philosophy of History«, in *Roads to Freedom: Essays in Honour of Friedrich A. von Hayek*, hg. von Erich Streissler, Gottfried Haberler, Friedrich A. Lutz und Fritz Machlup, Routledge & Kegan Paul, London, S. 181–200.

(k) »The Aim of Science«, in *Contemporary Philosophy: A Survey*, hg. von Raymond Klibansky, III: *Metaphysics, Phenomenology, Language and Structure*, La Nuova Italia Editrice, Florenz, S. 129–142.

(m) »Die Logik der Sozialwissenschaften«, in *Der Positivismusstreit in der deutschen Soziologie*, hg. von H. Maus und F. Fürstenberg, Hermann Luchterhand Verlag, Neuwied und Berlin, S. 103–123. (Siehe auch [1976(b)].)

(t) »Über die Unwiderlegbarkeit philosophischer Theorien einschließlich jener, welche falsch sind«, *Club Voltaire: Jahrbuch für kritische Aufklärung,* **1**, hg. von Gerhard Szczesny, Rowohlt Taschenbuch Verlag, Reinbek bei Hamburg, S. 271–279.

(y) »Zwei Briefe an Hans Lenk«, *Conceptus*, **3**, S. 43–46.

1970(d) »Plato, *Timaeus* 54E–55A«, *The Classical Review*, **20**, S. 4–5.

(h) »Eine objektive Theorie des historischen Verstehens«, *Schweizer Monatshefte*, **50**, Heft 3, S. 207–215. (Siehe auch Kap. 4 von [1972(a)]; deutsch [1973(i)].)

(l) »A Realist View of Logic, Physics, and History«, in *Physics, Logic and History*, hg. von Wolfgang Yourgrau und Allen D. Breck, Plenum Press, New York und London, S. 1–30 und 35–37. (Auch in [1972(a)]; deutsch [1973(i)].)

(w) »Normal Science and Its Dangers«, in *Criticism and the Growth of Knowledge*, hg. von I. Lakatos und A. Musgrave, Cambridge University Press, London, S. 51–58 (Deutsch [1974(z_{10})].)

(z) »Die moralische Verantwortlichkeit des Wissenschaftlers«, *Schweizer Monatshefte*, **50**, Heft 7, S. 561–570. (Siehe auch [1975(q)], [1977(o)].)

1971(g) »Revolution oder Reform?«, in *Revolution oder Reform? Herbert Marcuse und Karl Popper – Eine Konfrontation*, hg. von Franz Stark, Kösel-Verlag, München, S. 3, 9–10, 22–29, 34–39, 41. (Siehe auch [1972(g)].)

(i) »Conjectural Knowledge: My Solution of the Problem of Induction«, *Revue internationale de philosophie*, **25**, Heft 95–96, Teil 1–2, S. 167–197.

(l) »Conversation with Karl Popper«, in *Modern British Philosophy* von Bryan Magee, Secker & Warburg, London, S. 66–82. (Deutsch [1975(z_6)].)

(n) »Particle Annihilation and the Argument of Einstein, Podolsky, and Rosen«, in *Perspectives in Quantum Theory: Essays in Honor of Alfred Landé*, hg. von Wolfgang Yourgrau und Alwyn van der Merwe, M. I. T. Press, Cambridge, Mass., und London, S. 182–198.

(u) »Philosophische Selbstinterpretation und Polemik gegen die Dialektiker«, in: Claus Grossner, *Verfall der Philosophie. Politik deutscher Philosophen*, Christian Wegner Verlag, Reinbek bei Hamburg, S. 278–289.

1972(a) *Objective Knowledge: An Evolutionary Approach*, Clarendon Press, Oxford. (Siehe auch [1979(a)].)

(f) »On Reason & the Open Society: A Conversation«, *Encounter*, **38**, Heft 5, S. 13–18.

(g) »Revolution oder Reform?«, in *Revolution oder Reform? Herbert Marcuse und Karl Popper – Eine Konfrontation*, hg. von Franz Stark, dritte Auflage, Kösel Verlag, München, S. 3, 9–10, 22–29, 34–39, 41.

(i) »Die Zielsetzung der Erfahrungswissenschaft«, in *Theorie und Realität*, hg. von Hans Albert, zweite, verbesserte Auflage, J. C. B. Mohr (Paul Siebeck), Tübingen, S. 29–41. (Siehe auch [1975(l)]; auch in [1973(i)].)

(j) »Naturgesetze und theoretische Systeme«, ebendort, S. 43–58. (Auch in [1973(i)].)

1973(a) »Indeterminism is Not Enough«, *Encounter*, **40**, Heft 4, S. 20–26.

(i) *Objektive Erkenntnis: Ein evolutionärer Entwurf*, Hoffmann und Campe, Hamburg. (Siehe auch [1974(e)].)

(q) »Zur Theorie der Politik: Bemerkungen zu einer Arbeit von Heiner Flohr«, *Rechtstheorie*, **4**, Heft 1, S. 88 f.

1974(b) »Autobiography of Karl Popper«, in *The Philosophy of Karl Popper*, in *The Library of Living Philosophers*, hg. von P. A. Schilpp, Band I, Open Court Publishing Co., La Salle, S. 3–181. (Siehe auch [1976(g)].)

(c) »Replies to My Critics«, in *The Philosophy of Karl Popper*, in *The Library of Living Philosophers*, hg. von P. A. Schilpp, Band II, Open Court Publishing Co., La Salle, S. 961–1197.

(e) *Objektive Erkenntnis: Ein evolutionärer Entwurf*, zweite Auflage, Hoffmann und Campe, Hamburg.

(i) »Selbstbefreiung durch das Wissen«, in *Der Sinn der Geschichte*, fünfte Auflage, hg. von Leonhard Reinisch, C. H. Beck, München, S. 100–116.

(w) »Bemerkungen zu Roehles Arbeit und zur Axiomatik«, *Conceptus*, **8**, Heft 24, S. 53–56.

(z) *Das Elend des Historizismus*, vierte Auflage, J. C. B. Mohr (Paul Siebeck), Tübingen.

(z_2) »Scientific Reduction and the Essential Incompleteness of All Science«, in *Studies in the Philosophy of Biology*, hg. von F. J. Ayala und T. Dobzhansky, Macmillan, London, S. 259–284.

(z_4) *Conjectures and Refutations*, fünfte Auflage, Routledge & Kegan Paul, London.

(z_7) *The Poverty of Historicism*, achte Auflage, Routledge & Kegan Paul, London.

(z_8) *The Open Society and Its Enemies*, zehnte Auflage, Routledge & Kegan Paul, London.

(z_{10}) »Die Normalwissenschaft und ihre Gefahren«, in *Kritik und Erkenntnisfortschritt*, hg. von I. Lakatos und A. Musgrave, Friedr. Vieweg & Sohn, Braunschweig, S. 51–57.

1975(f) »Die Logik der Sozialwissenschaften«, in *Der Positivismusstreit in der deutschen Soziologie*, Hermann Luchterhand Verlag, Darmstadt und Neuwied, S. 103–123.

(g) »Die Aufgabe der Wissenschaft«, in *Kritischer Rationalismus und Sozialdemokratie*, hg. von Georg Lührs, Thilo Sarrazin, Frithjof Spreer und Manfred Tietzel, J. H. W. Dietz, Berlin und Bonn-Bad Godesberg, S. 89–102.

(h) »Was ist Dialektik?«, ebendort, S. 167–199.

(i) »Utopie und Gewalt«, ebendort, S. 303–315.

(l) »Die Aufgabe der Wissenschaft«, in *Kritischer Rationalismus und Sozialdemokratie*, hg. von Georg Lührs, Thilo Sarrazin, Frithjof Spreer und Manfred Tietzel, zweite Auflage J. H. W. Dietz, Berlin und Bonn-Bad Godesberg, S. 89–102.

(m) »Was ist Dialektik?« ebendort, S. 167–199.
(n) »Utopie und Gewalt«, ebendort, S. 303–315.
(o) »How I See Philosophy«, in *The Owl of Minerva. Philosophers on Philosophy*, hg. von C. T. Bontempo und S. J. Odell, McGraw-Hill, New York, S. 41–55. (Deutsch [1978(e)].)
(p) »The Rationality of Scientific Revolutions«, in *Problems of Scientific Revolution. Progress and Obstacles to Progress in the Sciences. The Herbert Spencer Lectures 1973*, hg. von Rom Harré, Clarendon Press, Oxford, S. 72–101.
(q) »Die moralische Verantwortlichkeit des Wissenschaftlers«, *Universitas*, **30**, Heft 7, S. 689–699.
(s) »Schlüssel zur Kontrolle der Dämonen« (ein Gespräch), *Die Presse*, Wochenendbeilage, 6./7. September 1975, S. 17 und 19. (Siehe auch [1978(f)].)
(t) »Wissenschaft und Kritik«, in *Idee und Wirklichkeit: 30 Jahre Europäisches Forum Alpbach*, Springer-Verlag, Wien und New York, S. 65–75.
(u) *The Logic of Scientific Discovery*, achte Auflage, Hutchinson, London.
(v) »Von den Quellen unseres Wissens und unserer Unwissenheit«, *Mannheimer Forum* **75/76**, hg. von H. von Ditfurth, Boehringer Mannheim GmbH, Mannheim, S. 9–52. (Übersetzung, ohne Fußnoten, der Introduction von [1963(a)].)
(z_6) »Kritischer Rationalismus – Eine Unterhaltung mit Karl Popper«, in *Kritischer Rationalismus und Sozialdemokratie*, hg. von Georg Lührs, Thilo Sarrazin, Frithjof Spreer und Manfred Tietzel, J. H. W. Dietz, Berlin und Bonn-Bad Godesberg, S. 55-72.
(z_7) »Kritischer Rationalismus – Eine Unterhaltung mit Karl Popper«, ebendort, zweite Auflage, S. 55–72.
1976(a) *Logik der Forschung*, sechste, verbesserte Auflage, J. C. B. Mohr, Tübingen.
(b) »The Logic of the Social Sciences«, in *The Positivist Dispute in German Sociology*, Heinemann Educational Books, London, S. 87–104.
(c) »Reason or Revolution?«, in *The Positivist Dispute in German Sociology*, Heinemann Educational Books, London, S. 288–300.
(d) »Die Theorien sollen sterben – nicht wir. Die Demokratie lebt von der Korrektur ihrer Fehler«, *Deutsche Zeitung*, Bonn, Nr. 1, 2. Januar 1976, S. 9 (Kultur).
(g) *Unended Quest: An Intellectual Autobiography*, Fontana/Collins, London. (Siehe auch [1978(g)].)
(h) »A Note on Verisimilitude«, *The British Journal for the Philosophy of Science*, **27**, S. 147–59.

(o) »The Myth of the Framework«, in *The Abdication of Philosophy: Philosophy and the Public Good. Essays in Honor of Paul Arthur Schilpp*, hg. von Eugene Freeman, Open Court, La Salle, S. 23–48.

(s) *The Poverty of Historicism*, neunte Auflage, Routledge & Kegan Paul, London.

(v) »Über Wahrheit und Sicherheit. Eine Richtigstellung«, *Rechtstheorie*, **7**, Heft 1, S. 65–66.

(z_1) »Freiheit vor Gleichheit«, *Frankfurter Allgemeine Zeitung*, 24. Dezember 1976, Nr. 291, Beilage »Bilder und Zeiten«, S. 1.

1977(e) *Unended Quest: An Intellectual Autobiography*, dritte Auflage, Fontana/Collins, London.

(g) »The Death of Theories and of Ideologies«, in *La Réflexion sur la mort: 2me Symposium Internationale de Philosophie*, École libre de philosophie »PLÉTHON«, Athen, S. 296–328.

(k) »Wie ich Philosophie nicht sehe«, *Süddeutsche Zeitung*, Nr. 167, 23./24. Juli, S. 100. (Siehe auch [1978(e)].)

(o) »Die moralische Verantwortlichkeit des Wissenschaftlers«, in *Probleme der Erklärung sozialen Verhaltens*, hg. von Klaus Eichner und Werner Habermehl, Verlag Anton Hain, Meisenheim, S. 298–304.

(n) »Some Remarks on Panpsychism and Epiphenomenalism«, *Dialectica*, **31**, Heft 1–2, S. 177–186.

(r) *The Logic of Scientific Discovery*, neunte Auflage, Hutchinson, London.

(u) *The Self and Its Brain: An Argument for Interactionism*, mit John C. Eccles, Springer International, Springer-Verlag, Berlin, Heidelberg, London, New York.

(y) *The Open Society and Its Enemies*, zwölfte Auflage, Routledge & Kegan Paul, London.

(z) »Utopie und Gewalt«, in *Logik, Mathematik und Philosophie des Transzendenten* (Festgabe für Uuno Saarnio), hg. von Ahti Hakamies, Verlag Ferdinand Schöningh, München, Paderborn und Wien, S. 97–108.

(z_3) *Die offene Gesellschaft und ihre Feinde*, fünfte Auflage, Francke Verlag, München.

1978(a) »On the Possibility of an Infinite Past: A Reply to Whitrow«, *The British Journal for the Philosophy of Science*, **29**, S. 47–48.

(e) »Wie ich die Philosophie sehe«, in *Theorie und Politik aus kritisch-rationaler Sicht*, hg. von Georg Lührs, Thilo Sarrazin, Frithjof Spreer und Manfred Tietzel, J. H. W. Dietz, Berlin, Bonn, S. 1–16.

(f) »Gespräch mit Karl Popper«, ebendort, S. 17–30.

(g) *Unended Quest*, vierte verbesserte Auflage, Fontana/Collins, London.

(t) *Conjectures and Refutations*, siebente Auflage, Routledge & Kegan

Paul, London.
1979(a) *Objective Knowledge: An Evolutionary Approach*, fünfte Auflage, verbessert und vermehrt, Clarendon Press, Oxford.
(b) »Three Worlds« (Tanner Vorlesung, University of Michigan, Ann Arbor, Michigan). *Michigan Quarterly Review, 18*, Heft 1, S. 1–23.
(c) »Natural Selection and the Emergence of Mind« (Die erste Darwin-Vorlesung, Darwin College, Cambridge. Dialectia *32*, Heft 3–4, S. 339–355.)
(d) *Das Elend des Historizismus*, fünfte verbesserte Auflage; J. C. B. Mohr (Paul Siebeck), Tübingen 1979.
(e) »Schöpferische Selbstkritik in Wissenschaft und Kunst«, in *Salzburger Festspiele 1979, offizielles Programm*, S. 25–31 (Residenz Verlag, Salzburg und Wien). Auch in *Die Welt*, Hamburg (11. August 1979), und (mit nicht autorisierten Änderungen) *Salzburger Nachrichten* (27. Juli 1979).
(f) »Creative Self-Criticism in Science and in Art« (Übersetzung von (e) im selben Programmbuch). Soll auch in *Encounter* veröffentlicht werden.
(g) *Die beiden Grundprobleme der Erkenntnistheorie*, J. C. B. Mohr (Paul Siebeck), Tübingen 1979.

In Vorbereitung

Das Ich und sein Gehirn, mit John C. Eccles, R. Piper & Co. Verlag, München.
»Einstein's Theories of Knowledge«, in: *Einstein's Century*, The Frank Nelson *Doubleday Lectures at the Smithsonian Institution*, Washington, D. C., Doubleday & Co. Inc. Garden City, New York.
Postscript to the Logic of Scientific Discovery, Hutchinson of London

Personenregister

Sachregister*

* Zusammengestellt von Silke Schmidt. Kursiv gesetzte Ziffern bezeichnen die Anmerkungen. Zuordnungen erfolgen, wo immer möglich, nach dem ersten Substantiv, auch bei Buchtiteln.

Karl R. Popper

Objektive Erkenntnis

Ein evolutionärer Entwurf

Reihe »Kritische Wissenschaft«, 2. Auflage,
417 Seiten, Paperback, DM 36,–

Die Aufsätze dieses Bandes sind vor allem dem Problem der Erkenntnis und des Erkenntnisfortschritts gewidmet. Der Autor verbindet in ihnen seine fallibilistische Erkenntnistheorie mit einer realistischen, indeterministischen und evolutionären Metaphysik. Er betont – im Gegensatz zum Positivismus – die Möglichkeit rationaler Behandlung metaphysischer Probleme.

»Popper spricht subtil und klar über Wissenschaftlichkeit, über Freiheit bis hin zur Frage des physikalischen Determinismus und über die Chancen und Fehler des Alltagsverstandes. Popper hat hier ein durch seine Bescheidenheit hoffnungsvolles Buch vorgelegt. Es verteidigt die heute von den verschiedensten Ecken aus den verschiedensten Gründen angegriffene Vernunft. Es stellt klar, wie Vernunft arbeiten muß. Es überschätzt die Möglichkeiten nicht. Es bringt Licht in die Welt.«

Süddeutsche Zeitung

»Beileibe nicht nur Philosophie-Interessierten, sondern allen, denen Neu-, Mit- und Nachdenken Vergnügen bereitet, sei dieses Buch zum Immer-wieder-drin-Lesen empfohlen. Der wissenschaftstheoretisch einflußreichste zeitgenössische Philosoph führt in diesen Aufsätzen aus, was als Leitmotiv bereits sein gesamtes bisheriges Werk durchzieht: daß wir lieber unsere – möglicherweise falschen – Ideen opfern als uns selbst für Ideen opfern sollten.«

Hochschulmagazin, Ulm